Gulliver Taschenbuch 771

Klaus Kordon

Die roten Matrosen

oder
Ein vergessener Winter

Roman

BELTZ
& Gelberg

Auto mit Maschinengewehr
Arbeiter- und Soldatenrates am Bra

n
denburger Tor.

Revoluti

nstage in Berlin.

Die roten Matrosen oder Ein vergessener Winter wurde mit dem Zürcher Kinderbuchpreis »La vache qui lit«, mit dem Preis der Leseratten und mit dem Roten Elefanten ausgezeichnet.

Klaus Kordon, geboren 1943 in Berlin, war Transport- und Lagerarbeiter, studierte Volkswirtschaft und unternahm als Exportkaufmann Reisen nach Afrika und Asien, insbesondere nach Indien. Heute lebt er als freier Schriftsteller in Berlin. Im Programm Beltz & Gelberg erschienen u.a. *Ein Trümmersommer*, *Die Reise zur Wunderinsel*, *Frank guck in die Luft*, *Monsun oder Der weiße Tiger* (Friedrich-Gerstäcker-Preis, Preis der Leseratten), *Wie Spucke im Sand* (Auswahlliste Deutscher Jugendliteraturpreis, Preis der Ausländerbeauftragten des Senats Berlin, Jenny-Smelik/IBBY-Preis, Silberner Griffel), *Das ist Harry*, *Mit dem Rücken zur Wand* (Zürcher Kinderbuchpreis »La vache qui lit«, Preis der Leseratten, Silberner Griffel), *Der erste Frühling* (Buxtehuder Bulle), *1848. Die Geschichte von Jette und Frieder* sowie in der Reihe Biographie die Lebensgeschichte des Erich Kästner *Die Zeit ist kaputt* (Deutscher Jugendliteraturpreis).

Die Fotoausschnitte im Vor- und Nachsatz sind dem Band IV der Edition Photothek, *Die Novemberrevolution Berlin 1918/19 in zeitgenössischen Fotopostkarten*, Berlin 1983, entnommen.

Gulliver Taschenbuch 771

Programm Beltz & Gelberg, Weinheim

Einband und Reihenkonzeption von Federico Luci
Gestaltung der Fotoseiten von Wolfgang Rudelius
Gesamtherstellung Druckhaus Beltz, 69494 Hemsbach
Printed in Germany
ISBN 3 407 78771 5
1 2 3 4 5   02 01 00 99 98

Dieses Buch erzählt vom Ende eines Krieges und von einer gescheiterten Revolution. Es beginnt an einem unfreundlichen Novembertag 1918 und endet mitten im kalten Winter 1919.

Ort der Handlung ist Berlin. Über zwei Millionen Menschen leben Anfang des Jahrhunderts in der Hauptstadt des Deutschen Kaiserreichs, und in den Vororten, die später einmal der Stadt zugeschlagen werden, noch einmal so viele. Doch die Stadt ist kein einheitliches Ganzes, zerfällt in Stadtteile, in gutbürgerliche und ärmliche. Der ärmste Stadtteil Berlins war von jeher der Wedding, die ärmste Straße die Weddinger Ackerstraße – ein Jahrhundert lang berühmt-berüchtigt für Hinterhof-Elend und Lebensmut.

In der Ackerstraße Nr. 37 leben die Helden dieser Geschichte. Sie sind frei erfunden – und haben doch gelebt.

1. Teil
Es liegt was in der Luft

Ein Fremder kommt

Der Wind fegt das letzte Laub von den Bäumen, treibt es durch die Straßen, spielt damit. Helle schlägt den Kragen seiner Joppe hoch und zieht sich die Schirmmütze tiefer in die Stirn, bevor er in die Ackerstraße einbiegt. In der Ackerstraße stehen keine Bäume, hier weht der Wind immer besonders heftig, und hat er erst mal ein Dreckkörnchen im Auge, bekommt er es so schnell nicht wieder raus.

Entlang von Kalinkes Lebensmittelladen hat sich eine Menschenschlange gebildet; Frauen, alte Männer, junge Burschen, Kinder stehen dort an. Annis Mutter ist auch dabei. Sie unterhält sich mit einer kleinen Frau in viel zu großem Soldatenmantel. Die beiden Frauen scheinen auf irgendwas zu schimpfen. Sicher auf den Krieg oder darauf, daß es nichts zu essen gibt. Wenn man in der Schlange steht, gibt es kein anderes Thema.

Vor der Nr. 37 spielen Kinder Fangen. Sie johlen und kreischen, und wird einer abgeschlagen, geht es besonders laut zu.

Auch die Höfe sind voller Kinder. Im ersten hangeln sie an der Teppichklopfstange herum, im zweiten wird *Himmel und Hölle* gespielt, im dritten hocken ein paar Jungen im Kreis und ziehen abwechselnd an einer alten Pfeife, die sie mit trockenem Laub anstatt mit Tabak gefüllt haben. Das Zeug stinkt fürchterlich, aber es scheint ihnen nichts auszumachen. Muß einer husten, freuen sich die anderen.

Natürlich ist auch der kleine Lutz unter den Paffern. Als er Helle sieht, springt er auf und geht ein Stück mit ihm mit. Das tut er jedesmal, wenn Helle kommt, und immer sagt er dasselbe: »Hab Hunger!«

Er sagt das nie vor anderen, sagt es nur, wenn sie allein sind, aber er sagt es fast jedem, den er allein antrifft. Und dabei blickt er denjenigen mit seinen leicht schielenden Augen sehnsüchtig an. Helle hat auch Hunger, der ganze Wedding, die ganze Stadt, das ganze Land hungert. Und nicht erst seit gestern. Er hat es mal ausgerechnet: Der Krieg dauert nun schon über vier Jahre, und seit mindestens drei Jahren wird gehungert – das sind tausend Tage! Und deshalb weiß er gar nicht mehr, wie es ist, wenn man nicht hungert. Trotzdem tut ihm der kleine Lutz leid. »Hab doch nichts«, ist seine ständige Antwort, und jedesmal wundert er sich, daß der kleine Lutz stets aufs neue enttäuscht zurückbleibt.

Auf dem vierten Hof ist es stiller; der vierte ist nicht nur der letzte der Höfe, sondern auch der engste und düsterste. Der Schuppen an der Hofmauer, in dem Oswin lebt und seinen Leierkastenwagen unterstellt, nimmt zuviel Platz weg.

»He! Helle!«

Anni steht im offenen Fenster der Fielitzschen Kellerwohnung. Sie ist vierzehn, ein Jahr älter als Helle, sieht aber aus wie zwölf, so blaß und mager ist sie.

Helle kniet sich vor die Kellerwohnung und schaut zu Anni hinunter.

»Warste heute nicht in der Schule?«

»Nee. Mein Husten ist wieder schlimmer geworden.«

Anni trägt auch in der Wohnung ihren Mantel. Es ist zu feucht da unten, und sie hat immer Schmerzen in der Brust. Und neuerdings ist sie nicht mehr nur blaß, wie die meisten Kinder in der Ackerstraße, sondern richtig bleich.

»Soll ich dir sagen, was ich heute nacht geträumt hab?«

Anni träumt immer herrliche Sachen. Helle hat längst herausgefunden, daß, was sie ihm erzählt, keine wirklichen Träume, sondern nur Wunschträume sind; daß sie immer von dem träumt, was sie nicht hat. Aber das zeigt er ihr nicht.

»Was haste denn geträumt?«

»Ich hab geträumt, es wär schon wieder Sommer. Mein Vater war da, und wir sind nach Grünau schwimmen gefahren.«

Annis Vater ist garantiert nie mit seinen Kindern schwimmen gefahren. Er wurde im Haus nur der olle Fielitz genannt, weil er fast immer mürrisch war, in seiner Kellerwohnung hockte und stänkerte. Wenn er die Kellerwohnung mal verließ, ging er in eine Kneipe. Dann hatte er Geld und spielte den großen Maxe, war nett zu seiner Familie und brachte kleine Geschenke mit. Doch das war selten. Im Sommer vor zwei Jahren ist er dann gefallen, drei Wochen nachdem er zum letztenmal auf Urlaub war.

»War's Wasser warm?«

»Ganz warm.« Anni muß lachen und bekommt einen Hustenanfall. Die kleinen blauen Äderchen links und rechts auf ihrer Stirn schwellen an, ihre Augen tränen, aus dem Lachen wird ein verzweifeltes Ringen um Luft.

Anni hat Tbc*, wie so viele Kinder und Erwachsene rund um den Wedding. Wenn sie hustet und hinterher spuckt, ist ihre Spucke hellrot. Dr. Fröhlich versucht schon seit Wochen, ein Bett im Krankenhaus für sie zu bekommen, aber es gibt keine freien Betten, und wird doch eines frei, gibt es schwerere Fälle, die vorgezogen werden.

»Hab deine Mutter gesehen«, sagt Helle, als könne er Anni damit über den Hustenanfall hinwegtrösten. »Sie steht bei der Kalinke an.«

Anni kriegt wieder Luft. »Hoffentlich kommt sie bald, dann kann ich zu Oswin rein.«

Oswin hat Anni erlaubt, sich tagsüber auf sein Bett zu legen. Als Leierkastenmann ist er ja den ganzen Tag unterwegs, da ist es nur gut, wenn Anni in der Zwischenzeit auf sein Bett aufpaßt, wie er das nennt. Zwar ist es in Oswins Schuppen nicht wärmer

* Abkürzungen, historische Zusammenhänge, Personen, Begriffe und Bezeichnungen werden in chronologischer Reihenfolge im Anhang näher erläutert.

als in der Kellerwohnung, aber wenigstens ist es nicht so feucht.

»Ick muß jetzt hoch, Oma Schulte wartet schon.«

»Tschüs!« Anni schaut Helle nach, bis er die Tür zum Seitenaufgang hinter sich geschlossen hat. Dann verschwindet sie aus dem Fenster.

Helle nimmt immer zwei, drei Stufen auf einmal. Das bringt ihn ins Schwitzen und läßt ihn für kurze Zeit den Hunger vergessen. Im dritten Stock angekommen, schließt er die Tür auf, wirft seinen Ranzen in den Flur, schlägt die Tür wieder zu und steigt die steile Stiege zu Oma Schultes Dachkammerwohnung hoch.

»Ich bin's – Helmut!«

Die Tür führt gleich in Oma Schultes Küche. Sie kann ihn hören, und solange sie nicht weiß, wer vor der Tür steht, öffnet sie sowieso nicht, da kann er klopfen, bis er schwarz wird.

»Bist aber spät dran heute.« Oma Schulte mustert ihn aufmerksam. »Mußteste nachsitzen?«

»Nee.« Helle setzt sich gleich auf einen der vielen Kartons voller Pantoffelteile, die Oma Schultes Küche ausfüllen. Oma Schulte näht Pantoffeln zusammen, die Oberteile an die Sohlen. Schon seit über zehn Jahren macht sie das.

»Kannst mir ruhig sagen, wenn du nachsitzen mußtest.«

Jedesmal, wenn er fünf oder zehn Minuten später kommt, fragt Oma Schulte ihn, ob er nachsitzen mußte.

»Mußte nicht nachsitzen.«

»Und warum biste dann so spät gekommen?« Martha dreht sich zum Bruder um und fährt sich mit dem Arm über das immer ein wenig schmutzig aussehende Gesicht, als könnte sie so ihre Müdigkeit fortwischen.

»Gab Streit.«

»Haste dich geprügelt?« Oma Schulte hat die aufgeplatzte Lippe bemerkt, deshalb fragt sie, hält aber dabei in ihrer Arbeit nicht inne. Sie kann das, reden und wegschauen und doch weiter arbeiten. Von Montag bis Samstag sitzt sie jeden Tag zwölf Stunden an der Nähmaschine, ihre Hände arbeiten wie automatisch. Für ihre Arbeit bekommt sie fünf Mark pro Woche. Sie sagt, das wäre zwar ein Hungerlohn, aber ein Krümel im Bauch sei besser als gar nichts im Magen. Würde sie sich bei der Firma beschweren, kämen die sofort und brächten die Nähmaschine einer anderen. Allein in der Ackerstraße gäbe es ein paar hundert Frauen, die nur darauf warteten, sich mit Heimarbeit was zu verdienen. Solange sie noch nicht unter der Erde liege, wolle sie nicht klagen. Und hinterher könne sie es ja Gott sei Dank nicht mehr.

»Na, was ist?« Oma Schulte schiebt sich die Brille auf die Stirn.

Er hat sich geprügelt. Wegen einer Dummheit. Bommel hatte gesagt, daß Ede 'ne Trantüte sei, weil er nur in seiner Bank hocke und vor sich hin stiere. Aus irgendeinem Grund, er weiß selbst nicht aus welchem, verlangte er, daß Bommel das zurücknahm. Bommel hatte zwar Schiß, das war deutlich zu sehen, aber vor allen anderen wollte er's nicht zurücknehmen. Er jedoch mußte nun darauf bestehen, deshalb sagte er: »Wir treffen uns vor der Schule.« Dann kam, was kommen mußte: Nach dem Unterricht bildete die Klasse vor der Schule einen Ring, und Bommel und er prügelten sich. Bommel hatte keine Chance, wußte das und gab, als er auf dem Rücken lag, schnell auf. Trotzdem hatte das Ganze, mit dem Geplänkel vorher und nachher, mindestens eine halbe Stunde gedauert.

»Kann ich dir die beiden heute noch mal hochbringen? Muß mal für 'ne Stunde weg.«

Sofort blitzt Martha Helle an. Wenn der Bruder sie heute nachmittag wieder zu Oma Schulte hochbringt, muß sie auch nachmittags Pantoffeln einpacken. Und wenn Helle eine Stunde sagt, werden es bestimmt zwei, das weiß sie aus Erfahrung. Oma Schulte aber stochert nur mit der dafür immer bereitliegenden Stricknadel in ihrer Portierszwiebel herum, wie die Kinder im

Haus ihren lose gebundenen Dutt nennen. »Willste dich etwa wieder prügeln, Herzchen?«

»Will zu 'nem Freund.«

Da putzt Oma Schulte Hänschen, der auf seiner Decke lag und schlief und den sie damit aufweckt, mit ihrem großen verwaschenen Taschentuch rasch noch mal die Nase und drückt den verschlafenen Säugling zärtlich an sich, bevor sie ihn Helle überreicht. »Bring sie nur hoch, ich hab sie lieb, die beiden.«

Das hat Oma Schulte nicht nur so gesagt, sie hat Martha und Hänschen wirklich lieb. Daß Martha für sie arbeiten muß, um Oma Schulte dafür zu bezahlen, daß sie vormittags auf Hänschen und sie aufpaßt, widerspricht dem nicht. In der Ackerstraße hat niemand was zu verschenken, auch Oma Schulte nicht.

»Will aber nicht noch mal zu Oma Schulte hoch!« Martha leckt die letzten Spuren der Grützsuppe aus ihrer Schüssel. Fast der ganze Kopf verschwindet darin, nur die Augen schielen über den Schüsselrand hinweg.

»Will nicht, will nicht!« äfft Helle die Schwester nach. »Du mußt! Oder denkste, ich will immer zu Hause glucken?«

Jeden Nachmittag hockt er mit den Geschwistern in der Küche. Nie kann er auf die Straße, sich mit anderen treffen. Er ist nicht der einzige, vielen Jungen und Mädchen geht es so, aber das macht es nicht leichter.

»Zu welchem Freund willste denn?«

»Zu Fritz. Er will mir was erzählen. Was Wichtiges.«

»Und was?«

»Das is 'n Geheimnis.«

Fritz hat wirklich gesagt, er wolle ihm ein Geheimnis anvertrauen, und deshalb extra vor der Schule auf ihn gewartet. In seinem dicken Mantel und mit der Gymnasiastenmütze auf dem Kopf hat er auf dem gegenüberliegenden Bürgersteig gestanden und war nicht herangekommen, obwohl er die meisten Jungen noch aus seiner Gemeindeschulzeit her kannte. Als die Prügelei dann vorüber war und er zu Fritz hinüberging, gingen die anderen Jungen nicht mit, blickten ihm nur nach wie einem Abtrünnigen. Zwischen Gemeindeschülern und Gymnasiasten ist ein Graben. Wer den überspringt, fällt auf, sagt Oswin immer.

»Du lügst ja.«

Er lügt nicht. Fritz hat sehr aufgeregt getan, ihm aber nichts verraten.

»Du lügst doch!«

Martha will streiten, es macht ihr Spaß, ihn zu ärgern. Helle nimmt ihr die längst saubergeleckte Schüssel ab. »Was willste denn überhaupt? Ostern kommste in die Schule, und dann brauchste sowieso nicht mehr zu Oma Schulte hoch.«

»Ostern! Ostern bin ich vielleicht schon tot.«

Den Spruch hat sie von Oma Schulte.

»Quatsch! So kleine Ratten wie du leben ewig.« Helle nimmt Hänschen auf den Schoß und beginnt ihn zu füttern. Der kleine Bruder hat schon ganz große Augen vor Hunger.

»Und so dicke, fette Ratten wie du erst recht!« Martha hat lange nach einer passenden Erwiderung gesucht, jetzt hat sie sie gefunden.

»Sei doch froh! Dann werden wir beide noch Oma und Opa.«

Die Schwester popelt versonnen. Sie hat nie richtige Großeltern kennengelernt. Nur aus Erzählungen weiß sie, daß Mutters Eltern noch leben und gar nicht so weit von ihnen entfernt wohnen. Sie besuchen sie nicht, weil sie mit ihrer Tochter nichts mehr zu tun haben wollen. Sie hatten für die Mutter einen Beamten von der Post ausgesucht, die Mutter aber hatte trotz des Verbots ihrer Eltern den Vater geheiratet, einen Maurer aus der Ackerstraße. Das haben ihr die Eltern nie verziehen.

»Muß Hänschen Oma Schulte helfen, wenn ich zur Schule gehe?«

»Wenn er groß genug ist, klar!«

Hänschen vergißt den Mund aufzumachen, er hat seinen Namen gehört und guckt Martha an. Martha verdreht die Augen und zieht mit beiden Händen die Unterlippe nach unten, um Hänschen Angst einzujagen. Der kleine Bruder fürchtet sich vor Fratzengesichtern. Doch jetzt klappt das nicht, Hänschen öffnet nur den Mund und ißt brav weiter.

»Und nachmittags paß ich dann auf Hänschen auf.« Martha beginnt von der Zukunft zu träumen, kippelt mit dem Stuhl und macht ein seliges Gesicht.

»Aufpassen ja, aber nicht einpennen.«

Die kleine Schwester schläft nachmittags immer ein. Kaum hat sie gegessen, liegt sie schon auf dem Küchensofa und ist weg.

»Wenn ich Oma Schulte nicht mehr helfen muß, bin ich auch nicht mehr so müde.«

»Hast du 'ne Ahnung! Schule ist auch kein Vergnügen.«

Helle weiß, daß das viele Stehen neben Oma Schultes Nähmaschine sehr anstrengend ist, und Martha tut ihm ja auch leid. Er darf es ihr nur nicht zeigen, sonst macht sie morgen früh erst wieder lange Theater, wenn er sie und Hänschen bei Oma Schulte abgibt.

»Schule!« Martha fängt an zu spinnen. »Schule – hule – bule!« singt sie und kippelt immer heftiger mit dem Stuhl.

»Sei mal still!«

Auf der Treppe sind Schritte zu hören, schwere Schritte, unter denen die Holzstufen knarren. Helle kennt die Schritte aller Hausbewohner, er hockt ja fast jeden Nachmittag in der Küche und hört sie kommen und gehen, diese Schritte jedoch kennt er nicht.

Sofort hört Martha auf zu kippeln und schaut Helle erstaunt an: Die Schritte sind vor ihrer Wohnungstür stehengeblieben – und nun klopft es bei ihnen.

Vorsichtig setzt Helle Hänschen auf den Fußboden, geht zur Tür und öffnet sie einen Spalt weit.

Ein Mann steht vor der Tür, ein Mann in einem Soldatenmantel und mit einem dunklen Vollbart im Gesicht.

»Zu wem wollen Sie denn?«

»Zu wem? Zu dir! Zu Mutter! Zu Martha!« Der Mann lacht vorsichtig.

Der Vater? Dieser Mann ist der Vater?!

»Willste mich nicht reinlassen?«

Nein, Helle möchte diesen Mann nicht hereinlassen. Der Vater, den er in Erinnerung hat, sieht anders aus. Aber der Mann vor der Tür wird ungeduldig, schiebt einfach die Tür weiter auf und tritt in den Flur. Martha, die von der Küchentür aus den fremden Mann gesehen hat, flitzt gleich in die Schlafstube. Der Soldat bleibt einen Augenblick verdutzt stehen, dann öffnet er die Stubentür, die Martha hinter sich zugeschlagen hat, und ruft laut: »Aber Martha! Du brauchst doch keine Angst zu haben, ich bin's – dein Vater.«

Anstatt zu antworten, kriecht Martha unters Bett.

»Ist ja 'n schöner Empfang.« Mißmutig dreht der Vater sich zu Helle herum. Der schließt die Wohnungstür. So braucht er den Mann im Flur nicht anzusehen.

»Hab mir ja gedacht, daß ihr mich nicht gleich wiedererkennt, aber daß ihr Angst vor mir habt ...«

Still geht Helle in die Küche und nimmt Hänschen wieder auf. Der kleine Bruder starrt mit weit aufgerissenen Augen den großen Mann an, den er noch nie zuvor gesehen hat und der nun in seinem dicken Soldatenmantel die ganze Küchentür ausfüllt. Soll er jetzt weinen oder nicht?

Auch der Vater weiß nicht, was er sagen oder tun soll. Er hat Hänschen auch noch nie zuvor gesehen. »Hänschen?« fragt er schließlich. »Ist das unser Hänschen?« Und als Helle nickt, streichelt der Vater Hänschen ganz vorsichtig mit zwei Fingern über die Backen.

Hänschen zuckt zurück und plärrt nun doch los, aber Helle tröstet ihn nicht, wiegt ihn nicht, versucht nicht, dem kleinen Bruder zu erklären, daß der große fremde Mann der Vater ist: Der Vater hat die linke Hand genommen, um Hänschen zu streicheln – der rechte Ärmel ist leer!

»Wie alt ist Hänschen denn jetzt?«

»Ein dreiviertel Jahr.«

»Ein dreiviertel Jahr!« wiederholt der Vater nachdenklich. »Als ich das letztemal auf Urlaub war, war er gerade unterwegs. Weißte noch, wann das war?«

»Weihnachten.« Helle erinnert sich genau an Vaters letzten Urlaub. Damals trug er noch keinen Bart – und er hatte noch beide Arme –, lag jeden Tag lange im Bett und alberte mit Martha herum, warf sie in die Luft und fing sie wieder auf. Martha kreischte jedesmal und war ganz verliebt in den Vater.

»Und du?« sagt der Vater. »Du wirst ja jetzt bald dreizehn.«

Helle beißt sich auf die Lippen, ihm ist nach Losheulen zumute, aber er will nicht losheulen.

»Ist ... ist er ... ganz ab?«

»Ja, ganz!« Der Vater setzt sich auf die Fensterbank und schaut zu den Dächern der anderen Häuser hinüber. »Eine französische Granate ... Zwei meiner Kameraden hat sie ganz erwischt, ich hatte Glück, ein Meter nur, ein einziger Meter ... Deshalb konnte ich euch auch nicht schreiben, es ist ja der rechte.«

Martha drückt sich im Flur herum. Sie will in die Küche kommen, traut sich aber nicht.

»Komm doch mal her!« bittet der Vater. »Erinnerste dich denn nicht mehr daran, wie wir immer zusammen gespielt haben?«

Martha sieht Helle an. Erst als der Bruder ihr zunickt, nähert sie sich vorsichtig dem Vater, der sie genauso vorsichtig auf seinen Schoß zieht. »Weiß ja, ein Jahr ist eine lange Zeit. Damals biste gerade fünf geworden, jetzt wirste bald sechs, bist schon ein richtig großes Mädchen.«

»Weißte, wann ich Geburtstag habe?«

»Na klar! Am Heiligen Abend. Bist doch unser Christkind.«

Da preßt Martha den Kopf an Vaters Mantel. Jetzt ist sie endgültig davon überzeugt, daß der Mann mit dem Bart ihr Vater ist.

Helle setzt sich mit Hänschen auf das Küchensofa und füttert ihn weiter. »Die Grütze wird sonst kalt«, entschuldigt er sich.

Der Vater schaut zu.

»Ist sicher nicht leicht für dich, den ganzen Tag auf die Kleinen aufzupassen.«

»Ist ja nur nachmittags, vormittags sind sie bei Oma Schulte.«

»Näht Oma Schulte immer noch Pantoffeln zusammen?«

Helle nickt nur, Martha aber strahlt den Vater an. »Ich helfe ihr dabei.«

»Bist 'n tüchtiges Mädchen.« Der Vater streichelt ihr zärtlich das Haar.

Hänschen will nicht mehr essen. Er schaut den Vater an und macht den Mund nicht auf. Helle versucht, ihm den Löffel zwischen die Lippen zu schieben, Hänschen jedoch verzieht das Gesicht und preßt die Lippen so fest zusammen, daß kein Durchkommen ist.

»Der ist aber stur!« Der Vater schmunzelt.

Rasch wendet Helle seinen Trick an. Er hält Hänschen die Nase zu und wartet, bis der Kleine den Mund öffnet, um Luft zu holen, dann schiebt er ihm den Löffel in den Mund. Hänschen schreit und weint aus Protest dicke Tränen, den Brei aber schluckt er runter.

»Bist ja 'n ganz raffinierter.« Richtig laut lachen muß der Vater nun. Er stellt Martha auf die Füße, zieht sich den Mantel aus, bringt ihn in den Flur und fragt, als er zurückkommt: »Sag mal, haste nicht auch für mich was zu essen?«

»Wir haben nichts mehr.« Helle ist betroffen. Er würde dem Vater gern was vorsetzen, aber es ist nichts mehr da.

»Und was eßt ihr heute abend?«

»Wenn Mutter nichts mitbringt ... gar nichts.« Helle muß sich zwingen, nicht immer Vaters leeren Ärmel anzublicken. »Doch vielleicht bringt sie ja was mit. Sie geht morgens immer an der Markthalle vorbei.«

Mit gerunzelter Stirn nimmt der Vater den Blechnapf vom Haken über dem Wasserhahn, trinkt Wasser aus der Leitung, tritt ans Fenster und schaut danach lange in den Hof hinaus.

»Steht Mutter immer noch bei Bergmann an der Bohrmaschine?« fragt er schließlich.

»Ja.«

Wieder schweigt der Vater, um dann, noch immer ohne sich umzudrehen, leise zu fragen: »Wart ihr mal bei Erwin?«

Erwin war Vaters Liebling. Er hat es nie gesagt, und auch die Mutter hat nie darüber gesprochen, Helle jedoch hat es immer gewußt. Erwin war ganz anders als er, war klein und dick und immer lustig. Der Vater nannte ihn nur Quirl. Auch in seinen Briefen redete er ihn so an. *Viele Grüße an Martha, Helle und Quirl* stand da jedesmal.

Als Erwin im Winter vor zwei Jahren an der Hungergrippe starb, hatte der Vater lange nicht geschrieben. Er brauchte viel Zeit, um Erwins Tod zu verwinden. Die Mutter fürchtete damals schon, der Vater mache ihr Vorwürfe, glaube vielleicht, daß sie nicht genügend auf Erwin aufgepaßt hätte; und er, Helle, redete sich ein, der Vater hätte es lieber gesehen, wenn er an Erwins Stelle gestorben wäre. Aber natürlich stimmte das nicht. Der Vater hatte ihn auch gern, er hatte ihm das oft genug gezeigt. Er war nur eben immer der Große, war nie so lustig und quirlig wie Erwin.

Der Vater dreht sich um. Er hat noch keine Antwort bekommen.

Schnell erzählt Helle, daß die Mutter jeden dritten oder vierten Sonntag auf den Friedhof geht und daß sie mal Martha und mal ihn mitnimmt. Mehr sagt er nicht, auch nicht, daß er die Mutter gern begleitet. Wenn sie Erwin auch keine Blumen bringen können, weil sie dafür kein Geld haben, so können sie doch Ordnung auf seinem Grab machen, Unkraut herausreißen und an ihn denken.

Einen Augenblick denkt der Vater noch nach, dann tritt er an

Helle heran und zieht seinen Kopf an sich. Helle ist versucht, sich gehenzulassen und den Kopf an den Vater zu pressen, aber dann macht er sich rasch los und geht an den Herd, um Abwaschwasser aufzusetzen.

Schlachtschiffe

Über den Rosenthaler Platz, den Weinbergsweg hoch, eine Querstraße links, und Helle steht vor dem Haus, in dem Fritz wohnt. Er läuft gleich auf den Hof, steckt zwei Finger in den Mund und pfeift.

Im zweiten Stock wird ein Fenster geöffnet. »Ich dachte schon, du kommst nicht mehr.«

»Mein Vater ist zurück«, keucht Helle.

»Komm hoch!« Fritz winkt.

Helle zögert. Fritz' Eltern sehen es nicht gern, daß Fritz sich mit ihm abgibt. Das war schon früher so, als Fritz noch nicht auf dem Gymnasium war, seine Eltern noch in der Invalidenstraße wohnten und sie beide in dieselbe Klasse gingen.

»Ist keiner da. Kannst ruhig raufkommen.«

Das Treppengeländer im Vorderhaus ist mit Engelsköpfen verziert, die Fenster zum Hof bestehen aus bunten, in Bleirahmen gefaßten Glasstücken, die Bäume, Tiere und altertümlich angezogene Menschen darstellen. Die Fenster sind so bunt, daß sie kaum Licht durchlassen, aber das ist auch nicht nötig, das Haus hat elektrisches Licht. Die Leute, die hier wohnen, haben genug Geld, um die teuren Steigleitungen zu bezahlen.

Das Messingschild mit der verschnörkelten Schrift. *F. W. Markgraf* steht drauf. F. W. steht für Friedrich Wilhelm; Fritz und sein Vater haben dieselben Vornamen. Vorsichtig zieht Helle an der Klingel.

Fritz öffnet gleich. »Ist dein Vater auf Urlaub?«

»Nee. Er ist für immer zurück.« Helle betritt den Flur, hält sich aber dicht an Fritz. »Er ist verwundet, hat 'n Arm ab.«

Erst erschrickt Fritz, dann sagt er: »Besser als tot.«

Das werden alle sagen, denen er von Vaters Verwundung erzählt; darauf muß er sich gefaßt machen.

Helle war bisher erst ein einziges Mal in der Wohnung von Fritz' Eltern. Das war irgendwann vor anderthalb Jahren, aber er kann sich noch gut an alles erinnern, denn nie zuvor oder danach hat er eine ähnliche Wohnung gesehen: die hohen Fenster, der Balkon zur Straße, die vielen weißen Tischdecken und Deckchen, die Fritz' Mutter gehäkelt hat und die überall herumliegen, und die Bilder an den Wänden, auf denen halbnackte Frauen hinter Blumensträußen hervorlächeln oder Kinder mit dicken Pausbacken und blonden Lockenköpfen einem Engel entgegenstrahlen, der sich freundlich zu ihnen hinabneigt. Das alles, vor allem aber der fremde Geruch, hat ihn damals sehr beeindruckt.

»Was willste mir denn nun zeigen?«

Fritz geht an das Wohnzimmersofa mit den vielen bestickten Kissen, kniet sich hin und zieht einen Karton unter dem Sofa hervor. Bleisoldaten sind in dem Karton, Bauklötze und allerlei Krimskrams. Dazu ein Heft voll mit Zigarettenbildern von Schlachtschiffen.

»Hab drei neue.« Fritz setzt sich an den großen runden Wohnzimmertisch und breitet die bunten Bilder mit den Kriegsschiffen auf dem Tisch aus. Drei davon legt er vor Helle hin. *SMS* Prinzregent Luitpold, SMS Königsberg* und *Panzerkreuzer Moltke* steht unter den Bildern.

Fritz interessiert sich für alles, was mit Seefahrt zu tun hat. Er wollte schon, als sie noch zusammen zur Gemeindeschule gingen, unbedingt eines Tages zur See fahren, sammelte Schiffswimpel und Bücher über Schiffe und Entdecker und lief nur im Matrosenanzug herum. Das mit dem Matrosenanzug war keine Seltenheit, viele Jungen trugen solche Anzüge, sogar Mädchen gingen in Matrosenkleidern, Fritz aber hatte zu seinem Anzug besonders viele Matrosenmützen – und auf jeder stand der Name eines anderen Schlachtschiffes. Darauf war er sehr stolz, und die anderen Jungen beneideten ihn darum. Auch Helle. Genau wie Fritz träumte er davon, eines Tages zur See zu fahren, und natürlich wäre auch er am liebsten zur Kriegsmarine gegangen.

»Wieviel hast 'n jetzt von den Bildern?«

»Zweiunddreißig. Und darunter nur vier doppelte.« Fritz ist enttäuscht, daß Helle nicht begeisterter ist. »Vielleicht kannste jetzt auch bald mit dem Sammeln anfangen. Oder raucht dein Vater etwa nicht?«

»Mein Vater raucht nur Pfeife.« Helle hat keine Lust, mit Fritz über den Vater zu reden. »War das dein Geheimnis?« fragt er enttäuscht.

»Nee.« Fritz schaut sich um, als könnte sie jemand beobachten. »Diesmal ist es wirklich'n Geheimnis, sogar 'n Staatsgeheimnis. Das darfste nicht weitersagen.«

»Mach schon!« Helle möchte nach Hause zurück, zum Vater, der müde war und sich ein bißchen hingelegt hat. Er wäre gar nicht losgegangen, wenn der Vater nicht gedrängt hätte: »Wenn du dich verabredet hast, mußte auch hingehen. Ich lauf dir ja nicht weg.«

Und als er Martha und Hänschen zu Oma Schulte bringen wollte, sagte der Vater zu Marthas Erleichterung: »Laß die beiden mal bei mir. Wir haben uns so lange nicht gesehen, haben viel nachzuholen.«

Aber wie will der Vater schlafen, wenn Martha auf ihm herumturnt? Und wie will er Hänschen wickeln – mit seinem einen Arm?

Fritz senkt die Stimme, flüstert fast: »Mein Vater hat es meiner Mutter erzählt, als sie in der Küche allein waren. Ich hab's nur ganz zufällig gehört. Er hat meiner Mutter verboten, irgend jemandem was davon zu sagen, weil's 'n Staatsgeheimnis ist und er sonst seinen Posten verliert.«

»Und was hat er erzählt?«

»In Kiel streiken die Matrosen.«

»Die von der Marine?«

»Ja. Sie wollen nicht mehr auslaufen.«

»Aber das dürfen sie doch gar nicht. Das ist ja Meuterei!«

»Ist es ja auch! Und sie haben einen Teil der Meuterer auch schon verhaftet. Aber jetzt streiken die auf den anderen Schiffen auch. Mein Vater sagt, die Matrosen wären alles Rote, Sozis; sie wären nur zu feige, um weiterzukämpfen.«

Helle überlegt nur kurz. »Feigheit kann's nicht sein, auf Meuterei steht der Tod.«

»Und warum verweigern sie sich dann?«

»Vielleicht weil sie mit dem Krieg Schluß machen wollen. Die Arbeiter haben ja auch schon deshalb gestreikt.«

»Mein Vater sagt, wer streikt, is'n Verbrecher, weil er damit dem Feind hilft.«

»Dein Vater hat ja keine Ahnung.« Helle steht auf. »Ist doch gut, wenn endlich Schluß mit dem Krieg ist. Wenn sie deinem Vater einen Arm abgeschossen hätten, würde er auch anders reden.«

»Und wie würde ich dann reden?«

Fritz' Vater! Er steht in der Tür, trägt noch seinen Mantel und hat auch noch seinen Hut, die steife Melone, auf dem Kopf.

»Na, wie würde ich dann reden?«

Helle will an Herrn Markgraf vorbei, der tritt ihm in den Weg. »Meinst du, wir in der Heimat erfüllen nicht unsere Pflicht für Kaiser, Volk und Vaterland? Meinst du, wir opfern uns nicht?« Die Augen in dem schmalen Gesicht mit dem Oberlippenbart blicken streng.

Vorsichtig macht Helle einen Schritt zurück. Fritz' Vater soll nicht versuchen, ihn anzufassen. Sonst rammt er ihm den Kopf in den Bauch. Das hat er schon einmal getan, als ein Betrunkener seine Wut an ihm auslassen wollte. Es war mitten auf der Straße, und der Besoffene ist umgefallen und mit dem Hinterkopf aufs

Straßenpflaster geschlagen. Die Leute, die vorüberkamen, sagten, der Mann habe das verdient. Und wenn Fritz' Vater auch nicht gleich umfällt, nach Luft schnappen muß er bestimmt.

Als hätte Fritz' Vater Helles Gedanken erraten, tritt er plötzlich zur Seite. »Verschwinde! Und laß dich hier nicht wieder blicken. So was wie du ist kein Umgang für meinen Sohn.«

»Helle ist mein Freund!« Fritz preßt das Heft mit den Zigarettenbildern vor die Brust, als müßte er es schützen. »Mein bester Freund.«

»Hol den Stock. Ich werd dir zeigen, wer deine Freunde sind.«

»Hab doch gar nichts getan«, schreit Fritz.

»Du sollst den Stock holen!«

Schnell stolperte Helle über die Türschwelle und läuft durch den engen, dunklen Flur. Dabei stößt er sich an den Schränken und Kommoden und ist froh, als er endlich aus der Tür ist. Fritz kriegt jetzt Prügel, aber er kann ihm nicht helfen; niemand kann Fritz jetzt helfen.

Draußen wird es langsam dunkel. Der Vater und Helle sitzen in der Küche und können sich kaum noch sehen, doch sie zünden die Petroleumlampe nicht an. Erstens gibt es nicht genügend Petroleum, es wird zugeteilt, und zweitens ist es hinausgeschmissenes Geld, die Lampe brennen zu haben, wenn man sie nicht unbedingt benötigt.

Oswin hämmert in seinem Schuppen herum, das Geräusch hallt bis zu ihnen hoch. Helle beugt sich weit vor und schaut durch das geschlossene Fenster in den Hof hinunter. In dem kleinen Fenster von Oswins Schuppen leuchtet trübes, gelbliches Licht; Oswins Ölfunzel. Was er da wohl wieder arbeitet? Voriges Jahr hatte er dem kleinen Lutz zu Weihnachten aus Brettern und alten Rollerrädern einen Wagen gebaut, in den Lutz sich hineinsetzen und über den Hof und durch die Straßen ziehen lassen konnte. Dieses Jahr wird Oswin ein anderes Kind überraschen. Aber es kann auch sein, daß er an seinem Leierkastenwagen herumbastelt, an dem alten Gestell bricht öfter mal ein Rad ab.

»Kommt Mutter immer so spät?«

»Meistens ja. Kommt darauf an, wie lange sie anstehen muß, wenn's irgendwo was gibt.«

Der Vater wollte nicht, daß er zur Mutter in die Fabrik ging, um ihr seine Heimkehr zu melden. Er traut ihm nicht, hat Angst, er könnte sich verplappern und ihr von dem weggerissenen Arm erzählen; er will ihr das schonend beibringen.

Der Vater ist ihm noch immer so fremd, deshalb kann er ihn nie lange ansehen, wendet sich immer gleich ab, schaut auch jetzt lieber in den dunklen Hof hinaus.

Wie viele Menschen in so einem Hinterhaus wohnen! Rund um den Hof sitzen sie jetzt um ihre Petroleumlampen, überall mindestens vier, fünf Personen; meistens Mütter mit ihren Kindern. Und überall reden oder streiten sie miteinander.

Schritte auf dem Hof.

»Ist sie das?«

Helle reißt das Fenster auf, lauscht. »Ja.«

Da zündet der Vater die Petroleumlampe an und dreht den Docht herunter, so daß die Flamme ganz klein bleibt und die Mutter nicht gleich den leeren Ärmel sieht.

Martha, die auf dem Küchensofa eingeschlafen ist, kommt langsam zu sich. Sie reibt sich die Augen, bekommt mit, daß der Vater neben ihr sitzt, und schmiegt sich an ihn, um danach an seiner Seite weiterzuschlafen.

Leise öffnet Helle die Tür zum Treppenhaus und wartet. Die Mutter ist noch nicht im dritten Stock angelangt. Sie ist abends immer so müde von der Arbeit und dem halbstündigen Fußmarsch zurück in die Ackerstraße, da braucht sie lange, bis sie die drei Treppen geschafft hat.

»Na? Warteste schon?« Endlich ist die Mutter oben.

»Wir haben Besuch.« Helle sagt nur, was er mit dem Vater verabredet hat.

»Ist Oma Schulte da?« Noch im Flur zieht die Mutter den Mantel aus und die Kittelschürze über.

»Mutti! Mutti! Va...«

Marthas Ruf aus der Küche wird jäh unterdrückt. Die Mutter verharrt in ihrer Bewegung, dreht sich langsam um und öffnet die Küchentür etwas weiter: Der Vater sitzt im schwachen Licht der Petroleumlampe auf dem Sofa, hält Martha den Mund zu und schaut die Mutter ernst an.

Erschrocken bleibt die Mutter in der Küchentür stehen, fast so, als könne sie nicht glauben, daß der Mann mit dem dichten Vollbart der Vater ist. »Rudi?« fragt sie dann. Erst als der Vater »Ja« sagt, geht sie langsam auf ihn zu.

Der Vater schiebt Martha von seinem Schoß, steht auf und legt den Arm um die Mutter. »Da bin ich wieder«, sagt er leise. »Diesmal ... für immer.«

»Für immer?« Die Mutter dreht den Docht der Petroleumlampe hoch – und schwankt. Sie hat den leeren Ärmel entdeckt.

Der Vater hält sie fest. »Marie!« bittet er. »Es ist schlimm, aber es gibt Schlimmeres. Ich lebe ja noch.«

Da preßt die Mutter ihr Gesicht an Vaters Brust. »Diese Verbrecher!« stöhnt sie. Und dann weint sie endlich.

Martha beginnt nun auch zu heulen. Sie lehnt sich an Helle und schnieft leise vor sich hin. »Freu dich doch«, flüstert Helle ihr zu, »freu dich doch!« Aber auch er hat mit den Tränen zu kämpfen.

Als die Mutter sich ein wenig beruhigt hat, setzt sie sich mit dem Vater aufs Küchensofa, hält ihn fest umschlungen und schaut ihm immer wieder ins Gesicht, als könne sie noch gar nicht richtig glauben, daß sie ihn nun wiederhat. Oder als suche sie etwas in seinem Gesicht.

»Wir haben wirklich noch Glück gehabt«, tröstet der Vater sie. »Was meinste, wie viele meiner Kameraden im letzten Jahr gefallen sind und wie viele junge Männer noch jetzt jeden Tag fallen.« Er erzählt ihr von all dem, was er seit seinem letzten Urlaub erlebt hat, und die Mutter unterbricht ihn nicht, obwohl sie und auch Helle vieles von dem, was der Vater da berichtet, längst wissen. Die Todesnachrichten, die die Frauen in der Fabrik, im Haus und in den Nachbarhäusern erhalten, werden ja immer mehr. *Auf dem Felde der Ehre gefallen* heißt es in diesen Briefen, und oft sind irgendwelche Orden beigelegt, die die gefallenen Männer sich im Krieg verdient haben.

Erst als der Vater seinen Bericht beendet hat, erzählt die Mutter von den vielen Frauen, Kindern und alten Männern, die der Vater kannte und die im letzten Kriegswinter verhungert, erfroren oder der Grippewelle zum Opfer gefallen sind. Sie nennt sie ebenfalls Kriegstote, und Helle weiß warum: Es gibt ja nur deshalb nicht genug zu essen und zu heizen, weil Krieg ist. Der Krieg ist schuld an all dem Elend und der Not. Wären die Menschen vom Hunger nicht so geschwächt, könnte die Grippe sie nicht so leicht hinwegraffen.

Erneut tröstet der Vater die Mutter. »Jetzt sind wir wieder eine richtige Familie«, sagt er und küßt sie. »Jetzt wird alles wieder gut.«

Die Mutter genießt Vaters Trost. Helle sieht ihr an, wie gut es ihr tut, sich endlich einmal gehenlassen zu können, einmal nicht stark sein zu müssen. Aber dann fällt ihr Hänschen ein. »Haste unsere Matzbläke schon gesehen?«

Sie sagt absichtlich Matzbläke, das heißt soviel wie Schreihals, doch ihr Gesicht verrät, wie stolz sie darauf ist, daß es ihr gelungen ist, Hänschen über die ersten Monate zu bringen, in denen so kleine Kinder, wenn sie nicht richtig ernährt werden, leicht erkranken und sterben können.

»Ist 'n Prachtkerl.« Der Vater küßt die Mutter erst auf die Nase und dann auf den Mund.

Die Mutter freut sich, aber sie bleibt ernst. »Es ist schwer, ihn durchzubringen. Es gibt keine Milch, kein Gemüse, keine Eier, keine Butter und keine Margarine, und wenn doch, dann nur zwanziggrammweise. Wir leben von Grütze und Dörrgemüse. Und natürlich von Rüben. Rübenmarmelade, Rübenbrei, Rübensuppe – Suppe aus nichts als Rüben und Wasser! Ein Baby aber braucht Nahrung, nicht nur dickes Wasser.«

Wieder streichelt der Vater die Mutter. Er streichelt und küßt sie immer abwechselnd. Und die Mutter redet weiter, redet sich alles von der Seele. »Wenn es doch mal was gibt, bekommen wir es auch nicht. Ich bin den ganzen Tag auf Arbeit, und Helle ist vormittags in der Schule und muß nachmittags auf die Kleinen aufpassen. Keiner von uns kann sich tagsüber stundenlang anstellen, und abends gibt's nichts mehr. Wir wissen gar nicht mehr, was das für 'n Gefühl ist, mal keinen Hunger zu haben.«

»Vater hat auch Hunger«, sagt Helle da. »Er hat auf dem Transport nichts bekommen, und die Grütze war schon alle, als er kam.«

»Ja, natürlich, du hast Hunger!« Die Mutter ist bestürzt, daß sie nicht gleich daran gedacht hat. »Aber ich hab nichts bekommen – außer ein paar Haferflocken.«

»Dann eß ich eben Haferflocken. Warum soll ich nicht essen, was ihr eßt? Kann ebensogut hungern wie ihr.«

»Du wirst das Hungern erst noch lernen müssen, Rudi«, widerspricht die Mutter besorgt. »Euch an der Front haben sie doch einigermaßen ernährt. Wir hungern nun schon seit über drei Jahren; weiß gar nicht, ob der Krieg in der Heimat nicht vielleicht mehr Opfer gekostet hat als an der Front.«

»Soll ich zu Oma Schulte hochgehen?« fragt Helle. »Vielleicht hat sie was zu essen.«

»Eine gute Idee«, meint die Mutter. »Frag sie, ob sie uns was leihen kann.«

»Nicht doch!« wehrt der Vater ab. »Ich kann doch auch Haferflocken essen.«

Was die Mutter darauf antwortet, kann Helle nicht mehr verstehen. Er ist schon aus der Tür und steigt vorsichtig durchs dunkle Treppenhaus die steile Stiege zu Oma Schulte hoch.

Noch auf der Treppe hält er inne: Was ist denn das für ein Geruch?

Fisch! Bratfisch! Das ganze Treppenhaus riecht nach leckerem, herrlich duftendem Bratfisch. Und der Duft kommt aus Oma Schultes Dachkammer. Wenn er jetzt klopft und nach was zu essen fragt, glaubt Oma Schulte sicher, der Geruch habe ihn hochgelockt.

Aber der Vater hat Hunger!

Zögernd klopft Helle doch. »Ich bin's – Helmut!«

Oma Schulte öffnet. Sie hält eine Öllampe in der Hand und leuchtet ihm damit direkt ins Gesicht. »Was ist denn? Ist was passiert?«

»Vater ist zurück. Mutter läßt fragen ...«

»Dein Vater ist zurück? Das ist aber mal 'ne schöne Nachricht.«

»Mutter läßt fragen, ob du uns nicht was zu essen leihen kannst. Vater hat furchtbaren Hunger, er hat seit zwei Tagen nichts mehr gegessen.«

»Ach Gott! Nee! Wer hat denn in dieser Zeit keinen Hunger? Sie gönnen uns ja nicht mal das Schwarze unterm Nagel.« Oma Schulte seufzt. Aber dann sagt sie: »Na, komm mal mit!« und geht mit der Lampe in der Hand in ihre Küche zurück.

In der Küche sitzt Nauke, Oma Schultes Schlafbursche, und auf dem Teller, den er vor sich hat, liegt ein großes Stück Bratfisch. Auch auf dem anderen Teller liegt ein solches Stück Bratfisch.

»Selbst geangelt!« Nauke grinst.

Nauke arbeitet im Nordhafen, entlädt dort die Zillen, die in die Spree reinkommen. Er arbeitet immer nachts, und nur deshalb geht das mit Oma Schultes Bett: Bevor Nauke morgens von der Arbeit kommt, steht Oma Schulte auf und wechselt das Bettzeug – das Bett, in dem Nauke und sie abwechselnd schlafen, bleibt dasselbe.

Wenn Nauke mal eine Nacht nicht arbeitet, schläft er auf den

Kartons mit den Pantoffeln. Die sind fast so hart wie Oma Schultes Bett, sagt er, zwinkert aber stets dabei.

»Nauke!« bittet Oma Schulte. »Verkneif dir das Essen heute mal. Der Rudi Gebhardt ist aus'm Feld zurück. Er hat Hunger, hat ja tagelang nichts Vernünftiges in den Bauch bekommen.«

Nauke hat das Besteck schon in der Hand. »Rudi Gebhardt? Ist das dein Vater?«

Nauke kennt den Vater nicht, er ist erst im Frühjahr bei Oma Schulte eingezogen. Aber den Leuten im Haus geht es, als lebe er schon ewig unter ihnen. Besonders mit den Kindern hat er sich schnell angefreundet. Gleich am ersten Tag spielte er mit ihnen im Hof Fußball – mit einem Ball aus Lumpen. Es wurde eine Mordsfummelei.

»Fängste dir 'n neuen Fisch, Nauke.« Oma Schulte schiebt ihren Teller vor Helle hin. »Kartoffeln haben wir leider nicht.«

Wie ein Dieb kommt Helle sich vor. Hätte er das gewußt, wäre er nicht zu Oma Schulte hochgegangen. Einem Fremden sein Essen geben, wenn man selber Kohldampf schiebt, ist ziemlich viel verlangt.

»Was soll's? In zehn Minuten wäre die Herrlichkeit sowieso vorbei gewesen. Denken wir einfach, wir hätten schon gegessen.« Nauke steht auf, zieht sich seine Jacke über und knotet sich den Schal um den Hals.

»Herzchen, das is'n Opfer, das dir der Herrgott nie vergißt.« Oma Schulte ist freudig bewegt.

Helle wagt nicht, die beiden Teller zu nehmen. »Mein Vater hat 'n Arm ab«, sagt er leise.

Oma Schulte bekreuzigt sich entsetzt.

Nauke hält unschlüssig seine Mütze in der Hand. »Frankreich?«

Helle nickt stumm.

»Na, dann flitz doch los!« schimpft Oma Schulte. »Die werden ja ganz kalt.«

Immer wenn Oma Schulte bewegt ist und es nicht zeigen will,

schimpft sie. Nauke hat das auch schon erfahren, deshalb zwinkert er Helle wieder mal zu und schimpft nun auch: »Himmelherrgottsakramentnochmal! Verschwinde endlich mit den Dingern.«

Das ist zuviel, Oma Schulte bekreuzigt sich gleich noch mal. »Nauke! Versündige dich nicht.«

»Vor wem?« ärgert Nauke Oma Schulte. »Vor Gott? Mach dir keine Sorgen, dem ist Wurst, was hier unten passiert. Der sitzt auf seiner Wolke, läßt die Beine baumeln und sich selber einen guten Mann sein.«

Oma Schulte ist sehr gläubig, aber nicht fromm. Nauke und sie streiten ziemlich oft; nicht nur über die Kirche und den lieben Gott, sondern gleich über die ganze Welt, über alles und jedes, ernsthaft jedoch verzanken sie sich nie. Im Haus heißt es, die beiden hätten sich gesucht und gefunden: Oma Schulte, die früh Witwe wurde und nie eigene Kinder hatte, behandele Nauke wie eine Mutter oder Großmutter, verlange deshalb sicher auch viel zuwenig Bettmiete, und auch Nauke sehe in ihr wohl so was wie eine Ersatzmutter, weil er seine eigene Mutter früh verlor und deshalb in einem Waisenhaus aufgewachsen ist. Und das stimmt auch: Alles, was Nauke irgendwie ergattern kann, teilt er mit Oma Schulte. Er besorgt ihr Brennholz und Kohlen, damit sie in ihrer Dachkammer nicht friert, steht für sie bei Kalinke an, damit sie ihre Arbeit an der Nähmaschine nicht unterbrechen muß, und im Sommer sind seine Freundin Trude und er sogar mit ihr nach Treptow rausgefahren, um mit ihr an der Spree entlangzuspazieren, weil sie ja sonst nie was Grünes zu sehen bekommt.

Oma Schulte weiß, daß sie, wenn es um das Thema »Lieber Gott« geht, gegen Nauke nicht ankommt, deshalb dreht sie sich nun einfach von ihm weg und beginnt die schmutzige Pfanne zu säubern. Allerdings nicht, ohne so etwas Ähnliches wie »unverschämter Lümmel« und »einer alten Frau den Glauben nehmen« vor sich hin zu murmeln.

»Na denn – bis morgen früh!« Nauke zwinkert Helle ein zweitesmal zu und schiebt ihn mitsamt seinen Tellern ins Treppenhaus hinaus.

Helle will sich noch für den Fisch bedanken, bekommt aber nichts Vernünftiges heraus. Nauke läßt ihn auch gar nicht erst ausreden. »Laß mal!« sagt er. »Den Fisch hat der liebe Gott erschaffen, also bestimmt er auch, wer ihn aufißt. Oder?«

Die große Lüge

»Hat er wirklich freiwillig auf sein Abendessen verzichtet?« Der Vater blickt auf die beiden Teller, als könne er einfach nicht glauben, daß, was Helle da vor ihm aufgebaut hat, tatsächlich ihm gehören soll.

»Nauke ist in Ordnung.« Helle schaut lieber von dem Fisch weg. Er hat Angst, der Vater könnte ihm sonst den Wahnsinnshunger ansehen, den schon allein der Geruch des Fischs in ihm ausgelöst hat. Martha schaut nicht weg. Dicht am Tisch steht sie und blickt mit großen, verlangenden Augen den Vater an. Der Vater schneidet ein Stück ab und schiebt es ihr in den Mund. Sie strahlt und kaut.

»Komm her.« Der Vater winkt Helle.

Helle schüttelt den Kopf.

»Na, nun komm schon! Du hast doch auch Hunger.«

Helle setzt sich auf die Fensterbank und zieht die Beine an.

Verlegen wendet sich der Vater der Mutter zu. »Dich brauch ich wohl gar nicht erst zu fragen.«

»Nein.«

Helle denkt daran, wie er früher dem Vater das Mittagessen auf den Bau gebracht hat. Das war vor dem Krieg, als die Mutter tagsüber zu Hause war und durch Nähen oder Waschen etwas hinzuverdiente und der Vater morgens mit seiner abgewetzten Ledertasche zur Arbeit ging. Wenn die Schule aus war, schickte die Mutter ihn gleich los. Meistens brachte er dem Vater Pellkartoffeln und Quark oder Kartoffelsuppe, aber manchmal auch nur einen Hering und Brot. Der Vater und seine Kollegen machten dann Mittagspause, scherzten und lachten oder unterhielten sich. Er saß dabei und hörte zu. Und Onkel Kramer, einer von Vaters Kollegen, sagte dann: »Helle ist helle, der versteht, was wir reden.« Er verstand es nicht, jedenfalls nicht immer, aber es freute ihn, wenn Onkel Kramer das sagte. Er war ja noch sehr klein, und Onkel Kramer war Vaters bester Freund.

»Nun iß schon!« Die Mutter nimmt ein Stück Fisch und steckt es dem Vater in den Mund. Der Vater kaut und lächelt, als müsse er sich für seinen Hunger entschuldigen.

Der Vater ißt den ganzen Fisch auf, mindestens die Hälfte davon jedoch schiebt er Martha in den Mund. Er macht das sehr geschickt mit seinem einen Arm. Erst zerteilt er den Fisch mit der Gabel, dann spießt er ein Stück auf und hält es Martha oder sich an den Mund. Danach legt er die Gabel neben den Teller und nimmt sich mit der Hand die Gräten von der Zunge.

»Geht schon ganz gut, was?« fragt er vorsichtig lächelnd. »Aber was kann ich außer essen noch mit einer Hand tun? Auf dem Bau können sie einen wie mich nicht mehr gebrauchen.«

»Dann machste eben was anderes«, meint die Mutter.

»Und was? Bin doch kein Studierter, der mit dem Kopf arbeitet; hab immer nur meine Hände gehabt.«

Was der Vater jetzt sagt, geht ihm schon die ganze Zeit durch den Kopf. Helle hat ihm das angesehen. Er hat seine Angst vor der Zukunft nur zurückgehalten, weil er der Mutter das Wiedersehen nicht verderben wollte.

»Wenn du willst, kannste bei uns anfangen«, sagt die Mutter. »Wir brauchen jede Menge Leute.«

»Und als was? Stehen bei euch etwa Einarmige an den Maschinen?«

»Zur Zeit ja. Zur Zeit wird alles gebraucht: Frauen, Greise, halbe Kinder und auch Einarmige.«

»Zur Zeit!« Der Vater wird ärgerlich. »Und was ist, wenn der Krieg vorbei ist und die Männer von der Front zurück sind? Dann werdet ihr nicht mehr gebraucht – und Krüppel auch nicht. Leierkastenmann kann ich dann noch werden, sonst nichts.«

»Sag nicht Krüppel«, bittet die Mutter. »Du bist doch nicht weniger wert, nur weil dir 'n Arm fehlt.« Und leise fügt sie hinzu: »Und überhaupt, warum haste solche Angst? Bin ich nicht da? Hab ich nicht vier Jahre lang drei Kinder ernährt? Meinste etwa, der eine Fresser mehr macht so viel aus?«

»Hast ja recht«, gibt der Vater zu. »Wir wollen uns freuen, daß wir noch am Leben sind, weiter nichts.« Aber dann fängt er doch wieder an: »Bin ja selber schuld daran, daß ich jetzt 'n Invalide bin. Bin ja auch mit Trara ins Feld gezogen ... Wie haben wir Sozialdemokraten immer vor dem Krieg und den Kriegshetzern gewarnt, und dann, als es soweit war, sind wir fast geplatzt vor Vaterlandsliebe und Kaisertreue.«

Helle erinnert sich genau an jenen Tag vor vier Jahren, als die Mutter und er den Vater ins Feld verabschiedeten. Es war ein sonniger Augusttag gewesen, der Krieg hatte gerade erst begonnen. Die Mutter hatte sich für den Vater hübsch gemacht und küßte ihn immer wieder auf den Mund. Der Vater trug einen verschnürten Karton in der Hand und ein kleines schwarzweißrotes Bändchen* im Knopfloch und lachte, weil die Mutter ihn einen Helden nannte. Und so wie der Vater zogen an jenem Tag viele junge Männer mit ihren Kartons durch die Straßen. Sie schwenkten Fähnchen und riefen Sprüche wie *Nieder mit Serbien!* oder *Es lebe Deutschland!*

Annis Vater war auch dabei. Annis Mutter und Anni begleiteten ihn. Anni trug eine schwarzweißrote Schleife im Haar und strahlte jeden an, der dem Zug zuwinkte. Vor dem Bahnhof spielte eine Militärkapelle, die Männer stiegen in den Zug, die Frauen und Kinder winkten ihnen nach, und die Mutter weinte ein bißchen. Jedoch mehr aus Stolz und Rührung; Angst um den Vater hatte sie nicht. Jedenfalls tat sie so. Sie sagte: »Weihnachten ist er ja wieder bei uns.« Das sagten damals alle. Als es dann Weihnachten wurde und der Krieg andauerte, wurde die Mutter immer nachdenklicher.

»Aber Ebert* und seine Leute, all eure Führer haben doch auch gesagt, es gilt, das Vaterland zu verteidigen. Was hättste denn tun sollen? Irgendwem mußteste doch vertrauen.« Die Mutter will nicht, daß der Vater sich Vorwürfe macht; sie will ihm vor sich selbst beistehen, wie Oma Schulte so was immer nennt.

»Das ist es ja eben! Sie haben uns belogen, unsere eigenen Führer! Alles nichts als eine bodenlose, unverschämte Lüge.«

»Und warum ist dann Krieg?« Die Frage beschäftigt Helle schon lange. In der Schule heißt es, Krieg sei, weil die Feindländer Deutschland die Erfolge neideten, die deutsche Arbeit, den deutschen Fleiß, die deutsche Tüchtigkeit, und daß der Feind Deutschland das Schwert in die Hand gedrückt habe.

Der Vater geht an den Küchenschrank, nimmt einen Kochtopf, legt ihn mit der Öffnung nach unten auf den Küchentisch und sagt: »Stell dir vor, das wär 'n Kuchen.«

Martha lacht.

Der Vater teilt den »Kuchen« mit dem Finger in ein paar Teile. »Dieser Teil des Kuchens gehört England, dieser Teil Frankreich und dieser Deutschland. Fällt dir was auf?«

»Unser Teil ist viel kleiner.«

»Richtig. Und nun müßt ihr wissen, daß der Kuchen die Welt darstellen soll. England, Frankreich und Deutschland haben sich überall in der Welt einfach Länder unter den Nagel gerissen.«

»Die Kolonien?«

»Ja, fremde Länder, in denen Franzosen, Engländer und Deutsche eigentlich nichts zu suchen haben. Der deutschen Regierung paßte es nicht, daß England und Frankreich schneller gewesen waren und größere Stücke von dem Kuchen ergattert hatten, deshalb wollte sie den Engländern und Franzosen von den größeren Stücken ’n bißchen was abjagen.«

»Aber ... dann sind ja wir die Neider?«

»So ist es! Seit über zwanzig Jahren versuchen wir, neue Kolonien zu erobern, mal schicken wir unsere Truppen dorthin, mal dahin. Ein paarmal waren wir schon dicht an einem Krieg vorbeigeschlittert, weil unser Kaiser und seine Generäle so laut mit dem Säbel rasselten. Als dann in Serbien der österreichische Thronfolger ermordet wurde, erklärte Österreich Serbien den Krieg – und damit war es passiert!«

»Aber was hat das denn mit uns zu tun?« Helle findet es ungeheuer spannend, was der Vater da erzählt. Noch nie hat jemand so ernsthaft mit ihm über den Krieg gesprochen. Die meisten schimpfen nur, klagen, stöhnen oder jammern.

»Österreich ist unser Verbündeter«, antwortet die Mutter. »Doch wenn mein Freund in die Spree springt, heißt das ja nicht, daß ich ihm nachspringen muß.«

Der Vater nickt. »Wir sind nicht in den Krieg gezogen, um Österreich beizustehen oder um uns unsrer Neider zu erwehren, wie’s uns immer wieder gepredigt wurde, sondern weil wir endlich ’nen Vorwand hatten loszuschlagen. Und auch den anderen Ländern kam die Ermordung von diesem österreichischen Ferdinand nicht ungelegen; wie die Wölfe stürzten sie aufeinander los, um einander die ›Einflußgebiete‹ abzujagen.« Er schiebt den Topf weg, lehnt sich zurück und blickt Helle ernst an. »Du mußt nicht denken, daß ich das alles damals schon gewußt habe. Hätt ich’s gewußt, wär ich lieber ins Gefängnis gegangen und nicht wie so ’n Stück Schlachtvieh in den Krieg gezogen.«

Martha ist ganz still geworden. Sie versteht nicht, was der Vater da gesagt hat, doch sie sieht ihm an, daß es etwas Ernstes war, etwas, bei dem man nicht unterbrechen oder lachen darf.

»Und was haben wir davon, wenn unser Stück Kuchen größer wird?« Helle versteht das alles immer noch nicht so ganz. Es ist doch völlig Wurst, ob da irgend so ein Stück Afrika zu Deutschland gehört oder nicht.

»Du und ich, Mutter und Martha, Hänschen, Oswin und Oma Schulte, wir haben nichts davon. Und der Kaiser und seine Generäle eigentlich auch nicht, die wollen nur ihren Machtbereich vergrößern. Die wahren Nutznießer eines Krieges sind die, die an ihm verdienen – die Industrieherren! So 'n Krieg ist doch 'n tolles Geschäft. Waffen und Munition verbrauchen sich ziemlich schnell, also müssen neue her. Die Industrie stellt sie her, das Militär kauft sie. Immer wieder neue Kanonen, Granaten und Bomben wandern an die Front. Damit werden dann fremde Länder erobert. Wieder für die Industrie. Fremde Länder bedeuten nämlich fremde Kohle, fremdes Erz, fremde Felder! Und natürlich Absatzmärkte! Das heißt, wir beuten sie aus – und verkaufen ihnen hinterher, was wir ihnen abgenommen haben. So 'n Krieg ist in Wirklichkeit nämlich nichts weiter als ein einziger großer Raubzug. Nur: Das darf man uns natürlich nicht sagen, dann könnte es ja passieren, daß wir bei diesem Raubzug nicht mitmachen. Also erzählt man uns, der Feind hätte uns überfallen, ein Erzherzog müsse gerächt werden oder irgendeinen anderen Käse. Und wir marschieren! Lassen uns abknallen für die hohen Herren, opfern unser Leben oder unsere Gesundheit. Wir kosten ja nichts.«

Der Vater hat zum Schluß voller Wut gesprochen. Nun trommelt er mit den Fingern auf dem Küchentisch herum.

»Und die französischen und englischen Soldaten bekommen von ihrer Regierung genau das gleiche erzählt«, fährt die Mutter für den Vater fort. »Unsere Soldaten schießen auf die Engländer und Franzosen, weil's ihnen so befohlen wird, und die Engländer und Franzosen schießen auf uns, weil's ihnen ebenfalls so befohlen wird.«

»Es ist ein Geschäft, nichts als ein Geschäft«, sagt der Vater bitter. »Im Lazarett ging ein Gerücht um. Es hieß, die deutsche Industrie hätte Sprengstoff und andere Rohstoffe, aus denen

Waffen und Munition hergestellt werden können, sogar an den Gegner verkauft.«

Helle guckt ungläubig. »An die Franzosen und Engländer?«

»Auf Umwegen ... ja! Sie sollen das Zeug an Länder verkauft haben, die nicht mit uns im Krieg stehen, aber es war ihnen klar, daß diese Länder das an Frankreich und England weiterverkaufen könnten und auch tun würden.* Bin mir ziemlich sicher, daß an dem Gerücht was dran ist. Und wenn's so ist, hat unsere Regierung davon gewußt. Solche Geschäfte kann man nicht ohne Wissen der Regierung machen.«

Wenn das mit den Lieferungen an den Feind stimmt, bedeutet das, daß auch die französische Granate, die dem Vater den Arm abgerissen hat, mit deutschem Sprengstoff gefüllt gewesen sein könnte. Helle kann das alles noch immer nicht so recht glauben – und doch weiß er, daß es die Wahrheit ist. Der Vater hätte keinen Grund, sich so was auszudenken.

»Und Ebert und seine Leute haben das gewußt! Sie haben es gewußt!« Der Vater trommelt wieder mit den Fingern auf dem Tisch herum. »Und wenn sie es nicht gewußt haben, müssen sie es geahnt haben. Uns aber haben sie mit dummen Sprüchen abgespeist. Alles, was sie uns erzählt haben, war nichts als eine einzige große Lüge.«

»Geld regiert die Welt.« Die Mutter nimmt Martha auf den Schoß, die nun so herzhaft gähnt, als würde sie jeden Moment vor Müdigkeit umfallen. »Für Geld lügt man auch. Und uns zu belügen ist keine große Kunst.«

»Solange wir's uns gefallen lassen – ja.«

»Was sollen wir denn tun?«

»Streiken. Nicht wieder arbeiten gehen, bis die da oben endlich Schluß machen mit diesem Morden.«

»Das wollen wir ja«, antwortet die Mutter seufzend. »Es gibt nur so viele, die sagen, es wäre noch zu früh. Wir sollten der Regierung noch eine Chance geben. Es wird ja verhandelt.«

Der Vater denkt nach und sagt dann leise: »Die darauf hoffen, warten vergebens. Mit dieser Regierung schließt keiner Frieden. Erst muß die Regierung weg, dann gibt's Frieden.«

»Und warum?« will Helle wissen. Daß endlich Schluß mit dem Krieg sein muß, das sagen alle, aber daß erst die Regierung weg muß, damit Frieden sein kann, das hört er zum erstenmal.

Der Vater blickt Helle lange nachdenklich an. Schließlich sagt er: »Ich will dir nur ein einziges Beispiel nennen, warum man mit der kaiserlichen Regierung nicht verhandeln darf; allerdings eins, für das ich mich am meisten schäme: Es gibt da so ein internationales Abkommen, das von allen kriegführenden Ländern verlangt, im Krieg kein Gas einzusetzen, weil das Kampfgas eine besonders grausame Waffe ist. Dieses Abkommen hat auch die deutsche Regierung unterzeichnet. Die anderen Länder haben sich an dieses Abkommen gehalten. Wir nicht, wir haben als erste doch Gas eingesetzt. Viele tausend Soldaten sind deshalb erblindet. Und so ist das nun mal: Wer sich an dieses Abkommen nicht hält, wird sich auch an andere Vereinbarungen nicht halten. Das heißt auf deutsch, man kann unserer Regierung nicht trauen.«

»Und wie bekommt man eine neue Regierung?«

»Es gibt zwei Möglichkeiten. Entweder die alte tritt freiwillig zurück – oder sie wird abgesetzt. So was nennt man dann Revolution!«

Das Wort Revolution hat Helle in den letzten Tagen schon ein paarmal gehört, auch Nauke hat oft darüber gesprochen, aber so ganz verstanden hat er es nie. Jetzt begreift er: Revolution bedeutet, daß der Kaiser fortgejagt und Schluß mit dem Krieg gemacht wird. Aber sicher geht das nicht ohne Kämpfe ab, sicher wird dann auch geschossen werden ...

»Ein Zeichen«, sagt die Mutter, »irgendwer müßte ein Zeichen setzen. Die Unruhe unter den Arbeitern ist so groß, wenn irgendwo angefangen wird, machen alle mit.«

»Vielleicht der Streik der Matrosen?« entfährt es Helle.

»Matrosen? Welche Matrosen?«

Helle erzählt, was Fritz ihm anvertraut hat. Er hat ein schlechtes Gewissen dabei, weil er Fritz versprochen hat, nicht darüber zu reden, doch jetzt kann er es nicht für sich behalten.

Der Vater sieht die Mutter an. »Und ihr wißt nichts davon?«

»Bis jetzt jedenfalls nicht.«

»Wenn das stimmt!« Der Vater guckt auf einmal ganz erregt. »Wenn das stimmt ... Das wär' wirklich 'n Zeichen!«

»Aber warum wissen wir nichts davon?«

»Weil die in der Wilhelmstraße* Angst davor haben, daß der Streik um sich greift und es Ebert und Scheidemann* nicht länger gelingt, euch im Zaum zu halten. Ist doch klar, die wollen das so lange wie möglich vertuschen. Ihr sollt brav weiterarbeiten, sollt ...«

Hänschen schreit. Er ist aufgewacht und hat gemerkt, daß er allein in der Schlafstube ist. Die Mutter geht, um Martha, die, satt wie nur selten zuvor in ihrem Leben, auf ihrem Schoß eingeschlummert ist, ins Bett zu bringen und Hänschen zu wickeln. Nur der Vater und Helle bleiben in der Küche zurück.

Starr guckt Helle in die flackernde Petroleumlampe. Eins ist ihm da noch nicht so richtig klar: Wer soll denn regieren, wenn der Kaiser und seine Regierung verjagt sind?

»Wir«, antwortet der Vater, als Helle ihm die Frage stellt. »Oder denkste, unter uns gibt's keine klugen Köpfe?«

Helle denkt nach. Da ist noch was, was ihn bedrückt. »Aber ... wenn's zum Kampf kommt, dann ist die Revolution ja auch so 'ne Art Krieg.«

Der Vater zieht überrascht die Augenbrauen hoch. »Ja. So 'ne Art Bürgerkrieg.«

Helle schweigt.

»Weißte«, sagt der Vater da leise, »manchmal kann man einen Krieg nur durch Krieg beenden.«

Das ist ein dicker Brocken. Den muß Helle erst mal verdauen. Er zieht sein Hemd aus und stellt sich an den Wasserhahn, um sich zu waschen. Der Vater schaut ihm dabei zu, sagt aber nichts mehr, ist mit seinen Gedanken ganz woanders.

Lieber Erich!

In dieser Nacht schläft Helle schlecht. Es ist nicht nur, weil Martha, die dem Vater Platz machen mußte, mit ihm im Bett liegt und sie sich beide jedesmal, wenn einer sich auf die andere Seite dreht, gegenseitig stören, es ist auch das Zeug, das er träumt: Der Vater, wie er seinen Arm verliert und sich in Schreikrämpfen windet ... blinde Soldaten, die über ein Schlachtfeld laufen ... Schlachtschiffe ohne Matrosen ...

Als die Mutter ihn weckt, kommt er nur langsam zu sich.

»Biste richtig wach?«

»Ja.«

»Dann laß Vater schlafen. Bring die Kleinen zu Oma Schulte hoch, ja?«

Helle nickt nur müde. Doch kaum ist die Mutter aus der Wohnung, steht er auf. Es ist zu gefährlich liegenzubleiben. Womöglich schläft er wieder ein und kommt zu spät in die Schule. Der Förster versteht keinen Spaß, wenn einer zu spät kommt.

Draußen ist es noch stockfinster, aber Hänschen ist schon wach. Er sitzt im Schein der Petroleumlampe auf dem Küchensofa, auf dem die Mutter ihm abends immer das Bett macht, und strahlt Helle an. Helle rückt die Stühle beiseite, die die Mutter vor das Sofa geschoben hat, damit Hänschen in der Nacht nicht herunterfällt, nimmt den Bruder auf den Arm, schmust ein bißchen mit ihm und legt ihn wieder zurück, um sich unter dem Wasserhahn zu waschen.

Das Wasser ist kalt und erfrischt, aber der Abfluß stinkt. Es stinkt aus dem Rohr, und es stinkt unter dem Becken, wo die Feuchtigkeit Schimmelpilze wachsen läßt. Helle nimmt die

Lampe vom Tisch und beleuchtet die Gegend um den Abfluß. Das Rattenloch dicht über der Diele, das er schon so oft mit Brettern vernagelt hat, ist wieder durchgenagt. Er wird mit dem Vater darüber reden. Sie müssen versuchen, Zement zu bekommen, und das Loch damit zuschmieren.

Als er fertig ist, geht er in die Schlafstube zurück, um Martha zu wecken. Doch die Schwester liegt nicht mehr in seinem Bett, in dem sie nun herrlich viel Platz hätte. Sie hat sich zum Vater gelegt, verschränkt die Arme unterm Kopf und gibt Helle zu verstehen, daß sie so liegenbleiben möchte. Sofort packt er ihre Arme und zieht sie hoch. Martha sträubt sich, droht flüsternd: »Ich schreie!«

»Schrei doch!« Helle trägt die Schwester auf den Armen durch die Stube. »Dann weiß Vater gleich, was für 'ne Zimtzicke du bist.«

»Selber Zimtzicke!«

Martha dreht den Wasserhahn nur ganz wenig auf, betupft sich das Gesicht mit nassen Fingern und schielt zu Helle hin. Der nimmt die Herausforderung an. Er packt Marthas Kopf, drückt ihn unter die Wasserleitung und dreht das Wasser voll auf. Erst als die Schwester wie am Spieß losschreit, läßt er von ihr ab.

»Du Stinker!« schreit Martha, und dann heult sie.

»Was gibt's denn?«

Der Vater steht in der Tür. Der leere Ärmel seines Unterhemdes ist zu einem Knoten zusammengebunden. Helle und Martha starren den Knoten an, bis Helle der Schwester das Handtuch reicht. »Sie will sich nicht waschen.«

»Du lügst!« schreit Martha.

Hänschen schaut von einem zum anderen, begreift nichts und überlegt wieder mal, ob er weinen oder lachen soll.

Der Vater setzt sich aufs Sofa und nimmt Hänschen auf den Arm.

»Was eßt ihr denn jetzt?«

»Haferflocken.« Helle holt die Tüte aus dem Schrank.

»Mit Wasser?«

»Ja.«

Martha kriecht aufs Sofa und schmiegt sich an den Vater. »Ich will nicht zu Oma Schulte hoch«, bettelt sie. »Will bei dir bleiben.«

»Bleibste ja auch.«

»Mutter hat gesagt, ich soll die beiden Kleinen bei Oma Schulte abliefern.« Helle nimmt den Feuerhaken, kratzt die Asche aus dem Herd und legt Papier hinein. Darauf legt er ein paar Späne von den Kistenbrettern, die Oswin gestern aus der Markthalle mitgebracht hat, und zündet das Papier an. »Du sollst dich ausschlafen«, sagt er danach zum Vater.

»Bin nicht mehr müde.«

»Aber Martha muß Oma Schulte helfen«, wendet Helle ein, während er Wasser in einen Topf laufen läßt.

»Ich geh nachher zu ihr hoch«, antwortet der Vater. »Muß mich ja auch noch für den Fisch bedanken.«

Achselzuckend stellt Helle den Topf auf das flackernde Feuer, nimmt dem Vater Hänschen ab und wäscht dem Bruder mit einem nassen Waschlappen das Gesicht. Der wehrt sich dagegen, aber gegen Helles geschickte Griffe kommt er nicht an.

»Ob du mich wohl rasieren könntest?« Der Vater fährt sich mit der Hand über den Bart. »Mit links geht's einfach nicht, bei so einem dichten Bart. Wenn er erst mal runter ist, kann ich üben, aber solange er drauf ist ...«

»Kann's ja mal probieren.« Helle setzt Hänschen wieder auf Vaters Schoß und kümmert sich um die Haferflocken. Als der Brei fertig ist, versucht der Vater, Hänschen zu füttern. Er legt ihn sich so vor den Bauch, daß er seinen Kopf mit dem Armstumpf halten kann. Es würde gehen, wenn Hänschen stillhalten würde, aber der kleine Bruder schreit so lange, bis Helle ihn dem Vater wieder abnimmt, beruhigt und selber füttert.

»Er wird sich schon noch an mich gewöhnen«, tröstet sich der Vater. »Es dauert eben seine Zeit.«

Als Helle Hänschen gefüttert hat, ißt er schnell seine Haferflocken, nimmt den Ranzen und die Joppe, sagt »Tschüs« und läuft auch schon die Treppe hinunter.

Auf der Straße ist es noch dunkel. Das Licht der Gaslaternen spiegelt sich in den Pfützen wider. Er beginnt zu laufen und wird erst langsamer, als er Ede um die Ecke kommen sieht.

»Mein Vater ist zurück.«

»Gesund?«

»Nee, 'ne Granate hat ihm 'n Arm abgerissen.«

Ede sagt nicht »Besser als tot«, Ede sagt gar nichts. Aber das verwundert Helle nicht, Ede ist oft sehr schweigsam, besonders in der Schule, in der er auch in den Pausen nie den Mund aufmacht. Das liegt einerseits daran, daß er jeden Morgen um vier Uhr aufstehen muß, weil er vor Schulbeginn noch Zeitungen austrägt und hinterher immer müde ist, andererseits aber auch an der Schule. Denn nach der Schule ist Ede ganz anders, dann ist er lustig, und es fallen ihm die besten Schimpfwörter ein. Ede würde zum Beispiel nie sagen »Du bist doof«, Ede würde sagen »Dir hat 'n Elefant den Kopf zugeschissen« oder irgendwas anderes Selbstausgedachtes. Wenn er gute Laune hat, fallen Ede jede Menge solcher Vergleiche ein. Morgens jedoch ist er nie in der Stimmung dazu.

»Das mit Bommel gestern«, sagt Ede jetzt, und er zermahlt die Wörter fast im Mund, weil er eigentlich keine Lust zum Reden hat, »das hätteste nicht machen brauchen. Kann mich selber verteidigen.«

Klar kann Ede das! Und klar war es dumm von ihm, sich mit Bommel anzulegen; noch dazu, wo Bommel einer derjenigen ist, die man nicht ernst nehmen darf. Bommel kann nun mal den Mund nicht halten, muß immer irgend etwas sagen, und wenn es der größte Blödsinn ist und er selbst nicht daran glaubt. Trotzdem: Es macht ihn wütend, wenn einer über Ede herzieht; er hat dann immer das Gefühl, Ede verteidigen zu müssen. Dabei sind sie nicht mal richtige Freunde, kennen sich nur von ferne. Erst seit Ede Ostern sitzenblieb und in seine Klasse kam, hat er ihn ein wenig näher kennengelernt. Aber nicht zu nahe. Da paßt Ede schon auf, daß er mit niemandem in der Klasse zu vertraut wird.

»Haste das blöde Lied gelernt?«

Helle nickt. Er kann ja nachmittags nie weg, weil er auf Martha und Hänschen aufpassen muß. Da gluckt er immer in der Küche herum und lernt schon aus Langeweile für die Schule, ob es ihn nun interessiert oder nicht.

»Ich nicht«, sagt Ede. »Hatte was anderes zu tun.«

Helle ist überzeugt davon, daß Ede etwas anderes zu tun hatte. Seine Familie ist vom Pech verfolgt. Erst hat es seinen Vater erwischt, der einer der Obleute* war, die die Januarstreiks organisierten. Als die Regierung Polizisten mit blankgezogenen Säbeln in die Menge reiten ließ, wurde Edes Vater verletzt und verhaftet. Seither sitzt er im Gefängnis am Alexanderplatz und kann sich nicht mehr um die Familie kümmern. Edes Mutter hat das alles so aufgeregt, daß sie bei der Arbeit nicht aufpaßte und unter der Stanze zwei Finger verlor. Jetzt hat sie Angst vor der Stanze, muß als Kantinenfrau arbeiten und verdient weniger. Und zu allem Übel ist nun auch noch Edes Schwester Lotte erkrankt. Es heißt, sie habe die galoppierende Schwindsucht*; und wenn das stimmt, muß sie sterben.

Ede ist der einzige, der noch tagsüber zu Hause ist, alles lastet auf ihm: anstehen, um einzukaufen, die Schwester besuchen, auf den kleinen Bruder Addi aufpassen, kochen und putzen und nachmittags auch noch Pferdeäpfel sammeln gehen. Die Schrebergartenbesitzer zahlen ihm fünf Pfennig für den Eimer. Aber nur, wenn sie halbwegs frisch sind, sonst taugen sie als Dünger nicht soviel.

Über den Schulhof schrillt schon die Klingel. Helle und Ede müssen sich beeilen und schaffen es gerade noch, sich hinten an die in Zweierreihen angetretene Klasse anzustellen, bevor die riesige Tür zu dem roten Backsteingebäude der Jungenschule geöffnet wird und sie von den jeweiligen Klassenlehrern in ihre Klassenräume geführt werden.

Bommel feixt: »Eine Minute später, und der Förster hätte sich gefreut.«

Er hat ein blaues Auge, aber er ist Helle nicht mehr böse; im Gegenteil, sein Grinsen verrät, daß er sich wieder mit ihm vertragen möchte.

Zwei Lehrer treten aus der Tür, es sind die beiden F – Herr Förster und Herr Flechsig. Sie werden die beiden F genannt, obwohl sie so gut wie nichts miteinander gemein haben: Herr Förster gilt als ekligster aller Lehrer, Herr Flechsig als in Ordnung. Herr Förster macht Jungen wie Ede, die morgens schon die Treppenhäuser rauf- und runterflitzen müssen und es danach kaum schaffen, im Unterricht nicht einzuschlafen, das Leben schwer; behandelt die Zeitungs-, Milch- und Brötchenjungen oft so, als sei es ihre Schuld, daß sie todmüde in die Schule kommen. Herr Flechsig versucht, gerade diesen Jungen den Unterricht zu erleichtern.

Herr Flechsig begrüßt seine Klasse und läßt sie gleich ins Haus.

Herr Förster schreitet erst einmal die Reihen ab, rückt hier was zurecht, schiebt da jemanden etwas näher an seinen Nebenmann heran und sagt erst dann: »Guten Morgen!«

»Guten Morgen!« antwortet die Klasse im Chor.

»Guten Morgen!« wiederholt Herr Förster.

»Guten Morgen!« brüllt die Klasse.

Herr Förster überlegt, ob er mit der Lautstärke zufrieden sein soll, dann läßt er es bei der einmaligen Wiederholung des Morgengrußes bewenden und geht vor der Klasse her durch das Schulgebäude.

Herr Förster war auch Soldat. Vor zwei Jahren wurde er durch einen Granatsplitter an der Hüfte verletzt und als kriegsdienstuntauglich aus dem Heer entlassen. Seitdem hinkt er. Bommel behauptet, der Splitter stecke noch in der Hüfte. Ob das stimmt, wird die Klasse nie erfahren, denn Herr Förster spricht zwar oft und gern über Kriege und Heldentaten, über seine eigenen Kriegserlebnisse aber schweigt er. Nur ein einziges Mal kam er auf seine Verletzung zu sprechen, da sagte er, sie sei ein Opfer fürs Vaterland.

Über dem Lehrerpult ist ein Kaiserporträt angebracht, und darüber ein Spruch: *Was ich bin und was ich habe, verdank ich dir, mein Vaterland.* Herr Förster stellt sich immer genau unter Porträt und Spruch, wenn er mit der Klasse das Morgengebet spricht. Das sieht ulkig aus, denn Herr Förster trägt den Bart genauso hochgezwirbelt wie der Kaiser und gibt sich auch sonst alle erdenkliche Mühe, ihm ähnlich zu sehen. Darüber lachen jedoch darf niemand; Lachen im Unterricht ist für Herrn Förster das schlimmste Verbrechen.

»Setzen!«

Die Klasse setzt sich, aber Günter Brem ist zu langsam. Herr Förster verzieht das Gesicht, als schmerze ihn das Geräusch, das Günter beim Hinsetzen macht.

»Aufstehen!«

Die Jungen stehen wieder auf.

»Setzen!«

Diesmal klappt es. Alle setzen sich gleichzeitig, nur ein einziges Geräusch ist zu hören. Sofort streckt Herr Förster den Zeigefinger aus. »Krause! O Deutschland hoch in Ehren.«

Franz steht auf, steht da wie eine Eins und rattert den Text des Liedes herunter.

Herr Förster ist nicht zufrieden. »Hanstein! O Deutschland hoch in Ehren. Mit Betonung.«

Ede steht auf, schiebt sich das Haar aus der Stirn und blickt sich ratlos um.

»O Deutschland hoch in Ehren«, flüstert Helle.

»O Deutschland hoch in Ehren ...«

»Du heil'ges Land der Treu!«

»Du heil'ges Land der Treu!«

»Hoch leuchtet deines Ruhmes Glanz ...«

»Hoch leuchtet deines Ruhmes Glanz ...«

»Gebhardt!« Herr Förster stürzt auf Helle zu und zieht ihn am Ohr aus der Bank.

»Was ist denn?«

»In die Ecke!«

Ein Grinsen verbergend, geht Helle nach vorn und stellt sich in die Ecke.

»Weiter, Hanstein!« Herr Förster baut sich dicht vor Ede auf.

Ede schweigt.

»Weiter, Hanstein!«

»Weiß nicht weiter.«

»Vollständiger Satz!«

»Ich weiß den Text nicht weiter.«

»So? Na, das wäre ja auch ein Wunder gewesen.« Herr Förster geht zwischen den Reihen hindurch und hält der Klasse eine seiner üblichen Strafpredigten. Von Deutschlands Größe spricht er, die in Gefahr sei, von Pflichterfüllung an der Front und in der Heimat und von gewissenlosen Elementen, die die heiligen Werte der Nation zerstörten. »Mit einer Jugend, die nicht erkennt, welche Aufgaben sie erwartet und wo ihr Platz ist, ist Deutschland verloren«, sagt er zum Schluß. Dann geht er zum Schrank, nimmt den Rohrstock heraus und knallt ihn auf das Pult.

»Aufstehen!«

Die Klasse steht auf.

»O Deutschland hoch in Ehren. Alle!«

»O Deutschland hoch in Ehren«, beginnt die Klasse im Chor, während Herr Förster mit dem Stock den Rhythmus auf das Pult schlägt.

»Setzen!« Herr Förster ist nicht zufrieden. Er hat mitbekommen, daß nur wenige den Text auswendig konnten. »Ordnung, Fleiß und Sauberkeit sind die Grundregeln für jeden, der ein brauchbarer Mensch sein will«, beginnt er seine nächste Predigt.

Helle hört nicht zu, er kennt Herrn Försters Predigten, es sind immer dieselben. Vorsichtig dreht er sich um und lächelt Ede zu. Ede lächelt zurück.

Herr Förster hat Edes Lächeln bemerkt. Sofort tritt er auf Helle zu. »Hände vor!«

Helle streckt die Hände aus und beißt sich auf die Lippen. Herr Förster hebt den Stock – Helles Hände zucken zurück.

»Hände vor!«

Da schließt Helle die Augen und streckt die Hände weit von sich. Der Rohrstock saust nieder, ein wahnsinniger Schmerz zuckt durch die Finger. Er muß sich auf die Lippen beißen.

»Hände vor!«

Wieder streckt Helle die Hände aus. Noch viermal schlägt Herr Förster zu, dann verlangt er: »Sprich mir nach: Ich darf nicht vorsagen.«

»Ich darf ... nicht vorsagen.«

»Ich habe, wenn ich in der Ecke stehe, nicht zu lachen.«

»Nicht ... lachen.«

»Vollständiger Satz!«

»Ich habe ... wenn ich in der Ecke stehe ... nicht zu lachen.«

»Setzen!«

Helle setzt sich. Er sieht niemanden an dabei, er weiß, einige werden ihn bedauern, andere schadenfroh grinsen; es ist jedesmal dasselbe.

»Lesebuch raus!«

Herr Förster diktiert mit dem Rohrstock in der Hand: »Eins, zwei, drei.«

Bei *eins* muß das Buch hervorgeholt sein, bei *zwei* hochgehalten werden, bei *drei* auf dem Tisch liegen. Diesmal ist es Bertie, der hinterherhinkt.

»Nicht mal das beherrscht ihr!«

Herr Förster läßt das Buchrausnehmen wiederholen.

Über Helles glühende Finger ziehen sich dunkelrote Striemen. Vorsichtig versucht er, durch Pusten die Schmerzen etwas zu lindern.

»Bücher auf! Seite 38.«

Die Jungen schlagen die Bücher auf.

Bommel stellt sich vor Helle hin und preßt die Lippen aufeinander. »Vollständiger Satz, Gebhardt!« ahmt er Herrn Förster nach. Und dann sagt er den vollständigen Satz: »Lecken Sie mich am Arsch, Herr Förster!«

Die Jungen lachen, und Helle lacht mit, obwohl ihm nicht danach zumute ist. Er ist schon oft in der Schule geprügelt worden, doch er kann die Prügel nicht so wegstecken wie zum Beispiel Günter Brem, der nur sagt: »Keile vergeht, und der Arsch besteht«. Er ist hinterher jedesmal gekränkt, obwohl er weiß, daß das dumm ist: Es lohnt nicht, sich über die Schule zu ärgern.

Ede wartet, bis Helle sich von den anderen Jungen getrennt hat. »Willste mitkommen? Ich weiß 'ne Klau-Gelegenheit.«

»Und was gibt's da?«

»Mal Mehl, mal Zucker, mal Mais.«

Helle hat schon öfter geklaut. Mit Nauke ist er vor ein paar Wochen auf einen mit Kartoffeln vollbeladenen LKW geklettert, der die Elsässer in Richtung Prenzlauer Allee runterdonnerte und an einer Kreuzung warten mußte. Vom Rosenthaler Platz bis zur Ecke Prenzlauer hatten sie Zeit, sich die Kartoffeln in die Hosen- und Jackentaschen und ins Hemd zu stopfen. Dann mußten sie abspringen, sonst wäre der Heimweg zu weit geworden.

Ede biegt in eine Seitenstraße ein, blickt in eine Toreinfahrt, schaut sich vorsichtig um und geht auch schon in die Einfahrt hinein. »Wenn einer fragt, wir kommen von Onkel Paul«, flüstert er Helle zu, »von Paul Hanstein.«

Der Hof ist kein üblicher Hinterhof, sondern ein Stadt-

Bauernhof. Die meisten Ställe stehen sicher schon lange leer, stinken aber noch immer nach Mist. Über den Ställen ist ein Speicher mit einer Luke, und an der Luke ist ein Verladekran angebracht.

Ede verschwindet in einem Seitenaufgang und steigt rasch die steile Stiege empor. Vor einer alten, bereits ziemlich morschen Lattentür bleibt er stehen, löst eines der schmalen Bretter und lehnt es an die Wand. Danach entfernt er weitere Bretter, bis die Öffnung groß genug ist, daß sie hindurchschlüpfen können. Im Halbdunkel erkennt Helle Säcke. Er betastet einen. »Mensch, gelbe Erbsen!«

Sofort drückt Ede Helle seinen Ranzen in die Hände, bindet einen der Säcke auf, langt mit beiden Händen zu und läßt die Erbsen direkt auf Bücher und Hefte prasseln. Als sein Ranzen voll ist, sagt er: »Jetzt du!«

Helle nimmt seinen Ranzen ab, öffnet ihn und läßt die harten Erbsen nun auch auf seine Schulbücher prasseln. Als auch bei ihm nichts mehr hineingeht, bindet Ede den Sack wieder zu und pufft so lange an ihm herum, bis er sich in der Größe kaum noch von den anderen unterscheidet. Gleich darauf huschen sie ins Treppenhaus zurück, drücken die Türbretter wieder auf die Nägel und steigen langsam die Treppe hinab.

Helle muß sich beherrschen, um mit seiner Beute nicht einfach davonzulaufen. Doch er sieht ein: Laufen würde auffallen.

Als die beiden Jungen durch den Hausflur hindurch sind, biegt eine Pferdekutsche in die Hofeinfahrt ein. Der Kutscher schaut ihnen mißtrauisch nach.

»Wem gehört eigentlich der Hof?« fragt Helle, als er sicher ist, daß der Kutscher ihnen nicht nachgelaufen kommt.

»Dem Briegel. Das is'n Fuhrunternehmer. Onkel Paul war mal bei ihm Kutscher«, antwortet Ede und fügt dann noch hinzu, daß der Briegel ein Geizkragen sei, der seine Leute schlecht bezahle, obwohl er gut verdiene. »Als mein Onkel fiel, ist meine Tante fast verhungert, aber der Briegel hat keine einzige Haferflocke rausgerückt. Da ist mir das Lager eingefallen, weil ich Onkel Paul früher manchmal beim Aufladen geholfen hab. Jetzt hole ich uns da ab und zu was. Der Briegel hat sowieso genug, und die, die er beliefert, auch.«

Ede bleibt vor einer Straßenpumpe stehen, wartet, bis Helle pumpt, und trinkt dann von dem eiskalten Wasser. Als er genug getrunken hat, pumpt er, und Helle trinkt.

»Wenn du willst, kannste ja noch mit hochkommen.«

Helle zögert. Edes Schwester – die Schwindsucht ist anstekkend.

Ede errät Helles Gedanken.

»Brauchst keine Angst zu haben. Lotte ist im Krankenhaus und Addi bei 'ner Nachbarin.«

»Hab keine Angst vor Kranken. Hab nicht mal Angst vor Toten, aber anstecken will ich mich trotzdem nicht.«

Das kann Ede verstehen; Helle wäre dumm, würde er was anderes sagen.

Die Gartenstraße sieht genauso aus wie die Ackerstraße, es gibt kaum einen Unterschied. Und auch das Haus, in dem Ede wohnt, die dunklen Höfe und der bröckelnde Putz, die feuchten Wände im Treppenhaus und das eine Klo für den gesamten Seitenaufgang im dritten Hinterhof erinnern Helle an die Ackerstraße. Sogar die Hansteinsche Küche sieht aus wie die der Eltern. Nur steht da, wo zu Hause das Sofa steht, eine Holzbank. Und über der Holzbank hängt ein kleines Foto in einem ovalen Rahmen. Es ist das einzige Bild an der Wand, deshalb sieht es seltsam verloren aus.

»Dein Vater?«

Ede schaut nicht zu dem Bild hin. »Jetzt sitzt er schon fast ein ganzes Jahr auf'm Alex.«

»Haste ihn mal besucht?«

»Darf ich nicht. Nur Mutter darf hin.«

Ede kippt seinen Ranzen auf dem Küchentisch aus. Einige Erbsen kullern auf den Fußboden. Helle hilft beim Auflesen, bis

Ede plötzlich den Kopf hebt. »Soll ich dir mal seinen letzten Brief zeigen?«

»Schreibt er dir Briefe?« Die Frage ist ein bißchen dumm, aber Helle ist so überrascht von Edes Angebot, daß er nicht weiß, was er sonst sagen soll.

Ede geht an den Küchenschrank und legt einen Brief auf den Tisch. Sorgfältig wischt Helle sich die Hände am Hosenboden ab, nimmt den Brief und liest, was da in sehr großer und deutlicher Handschrift geschrieben steht:

Lieber Erich!

Nun haben wir uns schon fast ein ganzes Jahr nicht mehr gesehen. Mutter hat mir erzählt, wie tüchtig Du bist. Ich bin sehr stolz auf Dich und verlasse mich darauf, daß Du auch weiterhin weißt, was Du tun mußt. Wenn Du es mal nicht weißt, frag Mutter.

Geht in der Schule alles klar? Oder machen sie Dir meinetwegen Schwierigkeiten? Wenn sie das tun, sind sie im Unrecht; man darf Dich nicht für etwas verantwortlich machen, was Dein Vater getan hat – ob es recht war oder unrecht, spielt dabei keine Rolle.

Mutter hat mir erzählt, daß Du Dich seit meiner Verhaftung sehr zurückgezogen hast. Du hättest keinen Freund, sagt sie. Lieber Erich, es ist nicht gut, keine Freunde zu haben. Wenn Du mal in Schwierigkeiten kommst, wirst Du mir recht geben. Wenn ich ganz allein wäre, Euch nicht hätte und auch keine Genossen und Freunde, hier drinnen oder draußen, könnte ich das alles nicht ertragen.

Von mir gibt es nicht viel Neues zu berichten, ich bin gesund und frohen Mutes.

Grüße Mutter, Lotte und Addi von mir.

Dein Vater

Still legt Helle den Brief zurück. Er weiß nun, weshalb Ede wollte, daß er diesen Brief liest. »Kann dir ja mal beim Pferdeäppelsammeln helfen. Umsonst natürlich.«

Ohne ihn anzuschauen, steckt Ede den Brief in den Umschlag zurück. »Heute geht's nicht, heute muß ich zu Lotte. Aber morgen ...?«

Helle nimmt seinen Ranzen. »Prima, also morgen!« Er hat ja nun nachmittags wieder Zeit.

Ede bringt Helle noch zur Tür, sagt aber nichts mehr. Erst als Helle schon über den Hof läuft, reißt er schnell das Fenster auf und ruft laut hinunter: »Aber nur, wenn wir teilen! Halbe-halbe, abgemacht?«

»Abgemacht«, schreit Helle zurück.

Oswin aus der Ackerstraße

Aus einem Hofdurchgang dringt Leierkastenmusik auf die Straße. Helle geht durch den Hausflur und lehnt sich im ersten Hof an die Wand. Diesen Leierkastenmann kennt er – es ist Oswin, Oswin aus der Ackerstraße, wie er in der ganzen Gegend nur genannt wird.

Oswin spielt erst die *Berliner Luft*, dann *Glühwürmchen, Glühwürmchen, schimmre, schimmre, Glühwürmchen, Glühwürmchen, flimmre, flimmre* und zum Schluß *Es war in Schöneberg, im Monat Mai, ein kleines Mädelchen war auch dabei*. Im Gegensatz zu den meisten Leierkastenmännern singt Oswin den einen oder anderen Liedtext mit, schnarrt ihn im Rhythmus seiner Orgel mehr laut als schön herunter, aber den Leuten gefällt es, es macht sie großzügiger. Heute jedoch hat Oswin das letzte Lied umsonst mitgesungen, nirgends wird ein Fenster geöffnet, kein in Zeitungspapier gewickeltes Geldstück fliegt in den Hof.

»Früher sagte man, Arm gibt gern«, knurrt Oswin mürrisch, als er Helle bemerkt. »Heute haben nicht mal mehr die Armen was zum Geben. Schlimmer kann's nicht kommen.«

Helle hilft Oswin, den Leierkastenwagen auf die Straße zurückzuschieben. Vor dem Tor überlegt der alte Mann einen Moment, dann sagt er: »Ich mach Feierabend. Hat ja doch keinen Zweck mehr.«

»Wo warste denn heute? Nur auf'm Wedding?«

»Nur auf'm Wedding ist gut! Meine Beine sind ja nicht mehr fünfundzwanzig. Aber 's macht auch keinen Spaß mehr. Auf den Höfen ist 'ne Ruhe, als wären die Häuser ausgestorben. Es liegt was in der Luft, ich spür's deutlich.«

»Meinste die Revolution?«

»Haste auch schon davon gehört? Freust dich vielleicht sogar drauf, denkst, das wird lustig, wie?« Oswin kramt in der an seinem Wagen festgemachten Tasche herum, steckt sich ein Stück Kautabak in den Mund und knurrt weiter: »Revolution! Wenn ich das schon höre! Die letzte, die wir hatten, hat uns nicht viel eingebracht, außer Blut und Opfer.«

Oswin ist schon über siebzig Jahre alt, das Haar unter der speckigen Schirmmütze aber ist noch nicht weiß, sondern nur grau, sogar ein paar schwarze Strähnen sind darin noch zu entdecken. Manchmal nimmt er die Mütze ab und weist voller Stolz darauf hin. Sein dichter Schnurrbart jedoch ist bereits weiß, weiß und gelb – vom Tabak. Wenn Oswin nicht priemt, raucht er Pfeife, genau wie der Vater; Oswin aber raucht fürchterliches Zeug, das er auf dem Dach seines Schuppens selber anbaut und Teufelsstanker nennt.

»Was war'n das für 'ne Revolution?«

»Die 48er. Von der haste wohl noch nichts gehört?«

»Nee.«

»Kann ich mir denken, daß sie euch in der Schule nichts darüber erzählen. Und wenn, dann sicher was Falsches. Aber wenn du denkst, daß ich dir jetzt Nachhilfeunterricht gebe, haste dich geirrt. Das ist 'ne lange Geschichte, wenn du die hören willst, mußte mal bei mir vorbeikommen.«

»Mach ich.« Helle geht gern zu Oswin in den Schuppen, um

sich von ihm etwas erzählen zu lassen. Zwar spricht Oswin sehr langsam, verliert sich in allzu viele Einzelheiten, kommt vom Hundertsten ins Tausendste, doch es macht Spaß, dem Klang seiner Stimme zu lauschen. Er betont manche Wörter so altmodisch, daß es klingt, als tauche man mit ihm in eine längst vergangene Zeit ein.

Schweigend gehen die beiden durch die Ackerstraße, gedankenversunken betrachtet Helle die Aufschrift an der Orgel, die in schwungvollen Goldbuchstaben verkündet, wer sie gebaut hat: *G. Bacigalupo, Schönhauser Allee Nr. 57.*

»Was kostet denn eigentlich so 'n Leierkasten?«

»Der ist gebraucht gekauft. Was so 'n Ding neu kostet, weiß ich nicht. Da mußte Giovanni fragen.« Oswin tippt auf das *G.* vor dem *Bacigalupo*. »Is'n Italiener. Einer der besten Orgelbauer der Welt und 'n prima Kollege. Doch man muß sich die Dinger nicht kaufen, man kann sie auch leihen. Allerdings mußte dann Leihgebühren bezahlen, und das bedeutet, es bleibt nicht mehr viel übrig. Die Leih-Leiermänner sind arme Teufel, alle durch die Bank.«

Oswin war nicht immer Leierkastenmann. In seiner Jugend war er Dachdecker und zog als fahrender Geselle über Land. Er hat viel erlebt und gesehen, eines Tages jedoch, als er schon fünfzig Jahre alt war, passierte ein Unglück: Er fiel vom Dach eines zweistöckigen Hauses und brach sich beide Beine. Als er dann später wieder als Dachdecker arbeiten wollte, ging das nicht mehr; ihm wurde schwindlig, er konnte nicht mehr nach unten sehen. Einen solchen Gesellen konnte kein Dachdeckermeister gebrauchen. Oswin sah das ein und wurde Leierkastenmann, weil er an der frischen Luft bleiben wollte.

»Vater ist nämlich zurück. Und ... er hat nur noch einen Arm.«

Überrascht bleibt Oswin stehen und spuckt etwas braunen Kautabaksaft auf die Straße. »Der Rudi ist zurück? Wann ist er denn gekommen?«

»Gestern.«

»Und da hat er sich nicht bei mir gemeldet?«

»Er war zu müde«, schwindelt Helle. Es ist ihm peinlich zu sagen, daß der Vater einfach noch niemand sehen wollte.

»Ein Arm ist ab?« Kopfschüttelnd setzt Oswin den Wagen wieder in Bewegung. »Diese Verbrecher! Sie machen einfach kein Ende mit dem Krieg. Es wird Zeit, daß man sie absetzt.«

»Und wie willste das – ohne Revolution?«

Oswin guckt verdutzt. »Schlauberger! Willst wohl 'n alten Mann veräppeln.« Er greift in seine Tasche und drückt Helle eine Zeitung in die Hand. »Da steht alles drin. Kannste'm Rudi geben. Gefällt ihm sicher, was die da schreiben.«

»Vater hat gesagt, Krieg kann man manchmal nur durch Krieg beenden.« Helle nimmt die Zeitung und schiebt sie sich unter die Joppe. Es ist der *Vorwärts*, eine Zeitung, die der Vater früher oft gelesen hat.

»Das hat er gesagt? Der Rudi? Hat er denn nicht die Nase voll vom Krieg?«

»Doch«, sagt Helle.

»Und dann will er 'n neuen?«

»Nee. Er will Schluß machen mit'm Krieg.«

»Und das will er durch Krieg? Durch 'ne Revolution? Dann hat er sich aber sehr verändert, dein Herr Vater.« Mißmutig schiebt Oswin seinen Wagen in die Nr. 37 hinein und über die Höfe. Er macht erst wieder ein anderes Gesicht, als er auf der Teppichklopfstange neben seinem Schuppen Fritz hocken sieht. »Ah, dein Freund aus'm Mädchenpensionat!« sagt er und nimmt, als Fritz ihn grüßt, übertrieben höflich die Mütze ab.

Helle schwingt sich gleich neben Fritz. »War's schlimm gestern?«

»Nee. Nicht besonders.«

Helle muß daran denken, daß Fritz mal gesagt hat, das schlimme am Geprügeltwerden seien nicht die Schläge, sondern die Prozedur, dieses Hosenrunterziehen und sich über den Stuhl legen, aber daß sein Vater ihn nicht gern schlage, sondern nur, weil er einen anständigen Menschen aus ihm machen wolle.

»Weshalb is'n dein Vater gestern überhaupt so früh gekommen?«

»Er hat gesagt, er ist krank, aber das stimmt gar nicht. In Wirklichkeit hat er Angst.«

»Wovor denn?«

Fritz wartet, bis Oswin in seinem Schuppen verschwunden ist und die Tür hinter sich geschlossen hat. Dann flüstert er Helle zu: »Die Matrosen kommen nach Berlin.«

»Die aus Kiel? Die Meuterer?«

»Heute abend soll'n sie ankommen.« Vorsichtig blickt Fritz sich nach allen Seiten um. »Mein Vater sagt, sie wollen den Kaiser absetzen und selber regieren. Sie wären richtige Banditen und würden auf Menschenleben keine Rücksicht nehmen.«

»Quatsch! Die haben die Schnauze voll vom Krieg, weiter nichts.«

»Ich sag ja nur, was mein Vater sagt.«

»Na und? Glaubste das etwa?«

Fritz schüttelt den Kopf, doch er schüttelt ihn nur sehr zaghaft.

»Wenn das mit den Matrosen stimmt, dann ist bald Schluß mit dem Krieg, dann gibt's endlich wieder was zu essen«, sagt Helle da absichtlich laut.

»Und woher weißte das?«

»Von meinem Vater.«

Fritz schweigt vielsagend, und Helle weiß sofort warum: Sie sagen beide nur, was sie von ihren Vätern wissen. »Das sagt aber nicht nur mein Vater, das sagen alle, die 'n bißchen Grips im Kopf haben.«

»Helle!« Fritz springt von der Klopfstange. »Bitte! Du darfst niemandem verraten, was ich dir erzählt habe. Wenn mein Vater davon erfährt, schlägt er mich tot.«

»Eine Regierung, die immer alles weiß, aber nie will, daß die Leute was wissen ... Was is'n das für 'ne Regierung?«

»Helle!« drängt Fritz. »Gib mir dein Ehrenwort. Du darfst niemand was sagen.«

»Meinetwegen.«

»Schwör's.«

»Ich schwör's.«

Erleichtert besteigt Fritz sein Rad, das er neben der Teppichklopfstange abgestellt hat, und fährt eine Runde um den Hof. »Ob sie den Kaiser erschießen?« fragt er dann.

»Wer? Die Matrosen? Wozu denn? Glaub ich nicht.«

»Haste keine Angst vor den Matrosen?«

»Nee. Warum denn?«

»Na, wenn die hier überall rumballern?«

»Erstens ist noch gar nicht raus, ob die Matrosen schießen, und zweitens: Auf mich schießen die bestimmt nicht.«

»Und warum nicht?«

»Weil ich zu ihnen gehöre.«

»Du? Zu den Matrosen?« Fritz macht einen Schlenker und muß erst wieder näher an Helle heranfahren.

»Ich bin auf ihrer Seite. Will ja auch, daß der Krieg aufhört.«

»Und woran sehn se das?«

»Seh ich aus wie Willem? Oder wie so 'n General?«

Darauf weiß Fritz keine Gegenfrage. »Was machste'n Sonntag?«

»Weiß ich noch nicht.«

»Kannst mich ja abholen, dann laß ich dich mal fahren.«

»Und dein Vater?«

»Ich warte unten.«

Helle zögert. Er fährt gern Rad. Ein eigenes Rad wäre sein größter Wunsch. Aber das wird er nie bekommen, deshalb ist er jedesmal froh, wenn Fritz ihn mal fahren läßt. Von den Jungen, die er sonst kennt, besitzt niemand ein Rad.

»Mal sehen. Vielleicht hab ich ja gar keine Zeit«, sagt er. Aber er weiß schon, daß er Zeit haben wird.

»Ich warte auf dich«, ruft Fritz und biegt in den Hofdurchgang zur Straße ein. »So gegen elf, ja?«

Helle sieht Fritz noch einen Augenblick lang nach, dann betritt er den Seitenaufgang.

Die Küche hat sich verändert. Der Vater hat die Herdlüftung repariert, die Wanzenlöcher zugestopft und das Rattenloch vernagelt. Der Küchenschrank wackelt nicht mehr, die Herdplatten sind saubergescheuert, und unter den Herdringen flackert ein gemütliches Feuer.

Der Vater sitzt auf dem Sofa und hält Martha auf dem Schoß. Dabei wippt er mit den Schenkeln und singt ihr ein Lied vor:

»Ach, wie is's jemütlich
auf der Pferdebahn.
Det eene Pferd, det zieht nich,
det andre, det is lahm.
Der Kutscher kann nich fahren,
der Kondukteur* nich sehn,
und alle Augenblicke,
da bleibt die Karre stehn!«

Helle kennt das Lied. Oma Gebhardt, Vaters Mutter, hat es ihm früher oft vorgesungen und dabei von ihrer Kindheit erzählt, als es noch keine elektrischen Straßenbahnen, sondern nur Pferdebahnen gab. »Noch mal«, bittet Martha, aber der Vater wehrt ab: »Dreimal reicht.« Er trägt noch immer nur das Unterhemd mit dem Knoten im Ärmel und bemüht sich, Martha von seinem Schoß zu schieben. Die aber klammert sich an ihm fest.

Helle legt den *Vorwärts* auf den Tisch. »Von Oswin.« Dann packt er Martha unter den Achseln und setzt sie zu Hänschen auf die Decke, die der Vater unter dem Tisch ausgebreitet hat und auf der eine Blechschüssel liegt, die Hänschen mit einem hölzernen Rührlöffel bearbeitet. Wütend streckt Martha dem Bruder die Zunge raus und läuft aus der Küche, um sich in der Schlafstube zu verkriechen.

»Laß sie!« sagt der Vater. »Hab sie heute wohl ein bißchen zu sehr verwöhnt.«

Helle nickt nur, nimmt seine Bücher und Hefte aus dem Ranzen, holt einen Topf und kippt die Erbsen darin aus.

»Wo haste die denn her?«

Zögernd erzählt Helle von dem Fuhrunternehmen, in dem Edes Onkel Kutscher war, und ist gespannt, was der Vater zu der ganzen Sache sagen wird. Doch der Vater zuckt nur die Achseln. »Normalerweise ist so was nicht in Ordnung, aber wir leben in keiner normalen Zeit. Wenn einer wie du stiehlt, wehrt er sich nur gegen den Hunger. Und wenn dieser Briegel so 'n Gauner ist, geschieht's ihm sicher recht.« Er nimmt die Zeitung, faltet sie auseinander und liest, was auf der Titelseite steht.

Nachdenklich legt Helle die Bücher in den Ranzen zurück und schiebt ihn zwischen Küchenschrank und Wand. »Hab Oswin gesagt, daß du zurück bist.«

Der Vater hat nicht zugehört. Er klopft auf die Zeitung. »Dein Freund Fritz hat recht, die Matrosen in Kiel haben tatsächlich den Befehl zum Auslaufen verweigert.«

Da holt Helle sich den noch warmen Topf mit dem Brei und setzt sich zum Vater an den Tisch. Er würde ihm gern sagen, was Fritz ihm Neues erzählt hat, diesmal aber hat er Fritz ja wirklich hoch und heilig versprochen, die Klappe zu halten. »Und?« fragt er nur. »Streiken sie immer noch?«

»So halb und halb. Sie haben sich von Noske beschwichtigen lassen, ihn sogar zum Gouverneur gewählt.«

»Noske?«

»Gustav Noske«, erklärt der Vater. »Auch so 'n Arbeiterführer in Gänsefüßchen. Den hat die Regierung nach Kiel gesandt, um die Matrosen zu beruhigen. Aber das wird wohl nicht viel nützen, hier steht, daß sie in Stuttgart auch gestreikt haben. Ganz Stuttgart soll am Montag auf der Straße gewesen sein.« Er legt die Zeitung beiseite. »Was sagt denn Oswin zu den Streiks?«

»Wir haben nicht darüber gesprochen. Er hat andre Sorgen. Die Leute geben nichts mehr.« Helle macht eine Pause und sagt dann vorsichtig: »Oswin hat seinen Leierkasten gebraucht gekauft. Neue Leierkästen gibt's bei 'nem Italiener in der Schönhauser. Aber man kann sie auch ausleihen.«

»Warum erzählste mir'n das?«

Helle läßt den Löffel sinken. »Du hast doch gesagt …«

»Das war 'n Scherz, Junge!« Vaters Stimme klingt scharf. »Ich bin ja noch nicht mal vierzig. Denkste, ich will mein Leben als Leierkastenmann beschließen?«

Still senkt Helle den Kopf und löffelt weiter.

»Das mit Oswin ist doch was anderes. Oswin will nicht in die Fabrik, weil er ein alter fahrender Geselle ist. Er hält das Leben an der frischen Luft für Freiheit. Für mich ist Freiheit was anderes; ich würde gern in eine Fabrik gehen, wenn man mich haben will.«

Helle tut es leid, daß er den Vater gekränkt hat, und der Vater bedauert seine Heftigkeit. Versöhnlich sagt er: »Vielleicht bleibt mir ja wirklich eines Tages nichts anderes übrig, als über die Höfe zu ziehen, aber vorläufig gebe ich die Hoffnung noch nicht auf.«

Helle nicht nur still, spült den leeren Topf unter dem Wasserhahn aus und stellt ihn auf den Herd zurück. Da fragt der Vater ihn fast bittend: »Rasierste mich trotzdem?«

»Klar!«

»Na, dann los!« Der Vater holt Schere, Rasiernapf, Rasierpinsel, Rasierseife, Rasiermesser und legt alles auf den Tisch. Danach hängt er das eine Ende seines Lederriemens an einen Nagel in der Wand, gibt das andere Helle zu halten, klappt das Rasiermesser auf und beginnt, es in rhythmischen Bewegungen an dem Riemen zu wetzen. Als das Messer scharf genug ist, läßt er Wasser in einen Topf laufen, stellt den Topf auf die noch immer heißen Herdringe, rückt einen Stuhl ans Fenster, setzt sich drauf und drückt Helle die Schere in die Hand.

Helle beginnt sehr vorsichtig. Mit der linken Hand zieht er die Barthaare straff, mit der rechten schneidet er sie ab. Hänschen vergißt, weiter auf seiner Blechschüssel herumzuhämmern. Mit offenem Mund und dem Löffel in der Hand schaut er zu, was der große Bruder mit dem Vater macht.

»Den Schnurrbart laß dran«, bittet der Vater, »sonst sehe ich nachher aus wie eine gesengte Sau.«

Helle muß lachen und nimmt vorsichtshalber die Schere aus Vaters Gesicht. Der Vater greift nach seiner Hand. Er hat die blauroten Striemen auf Helles Händen bemerkt.

»Was ist denn das?«

»Das war der Förster.«

»Euer Lehrer?«

»Ja.«

»Und warum?«

»Weil ich Ede vorgesagt hab.«

»Gibt's das denn noch?«

Es tut gut, den Vater so besorgt zu sehen. »Ist ja schon vorbei.« Rasch schnippelt Helle weiter an den Barthaaren herum.

»Wenn's wirklich zu einer Revolution kommt«, sagt der Vater da, »müssen wir uns um die Schulen zuerst kümmern. Da wird unsereiner schon früh kaputtgemacht.«

Endlich kann Helle die Schere weglegen.

Der Vater betrachtet sich im Spiegel und lacht laut auf: Sein Gesicht sieht aus wie ein Stoppelfeld. Er nimmt das heiße Wasser vom Herd, gießt ein bißchen davon in den Rasiernapf, gibt Helle den Napf zu halten und schlägt mit dem Rasierpinsel und der Rasierseife Schaum, bis er ihn sich auf die rechte Wange schmieren kann. Gleich darauf setzt er sich wieder und zeigt Helle, wie er mit der einen Hand die Haut straff ziehen soll, um mit dem

Messer in der anderen Bart und Schaum abkratzen zu können. »Schön vorsichtig«, bittet er ihn zum Schluß. »Hab Familie, weißt du?«

Weiße Katzen – Schwarze Katzen

Die Schlange vor Kalinkes Lebensmittelgeschäft nimmt und nimmt kein Ende, und es wird immer kälter. Helle vergräbt die Hände in den Taschen seiner Joppe, zieht den Kopf zwischen die Schultern und fragt sich zum hundertstenmal, ob sich das Anstehen denn überhaupt noch lohnt. Kartoffel- und Eichelmehl soll es geben, hat Oma Schulte gesagt. Aber ob es das noch gibt, wenn er endlich dran ist? Er steht ja nun schon seit über einer Stunde an.

Annis Mutter steht auch in der Schlange. Sie erzählt der Frau neben sich, was Anni alles benötigt, um wieder gesund zu werden: Butter, richtige Milch, Honig, viel frisches Obst, viel frisches Gemüse und ab und zu ein Stück Fleisch – alles Dinge, die es nicht gibt. »Hab den Fröhlich gefragt, ob er mir nicht hundert Gramm Butter auf Rezept verschreiben kann. Nee, hat er gesagt, wenn er das könnte, würde er mit seinem Rezeptblock durch den Wedding ziehen und nur noch Rezepte ausstellen.«

Wenn man in der Schlange steht und aufmerksam zuhört, merkt man bald, daß kein Name so oft erwähnt wird wie der von Dr. Fröhlich. Dr. Fröhlich ist der beliebteste Arzt in der Ackerstraße, fast alle gehen zu ihm.

Helle muß daran denken, daß Annis Mutter abends in einer Kneipe arbeitet, damit sie tagsüber bei ihren Kindern sein kann. Die Kneipe heißt *Erdmanns Loch* und ist eine Kellerkneipe, deshalb hat Annis Mutter oft das Gefühl, überhaupt nicht mehr aus den Kellern herauszukommen. Sie schimpft gern über ihre Arbeit und die versoffenen Kerls, die in *Erdmanns Loch* rumhocken. Und sie schimpft über den alten Erdmann, der auch noch damit wirbt, daß seine Kneipe »1000 mm unterm Meeresspiegel« liegt.

Nauke kommt die Straße herauf. Neben ihm seine Freundin Trude. Trude arbeitet bei der AEG in der Brunnenstraße und bedient eine riesige Fräsmaschine, obwohl sie sehr zierlich ist und die meisten, die sie nicht näher kennen, ihr das nicht zutrauen. Trude paßt zu Nauke, ist genauso lustig wie er und nimmt so schnell nichts übel. Manchmal aber hat sie eine andere Meinung als Nauke, dann streiten die beiden so laut, daß jeder, der vorbeigeht, mithören kann. Oma Schulte ist ein bißchen eifersüchtig auf Trude, weil sie vermutet, daß die beiden eines Tages heiraten und Nauke dann von ihr wegzieht. Aber sie mag sie auch. Die beiden bleiben vor Helle stehen. »Na?« fragt Nauke. »Biste bald dran? Kannste mir was mitbringen?«

»Was denn?«

»Zwei Brathähnchen und ein Pfund Kekse.«

Die Leute in der Schlange lachen. Helle lacht nicht. Er hatte von Anfang an das Gefühl, Nauke wolle sich nur einen Scherz mit ihm erlauben, ist dann aber trotzdem darauf reingefallen.

Ein grauhaariger Mann tritt auf Nauke zu und guckt ihm lange ins Gesicht. »Haben Sie nicht gestern Flugblätter verteilt? Gehören Sie nicht zu den Spartakisten?«

»Na klar!« antwortet Nauke. »Ich mach den ganzen Tag nichts anderes als Flugblätter verteilen. Schon frühmorgens im Bett fang ich damit an.«

Wieder lachen die Männer und Frauen in der Schlange, dem Grauhaarigen aber steigt das Blut in den Kopf. »Macht mal nur eure Witze! Wir kennen euch! Nicht genug, daß uns der Feind das Leben sauer macht, nun fallen uns auch noch die eigenen Leute in den Rücken.«

»Moment mal!« mischt Trude sich ein. »Wer läßt denn seit über vier Jahren jeden Tag Tausende an der Front verrecken? Die Spartakisten etwa?«

»Wenn Sie wollen, daß Schluß mit dem Krieg ist, sollten Sie an der Front für den Sieg kämpfen, anstatt in der Heimat die Leute aufzuwiegeln.«

Der Grauhaarige macht einen Buckel, als befürchte er, Nauke könne jeden Moment zuschlagen. Nauke jedoch denkt gar nicht daran, dem Alten was zu tun. Er wundert sich nur: »Vier Jahre Krieg, und da quatscht der immer noch so dämlich in der Gegend rum! Und ich blöder Hund dachte, aus Erfahrung wird man klug.«

»Grünschnabel!« schimpft der Grauhaarige aufgebracht, doch nun hat Nauke sich längst Trude zugewendet. »So sind sie«, sagt er so laut, daß die Leute in der Schlange alles mit anhören können. »Die wissen gar nicht, weshalb sie hungern. Wenn wir warten wollten, bis auch der letzte von denen kapiert hat, wem wir den ganzen Schlamassel zu verdanken haben, wär es für alle zu spät.«

»Laß ihn«, antwortet Trude. »Der kämpft ja gerade an der Front für den Sieg. Du mußt nur richtig hingucken.«

»Ich bin Kriegsinvalide«, verteidigt sich der Grauhaarige, aber das kommt zu spät, schon wieder wird gelacht. Und eine Frau hinter Helle ruft: »Wir wollen endlich mal wieder was zu beißen zwischen die Zähne kriegen, weiter nichts!« und erntet damit beifälliges Gemurmel.

Nauke tut, als wolle er Helle einen Fussel vom Kragen entfernen. Dabei beugt er sich vor und flüstert: »Komm mal 'n Moment mit. Trude steht für dich an.«

Die beiden müssen das bereits vorher verabredet haben, denn Trude nimmt sofort Helles Platz ein und beginnt mit der Frau hinter ihr ein angeregtes Gespräch.

Als sie weit genug von Kalinkes Lebensmittelladen entfernt sind, um nicht belauscht werden zu können, steckt Nauke sich eine Zigarette an und fragt: »Wie lange kennen wir uns jetzt eigentlich schon?«

Die Frage überrascht Helle, aber er weiß sofort, daß Nauke

etwas Wichtiges von ihm will, wenn er so beginnt. »Ein halbes Jahr.«

»Haste Vertrauen zu mir?«

»Ja.«

Dankbar legt Nauke den Arm um Helles Schultern und geht mit ihm noch ein paar Schritte weiter von Kalinkes Lebensmittelladen weg. »Ich brauch 'ne Weiße Katze.«

»'ne weiße Katze?« Helle versteht nicht.

»Keine richtige Katze. Eine menschliche, und zwar 'ne Weiße. Es gibt Weiße und Schwarze Katzen. Haste davon noch nie was gehört?«

»Nee!« Will Nauke ihn etwa wieder verscheißern?

Doch diesmal meint Nauke es ernst. »Weiße Katzen sind Kuriere«, erklärt er Helle. »Sie übermitteln Nachrichten oder überbringen irgend etwas. Wir nennen sie so, weil ja nicht jeder gleich wissen muß, worum es geht, wenn wir was planen.«

»Seid ihr wirklich Spartakisten?«

»Was denn sonst?« Nauke grinst.

Über die Spartakisten hat Helle schon eine ganze Menge gehört. Herr Förster nennt sie Vaterlandsverräter und Verbrecher und sagt, wenn die Spartakisten an die Macht kommen, ist Deutschlands Untergang besiegelt. Die Mutter sagt, daß das nicht stimmen muß. Von ihr weiß er, daß es dreierlei Sorten von Sozialdemokraten gibt: Erstens die, die noch immer zur SPD gehören, die Leute um Ebert und Scheidemann, die die größte Gruppe bilden. Zweitens die von der USPD, die Unabhängigen, die sich voriges Jahr von der SPD getrennt haben, weil sie deren kaisertreue Politik nicht mehr mitmachen wollten, und die die Mutter für ganz vernünftig hält. Und drittens die Spartakusgruppe, die schon vor Gründung der USPD eine eigene Gruppe bildete, sich dann aber den Unabhängigen anschloß. In Mutters Fabrik gibt es alle drei Sorten von Sozialdemokraten. Sie lacht oft über die endlosen Streitereien zwischen den einzelnen Gruppen, aber sie ärgert sich auch darüber. »Wenn wir uns nicht mal untereinander einig sind, werden wir nie was erreichen«, sagt sie.

»Und was soll ich tun?«

»Ein Päckchen abgeben. Ich hätt's lieber selbst getan, aber für mich ist 's zu gefährlich. Wir wissen nicht sicher, ob das Haus, in das du rein sollst, überwacht wird oder nicht, und ich bin leider schon zu bekannt. Außerdem ist ein Kind unauffälliger. Und anhaben können sie dir nichts, selbst wenn sie dich schnappen. Du sagst einfach, daß ich dir das Päckchen übergeben habe und daß du überhaupt nicht gewußt hast, was drin ist.«

»Und was passiert dann mit dir?«

»Bei mir klopfen sie umsonst, ich bin nicht da. Ich steh auf der anderen Straßenseite und beobachte das Haus. Kommst du, ist alles glattgegangen, kommt die Polizei, mach ich die Mücke.«

»Was ist denn drin in dem Päckchen?«

»Papiere! Wichtige Papiere. Papiere, die Menschenleben retten können.«

Helle wartet, aber mehr sagt Nauke nicht. »Und wo ist das Päckchen?«

Nauke tritt seine Zigarettenkippe aus. »Hab im zweiten Stock ein Dielenbrett gelockert. Genau das vierte vor der Treppe zum dritten Stock. Unter dem Brett liegt es. Hol's heute abend, wenn's dunkel ist, und trag's in die Danziger Straße Nr. 12, Vorderhaus, W. Weselowski. Du klopfst zweimal, wartest 'n paar Minuten und klopfst dann noch mal – aber diesmal nur einmal. Haste alles kapiert?«

»Danziger 12, Vorderhaus, Weselowski«, wiederholt Helle. »Erst zweimal, dann einmal klopfen.«

»Aber auf keinen Fall das Päckchen vorher holen«, mahnt Nauke. »Solange es unter der Diele liegt, gehört's niemandem. Erst wenn du's unter der Joppe hast, gehört's dir.«

Helle nickt nur stumm.

Nauke lächelt. »Ich wußte, daß ich mich auf dich verlassen

kann. Aber erzähl niemandem auch nur ein Sterbenswörtchen davon. Je weniger davon wissen, desto besser.«

»Und du?« fragt Helle, als Nauke langsam mit ihm zum Lebensmittelladen zurückschlendert. »Bist du auch 'ne Weiße Katze?«

»Ich bin 'ne Schwarze.«

»Und was machen die?«

Nauke macht ein geheimnisvolles Gesicht. »Das sind die mit den Krallen, die sich zu wehren verstehen.«

Trude und Helle tauschen wieder die Plätze, dann verabschieden sich Nauke und seine Freundin und gehen untergehakt davon.

Der Grauhaarige schaut ihnen feindselig nach, bis sie in der Nr. 37 verschwunden sind. »Wenn die an die Macht kommen, teilen sie alles auf«, sagt er. »Die wollen, daß allen alles gehört, genau wie in Rußland.«

»Na und?« fragt Annis Mutter. »Dann fällt für unsereinen vielleicht auch mal was ab.«

Der Alte will was erwidern, kommt aber nicht mehr dazu. Vorn an der Schlange entsteht Unruhe. Frau Kalinke ist vor die Ladentür getreten. »Es gibt nichts mehr«, ruft sie. »Ist alles ausverkauft.«

Die Menschen in der Schlange rühren sich nicht.

»Aber so hören Sie doch!« ruft Frau Kalinke. »Es ist nichts mehr da.«

»Und was sollen wir essen?« ruft eine sehr magere Frau. »Sollen wir den Kitt aus den Fenstern fressen?«

Frau Kalinke stemmt die Arme in die Seiten. »So ja nun bitte nicht, Verehrteste! Oder bin ick Kaiser Wilhelm?«

Murmelnd löst sich die Menschenmenge auf. Die magere junge Frau aber hält den Grauhaarigen fest. »Sie mit Ihrer großen Klappe!« schimpft sie. »Die Spartakisten haben recht. Es gehört alles aufgeteilt, damit es endlich mal gerecht zugeht auf der Welt.«

Der Grauhaarige macht sich los und geht schweigend davon.

Auch Helle hält nun nichts mehr auf der Straße. Er läuft über die Höfe und hastet in den zweiten Stock hinauf. Oben angekommen, lauscht er. Als nichts zu hören ist, kniet er sich hin und tastet auf dem Dielenboden entlang, bis er seitlich vom vierten Brett vor den Treppenstufen einen Spalt findet; er schiebt die Finger hinein und hebt das Brett heraus.

Da liegt es, das Päckchen! In braunes Packpapier gehüllt und mehrfach verschnürt, nicht dicker als eine Brieftasche. Er nimmt es in die Hand und betrachtet es lange. Beschriftet ist es nicht, doch sofort hat er ein Gefühl, als müßte jeder auf den ersten Blick sehen, was drin ist.

Die Danziger Straße ist nicht nur sehr breit und deshalb fast eine Allee, sie ist auch sehr lang. Doch die niedrigen Nummern befinden sich im oberen Teil der Straße; Helle muß nicht weit gehen, um zur Nr. 12 zu gelangen. Erst mal aber wandert er an dem Haus vorüber, bleibt drei Häuser weiter im dunklen Bereich zwischen zwei Laternen stehen und schaut sich um.

Ob das Haus beobachtet wird? Überall gehen Leute, gutangezogene und schlechtangezogene, doch ob einer von ihnen ein Spitzel ist? Da kann er zwei Stunden hier stehen und warten, das wird er erst merken, wenn es zu spät ist.

Er fühlt noch mal nach dem Päckchen, das er unters Unterhemd geschoben hat und so die ganze Zeit auf der nackten Haut spürt, damit er es sofort mitbekommt, falls er es verlieren sollte, und geht danach langsam wieder die Straße zurück und auf das Haus Nr. 12 zu.

Die Haustür quietscht, doch im finsteren Hausflur ist alles still. Helle überlegt, ob er die elektrische Flurbeleuchtung einschalten oder sich im Dunkeln die Treppe hochtasten soll. Schließlich sucht er den Schalter neben der Haustür und läßt das gelblich schwache Licht aufflammen. Es würde auffallen, wenn er hier im

Dunklen durch das Haus tappte ... Da, auf dem stummen Portier, der hölzernen Tafel mit den Namen aller Hausbewohner, steht es: *W. Weselowski – 2. Stock Vorderhaus.*

Im Treppenhaus sieht es aus wie bei Fritz, alles sehr sauber, sehr gediegen, sogar der Geruch ist der gleiche. Die verfluchten Treppenstufen knarren. Zögernd bleibt Helle stehen und lauscht. Sind da nicht Stimmen zu hören? Männerstimmen?

Ja, jetzt hört er es deutlich. Es klingt nach einem Streit und muß aus einer offenen Wohnungstür im zweiten oder dritten Stock kommen.

»Sie sollen endlich die Klappe halten!« zischt der Mann.

»So? Warum denn? Befürchten Sie irgendwas?«

Der andere Mann spricht so laut, daß es Absicht sein muß. Also will er auf das, was hier geschieht, aufmerksam machen. Leise dreht Helle sich um und steigt die Treppe wieder hinab. Über sich hört er eine Tür zuschlagen, und er muß an sich halten, um nicht loszulaufen. Das würden die da oben hören, und dann würden sie ihm nachlaufen.

Auch die Männer über ihm steigen nun die Treppe hinab, Helle darf ein bißchen schneller werden, denn die schweren Tritte über ihm übertönen alles. Dennoch erscheint es ihm endlos lange, bis er die letzte Treppenstufe erreicht hat und durch den Hausflur auf die Straße und hinüber zu dem eisernen Geländer neben den Straßenbahnschienen laufen kann.

Wenn der, der da eben so laut gesprochen hat, dieser W. Weselowski ist, dann hat er Glück gehabt, unverschämtes Glück! Wenn er zehn Minuten früher gekommen wäre, vielleicht auch nur fünf ... Ein Mann im schwarzen Mantel und mit einer ebensolchen Melone auf dem Kopf, wie Fritz' Vater sie trägt, kommt aus der Haustür und schaut sich aufmerksam um. Helle ist es, als schaue der Mann ihn besonders lange an. Deshalb setzt er sich nun aufs Geländer und scharrt gelangweilt mit dem Fuß in der Erde herum, als warte er auf jemanden.

Der Mann mit der Melone öffnet die Haustür ein Stück weiter

und winkt. Zwei Männer kommen. Der eine der beiden trägt ebenfalls einen schwarzen Mantel und eine Melone, der andere hat keine Kopfbedeckung. Die beiden Melonen nehmen den ohne Hut zwischen sich und gehen mit ihm die Straße entlang. Sie führen ihn ab, da gibt es keinen Zweifel. Langsam steht Helle auf und geht in die gleiche Richtung wie die drei Männer.

Blickt der Abgeführte sich ständig unauffällig um oder bildet er sich das nur ein? Doch! Es ist deutlich: Der Mann ohne Hut hält nach allen Seiten hin Ausschau. Sicher weiß er, daß eine Weiße Katze unterwegs ist, will ihn warnen, hat deshalb auf der Treppe so laut gesprochen und befürchtet noch immer, daß die beiden Melonen auch den Kurier festnehmen könnten.

Wenn er nur das Gesicht des Mannes sehen könnte! Dann könnte er ihn Nauke beschreiben, und Nauke weiß dann vielleicht, ob dieser Mann jener W. Weselowski ist. Helle wird ein wenig schneller, überholt die Männer und schaut sich um. Doch es nützt nichts, die drei sind zu weit von ihm entfernt. Selbst wenn sie für kurze Zeit in den Schein einer Laterne eintauchen, kann er kaum etwas erkennen.

Jetzt bleiben die beiden Melonen und der Abgeführte vor einem schwarzen PKW stehen. Schnell läuft Helle doch über die Straße. Der Abgeführte bückt sich ja schon, um in den PKW einzusteigen ... Vor Verzweiflung hustet Helle laut, markiert einen richtigen Hustenanfall. Der Mann wirft ihm einen Blick zu – und Helle ist es, als hätte ihm jemand einen Schlag versetzt: Er kennt diesen Mann! Er hat ihn lange nicht mehr gesehen, aber er erkennt ihn sofort wieder. Es ist Onkel Kramer, Vaters früherer Arbeitskollege und lange Zeit sein bester Freund.

In Onkel Kramers Gesicht verändert sich nichts. Gleichgültig besteigt er den Wagen und blickt nicht mehr hinaus. Und dann startet der Wagen und fährt davon. Helle muß nicht weitergehen, kann stehenbleiben und dem Wagen nachschauen.

Ob Onkel Kramer ihn tatsächlich nicht wiedererkannt hat? Oder ob er nur so getan hat, um ihn nicht zu verraten?

Der Wagen biegt in die Schönhauser Allee ein und ist weg. Nur zögernd wendet Helle sich wieder dem Haus Nr. 12 zu.

Wohnt Onkel Kramer jetzt hier? Ist W. Weselowski sein Deckname? So was soll's ja geben … Wenn Onkel Kramer aber nun nicht dieser W. Weselowski ist, dann wartet der jetzt vielleicht noch auf ihn?

Eine Jalousie rasselt herunter. Direkt hinter Helle. Er schreckt auf – und entscheidet sich: Er wird noch mal hochgehen, muß wissen, ob Onkel Kramer dieser W. Weselowski ist. Er macht ein paar Schritte – dann bleibt er wieder stehen. Und wenn noch welche in der Wohnung sind? Wenn sie auf ihn warten?

Er muß ohne das Päckchen ins Treppenhaus. Dann kann ihm keiner was. Und er hat auch schon ein Versteck dafür: Er wird es unter den Pflastersteinen verstecken, die da am Straßenrand aufgebaut sind. Die liegen bestimmt schon seit der Zeit vor dem Krieg da, so viel Sand und Schmutz hat sich zwischen ihnen angesammelt.

Kurz darauf sitzt er schon auf dem Steinhaufen und tut, als müsse er sich die Schuhe zubinden. Dabei behält er die Gegend im Auge und kramt, als er sich unbeobachtet fühlt, das Päckchen unter Joppe und Unterhemd hervor. Das dauert ein bißchen, aber dann hat er es endlich in der Hand und kann es in einer Lücke zwischen den Steinen verschwinden lassen. Spielerisch schiebt er weitere Pflastersteine vor die Lücke und wandert danach, die Hände in den Taschen, wieder auf das Haus Nr. 12 zu. Im Hausflur schaltet er sogleich das Licht an und pfeift leise vor sich hin.

Auf dem stummen Portier steht nirgends ein Moritz Kramer. Also steigt Helle die Treppe hoch, pfeift immer noch, spürt aber schon, wie die Angst in ihm hochkriecht, wie sie im Hals festsitzt, wie ihm das Pfeifen immer schwerer fällt. Dann ist er im zweiten Stock angelangt. Da steht es: *W. Weselowski*. Er lauscht. Hinter der Tür ist nichts zu hören. Aber wenn er jetzt da klopft und es warten tatsächlich noch welche hinter der Tür, was sagt er denen dann? Er muß sich was einfallen lassen, irgendeine Frage, die nicht auffällt. Kurz entschlossen wendet er sich der anderen Tür zu, *Johannes Niemann* steht auf dem Türschild, und klopft erst mal dort.

Er hört schlurfende Schritte, dann wird die Tür geöffnet, und ein alter Mann mit Spitzbart schaut ihn fragend an.

»Ich suche einen Jungen. Er heißt Peter Bommel und soll hier wohnen. Aber im ganzen Haus heißt niemand Bommel.«

»Bommel?« Der kleine Mann bleibt mißtrauisch. »Den Namen kenne ich nicht.«

»Vielleicht kennt ihn Ihr Nachbar.« Schnell geht Helle zur anderen Tür, um auch dort zu klopfen. Doch er benutzt nicht das verabredete Zeichen; das ist ihm zu gefährlich. Als er sich wieder umdreht, hat der kleine Mann mit dem Spitzbart seine Tür bereits geschlossen.

Eine Zeitlang ist nichts zu hören, dann nähern sich leise Schritte. Helle tritt etwas zurück und stellt sich so neben die Treppe, daß er sie gleich hinabrasen kann, wenn es nötig sein sollte.

Die Tür wird aufgerissen. Ein Mann, der irgendwie den beiden ähnelt, die Onkel Kramer abführten, obwohl er keinen Mantel trägt und keine Melone auf dem Kopf hat, macht einen Schritt auf Helle zu, bleibt dann aber verdutzt stehen.

»Herr Weselowski?« Helle hat vorsichtshalber noch einen Schritt zurückgemacht; nun steht er dicht an der Treppe, weiter kann er nicht zurück.

»Ja?«

Der Mann ist ein bißchen unsicher. Er guckt, als hätte er jemanden erwartet, aber keinen Jungen.

»Entschuldigen Sie bitte die Störung.« Helle hat keine Mühe, sich höflich und schüchtern zugleich zu geben und hochdeutsch zu sprechen, als ob der Mann in der Tür Herr Förster wäre. »Ich suche einen Jungen aus meiner Klasse. Er heißt Peter Bommel und soll in der Nr. 13 wohnen, aber hier im Haus gibt es keine Familie Bommel.«

Der Mann mustert Helle lange. »Nr. 13? Das hier ist die Nr. 12.«

»Ach so!« ruft Helle. »Dann bin ich hier falsch, dann muß ich im Nebenhaus fragen« – und rast, so wie er es sich vorgenommen hat, die Treppe hinab.

Auf der Straße atmet er erlöst auf. Der Mann in der Tür war niemals jener W. Weselowski, dem er das Päckchen bringen sollte. Der hat sich verstellt, hat nur so getan, als würde die Wohnung ihm gehören.

Sein Gefühl sagt ihm das, und darauf muß er vertrauen. Fragen konnte er nicht.

Herzlich willkommen

In Unterhose und mit nacktem Oberkörper steht der Vater in der Küche und wäscht sich. Er wäscht sich gründlich, hat sich extra eine Schüssel heißes Wasser gemacht. »Das mußte mal sein«, sagt er, als Helle hinter Martha, die ihm geöffnet hat, die Küche betritt. »Dazu hatte ich ewig keine Gelegenheit mehr.«

Helle schaut nur den rot vernarbten Armstumpf an. Er sieht ihn zum erstenmal. Und auch Martha kann keinen Blick von der toten, seidigen Haut wenden, die den Rest Armfleisch umgibt. Der Armstumpf wackelt so seltsam, wenn der Vater sich bewegt.

»Seht euch den Zappelphilipp nur richtig an.« Der Vater hat Helles und Marthas entsetzte Blicke bemerkt. »Wenn ihr nicht jedesmal neu erschrecken wollt, müßt ihr euch an ihn gewöhnen. Mir ging's auch nicht anders.«

»Wie ... wie haben sie's denn gemacht?« fragt Helle. Der Vater hat recht, sie müssen sich daran gewöhnen.

»Genau weiß ich's nicht.« Der Vater zieht sich seine Hose

über. »Sie haben mich betäubt, dann das Zerfetzte abgeschnitten und den Rest zusammengenäht.«

Martha rennt raus. Die Schlafzimmertür fliegt zu.

»Tut mir leid«, sagt der Vater, »aber drum herumreden nützt auch nichts.«

Helle tritt näher an den Vater heran und besieht sich den Stumpf genauer. »Warum ist er so weich?«

»Weil kein Knochen mehr drin ist. Sie mußten ihn rausnehmen, er war gesplittert.«

Auf dem Hof ertönt Leierkastenmusik. »Das ist Oswin!« Erlöst läuft Helle zum Fenster, öffnet es und schaut in den dunklen Hof hinunter.

Tatsächlich, Oswin steht vor seinem Schuppen, hat die Ölfunzel auf seinen Leierkasten gestellt und dreht, zu ihnen hochblikkend, an der Kurbel. Als auch der Vater hinausschaut, beginnt er zu singen: »Herzlich willkomm'n in der Heeiimaat! Herzlich willkommen zu Haauuus!« Dazu nimmt er mit einer weitausholenden Bewegung seine Mütze ab und schwenkt sie.

Der Vater lacht. »Komm rauf!«

Oswin nickt nur stumm und schiebt den Wagen mit dem Leierkasten in seinen Schuppen zurück.

Helle muß an Onkel Kramer denken. Auch Oswin kennt Onkel Kramer. Die drei Männer haben früher manchmal zusammen Skat gespielt. Schade, daß er nichts sagen darf. Doch er wird Nauke fragen, ob er nicht wenigstens mit dem Vater darüber reden darf. Der Vater würde Onkel Kramer nie verraten. Und überhaupt – er gehört ja dazu, will dasselbe wie Nauke und Onkel Kramer: den Kaiser absetzen und den Krieg beenden.

Er geht in den Flur, wo seine Joppe hängt, und nimmt das Päckchen heraus, um es in der Schlafstube zu verstecken. Er hatte es eigentlich gleich wieder unter der Diele verstecken wollen, aber dann war jemand gekommen, und er mußte weitergehen.

Vorsichtig öffnet er die Schlafzimmertür. Martha darf nicht

merken, daß er etwas versteckt; die Schwester bringt es fertig und packt das Päckchen aus, weil sie es womöglich für etwas zu essen hält. Doch Martha merkt nichts, sie liegt auf dem Bett, weint und kann sich nicht beruhigen. Helle schiebt das Päckchen in die Lücke zwischen Wand und Kleiderschrank, setzt sich zu ihr und streichelt ihren Rücken.

»Hauptsache, er lebt!«

»Aber es muß sehr weh getan haben.«

Es muß unheimlich weh getan haben. Beim bloßen Gedanken daran läuft es Helle schon den Rücken herunter. Doch es gibt noch schlimmere Verletzungen; jeder kann sie sehen, wenn er durch die Straßen geht: Männer ohne Arme, Männer ohne Beine – auf kleinen Brettern mit Rollen drunter –, Männer mit zerschossenen Gesichtern, Blinde. Es heißt, der Kaiser will nicht, daß die im Krieg Verstümmelten sich auf der Straße zeigen, aber die Kriegsinvaliden tun es doch – um zu betteln. Von irgendwas müssen sie ja leben.

Er hat im Laufe der letzten Jahre schon viele solcher Verstümmelten gesehen, hat auch nicht ängstlich weggeschaut wie Fritz, der meint, die Invaliden hätten es nicht gern, daß man sie allzu genau betrachtet. Er hat immer hingeschaut – und sich manchmal seiner Neugier geschämt. Besonders bedauert aber hat er die Invaliden nie, dazu waren es zu viele gewesen. Wenn es jedoch der eigene Vater ist, ist das etwas anderes.

»Er ... tut mir ... so ... leid!«

Martha wird von einem Weinkrampf geschüttelt. Helle nimmt die Schwester in die Arme und wiegt sie. »Er lebt doch! Was meinste, wie viele gefallen sind? Vater lebt ... und bald ist der Krieg vorbei. Dann gibt's wieder zu essen. Und du brauchst nicht mehr zu Oma Schulte hoch.«

Die Schwester beruhigt sich, weint immer leiser und sagt schließlich: »Der das getan hat, dem müßte man auch den Arm abhacken.«

»Biste verrückt geworden!«

»Na ja, wenn er so was tut.«

Helle muß an das gestrige Gespräch denken. Eindringlich erklärt er Martha, daß der, der die Granate abfeuerte, genausowenig dafür kann wie der Vater. »Vielleicht hat Vater ja auch jemandem 'n Arm oder 'n Bein abgeschossen. Oder vielleicht hat er sogar einen totgeschossen.«

Martha befreit sich aus Helles Armen.

»Vater?«

»Was soll er denn tun, wenn er den Befehl dazu bekommt?«

»Und wer befiehlt so was?«

»Irgend 'n Offizier.«

»Und der will das?«

»Nein!« Helle holt tief Luft. Er merkt schon, er hätte sich auf dieses Gespräch nicht einlassen dürfen. »Der bekommt das ja auch bloß befohlen. – Von seinem General.« Er fügt das hinzu, weil er Marthas nächste Frage schon ahnt. »Und der muß das befehlen, weil die Regierung es so will. Und die will das, weil die Industrieherren fremde Länder haben wollen. Und die wollen die Länder haben, weil's da Kohle gibt und Erz und Felder und weil die Leute dort dann tun müssen, was wir wollen, und uns auch noch unsere Ware abkaufen müssen.« Er hat gestern abend noch lange über das Gespräch mit dem Vater nachdenken müssen – jetzt ist ihm alles plötzlich ganz klar.

Martha überlegt. »Dann sind das schlechte Menschen. Wer so was will, muß schlecht sein.«

»Auf jeden Fall ist es denen egal, was aus uns wird, wenn sie nur immer reicher werden.« Helle steht auf. Er hat Oswin klopfen gehört und möchte gern dabeisein, wenn die beiden Männer sich nach so langer Zeit und allem, was passiert ist, zum erstenmal richtig begrüßen.

Und dann stehen sich Oswin und der Vater im Schein der Petroleumlampe gegenüber und sehen sich an. Der Vater hat sich inzwischen auch Unterhemd und Strümpfe übergezogen und die

Schüssel mit dem Waschwasser geleert und ausgespült. Still setzt Helle sich auf die Fensterbank.

»Schön, daß du wieder da bist.« Oswin zieht aus jeder Jackentasche eine Flasche Bier und stellt sie auf den Tisch. Die beiden Männer setzen sich, prosten einander zu, trinken lange.

»Danke für den *Vorwärts*.« Der Vater wischt sich den Schaum vom Mund. »Steht ja allerhand Interessantes drin.«

»Kann man wohl sagen.« Verlegen fährt Oswin sich ebenfalls über den Mund. »Sieht aus, als ob's damit bald 'n Ende hat.« Vorsichtig weist er auf Vaters Hemdsärmel mit dem Knoten.

»Na ja«, meint der Vater. »So ganz von alleine wird's wohl nicht kommen.«

»Warum denn nicht? Wir haben ja jetzt die Volksregierung*. Da sitzen unsere Leute mit drin. Die werden schon aufpassen.«

»Wer wird aufpassen?« Der Vater lacht laut. »Ebert etwa? Scheidemann? Oswin! Fällste etwa darauf rein? Volksregierung! Das ist doch nur 'n Trick. Wer ist denn Volk in dieser Regierung? Die paar Sozis sind doch nur 'n Aushängeschild. Jahrelang waren sie nicht würdig, Wilhelms Spucknapf auszuleeren, jetzt dürfen sie plötzlich den Rettungsanker spielen. Mensch, Oswin! Wilhelm wackelt doch schon. Ein Stoß – und weg ist er.«

»Aber sie wollen doch, daß der Kaiser abdankt!«

»Ja, sie ›wollen‹, daß er abdankt! Vorläufig aber sitzen sie mit ihm an einem Tisch und saufen seinen Sekt.« Der Vater spricht immer höhnischer, Oswin wird immer stiller.

»Was sind das denn noch für Arbeiterführer?« fragt der Vater. »Ebert und Scheidemann haben doch bisher immer nur getan, was Wilhelm wollte. Vier Jahre Krieg, Tote, Verwundete, Krüppel; Hunger, Elend, bitterste Not! Sie haben taktiert und taktieren weiter. Auf unsere Kosten!«

»Du siehst zu schwarz.«

»Aber Oswin!« Der Vater kann nicht mehr sitzenbleiben. »Warteste etwa darauf, daß die da oben von ganz allein vernünftig werden? Daß sie das nicht können, haben sie doch nun lange genug bewiesen. Die einzigen, die wirklich Interesse daran haben, daß endlich Schluß mit'm Krieg ist, sind wir – weil wir unsere Köpfe hinhalten müssen.«

Oswin kramt in seiner Jackentasche und legt eine mehrfach zusammengefaltete Zeitungsseite auf den Tisch. »Das ist der Aufruf des Parteivorstandes, da steht alles drin«, sagt er ärgerlich. »Wir warten nicht, wir haben Forderungen gestellt. Wenn die Regierung und der Kaiser sie erfüllen, sind wir zur Mitarbeit bereit, wenn nicht ... dann gibt's Revolution.«

Der Vater nimmt das Blatt, faltet es auseinander, liest und legt es zurück. »Revolution? Die schreiben hier doch klipp und klar, daß wir nicht auf uns, sondern auf Ebert und Scheidemann vertrauen sollen. Wir sollen denen vertrauen, die uns schon so oft verraten haben. Oswin! Die veräppeln uns doch!«

»Bin ja auch dafür, daß die alte Regierung verschwindet«, entgegnet Oswin heftig. »Doch wenn wir ohne Blutvergießen an die Macht kommen könnten, wär mir das lieber.«

»Denkste mir nicht? Ich glaub nur nicht daran, daß die da oben freiwillig das Feld räumen. Die werden sich bis zum letzten Atemzug verteidigen, da kannste Gift drauf nehmen. Und Ebert und Scheidemann wissen das und haben im Prinzip auch gar nichts dagegen. Tut ihr uns nichts, tun wir euch nichts – danach handeln sie.«

Oswin dreht die Bierflasche in seinen Händen. »Bist wohl jetzt Spartakist?«

»Weiß nicht, was ich bin«, antwortet der Vater achselzuckend. »Ich weiß nur eins, die SPD der Scheidemänner ist nicht mehr meine SPD.« Dann lacht er böse. »Weißte, wie wir draußen den Scheidemann nur noch genannt haben? Scheißemann.«

Oswin lacht nicht.

»Oswin!« Der Vater legt ihm die Hand auf den Arm. »Wir an der Front haben die Schnauze voll, verstehste! Wir glauben nicht mehr jeden Stuß, den man uns erzählt. Gebrannte Kinder scheuen das Feuer. Und in den Betrieben sieht's genauso aus. Frag nur Marie, die wird dir was erzählen.«

Oswin nimmt das Stück Zeitung, faltet es sorgfältig zusammen und steckt es in seine Jackentasche zurück. Danach trinkt er seine Flasche Bier leer und sagt traurig: »Reden wir über was anderes, sonst ist meine Wiedersehensfreude gleich ganz im Eimer.«

Eine Zeitlang schweigen die beiden Männer, dann sagt der Vater: »Hast recht, Oswin. Dumm, daß wir uns streiten, wo wir uns so lange nicht gesehen haben. Wie geht denn das Geschäft? Helle sagt, die Leute knausern.«

Oswin erzählt von seinen Schwierigkeiten. Doch er ist nicht bei der Sache. Er kann den Vater nicht nur nicht verstehen, er ist von dem, was der Vater gesagt hat, auch zutiefst betroffen.

Auch der Vater merkt, daß Oswin nur lustlos Antworten gibt. Um ihn aufzumuntern, erzählt er von alten Zeiten, fragt nach diesem und jenem Bekannten und erinnert an gemeinsam Erlebtes, meistens Lustiges. Doch das Gespräch jedoch kommt nicht so richtig in Gang. Schließlich geht Oswin, und der Vater bringt ihn zur Tür.

»Tut mir leid für Oswin. Er hatte sich so gefreut. Und ich mich auch. Aber hätte ich deshalb lügen sollen?« Der Vater setzt sich wieder an den Küchentisch und blickt Helle ernst an. »Wir haben Verschiedenes erlebt, sind verschiedene Wege gegangen. Das kann man nicht so einfach wegwischen.«

Was kostet ein Arm?

Die Federn kratzen übers Papier, Fräulein Gatowsky diktiert Rechenaufgaben. Helle taucht seinen Federhalter in das Tintenfaß in der Mitte der Bank und schaut zu Ede hin. Ede gibt sich Mühe, der Mund bewegt sich mit beim Schreiben. Doch er tut das nur Fräulein Gatowsky zuliebe, die mag er nämlich, die mögen alle.

Eine neue Rechenaufgabe: »Frankreich verlor in der Winterschlacht in der Champagne von 180.000 Kämpfern 45.000. Wieviel Prozent sind das?«

Wenn die Stunde vorüber ist, haben sie wieder bei Herrn Förster Unterricht. Der Förster hat ihn nun genauso auf'm Kieker wie Ede. Wenn er Pech hat, setzt es wieder Schläge ... Was der Förster wohl tun würde, wenn er ihm mal nicht die Hände hinhält?

»Englands Verluste bis zum 5. Februar 1915 betrugen 100.000«, diktiert Fräulein Gatowsky weiter. »Vielleicht hatte England bis dahin 900.000 Mann zur Front. Wieviel Prozent Verluste sind das?«

Immer nur die Verluste der anderen, nie etwas über die deutschen Verluste. Man könnte doch auch mal solche Aufgaben stellen: Ein Mann hat im Krieg seinen rechten Arm verloren, wieviel Prozent von ihm sind das? A – wenn er Arbeiter ist und seine Hände zur Arbeit benötigt, B – wenn er Beamter ist und mit links schreiben lernen muß, C – wenn er reich ist und nur Anordnungen erteilt? Oder: Von den dreiundzwanzig Jungen der Klasse haben neun ihren Vater verloren, zwei Väter sind Krüppel, einer sitzt, weil er gegen den Krieg streikte, im Gefängnis. A – wieviel Prozent sind tot, B – wieviel Prozent sind Krüppel, C – wieviel Prozent sitzen im Gefängnis?

»Die letzte Aufgabe: Die U 9 hat mit 3 Schüssen zu 15.000 Mark 3 englische Panzerkreuzer in den Grund gebohrt. Wieviel Mark vernichtete ein Schuß? Ein Panzerkreuzer kostet ohne Munition 36,5 Millionen Mark.«

»Und wieviel kostet ein Arm?«

»Wie bitte?«

Helle steht auf. Die Frage ist ihm nur so herausgerutscht, aber nun wiederholt er sie: »Was kostet eigentlich ein Arm?«

»Ein Arm? Wie kommst du denn auf diese Frage?«

»Sein Vater ist aus'm Feld zurück«, ruft Bertie. »Er hat 'n Arm ab.«

Erschrocken klappt Fräulein Gatowsky das Buch mit den Rechenaufgaben zu. »Was deinem Vater passiert ist, tut mir sehr leid«, beginnt sie danach vorsichtig. »Aber deine Frage hab ich immer noch nicht ganz verstanden.«

Helle denkt an das, was der Vater gesagt hat. »Waffen muß man bezahlen, Waffen kosten Geld. Menschen kosten nichts.«

»Wie kannst du so etwas sagen? Menschenleben sind unbezahlbar, unersetzbar. Das müßtest du doch wissen.«

»Und ein Arm? Oder ein Bein?«

Alle sehen die Lehrerin an, und Helle tut es schon leid, Fräulein Gatowsky so in die Enge getrieben zu haben. »Ich meine ja nur«, entschuldigt er sich, »wir müssen immer ausrechnen, was die Waffen kosten oder wieviel Prozent Verluste die Engländer oder Franzosen hatten. Was ein Mensch kostet, rechnen wir nie aus.«

Da dreht Fräulein Gatowsky sich um und schneuzt sich. Helle schaut auf sein Heft. Vielleicht denkt Fräulein Gatowsky jetzt an ihren Verlobten, der Offizier war und gleich im ersten Kriegsjahr gefallen ist. Nur deshalb blieb sie Lehrerin. Wenn ihr Verlobter nicht gefallen und sie seine Frau geworden wäre, hätte sie von der Schule abgehen müssen: Lehrerinnen dürfen nicht verheiratet sein ...

Nun geht Fräulein Gatowsky zur Tafel, nimmt ein Stück Kreide und wandert mit der Kreide in der Hand durch die Reihen. Die Klasse wird unruhig, irgendwo raschelt Papier, einer scharrt mit den Füßen auf dem Fußboden. »Es muß schlimm für euch sein, solche Aufgaben lösen zu müssen, während eure Väter ... Aber diese Aufgaben stehen so im Lehrbuch, wir sind verpflichtet, sie euch zu stellen.«

»Auch jetzt noch?«

Günter Brem fragt das.

»Wie meinst du das?«

»Na, der Krieg ist doch bald zu Ende. Und ... vielleicht haben wir ja bald ’ne neue Regierung.«

Fräulein Gatowsky erschrickt. »Günter! Das will ich nicht gehört haben.«

»Und warum nicht? Es reden doch alle davon.«

Die Lehrerin legt die Kreide fort und geht wieder durch die Reihen. »Ich darf diese Fragen nicht so beantworten, wie ich sie euch gerne beantworten möchte. Ich darf die U-Boote in den Rechenaufgaben nicht in Dampfmaschinen umändern, ich darf aus den Granaten keine Birnen machen, wenn ich nicht entlassen werden will ...« Das Klingelzeichen! Aber keiner blickt wie sonst erlöst zum anderen, alle bleiben still.

»Vielleicht hat Günter ja recht, und es wird wirklich bald alles ganz anders, aber noch ist es nicht soweit.« Fräulein Gatowsky seufzt, packt ihre Bücher und Hefte zusammen und verläßt nachdenklich die Klasse.

Bommel, der nur darauf gewartet hat, tritt nach vorn, legt die Kuppen seiner Mittelfinger auf die Daumenspitzen und blinzelt durch die Hände wie Fräulein Gatowsky ab und zu durch ihre Brille. »Was kostet ein Fingernagel? Was kostet ein Ohrläppchen? Was kostet ein Furz?«

Es lacht niemand. Der lange Heinz aber springt auf, stürzt sich auf Bommel und schlägt voller Wut auf ihn ein.

»War ja nur Spaß!« schreit Bommel. »War ja wirklich nur Spaß!«

Es war wirklich nur Spaß, aber ein so dummer, daß niemand Bommel zu Hilfe kommt.

Es klingelt zur nächsten Stunde, eine Förster-Stunde. Sorgfältig ordnen die Jungen noch einmal ihre Hefte und Bücher, die in einer bestimmten Anordnung auf dem Tisch liegen müssen, wenn Herr Förster nicht fuchsteufelswild werden soll. Doch es vergehen zwei, drei Minuten, und Herr Förster kommt nicht. Die Jungen werden unruhig, bleiben aber weiter hinter ihren Tischen sitzen. Es ist noch nie passiert, daß Herr Förster zu spät zur

Stunde gekommen ist; vielleicht steht er vor der Tür und lauert auf den ersten, der es nicht mehr aushält und aufsteht.

Es vergehen weitere Minuten. Die Jungen sehen sich an. Irgendwas stimmt da nicht.

Endlich sind Schritte zu hören, doch es ist nicht Herr Förster, der da kommt. Herr Förster tritt fest und steif auf, und trotz seines Hinkens klappen seine Schuhe hart auf den gekachelten Fußboden und hallen laut im Flur wider. Die Watschelschritte, die jetzt zu hören sind, verursachen ein schmatzendes und beinahe gemütliches Geräusch. Doch das täuscht, denn diese Schritte kennen die Jungen auch: Der kleine dicke Rektor Neumayr mit der polierten Glatze ist es, der da kommt.

Sofort steht die Klasse auf, und jeder stellt sich stockgerade neben seine Bank.

Der Rektor betritt die Klasse. »Guten Morgen.«

»Guten Morgen, Herr Rektor!«

Mit umständlichen Worten teilt Rektor Neumayr der Klasse mit, daß Herr Förster leider plötzlich erkrankt sei und der restliche Unterricht an diesem Tag ausfallen müsse. Er blickt sich in der Klasse um, sieht die Schüler einen nach dem anderen an und zieht, als er nichts entdecken kann, was ihn stört, seine goldene Taschenuhr aus der Westentasche, als müsse er sich davon überzeugen, daß es noch nicht zu früh sei, die Klasse nach Hause zu schicken. Danach gibt er Franz den Auftrag, die Klasse geschlossen aus dem Schulhaus zu führen, und verläßt den Raum.

Die Jungen warten mit ihrem Jubel. Erst als Bertie, der an der halboffenen Tür lauscht, meldet, daß der Neumayr ein Stockwerk tiefer angekommen ist, tanzen sie vor Freude zwischen den Bänken herum.

»Der Förster hat Schiß!« schreit Günter. »Der denkt, die Revolution geht los.«

»Was denn sonst?« freut sich der lange Heinz. »Der rasiert sich schon mal seinen Kaiser-Wilhelm-Bart ab, damit er nicht verwechselt wird.« Und dann steigt er auf seine Bank und kräht:

»Wenn Wilhelm im Zylinder jeht,
Aujuste* nach Kartoffeln steht,
dann ist der Kriiieg zu Ende.«

»Mit dem Pferdeäppelsammeln wird's heute nichts.« Ede lehnt sich mit dem Rücken an die Laterne und schaut irgendwohin in die Luft. »Lotte geht's schlechter. Ich muß zu ihr ins Krankenhaus.«

Helle sagt nichts. Alles, was er sagen könnte, klänge dumm.

»Wir gehen ein andermal zusammen los, ja?«

»Na klar!«

Langsam geht Ede die Straße entlang, und Helle bleibt neben ihm.

»Mutter sagt, es wäre gut für Lotte, wenn endlich alles vorbei wäre, sie quält sich ja nur noch.«

»Das hat meine Mutter auch gesagt, als Erwin starb.«

An einer Straßenecke stehen mehrere Männer und Frauen vor einem Plakat. Helle und Ede stellen sich dazu. *Bekanntmachung* steht auf dem Anschlag, und dann: *In gewissen Kreisen besteht die Absicht, unter Mißachtung gesetzlicher Bestimmungen Arbeiter- und Soldatenräte nach russischem Muster zu bilden. Derartige Einrichtungen stehen mit der bestehenden Staatsordnung im Widerspruch und gefährden die öffentliche Sicherheit. Ich verbiete auf Grund des § 9b des Gesetzes über den Belagerungszustand jede Bildung solcher Vereinigungen und die Teilnahme daran. Der Oberbefehlshaber in den Marken – von Linsingen – Generaloberst.*

Vorsichtig zupft Helle Ede am Ärmel. Zwei Offiziere nähern sich der Menschentraube. Sie tragen deutlich sichtbar jeder eine Pistole über dem Mantel. Als sie vorüber sind, schimpft eine Frau: »Jetzt tragen sie schon Waffen mit sich rum. Die denken wohl, damit können sie uns einschüchtern.«

»Psst!« macht eine andere Frau. »Die können das doch hören.«

»Na und? Soll'n se doch! Dann wissen se wenigstens gleich, woran sie sind.«

»Das waren Maikäfer«, sagt ein Mann. »Mit denen ist nicht gut Kirschen essen.«

Nachdenklich schaut Helle den beiden Offizieren nach. Er kennt die Maikäferkaserne am Anfang der Chausseestraße. Die Gardefüseliere liegen dort. Weil sie früher so komische Uniformen trugen, daß sie darin wie Maikäfer aussahen, werden sie von vielen Leuten noch immer Maikäfer genannt. Sie sind bekannt dafür, daß sie besonders kaisertreu sind. Und besonders tapfer sollen sie auch sein.

»Was heißt'n das?« Die Frau, die »Pssst!« gemacht hat, tippt mit dem Finger auf die drei Worte *nach russischem Muster*.

»Wissen Sie das etwa nicht?« Atze, ein junger Arbeiter, den Helle gut kennt, weil er im Nachbarhaus wohnt und mit Nauke befreundet ist, sieht die Frau erstaunt an. »In Rußland haben se Revolution gemacht. Da gibt's keinen Kaiser mehr und auch keine Generäle.«

»Zar«, verbessert ihn der Mann, der die beiden Offiziere als Maikäfer erkannt hat. »In Rußland heißt das Zar.«

»Ob Zar, Sultan oder Scheich!« erwidert Atze. »Auf jeden Fall regieren jetzt da die Arbeiter, und in Lübeck, Hamburg, Bremen und Stuttgart brodelt's auch. Nur Berlin läßt sich Zeit. An der Front fallen jeden Tag zwanzigtausend Soldaten, wir aber sitzen mit dem Hintern am Ofen und warten auf den ersten Schnee.«

Die Frauen tuscheln aufgeregt miteinander.

Atze grinst breit. »Wenn Berlin aufwacht, hat Wilhelms letztes Stündlein geschlagen. Da kann er Gullytaucher werden und die Kanalratten zählen. Und seine Söhne können ihm dabei helfen. Kriegen sie endlich mal was Vernünftiges zu tun.«

Sogar die Ängstlichen unter den Zuhörern müssen über Atze lachen; Helle spürt nur die Gefahr, die von diesem Plakat ausgeht. Der Vater will ja genau das, was dieser Oberbefehlshaber verbietet. Es ist bestimmt gefährlich, sich diesem Verbot zu widersetzen.

Ede denkt anscheinend nicht darüber nach. Er sieht plötzlich viel munterer aus, hat es nun sogar eilig und verabschiedet sich rasch. Helle blickt ihm noch einen Augenblick lang nach, dann geht auch er.

Ob das alles miteinander zusammenhängt: Naukes Päckchen, Onkel Kramers Verhaftung, Herrn Försters Fehlen, dieses Plakat und das mit den Matrosen? Vielleicht hat Fritz' Vater ja die Wahrheit gesagt, und sie sind tatsächlich schon in Berlin. Dann ist es klar, weshalb der Kaiser und seine Generäle solche Angst vor dem »russischen Muster« haben. Wenn sie jedoch solche Angst haben, werden sie sich mit allen Mitteln gegen die Revolution wehren – und dann wird nicht nur an der Front, dann wird auch in der Heimat geschossen.

Auf der Teppichklopfstange im ersten Hof sitzt der kleine Lutz. Als er Helle sieht, läßt er sich nach hinten fallen und hält sich nur noch mit den Kniekehlen fest. Gleich darauf greift er nach der mittleren Strebe, schwingt sich ab und tritt dicht an Helle heran. »Hab Hunger. Haste was?«

»Nee! Weißte doch.«

Lutz zieht betrübt ab, und Helle kommt sich schlecht vor. Diesmal hat er Lutz belogen. Sie haben ja die Erbsen. Aber hätte er Lutz sagen sollen, daß sie heute Erbsensuppe essen und für ihn nichts übrig haben? Lutz hätte geantwortet, daß er ja nur ein bißchen, ein ganz klein bißchen abhaben will, und dann wäre er sich noch schlechter vorgekommen, wenn er ihm auch diese Bitte abgeschlagen hätte. Doch sollen sie andere Kinder mitversorgen, solange sie selber nicht genug haben?

Im vierten Hof hockt Anni. Sie trägt einen dicken Schal um den Hals und malt mit Schlämmkreide das Pflaster voll. Als sie Helle sieht, steht sie rasch auf und versucht, mit den Schuhsohlen auszuradieren, was sie da gemalt hat.

»Zeig doch mal.« Neugierig schiebt er Anni beiseite.

Sie wird rot, wirft die Kreide weg und läuft in Oswins Schuppen. Sofort beugt Helle sich über die Zeichnung. Das eine soll ein Junge sein, das andere ein Mädchen. Beide reichen sich die Hand. Unter die Hände hat Anni ein Herz gemalt, und in dem Herz, das von einem Pfeil durchbohrt wird, steht *H. G. + A. F.* – Helmut Gebhardt und Annemarie Fielitz.

Deshalb ist sie weggelaufen! Schadenfroh grinsend linst Helle in Oswins Schuppen.

»Du bist gemein!« tönt es von drinnen.

»Wieso?«

»So was ... so was macht man nicht.«

Jetzt weiß er, wo Anni steckt. Sie hat sich hinter Oswins Lumpenberg verkrochen. Oswin sammelt Lumpen, aber nicht, um sie zu verkaufen, sondern um aus den Stoffen Puppen oder Lampenschirme zu basteln.

»Wieso?« fragt Helle noch einmal und schleicht sich langsam näher an Anni heran. Wenn sie den Kopf nicht hebt, kann sie ihn nicht sehen – und sie hebt den Kopf nicht, um sich nicht zu verraten.

»Du hättest erst fragen müssen.«

Sie ist ihm nicht wirklich böse. Wenn sie ihm böse wäre, würde ihre Stimme anders klingen. Leise nimmt Helle seinen Ranzen ab und hängt ihn über die Wasserpumpe, um die herum Oswin seinen Schuppen aufgebaut hat.

»Helle? – Helle! Biste noch da?«

»Ja!« Er springt auf den Lumpenberg, bekommt Anni zu pakken und ringt und kugelt mit ihr auf den Lumpen herum.

»Aua! Du tust mir weh.«

Das hat er nicht gewollt. Helle läßt von Anni ab, schwer atmend bleiben sie beide liegen.

»War ja nur Spaß«, sagt Anni.

»Was?«

»Das mit dem Herz.«

»Ach so.«

Ihre Augen glänzen. Sie ist sehr erhitzt. »Oder haste etwa gedacht ...«

»Was?«

»Daß ... daß ich in dich verliebt bin.«

»Quatsch!«

»Wirklich nicht?«

»Nee.«

Anni überlegt. »Und wenn ich's doch bin?«

Helle zuckt die Achseln. Was soll er darauf antworten?

»Würdeste dich darüber freuen?«

»Soll ich mich drüber ärgern?«

»Also würdeste dich freuen?«

Jetzt wird Helle rot. Und weil er das weiß und nicht will, glüht er noch mehr. Anni bemerkt es, beugt sich vor und küßt ihn auf den Mund.

Das ging so schnell, daß Helle Annis Lippen nur ganz flüchtig gespürt hat, trotzdem ist er so überrascht, daß er nicht weiß, was er tun soll. Über sich selbst erschrocken, will Anni aufspringen und fortlaufen, läßt sich aber gleich wieder fallen und preßt sich an ihn. »Meine Mutter«, flüstert sie.

Schritte nähern sich der Schuppentür, die Holzbohlen knarren. »Anni? Wo steckste denn?«

Ängstlich preßt Anni sich noch dichter an Helle. Er spürt ihren Atem im Gesicht.

»Anni!«

Nun muß sie doch aufstehen. Wenn ihre Mutter sie sucht, findet sie sie beide! »Hier bin ich ja. Was willste denn?«

»Biste allein?«

»Was denn sonst?«

Helle wagt kaum noch zu atmen. Über der Pumpe hängt sein Ranzen, den muß Annis Mutter doch sehen.

»Legste dich nun in Oswins Bett oder willste in dein eigenes?«

»Bin gar nicht müde.«

»Nee, müde nicht, aber krank«, schimpft Annis Mutter, und dann bittet sie leise: »Du mußt vernünftiger werden, Anni.«

»Aber Dr. Fröhlich hat gesagt, ich soll an die frische Luft!« Anni gibt sich so bockig und laut, daß Helle sofort merkt, sie will ihre Mutter nur von dem Ranzen ablenken.

»Frische Luft ja, aber doch nicht diese nasse Kälte!« Annis Mutter zieht Anni mit sich fort und redet dabei weiter auf sie ein. Helle hört noch, wie der Schlüssel im Schloß herumgedreht wird, dann ist alles still. Er steht auf, nimmt seinen Ranzen und schleicht zum Fenster.

Auf dem Hof ist niemand zu sehen. Leise entriegelt er das Fenster, öffnet es und klettert hinaus. Danach huscht er in den Seitenaufgang hinein und steigt rasch die Treppe hoch.

Der Vater hat schon gewartet. Er nimmt gleich seinen Mantel vom Haken. »Ich muß weg. Macht euch die Erbsen warm.«

»Wo willste denn hin?«

»Mich mal umschauen, will endlich wissen, ob was geschieht oder nicht.« Und damit schlägt er schon die Tür hinter sich zu.

Helle läßt den Ranzen fallen und geht in die Küche.

Hänschen sitzt auf seiner Decke und spielt mit Bauklötzen. Als er den großen Bruder sieht, hebt er die Ärmchen. Helle nimmt den Kleinen auf den Arm und schmust ein bißchen mit ihm. Martha liegt auf dem Sofa und schaut Helle nur an.

»Was is'n mit dir? Biste krank?«

»Nee. Denke nach.«

»Und worüber denkste nach?«

»Sag ich nicht.«

»Dann eben nicht.« Helle setzt den Bruder wieder zwischen seine Bauklötze zurück. Es hat geklopft. Vielleicht hat der Vater noch was vergessen.

Doch es ist nicht der Vater, es ist der kleine Lutz, der da in der Tür steht und vor lauter Verlegenheit noch mehr schielt als sonst. »Dein Vater schickt mich. Er hat gesagt, du sollst mir von euren Erbsen geben.«

So eine kesse Bolle! Helle kann Lutz nur bewundern. Nicht mal den Vater läßt er in Ruhe.

»Komm schon rein.«

Gleich geht Lutz in die Küche und schnuppert. »Sind die Erbsen mit Fleisch?«

»Sind wir Millionäre?«

»Nee!« Lutz setzt sich zu Hänschen auf den Fußboden und strahlt ihn an. Und Hänschen strahlt zurück.

Sofort vergißt Martha ihre Schwermut. »Was will'n der hier?«

»Lutz ißt heute mal mit uns.« Helle stellt einen Teller mehr auf den Tisch.

»Und warum?«

»Weil er Hunger hat.«

Die Schwester guckt ungläubig. Wenn Lutz nur mitißt, weil er Hunger hat, kann Helle die gesamte Ackerstraße zum Essen einladen – Hunger haben alle.

Lutz jedoch wird immer mutiger. »Wenn ihr wollt, komm ich jetzt öfter.«

»Klar!« Helle kann nur noch den Kopf schütteln. »Komm nur! Wir haben sowieso zuviel zu fressen, wir wissen gar nicht, wohin damit.«

»Biste jetzt wütend auf mich?«

»Quatsch! Was kannst du denn dafür? Hast etwa du den Krieg gemacht?«

»Nee!« Gleich ist Lutz wieder quicklebendig und zwinkert Martha lustig zu. »Eß dir schon nichts weg.«

Martha blickt durch ihn hindurch. Lutz ist zwar älter als sie, aber kaum größer. Er soll sich bloß nichts einbilden.

Nauke geht über den Hof. Helle, der auf der Fensterbank sitzt und in den dunklen Hof hinabschaut, reißt das Fenster auf, um sich bemerkbar zu machen. Doch Nauke hat es eilig, ist schon im Hofdurchgang zum dritten Hof verschwunden.

Ärgerlich schließt Helle das Fenster wieder. Als er gestern aus der Danziger wiederkam, stand er noch lange vor der Haustür herum und spähte zu den Häusern auf der gegenüberliegenden Straßenseite hinüber. Nauke hatte ja gesagt, daß er von dort aus beobachten wollte, ob er oder die Polizei das Haus betreten würde. Aber Nauke zeigte sich nicht und ließ sich auch nicht bei Oma Schulte blicken.

Und der Vater kommt auch nicht wieder! Nun ist er schon über sechs Stunden unterwegs. Helle hält es nicht länger auf seinem Beobachtungsposten, immer rascher beginnt er in der Küche auf und ab zu wandern. Unruhig dreht Martha sich auf dem Sofa herum. Sie schläft, ist todmüde, hat Oma Schulte auch am Nachmittag helfen müssen, weil Oma Schulte im Rückstand ist.

Hänschen schläft ebenfalls, liegt unter dem Tisch auf seiner Decke und rührt sich nicht ...

Endlich kommt wieder jemand über den Hof. Helle läuft zum Fenster und schaut hinaus. Es ist die Mutter!

Die Mutter geht als erstes in die Küche und setzt sich auf den Kohlenkasten, um sich die Schuhe auszuziehen und die schmerzenden Füße zu massieren. »Seid ihr allein zu Hause?« fragt sie leise, um Martha und Hänschen nicht zu wecken. Helle antwortet ebenso leise, daß der Vater in die Innenstadt gegangen ist, um sich mal »umzuschauen«.

»Das hab ich mir gedacht. Dabei sollte er sich wirklich noch 'n bißchen schonen.« Die Mutter nimmt Hänschen auf und befühlt seinen Hintern. »Er ist ja ganz naß! Wann haste denn zuletzt seine Windeln gewechselt?«

Das hat Helle über der Warterei ganz vergessen. Beschämt

nimmt er die Decke vom Fußboden und breitet sie auf dem Tisch aus. Die Mutter legt Hänschen neben die Petroleumlampe und beginnt ihn auszuziehen. Als sie ihn ausgezogen hat, pinkelt Hänschen noch einmal; in hohem Bogen pinkelt er die Decke voll.

»Du Ferkel!« schimpft die Mutter. Aber dann muß sie lachen. »Wenigstens zu trinken hast du ihm gegeben.«

»Zu essen auch.«

»Na, nun sei mal nicht gleich beleidigt.« Die Mutter wickelt Hänschen und setzt ihn zwischen seine Bauklötze. Danach dreht sie den Docht der Petroleumlampe etwas höher und weckt Martha.

Die Schwester gähnt. »Wo ist Vati?«

»Unterwegs. Aber er kommt bestimmt bald zurück.«

Früher hat Martha die Mutter umarmt und geküßt, wenn sie nach Hause kam; da hätte sie am liebsten den ganzen Abend mit ihr herumgeschmust und war traurig, wenn die Mutter nicht genug Zeit für sie hatte. Nun schaut sie sie nicht einmal an.

»Du blödes Ding! Mutter ist da!«

»Ich will aber zu Vati.« Martha heult.

»Nicht, Helle!« bittet die Mutter. »So ist das nun mal: Ich bin den ganzen Tag weg, Vater ist hier, und für so 'n kleines Mädchen ist ein Vater eben was Besonderes. Außerdem ist sie müde. Den ganzen Tag neben der Nähmaschine stehen ist einfach zuviel für sie.«

Die Schwester rutscht vom Sofa, streckt Helle die Zunge raus und stolziert an ihm vorbei aus der Küche, um in der Schlafstube weiterzuschlafen.

»Ist doch schön, daß sie so an ihm hängt«, sagt die Mutter. »Manche Kinder können sich nicht mehr an ihren Vater gewöhnen, wenn er nach so langer Zeit aus dem Feld heimkommt. Da ist's mir schon lieber, sie is'n bißchen verliebt in ihn.«

Wieder geht jemand über den Hof. Helle läuft zum Fenster und beugt sich hinaus. Diesmal ist es der Vater. Doch er geht nicht weiter, ist vor Oswins Schuppen stehengeblieben und unterhält sich mit dem alten Leierkastenmann. Zuerst reden die beiden Männer nur leise miteinander, dann wird der Vater lauter, eindringlicher, bis sich die beiden Schatten voneinander lösen und Oswin in seinen Schuppen zurückgeht.

Schnell dreht Helle den Docht der Petroleumlampe etwas höher, dann läuft er ins Treppenhaus hinaus, um dem Vater zu leuchten.

Der Vater hat was unter seinem Mantel und begrüßt Helle nur kurz. In der Küche öffnet er gleich den Mantel und befördert darunter Flugblätter hervor. »Lest das mal! Die sind druckfrisch.«

Sofort setzt Helle sich an den Tisch, nimmt ein Flugblatt und liest: *Arbeiter und Soldaten! Nun ist Eure Stunde gekommen. Nun seid Ihr nach langem Dulden und stillen Tagen zur Tat geschritten. Es ist nicht zuviel gesagt: in diesen Stunden blickt die Welt auf Euch und haltet Ihr das Schicksal der Welt in Euren Händen.* Etwas weiter unten steht: *Arbeiter und Soldaten! Die nächsten Ziele Eures Kampfes müssen sein: 1. Befreiung aller zivilen und militärischen Gefangenen …*

Befreiung aller zivilen und militärischen Gefangenen? Das bedeutet ja, daß auch Edes Vater befreit werden soll. Hastig liest Helle das Flugblatt zu Ende. *Arbeiter und Soldaten! Nun beweist, daß Ihr stark seid, nun zeigt, daß Ihr klug seid, die Macht zu gebrauchen*, steht da zum Schluß. Und danach: *Hoch die sozialistische Republik! Es lebe die Internationale! – Die Gruppe Internationale (Spartakusgruppe) – Karl Liebknecht – Ernst Meyer.*

Spartakus? Helle läßt das Flugblatt sinken. »Gehörste jetzt doch zu den Spartakisten?«

»Die Spartakisten sind die einzigen, die die Revolution wirklich wollen.« Aufgeregt wandert der Vater im offenen Soldatenmantel in der Küche herum. »Sie sind die einzigen, die wirklich unsere Interessen vertreten. Nehmt nur Liebknecht*. Hat er nicht von Anfang an gesagt, daß uns der Krieg in die Katastrophe führt?«

Helle hat davon gehört. Liebknecht ist verhaftet und eingesperrt worden, weil er auf der Mai-Demonstration vor zweieinhalb Jahren mitten auf dem Potsdamer Platz »Nieder mit dem Krieg! Nieder mit der Regierung!« gerufen hatte. Er hatte noch mehr sagen wollen, war aber sofort von Polizisten umringt und abgeführt worden. Hochverrat hatte das Gericht diese acht Worte genannt und Karl Liebknecht erst zu zweieinhalb Jahren und dann zu vier Jahren Zuchthaus verurteilt. Vor wenigen Tagen aber mußten sie ihn freilassen, die streikenden Arbeiter hatten immer wieder auch »Freiheit für Liebknecht!« gefordert.

»Aber wenn nur die Spartakisten die Revolution wollen, sind das nicht zu wenige?« fragt die Mutter, die das Flugblatt inzwischen ebenfalls gelesen hat.

»Um die Regierung zu stürzen und Schluß mit dem Krieg zu machen, sind wir nicht zu wenig. Das Ziel ›Frieden und Brot‹ vereint alle, die von Krieg und Hunger die Nase voll haben.« Der Vater geht an den Wasserhahn, füllt sich den Becher voll und trinkt in tiefen Zügen. »Was danach passiert, ist schwer abzuschätzen.«

»In dem Flugblatt steht, daß wir die Macht schon haben«, wundert sich die Mutter. »Das stimmt doch nicht.«

»Das Blatt wird erst morgen früh verteilt, vor allen Fabriktoren, vor allen Kasernen. Und das mit der Macht stimmt – wir haben sie in dem Augenblick, in dem wir uns ihrer bewußt werden.«

Der Vater wird leiser: »Morgen schlagen wir los!«

»Morgen schon?«

»Geplant war der Generalstreik eigentlich erst für Montag. Aber nun haben sie 'nen Genossen verhaftet, der die Pläne für Montag bei sich trug. Sie wissen alles, deshalb müssen wir früher losschlagen.«

»Du auch?« fragt die Mutter bestürzt. »Willst du etwa auch Flugblätter verteilen?«

»Denkste, ich hab die zum Verheizen mitgebracht?«

»Aber du hast nur noch einen Arm!«

»Wir brauchen jeden, auch Einarmige. Einarmige können vielleicht nicht mehr Maurer sein oder an der Drehbank stehen, aber Flugblätter verteilen, das können se noch. Ich schieb mir den Packen einfach in den Mantel.«

»Und wo verteilste die?«

»Vor der Maikäferkaserne.«

Vor der Maikäferkaserne? Ausgerechnet vor der Maikäferkaserne? Helle muß an die beiden Offiziere mit ihren Pistolen denken. »Und wenn sie schießen?«

»Bin doch auch Soldat, Kriegsinvalide dazu. Warum sollten meine Kameraden auf mich schießen?«

Die Mutter wird immer besorgter. »Als ich vorhin nach Hause kam, hab ich Militärkolonnen gesehen. Die Straßen waren voll davon.«

»Hab sie auch gesehen«, sagt der Vater ruhig. »Es scheint, die Generäle wissen, was sie erwartet.« Und dann zieht er die Mutter an sich und küßt sie. »Brauchst keine Angst zu haben. Ich glaub nicht, daß es hart auf hart kommt. Und wenn doch, sind wir nicht allein. Die Kieler Matrosen stehen vor Berlin.«

»Die Matrosen?« entfährt es Helle.

»Ja. Sie sind gestern schon gekommen, aber nicht in die Stadt gelassen worden. Morgen wird sie niemand mehr aufhalten können.«

Dann stimmt, was Fritz' Vater gesagt hat: Die Matrosen kommen nach Berlin!

»Hoffentlich gibt es keine Toten«, seufzt die Mutter. »Es sind nun wirklich schon genug gefallen.«

Lange Zeit schweigt der Vater, dann setzt er sich endlich hin und sagt nachdenklich: »Weißte, Marie, ich hab in den letzten Jahren so viele Tote gesehen, über die sich kaum jemand aufgeregt hat. Wenn nun der eine oder andere fällt, ist das doch nur, damit nicht noch mehr von uns sinnlos an der Front verrekken.«

»Der eine oder andere ...?« flüstert die Mutter entsetzt. »Das kannst auch du sein.«

Der Vater beugt sich zu Hänschen hinunter, nimmt ihn auf den Schoß und reibt seine Wange an Hänschens Gesicht. »Ich seh mich vor, Marie. Aber ohne Opfer wird's nicht abgehen ... und die anderen die Kastanien aus dem Feuer holen lassen, das kann ich nicht.«

»Ich weiß«, antwortet die Mutter noch immer ganz erschrokken. »Und ich finde es ja auch richtig so, nur ... du bist nun mal mein Mann!«

Helle macht für Martha und sich den Rest Erbsen warm und ißt seinen Teil gleich aus dem Topf. Dann nimmt er das Glas Kriegsmus und füttert Hänschen. Aber es ist wie verhext, ausgerechnet an diesem Morgen will Hänschen nicht essen. Und als Helle seinen Trick anwendet und Hänschen die Nase zuhält, verschluckt sich der Bruder und hustet so sehr, daß er ihn hochnehmen, ihm den Rücken klopfen und ihn trösten muß. Als es Hänschen endlich bessergeht und der kleine Bruder, als hätte er vom Husten Appetit bekommen, alles aufgegessen hat, ist Martha, die noch gar nicht richtig wach gewesen war, am Küchentisch wieder eingeschlafen. Helle muß sie wecken und ihre Zänkerei ertragen.

Und dann steht Martha im Treppenhaus und heult. Der Rotz läuft ihr aus der Nase. Sie schmiert ihn mit den Händen breit und wischt die Hände an ihrer Kittelschürze ab.

»Nun geh doch schon!«

»Ich will aber nicht!« Martha stampft mit dem Fuß auf.

»Aber du kannst heute nicht bei Vater bleiben, er geht ja auch gleich weg.« Hänschen auf dem Arm, zieht Helle die Schwester mit der freien Hand die Treppe hoch.

»Wo geht er denn hin?«

»Er macht Revolution. Er will, daß der Kaiser fortgejagt wird, damit endlich Frieden ist.« Einfacher kann er Martha das nicht erklären.

Da hat die Schwester gleich wieder eine Menge nachzudenken und widerspricht nicht mehr.

»Ogottogottogott!« stöhnt Oma Schulte, als Helle Martha und Hänschen endlich in ihrer Küche abgeliefert hat. »In der Stadt ist heute der Deibel los. Nauke war gestern abend schon ganz verrückt. Sieh dich nur vor, Herzchen!«

Helle hat keine Zeit, sich mit Oma Schulte zu unterhalten. Er ist spät dran und muß sich sputen, wenn er pünktlich in der Schule sein will. Und heute will er nicht nur wegen Herrn Förster pünktlich sein, heute will er noch vor Schulbeginn mit Ede reden, um sich für den Nachmittag mit ihm zu verabreden. Sie müssen unbedingt in die Innenstadt, sehen, was geschieht. Unterwegs jedoch trifft er Ede nicht, und als er den Schulhof betritt, sieht er gleich, daß Ede in der Klasse, die bereits wieder in Zweierreihen angetreten ist, noch fehlt.

Die Jungen flüstern miteinander oder schweigen, aber alle sind sie unruhig. Sie wissen, daß heute gestreikt wird, viele Väter und Mütter sind dabei; es paßt ihnen nicht, daß sie an einem solchen Tag in die Schule müssen.

Die Klingel! Helle wirft einen letzten Blick zurück, doch Ede ist immer noch nicht zu sehen. Und dann öffnen sich schon die Türen, und die Lehrer führen die Klassen in die Klassenzimmer.

Herr Förster ist noch krank, Fräulein Gatowsky vertritt ihn und spielt Rechenkette mit den Jungen. Alle müssen aufstehen und die endlos lange Aufgabe mitrechnen. Zwischendurch läßt Fräulein Gatowsky sich die Zwischenlösungen ins Ohr flüstern. Stimmt die Lösung, darf derjenige, der sie gesagt hat, sich setzen. Heute jedoch kann Fräulein Gatowsky sich nicht konzentrieren. Sie ist nervös und guckt immer wieder zur Tür, als müsse jeden Moment irgendwas passieren.

In der zweiten Stunde kommt Herr Flechsig. Er hängt eine Landkarte auf und sagt: »Unser Kaiser ist in Spa. Wer weiß, wo Spa liegt, wer kann es uns zeigen?«

Günter Brem meldet sich. Er geht nach vorn, läßt sich von Herrn Flechsig den Zeigestock geben und tippt auf eine Stadt im östlichen Teil Belgiens.

»Richtig!« Herr Flechsig nimmt Günter den Stock wieder ab und geht durch die Reihen. »In dieser wunderschönen Stadt Spa, einem weltberühmten Badeort, sitzt unser Kaiser und überlegt, ob er abdanken soll oder nicht. Wenn er abdankt, haben wir sicher bald Frieden, wenn er nicht abdankt, gibt es weitere Tote – an der Front und in der Heimat! Was meint ihr, soll er abdanken oder nicht?«

Die Klasse wagt keinen Muckser. Noch nie hat ein Lehrer so über den Kaiser gesprochen.

»Obwohl niemand dem Kaiser ans Leben will, hält er sein Schicksal und das seiner Familie für wichtiger als einige zehntausend Menschenleben. Deshalb zögert er. Immerhin ist er von blauem Blut, und seine Soldaten haben nur ganz normales rotes Blut, so wie ihr und ich.«

Herr Flechsig erwartet keine Antwort. Er läßt den Zeigestock in der Hand wippen und geht vor der Tafel auf und ab. Dabei schaut er abwechselnd die Klasse an und zum Fenster hinaus. Bommel kichert vor Aufregung.

»Ihr wundert euch, daß ich so rede, nicht wahr?« Endlich bleibt Herr Flechsig stehen, lehnt sich ans Fensterbrett und läßt seinen Blick durch die Reihen wandern. »Ich will es euch sagen: Ich kann nicht mehr anders. Jahrelang hab ich meinen Mund gehalten, nur um weiter Lehrer sein zu dürfen, jetzt kann ich meinen Mund nicht mehr halten. Heute ist ein Tag der Entscheidung. Entweder verändert sich heute eine ganze Menge, oder wir gehen düsteren Zeiten entgegen.«

Die Klassentür wird aufgerissen, Rektor Neumayr steht in der Tür. »Machen Sie Schluß!« ruft er Herrn Flechsig zu. »Schicken

Sie die Kinder nach Hause. Die restlichen Stunden fallen aus.«

Herr Flechsig wartet, bis der Rektor zur nächsten Klasse weitergehastet ist, dann lächelt er. »Ihr habt es gehört. Geht nach Hause und meidet die Innenstadt. Da wird's heute sicher gefährlich.«

Die Jungen springen auf und reden aufgeregt durcheinander. Helle wartet nicht länger. Er schiebt seine Bücher und Hefte in den Ranzen, flitzt aus der Klasse, durch die Flure, über den Schulhof, durch die Straßen. Er will zu Ede, will gemeinsam mit ihm zur Maikäferkaserne, wo der Vater Flugblätter verteilt. Als er jedoch auf dem Hof steht, zum Hansteinschen Küchenfenster hochblickt und pfeift, rührt sich da oben nichts. Im ganzen Haus rührt sich nichts.

Ob die Leute alle in der Innenstadt sind? Ob sie sich irgendwo versammeln? Wie gehetzt läuft Helle die Gartenstraße entlang. Er muß nach Hause, seinen Ranzen loswerden und dann zur Maikäferkaserne. Nichts anderes ist jetzt wichtig.

Erst in der Ackerstraße wird er langsamer: Vor der Nr. 37 steht ein LKW. Arbeiter mit roten Armbinden sitzen auf den Trittbrettern und der Ladefläche, rauchen und scheinen auf irgendwas zu warten. Auch Trude ist darunter. Doch sie sieht ihn nicht, redet nur erregt auf einen alten Arbeiter ein, der ein nachdenkliches Gesicht macht.

Im Treppenhaus stößt Helle auf Nauke, der ihm direkt entgegenkommt. Als er Helle sieht, nimmt er ihn gleich mit sich. »Du kommst gerade richtig.«

Helle läuft hinter Nauke die Treppe wieder hinab und will ihm nun endlich erzählen, was er in der Danziger Straße erlebt hat. Nauke aber ist sehr in Eile. Außerdem weiß er schon alles. »Eine Stunde früher hätte er die Papiere haben müssen«, sagt er. »Eine einzige Stunde früher.«

»Dann war es meine Schuld?«

Nauke geht über den Hof, bleibt vor der Kellertür stehen und schließt sie auf. »Du hättest gar nicht früher hingehen dürfen. Es war Pech, weiter nichts.«

Im Keller ist es dunkel. Nauke zieht eine Kerze aus der Tasche, gibt sie Helle zu halten und zündet sie an.

»Weißt du, daß der Weselowski gar nicht wirklich Weselowski heißt?«

»Na klar!« Nauke nimmt Helle die Kerze ab und steigt vor ihm die Kellertreppe hinab. »Kramer heißt er. Moritz Kramer.«

Also doch! Rasch erzählt Helle Nauke, daß er Onkel Kramer kennt, weil der Vaters bester Freund war. Aber Nauke hat keine Zeit, darauf einzugehen. Er schließt Oma Schultes Holzverschlag auf und räumt eine Menge Gerümpel zur Seite. Helle hilft ihm dabei, bis er zurückzuckt – er hat einen Gewehrlauf berührt.

»Keine Angst! Von alleine gehen die nicht los.« Nauke legt Helle drei Gewehre in die Arme. »Du wolltest doch wissen, was eine Schwarze Katze ist. Jetzt kann ich dir's sagen: Schwarze Katzen sind die, die sich Waffen und Munition besorgt haben, um gerüstet zu sein, wenn's losgeht. Und heute ist es soweit.«

Die Gewehre sind schwer. Helle trägt sie vor Nauke her, der die übrigen drei Gewehre und eine kleine Kiste mitnimmt und Oma Schultes Verschlag wieder sorgfältig verschließt.

Die Arbeiter auf dem LKW nehmen die Waffen in Empfang; die, die inzwischen abgestiegen waren, steigen wieder hinauf. Auch Nauke will gleich den Wagen besteigen, Helle hält ihn noch zurück. »Darf ich meinem Vater von Onkel Kramers Verhaftung erzählen?«

»Von heute an darfste jedem alles erzählen.« Nauke grinst. »Von heute an spielen wir mit offenen Karten.«

»Abwarten!« ruft Trude vom LKW. »Noch haben wir nicht gesiegt.« Doch sie lacht dabei. Und dann hält sie Nauke auch schon die Hand hin und zieht ihn auf die Ladefläche.

»Und das Päckchen?«

Der LKW ruckt an.

»Leg's unter die Diele zurück«, ruft Nauke. »Nur nicht in der Wohnung behalten. Hörste!«

Helle hebt noch die Hand, um Nauke und Trude nachzuwinken, da biegt der LKW schon um die Ecke.

Der ruhmreiche 9. November

In der Wohnung ist alles ruhig. Helle schiebt den Ranzen in die Lücke zwischen Küchenschrank und Wand, schlägt die Tür zu und läuft gleich wieder die Treppe hinab. Als er die Tür zum Hof öffnen will, prallt er mit Fritz zusammen.

»Ich hab sie gesehen«, japst Fritz aufgeregt. Er trägt noch seinen Ranzen und ist völlig außer Atem, muß den ganzen Weg von der Schule hierher gerannt sein.

»Wen?«

»Die Matrosen! Sie tragen rote Armbinden und Gewehre über der Schulter und marschieren aufs Schloß zu. Die ganze Stadt ist voll von ihnen.«

Helle überlegt nicht lange. »Los! Komm mit!«

»Wohin?«

»Zuerst zur Maikäferkaserne. Mein Vater verteilt da Flugblätter.«

Aufgeregt läuft Fritz neben Helle her. Dabei erzählt er, was er gesehen hat. Helle hört zu, wird aber immer schneller, die Sorge um den Vater wächst mit jeder Minute.

Als die Jungen endlich die Chausseestraße erreicht haben, bleiben sie überrascht stehen. Ein Menschenstrom kommt da die Straße herunter. Rote Fahnen und Transparente mit den Losungen *Nieder mit dem Krieg! Nieder mit der Monarchie! Wir wollen Frieden und Brot* werden getragen. Und die Spitze des Zuges marschiert direkt auf die Maikäferkaserne zu.

Sofort rennt Helle los. Er möchte vor den Demonstranten da sein, schafft es aber nicht; Fritz, der auf seinen Ranzen schimpft, um damit seine Angst zu bekämpfen, ist zu langsam. Als die beiden Jungen am Kasernentor angelangt sind, macht auch die Spitze des Demonstrationszuges schon dort halt. Er besteht größtenteils aus Frauen und Männern in Arbeits- und Zivilkleidung, aber auch Soldaten sind darunter.

Helle hält nach dem Vater Ausschau, kann ihn aber nirgends entdecken.

Die Menge vor dem Tor wird immer dichter. »Brüder!« rufen die Arbeiter den in den Fenstern liegenden Soldaten zu. »Schießt nicht auf uns! Macht Schluß mit dem Krieg! Wir wollen Frieden! Weg mit Kaiser Wilhelm!«

Die Soldaten in den Fenstern winken. Ängstlich schaut Helle zum Dach hoch, auf dem Maschinengewehre aufgebaut sind. Wenn von da oben geschossen wird, können die Demonstranten den Schüssen nicht entgehen.

Eine junge Arbeiterin drängt sich weit nach vorn. »Wir sind Schwartzkopff-Arbeiter«, ruft sie den Soldaten in den Kasernenfenstern zu. »AEG und Knorr-Bremse ist auch dabei. Wir streiken, weil wir wollen, daß endlich Schluß ist mit dem Krieg. In ganz Berlin wird heute gestreikt. Ihr gehört doch auch zu uns! Für wen kämpft ihr denn noch? Für Wilhelm etwa?«

»Wir sind eingeschlossen«, antwortet einer der Soldaten aus dem Fenster, ein anderer ergänzt: »Die Offiziere haben uns eingeschlossen.«

Die Arbeiter an der Spitze des Zuges beraten kurz, dann drängen sie auf das Tor zu, um es einzudrücken. Einige Soldaten springen aus den Kasernenfenstern, um den Demonstranten zu helfen. Ohne sich dagegen wehren zu können, wird Helle mit nach vorn geschoben und schaut sich nach Fritz um, doch der ist irgendwo in der Menge verschwunden.

Das Tor springt auf, die Demonstranten drängen auf den Kasernenhof. Hinter dem rechten Flügel des Kasernentores steht ein junger Offizier, mit verzerrtem Gesicht schießt er in die Menge. Gleich stürmen ein paar Arbeiter auf den Offizier los. Einer der vordersten, ein junger Mann, wird getroffen, stürzt und bleibt liegen. Kurz darauf fällt noch einer. Und dann noch einer.

»Helle!« Fritz ist plötzlich wieder da und will Helle beiseite zerren. Der reißt sich los. »Haste das gesehen?«

»Ja«, sagt Fritz nur.

Eine Frau kommt, packt Fritz und Helle an den Armen und zieht sie aus der Menge. »Seid ihr wahnsinnig geworden?« schreit sie. »Was habt ihr denn hier zu suchen?«

»Mein Vater«, stottert Helle. »Ich will zu meinem Vater.«

»Die schießen doch!« schimpft die Frau. »Denen ist es doch egal, wen sie treffen.«

»Elfriede!« Eine Arbeiterin im Kasernentor winkt die Frau von Fritz und Helle fort ...

»Sie haben sich ergeben«, ruft da auf einmal einer der Demonstranten. »Sie haben sich ergeben!« Er tanzt vor Freude und umarmt irgendein fremdes Mädchen, das sich genauso freut. Und tatsächlich, in einem der Kasernenfenster steht ein Arbeiter und schwenkt eine rote Fahne: »Auf zum Reichstag!«

»Zum Reichstag!« tönt es aus der Menge.

Helle hat nur Augen für die drei gefallenen Arbeiter, die nun in die Kaserne getragen werden. Und für die Verwundeten, die von Frauen versorgt werden. Erst als er sich davon überzeugt hat, daß der Vater nicht unter ihnen ist, schließt er sich dem neuformierten Demonstrationszug der Arbeiter und Soldaten an, der nun in die Innenstadt drängt.

Blaß geht Fritz neben Helle her, und Helle sieht ihm an: Der Freund hat das Gefühl, in etwas hineingeraten zu sein, in das er nicht hineingehört – und ist trotzdem fasziniert von all den begeisterten Menschen, die da die sonst so vornehme Friedrichstraße hinunterziehen. Und die Demonstranten werden immer mehr. Als der Zug in die breite Straße Unter den Linden einbiegt, ist er so mächtig geworden, daß die Fahrbahnen nicht mehr ausreichen. Nun sind es auch längst nicht mehr nur Arbeiter, Arbeiterinnen und Soldaten, die hier marschieren. Männer in Bratenröcken und mit steifen Hüten auf den Köpfen haben sich angeschlossen, und auch Frauen mit kleinen Kindern auf den Armen sind dabei. Und immer wieder wird irgendwo eine eilig an einen Besenstiel genagelte rote Fahne geschwenkt. »Weg mit dem Kaiser!« und »Schluß mit dem Krieg!« rufen die Männer, Frauen und Kinder, und ein junger Bursche übertrifft alle, als er zwischen zwei Sprüche hinein »Wilhelm, hau ab!« schreit. Der Ruf wird aufgenommen, heiter und fast übermütig rufen jetzt alle: »Wilhelm, hau ab! Wilhelm, hau ab! Wilhelm, hau ab!«

Aus einer Seitenstraße nähert sich ein Auto dem Zug. Aufgeregt packt Fritz Helles Arm. »Da! Matrosen!«

Der Sechssitzer bewegt sich nur vorsichtig durch die Menge. Und er ist tatsächlich voller Matrosen, sogar auf dem Dach sitzen zwei. Einer von ihnen, ein riesiger rotblonder Mann mit einem über und über sommersprossenbesäten Gesicht, hält eine rote Fahne in der Hand. Der andere, ein noch sehr junger, dunkelhaariger Bursche, legt die Hände an den Mund und jubelt: »Wir haben gesiegt! Alle Berliner Garnisonen haben sich mit uns verbündet!«

Die Arbeiter und Soldaten, Männer und Frauen im Demonstrationszug fallen in den Jubelruf ein, einige werfen ihre Mützen oder Hüte in die Luft.

Da steht der rotblonde Matrose auf. Breitbeinig steht er auf dem Autodach, schwenkt seine Fahne und strahlt, daß es aussieht, als wollten seine Sommersprossen Walzer tanzen. Helle und Fritz, die dicht neben dem Sechssitzer herlaufen, strahlen zurück. »Kommt rauf!« ruft der Sommersprossige. »Wir haben gesiegt.«

Die Jungen ergreifen die ausgestreckten Hände der beiden Matrosen und lassen sich aufs Dach hinaufziehen. Der Sommersprossige hält Fritz gleich die rote Fahne hin. »Na, willste?« Und unter dem Beifall der Arbeiter und Soldaten schwenkt Fritz mit seiner Gymnasiastenmütze auf dem Kopf und dem Ranzen auf dem Rücken die riesige Fahne.

»Seid ihr aus Kiel?« will Helle gleich von dem dunkelhaarigen Matrosen wissen, während der Fahrer den Wagen langsam weiter durch die Menge steuert.

Der Matrose nickt ernst. »Aber zu Hause bin ich in Heinersdorf.«

»Heinersdorf bei Berlin?«

»Aber klar!« Der Sommersprossige schlägt dem Dunkelhaarigen auf die Schulter, daß es kracht. »Das ist der Heiner aus Heinersdorf, und ich bin der Arno aus Spandau. Aber nicht Spandau bei Berlin, sondern Berlin bei Spandau, wenn's recht ist.«

Will dieser Arno ihn nur verkohlen? Heiner aus Heinersdorf klingt wie ein Witz. Doch der dunkelhaarige Matrose scheint wirklich Heiner zu heißen. Er bleibt so ernst. »Und ihr?« fragt er. »Aus welcher Ecke kommt ihr?«

Helle sagt, daß er Helmut heißt und vom Wedding ist und daß Fritz nur ein paar Straßen weiter wohnt.

Aufmerksam betrachtet dieser Heiner erst Fritz und dann Helle, fragt aber nichts weiter, denn nun sind sie am Pariser Platz angelangt. Ein mit Matrosen, Arbeitern und Soldaten besetzter LKW nähert sich dem Zug. »Der Kaiser hat abgedankt«, rufen die Männer auf der Ladefläche. »Wilhelm hat verzichtet.«*

Die Arbeiter und Soldaten im Zug fallen sich in die Arme, und Helle muß an Herrn Flechsig denken: Jetzt hat der Kaiser also doch abdanken müssen!

Vor dem Reichstag hat sich eine unübersehbare Menschenmenge eingefunden, sogar auf dem Sockel des Bismarck-Denkmals stehen sie dichtgedrängt. Rote Fahnen und eilig zusammengenagelte Transparente oder Papptafeln werden hochgehalten,

Losungen werden gerufen und immer wieder: »Nieder mit dem Kaiser! Nieder mit dem Krieg! Wir wollen Frieden – Frieden und Brot!« Dann wird plötzlich alles still, in einem der vielen Fenster taucht ein kleiner Mann auf. Er stellt sich ins offene Fenster und ruft: »Arbeiter und Soldaten! Furchtbar waren die vier Kriegsjahre. Grauenhaft waren die Opfer, die das Volk an Gut und Blut hat bringen müssen.«

»Wer ist das denn?« fragt Heiner einen der Arbeiter neben dem Auto.

Der Arbeiter, der nicht so begeistert jubelt wie die meisten anderen, spuckt aus. »Scheidemann! Einer vom SPD-Vorstand. Jetzt machen die plötzlich auch Revolution.«

Scheidemann? Das ist doch einer von denen, über die der Vater so oft schimpft. Neugierig reckt Helle den Hals, aber der Mann im Fenster ist zu weit weg, mehr als einen hellen Spitzbart und eine Halbglatze kann er nicht erkennen.

»Arbeiter und Soldaten!« ruft der kleine Mann im Fenster. »Der Prinz Max von Baden* hat sein Amt dem Abgeordneten Ebert übergeben. Unser Freund wird eine Arbeiterregierung bilden, der alle sozialistischen Parteien angehören. Die neue Regierung darf nicht gestört werden in ihrer Arbeit für den Frieden, in der Sorge um Brot und Arbeit.«

»Da haben wir es«, sagt der Arbeiter neben dem Wagen. »Wir sollen sie nicht stören! Wir haben sie an die Macht gebracht, aber jetzt: Bitte nicht stören!« Er ruft laut: »Das ist doch alles Scheiße! Wir wollen keinen Ebert zum Reichskanzler.«

Der Mann im Fenster hat den Zwischenruf nicht gehört. »Das Alte und Morsche, die Monarchie, ist zusammengebrochen«, ruft er stolz. »Es lebe die deutsche Republik!«

»Der Kaiser ist weg, es lebe die Republik!« jubeln einige der Umstehenden.

Die Matrosen sind ratlos. »Spricht denn Liebknecht nicht?« fragt Heiner den Arbeiter neben dem Wagen.

»Es heißt, er spricht vor dem Schloß.«

Die Matrosen warten nicht länger. Arno nimmt Fritz die Fahne ab, schwenkt sie und ruft: »Auf zum Schloß! Liebknecht spricht vor dem Schloß!«

»Zum Schloß! Zum Schloß!« Arnos Worte finden ein vielfaches Echo. Der Matrose, der den Sechssitzer fährt, startet den Wagen neu, doch es geht nur langsam voran, zu dicht stehen die Menschen.

Da reicht Arno Fritz die Fahne zurück und dreht sich mit seinen riesigen, rötlich behaarten Pranken erst mal eine Zigarette. Er macht das sehr geschickt und grinst Helle und Fritz dabei zu. »Das is'n Tag! Der wird in die Geschichte eingehen, dieser ruhmreiche 9. November. Noch unseren Enkeln werden wir erzählen, wie wir den Kaiser davongejagt haben.«

»Was war'n das?« Erschrocken läßt Fritz die Fahne sinken.

Der Zug stockt.

»Schüsse«, antwortet Arno und erhält dafür auch gleich die Bestätigung. »Vor der Universität wird geschossen!« ruft eine Frau von einem weiter vorn fahrenden LKW.

Der Matrose Heiner bleibt ganz ruhig. »Das kann nicht lange dauern, das sind sicher nur ein paar Offiziere, die in der Gegend rumballern.«

Und er hat recht, schon bald hört die Schießerei auf, und der Zug setzt sich wieder in Bewegung.

»Ich hab noch keinen einzigen Schuß abgeben müssen«, fährt Heiner zufrieden fort. »Wenn mir das einer vorher gesagt hätte, ich hätt's ihm nicht geglaubt.«

Fritz wird der Arm lahm, Helle nimmt ihm die Fahne ab. »Vor der Maikäferkaserne hat ein Offizier drei Arbeiter erschossen«, erzählt er Heiner und Arno und hält die Fahne so in den Wind, daß sie laut flattert. »Einer von ihnen war noch ganz jung.«

Arno raucht schweigend. Dann sagt er: »Offiziere sind Verbrecher.«

»Alle?« fragt Fritz betroffen. Sein Onkel Adolf, der vor ein paar Wochen im Krieg gefallen ist, war ja auch Offizier.

»Nicht alle«, antwortet Heiner für Arno. »Und sicher sind die, die Verbrecher geworden sind, nicht allein daran schuld.«

Inzwischen hat der Sechssitzer der Matrosen die Universität erreicht. »Was war denn los?« schreit Heiner über die Fahrbahn zu den Arbeitern hinüber, die auf dem Bürgersteig der anderen Straßenseite Verwundete verbinden.

»Offiziere!« schreit einer der Arbeiter zurück.

»Da haste's!« Arno nickt Fritz zu. »Letzte Woche in Kiel haben wir sie kennengelernt, unsere Herren Offiziere! Wißt ihr, daß die Oberste Heeresleitung uns gar nicht mehr auslaufen lassen wollte? Unsere Admiralität hat auf eigene Kappe den Befehl zum Auslaufen gegeben. Es paßte ihnen nicht, daß wir untätig im Hafen lagen. Sie wollten ›ehrenvoll‹ untergehen. Als wir da nicht mitmachten, waren wir die Meuterer. Ich sage euch, die Hauptgefahr war nicht der Kaiser, die Hauptgefahr geht von den Offizieren aus, von den Generälen und Admirälen.«

Heiner sieht Helle und Fritz neugierig an und fragt dann plötzlich: »Seid ihr Freunde?«

Helle und Fritz nicken verwundert.

»Ich meine: richtige Freunde?«

Wieder nickt Helle, und Fritz nickt auch, aber diesmal etwas zögernder.

»Finde ich toll«, sagt Heiner, wird aber abgelenkt. Es sind wieder Schüsse gefallen, diesmal vor dem Schloß.»

»Steigt lieber ab«, rät Arno. Und dann reicht er die Fahne ins Auto hinunter und nimmt sein Gewehr von der Schulter.

Helle und Fritz lassen sich vom Wagendach herab, versinken wieder in der Menge und können den Matrosen nur noch nachschauen. Schon bald jedoch ist der Sechssitzer zwischen all den demonstrierenden Männern und Frauen nicht mehr auszumachen.

Helle blickt sich um. Er sucht irgend etwas zum Erklimmen, um den Wagen mit den Matrosen weiter im Auge behalten zu können. Sein Blick fällt auf die Siegesgöttinnen aus Marmor, die zu beiden Seiten der Schloßbrücke aufgestellt sind. Er drängelt sich durch den auf der Brücke ins Stocken geratenen Zug der Demonstranten, steigt aufs Brückengeländer und klettert einer der Göttinnen auf den Rücken. Fritz macht ihm das nicht ganz einfache Kunststück nach und besteigt eine nur wenige Meter entfernte Göttin. Als er oben angekommen ist, schaut er in die Tiefe, wo die an diesem trüben Tag schwarzglänzende Spree unter der Brücke hindurchfließt, und preßt sich vorsichtshalber noch etwas enger an den Kopf der steinernen Göttin.

Auf dem Schloßplatz und im Lustgarten staut sich der Strom der Demonstranten. Dicht an dicht stehen die Menschen, der Sechssitzer mit den Matrosen aber ist nicht mehr zu sehen. Dafür erblickt Helle vor dem Schloß ein anderes Auto, auf dessen Dach ein Mann im dunklen Mantel die Hände hebt, um die aufgeregte Menge zum Schweigen zu bringen. Es gelingt ihm auch, denn kaum hat er die Hände gehoben, wird überall gezischt und gemahnt: »Ruhe! Liebknecht will sprechen.«

Der Mann auf dem Autodach ist Liebknecht? Rasch gibt Helle Fritz ein Zeichen, dann rutscht er von seinem Hochsitz herab, um sich weiter nach vorn zu kämpfen. Fritz folgt ihm und drängt sich dicht hinter Helle durch die Menschenmenge. Es ist ein mühseliges Vorankommen, endlich aber haben sie es geschafft. Nur noch wenige Leiber und Köpfe trennen sie von dem Mann auf dem Autodach.

»Bis vor vierzehn Tagen hat er noch in Wilhelms Gefängnis gesessen«, sagt eine Arbeiterin direkt vor Helle und Fritz. »Wenn wir früher auf ihn gehört hätten, würde mein Otto jetzt vielleicht noch leben.«

»Da würden viele noch leben«, bestätigt ihr Nachbar. »Wir haben viel zu lange auf die Falschen gehört.«

Karl Liebknecht ist nicht sehr groß, trägt eine Bügelbrille und einen dunklen Schnurrbart. Wenn er spricht, reckt er das Kinn vor; das gibt ihm einen Ausdruck von Entschlossenheit. »Der Tag der Revolution ist gekommen«, ruft er. »Wir haben den

Frieden erzwungen. Der Friede ist in diesem Augenblick geschlossen. Das Alte ist nicht mehr. Die Herrschaft der Hohenzollern*, die in diesem Schloß jahrhundertelang gewohnt haben, ist vorüber. In dieser Stunde proklamieren wir die freie sozialistische Republik Deutschland.«

»Der andere hat doch auch 'ne Republik pro…, pro…« Fritz bekommt das Wort nicht heraus, Helle jedoch versteht auch so, was er meint: Scheidemann hat die deutsche Republik, Liebknecht die freie sozialistische Republik Deutschland ausgerufen. Also besteht der Unterschied nur in den Wörtern »frei« und »sozialistisch«. Er flüstert Fritz das zu, dem aber reicht das nicht: Was »frei« bedeutet, versteht er so ungefähr, aber »sozialistisch«?

Helle kann Fritz nur sagen, was er sich darunter vorstellt: »Daß es allen bessergeht, daß es keinen Krieg mehr gibt und keiner mehr hungern muß.«

Karl Liebknecht hat unterdessen das Autodach verlassen. Begleitet von Arbeitern und Matrosen geht er auf das Schloßportal zu. Die Menge schwenkt die roten Fahnen, die Transparente und Pappschilder, die Matrosen bringen vor dem Schloß ihre Maschinengewehre in Stellung. Helle versucht, unter den Matrosen Heiner und Arno zu entdecken, kann sie aber nicht finden.

Die Schloßwache ergibt sich kampflos. Es dauert nicht lange, und Liebknecht betritt unter dem erneuten Jubel der Menge den Balkon des Kaiserschlosses, über dessen Brüstung jemand zuvor eilig einen roten Teppich gelegt hat. »Die Herrschaft des Kapitalismus, der Europa in ein Leichenfeld verwandelt hat, ist gebrochen«, ruft er über den Platz.

»Und was ist Kapitalismus?« fragt Fritz wieder.

Die Arbeiterin vor ihnen dreht sich um. »Kapitalismus ist Krieg, Neid und Armut«, sagt sie. »Kapitalismus, das sind die Industrieherren, die uns ausbeuten.« Sie schaut auf Fritz' Gymnasiastenmütze. »Aber das wirst du wohl kaum verstehen.«

»Doch!« entgegnet Helle grob. »Das versteht der. Der versteht ’ne ganze Menge.«

Die Frau guckt skeptisch und dreht sich wieder weg, um weiter zuzuhören, während Liebknecht gerade von einer Ordnung des Friedens, des Glücks und der Freiheit spricht und zum Schluß laut ausruft: »Wer von euch die freie sozialistische Republik Deutschland und die Weltrevolution erfüllt sehen will, erhebe die Hand zum Schwur.«

Viele tausend Hände recken sich empor. »Hoch die Republik!« schallt es über den Schloßplatz.

Helle schaut zu dem Mast hinüber, an dem früher die Kaiserstandarte wehte und an dem nun unter stürmischen Beifallskundgebungen eine rote Fahne gehißt wird, und muß an Arnos halb spöttische, halb ernst gemeinte Bemerkung vom ruhmreichen 9. November denken. Noch ist der Tag nicht zu Ende, aber eins weiß er jetzt schon: Er wird diesen Tag ebenfalls nie vergessen, ganz egal, wie alles endet.

Zu Hause ist niemand, der Vater und die Mutter sind sicher noch in der Innenstadt unterwegs und Martha und Hänschen bei Oma Schulte oben. Einen Augenblick steht Helle unschlüssig herum, dann guckt er in den Küchenschrank. Er guckt nur so hinein, weiß ja, daß er außer dem Rest Mus und ein paar Graupen nichts finden wird, doch jetzt, nachdem die Spannung, die den ganzen Tag auf ihm lag, abgeklungen ist, verspürt er einen wahnsinnigen Hunger. Er könnte die Graupen ungekocht essen, so stark ist sein Hunger. Aber er tut es nicht, taucht nur den Finger ins Mus und leckt ihn ab. Dann steigt er die steile Stiege zu Oma Schulte hinauf.

»Wo kommste denn jetzt her, die Schule ist doch längst aus?« Oma Schulte macht einen verängstigten Eindruck. Bevor sie die Tür schließt, guckt sie erst lange nach, ob sich sonst niemand im Treppenhaus herumdrückt.

»Ich war vor dem Schloß.« Helle geht an Oma Schulte vorbei

in die Küche, setzt sich auf einen Karton und streckt die Beine aus, die nun doch müde sind vom langen Tag auf der Straße.

»Vor dem Schloß? Ist denn da nicht geschossen worden?«

Martha steht neben der Nähmaschine und blickt Helle nicht an. Draußen ist es schon längst dunkel, und sie ist immer noch hier! Und Hänschen rollt auf dem Fußboden herum. Der Speichel läuft ihm das Kinn herunter. Helle nimmt den Bruder auf den Schoß, wischt ihm mit dem Latz den Mund ab und erzählt Oma Schulte, was sich in der Innenstadt zugetragen hat.

Oma Schulte hat sich wieder an die Nähmaschine gesetzt, ihre Hände aber liegen im Schoß. Sie hört so gespannt zu, daß sie einfach nicht weiterarbeiten kann. Und sie unterbricht Helle nur, um »O Gott! Die armen Menschen!« auszurufen, als er von den drei gefallenen Arbeitern vor der Maikäferkaserne erzählt, oder entsetzt das Kreuz zu schlagen, als er von der Abdankung des Kaisers berichtet.

Helle spürt den Unterschied zwischen dem Mitleid mit den Arbeitern und dem Entsetzen über das, was dem Kaiser angetan wurde, und verstummt. Für Oma Schulte ist der Kaiser so was wie der liebe Gott; wüßte sie, was Herr Flechsig über den Kaiser und seine Familie gesagt hat, wäre sie zutiefst beleidigt.

»Zeiten sind das!« Nun nimmt Oma Schulte doch wieder einen Pantoffel und läßt die Nähmaschine rattern. Aber ihre Hände zittern, und als sie das Oberteil an das Unterteil genäht und den fertigen Pantoffel Martha gereicht hat, die ihn in den schon halbvollen Karton legt, sieht sie Helle mit unverhohlener Empörung an. »Und wer regiert uns jetzt? Wer sorgt nun für Ordnung?«

»Liebknecht.« Helle kann sich nach dem, was er vor dem Schloß erlebt hat, nichts anderes mehr vorstellen.

»Der Zuchthäusler?«

»Er war im Zuchthaus, weil er gegen den Krieg ist«, erklärt Helle – und ärgert sich noch mehr: Oma Schulte macht ein Gesicht, als hätte Liebknecht jemanden umgebracht.

»Schon sein Vater war 'n Roter«, widerspricht die alte Frau.

»Das war damals, als die Roten noch verboten waren. Und das kannste mir glauben, wo Zuchthäusler regieren, kann nichts Rechtes bei rauskommen.«

»Ich bin auch ein Roter.« Helle nimmt Hänschen vom Schoß und setzt ihn auf den Fußboden zurück. »Nauke is'n Roter, Vater is'n Roter, Mutter is'ne Rote! Die halbe Stadt besteht aus Roten. Sogar die Matrosen sind rot.«

»Die von der Marine?«

»Jawohl, die!«

Es tut Oma Schulte weh, daß ausgerechnet des Kaisers ganzer Stolz, die Marine, mit der Revolution begonnen hat. »Trotzdem: Jede Obrigkeit ist von Gott, und Gott muß man gehorchen. Deshalb setzt man 'ne Regierung nicht einfach ab.«

Wütend schaut Helle zum Herd, wo das Handtuch mit dem eingestickten Spruch hängt. *Danket dem Herrn, denn er ist freundlich*, steht darauf. Zu Oma Schulte war der Herr nie freundlich, trotzdem glaubt sie an ihn. Alle im Haus wissen von ihrem Mann, der bereits ein halbes Jahr nach der Hochzeit starb; alle wissen von ihrem Vater, der mit der Pulverfabrik, in der er arbeitete, in die Luft flog, weil der Besitzer der Fabrik, um mehr zu verdienen, die Sicherheitsbestimmungen nicht einhielt; alle wissen von ihrer Mutter und ihren jüngeren Geschwistern, die früh starben, weil sie ihr Leben lang nicht aus der feuchten Mietskaserne in der Hochstraße rausgekommen sind – trotzdem behauptet Oma Schulte, der Herr sei freundlich, würde über sie wachen und aufpassen, daß ihr kein Leid geschieht. Und das, obwohl sie manchmal auch ganz anders spricht, nämlich dann, wenn sie jammert, daß ihr Einkommen nur ausreichen würde, um gerade so recht und schlecht an der Friedhofsmauer entlangzuleben. Sie belügt sich selbst. Wenn sie was Gutes erwartet, spricht sie vom lieben Gott, wenn sie was Schlechtes erlebt hat, schimpft sie aufs Schicksal. Und genauso hält sie es mit dem Kaiser und seiner Familie. Manchmal mekkert sie über »die da oben«, dann schwärmt sie wieder von

»unserem Wilhelm« oder »Auguste Victoria, die's auch nicht leicht hat mit so vielen Söhnen«, als ob die Kaiserin die alle sechs selber trockenlegen mußte.

Helles Gedanken sind ihm deutlich ins Gesicht geschrieben; Oma Schulte muß nicht lange raten, was in ihm vorgeht. »Versündige dich nicht, Helle«, mahnt sie. »Der Herrgott bestimmt, was geschieht. Er bestraft und belohnt uns, wie wir's verdient haben. Nichts ist umsonst, und dreinreden dürfen wir ihm auch nicht.«

Sie meint schon wieder den Kaiser! Aber sie ist raffiniert, tut so, als rede sie von ihrem Herrgott, und deutet gleichzeitig damit an, daß beide in etwa gleich sind – Vorgesetzte, an denen man nicht herumkritteln darf.

Wenn doch nur Nauke hier wäre, der würde es ihr schon geben! Helle kann nur ärgerlich fragen: »Und mein Vater? Warum hat er ihn bestraft? Was hat Vater ihm denn getan?«

Oma Schulte macht ein Gesicht, als verkünde sie ein Orakel: »Manchmal erkennen wir seine Absichten nicht gleich, aber eins ist sicher: Er tut nichts ohne Sinn.«

Das ist Helle zu dumm. Eine Strafe wie den Krieg kann niemand verdient haben. Und ein lieber Gott oder Kaiser, der die Menschen so brutal bestraft, kann weder lieb noch gerecht sein. Gleich steht er wieder auf.

»Gehen wir jetzt runter?« Voller Hoffung blickt Martha den großen Bruder an.

»Noch nicht. Muß noch mal weg.«

»Du bist gemein!« schreit Martha da, aber Helle ist schon wieder auf der Treppe. Nauke hat recht: Manche wissen gar nicht, wem sie den ganzen Schlamassel, in dem sie stecken, zu verdanken haben. Oma Schulte gehört auch dazu.

Der kleine Lutz hockt vorm Kellerfenster und unterhält sich mit Anni. Als er Helle sieht, springt er auf. »Ein Junge hat nach dir gefragt«, berichtet er aufgeregt. »Ich soll dir sagen, daß du zu ihm kommen sollst. Er heißt Ede.«

Helle beugt sich erst mal zu Anni hinunter. »Haste schon gehört?« Zum zweitenmal berichtet er, was er miterlebt hat, diesmal jedoch faßt er sich kürzer.

Anni und Lutz hören mit angehaltenem Atem zu. Der Kaiser ist weg? Einfach davongejagt, ob er wollte oder nicht? Das ist, als hätte Helle gesagt, die Revolutionäre wollten den Mond verjagen.

»Komm vom Fenster weg, Anni! Du holst dir sonst noch den Tod.« Annis Mutter taucht hinter Anni auf und will das Fenster schließen. Als sie Helle sieht, macht sie ein Gesicht, als wollte sie etwas zu ihm sagen. Doch sie sagt nichts, schließt nur nachdenklich das Fenster.

Trittbrettfahrer

Diesmal braucht Helle nur ein einziges Mal zu pfeifen, schon taucht Edes Kopf im Fenster auf. »Komm rauf!« ruft er. Und dann empfängt er Helle schon vor der Wohnungstür und strahlt ihm entgegen. »Mein Vater ist frei.«

Helle muß sich in der Küche auf die Bank setzen, auf der Edes kleiner Bruder Addi bereits sitzt, und sich Edes Bericht anhören.

Anstatt zur Schule war Ede am Morgen zum Alex* gelaufen. Er wußte ja von dem Generalstreik, und er hoffte darauf, daß die Arbeiter und Matrosen auch die politischen Gefangenen befreien würden. Doch alles war still in der Stadt, nur einige Autos fuhren eilig durch die Straßen, darunter auch mit Matrosen besetzte LKW. Er blieb in der Nähe des Polizeipräsidiums, wanderte um den roten Ziegelbau herum und sah zu den vergitterten Fenstern des Gefängnisteils hoch. Dann kamen Demonstrationszüge die Prenzlauer Allee herauf, doch sie marschierten alle in Richtung Regierungsviertel weiter. Erst gegen zwei Uhr mittags, als er schon fast die Geduld verloren hatte, näherte sich ein Zug Demonstranten dem Haupteingang des Polizeipräsidiums. Die Arbeiter und Soldaten hämmerten mit Gewehrkolben gegen das Tor und schossen, als sich drinnen nichts rührte, ein paarmal in die Fenster. Die Schüsse hatten Erfolg. Das Tor zum Haupteingang wurde geöffnet, die Führer des Demonstrationszuges und einige Arbeiter und Soldaten drangen ins Gebäude. Es vergingen ein paar Minuten, dann kam ein Polizist aus dem Tor gestürzt, kurz darauf noch einer und noch einer – und alle ohne Waffen! Die Polizisten flohen! Sie drängten sich durch die Demonstranten, liefen einfach fort. Erst begriffen die Männer und Frauen vor dem Präsidium nicht, was da geschah, dann brach Gelächter aus. Die fliehenden Polizisten wurden von der Menge nur ausgelacht, keiner tat ihnen etwas, abgesehen von ein paar Hinterntritten und Rippenstößen.

Ede krümmt sich vor Lachen, als er Helle die Flucht der Polizisten schildert. Und Addi kräht lauthals mit, obwohl er den Bericht bestimmt schon mehrmals gehört hat.

Nachdem die Polizisten das Präsidium verlassen hatten, strömten die Demonstranten ins Gebäude. Ede natürlich mit. Im Lichthof lagen die Waffen der Polizisten: Säbel, Revolver, Revolvertaschen, Patronengurte. Die Männer und Frauen nahmen die Waffen an sich und sahen sich tatendurstig um. Aber es war nichts mehr zu tun, vom Polizeipräsidenten bis zum Hilfswachtmeister: alle waren sie geflohen.

»Wer hat denn den Polizisten die Waffen abgenommen?«

»Niemand! Sie haben sich selbst entwaffnet. Sie hatten Schiß.«

»Sie haben sich selbst entwaffnet?« staunt Helle.

»Ja. Es konnte ihnen gar nicht schnell genug gehen, solchen Bammel hatten die.«

»Und dein Vater? Kam der gleich?«

»Das hat noch gedauert.« Ede erzählt, daß die Befreier erst alle Akten durchsehen mußten, weil sie nur die politischen Häftlinge freiließen. »Als Vater endlich kam, hat er vor Freude fast geheult.«

Es sieht aus, als würde auch Ede vor Freude gleich noch mal losheulen. So aufgekratzt hat Helle den Freund noch nie erlebt. Und Edes Freude springt über. Nun erzählt Helle, was er erlebt hat, und Ede hört zu. Und als Helle fertig ist, schweigen sie voller Genugtuung, bis Helle fragt: »Wo is'n dein Vater jetzt? Schläft er?«

»Nee! Der ist nicht mal mit nach Hause gekommen, ist gleich zum Reichstag hin. Er hat gesagt, jetzt regieren wir, da müssen wir aufpassen, daß das nicht nur drei Tage so bleibt.«

Ob sein Vater inzwischen schon zu Hause ist? Oder die Mutter? Oder Nauke? Helle kann nicht mehr ruhig sitzenbleiben, eilig verabschiedet er sich von Ede und Addi und springt die Treppe hinunter.

Die Gaslaternen beleuchten die dunklen Straßen nur spärlich, doch die Stimmung vom Nachmittag liegt noch immer über der Stadt. Helle hüpft und springt über das Pflaster, als wäre er ein kleiner Junge, der unverhofft etwas Schönes geschenkt bekommen hat. Er weiß das und lacht über sich, aber er hüpft weiter.

Vor dem Haus steht wieder der Wagen vom Morgen, der, in dem Nauke und seine Freunde mit den Waffen fortfuhren. Helle wird schneller und geht, als er ihn erreicht hat, neugierig um den Wagen herum. Doch der LKW ist leer, niemand sitzt drin, niemand bewacht ihn.

Im Hausflur stehen einige Jungen und Mädchen und flüstern miteinander. Auch Lutz ist darunter. Als er Helle sieht, stürzt er gleich auf ihn zu. »Weißte's schon? Nauke hat 'ne Kugel abbekommen. Dr. Fröhlich war da und hat gesagt, daß ... daß er sterben wird.«

Sekundenlang ist Helle unfähig, sich zu rühren, dann läuft er über die Höfe, in den Seitenaufgang rein, die Treppe hoch. Er ist so schnell, Lutz hat Mühe, an ihm dranzubleiben.

Auf dem Dachboden angekommen, hämmert Helle mit den Fäusten an Oma Schultes Tür und drängelt sich, kaum hat sie geöffnet, an der alten Frau vorbei.

In dem Verschlag hinter Oma Schultes Küche ist es eng. Die Mutter ist da, Trude, Oswin und einige junge Männer mit roten Armbinden, darunter auch Atze aus dem Nachbarhaus. Nauke liegt auf Oma Schultes Bett. Die Öllampe auf dem Nachttisch beleuchtet sein bleiches Gesicht, seine Augen sind geschlossen. Um die linke Schulter hat er einen Verband. Die Mutter kniet neben ihm und legt ihm einen feuchten Lappen auf die Stirn, Martha sitzt eingeschüchtert in der Ecke unter der Dachluke und hält Hänschen fest.

»Wo ... wo ist es denn passiert?« ist das einzige, was Helle rausbringt.

»Vor der Universität«, antwortet Atze leise. »Sie haben einfach das Feuer eröffnet, obwohl wir verhandeln wollten.«

»Die Offiziere?« Also gehörte Nauke zu denen, die auf dem Bürgersteig lagen und verarztet wurden, als Fritz und er mit Heiner und Arno auf der anderen Straßenseite vorbeifuhren?

»Woher weißte das denn?«

Helle berichtet von der Fahrt auf dem Sechssitzer, aber während er erzählt, blickt er nur Nauke an. Und als er seinen knappen Bericht beendet hat, muß er die Zähne zusammenbeißen, um nicht loszuschluchzen.

Oma Schulte schlägt ein Kreuz. »Böse Zeiten, böses Blut«, murmelt sie.

Lutz hockt sich neben die Mutter. »Wie ... wie heißt Nauke denn eigentlich richtig?« fragt er so leise, daß es kaum zu verstehen ist.

Die Mutter und Oswin wissen es nicht, und Oma Schulte will schon in Naukes Papieren nachsehen, weil sie Nauke nie anders als Nauke genannt und er ja auch nie Post bekommen hat, da sagt Trude: »Ernst heißt er, Ernst Hildebrandt.« Und als hätten diese Worte einen Stau in ihr gelöst, lehnt sie sich an Oswin und beginnt hemmungslos zu weinen. Oswin aber tröstet Trude nicht, er streicht ihr nur sacht übers Haar.

Es geht auf Mitternacht zu. Helle und die Mutter sitzen im schwachen Schein der tief hinuntergedrehten Petroleumlampe in der Küche und warten auf den Vater. »Wo er nur bleibt?« fragt die Mutter immer wieder, und auch Helle ist unruhig. Wenn dem Vater nun auch etwas passiert ist?

Endlich hören sie Schritte im Treppenhaus. Die Mutter läuft zur Tür und fällt dem Vater sofort um den Hals.

»Ist ja gut, ist ja alles gut!« Der Vater sieht müde aus und abgekämpft und läßt es zu, daß Helle ihm aus dem Mantel hilft. Dann setzt er sich in der Küche aufs Sofa und lehnt sich aufatmend zurück. »Das war 'n Tag heute! Soviel auf den Beinen war ich schon lange nicht mehr.« Er erzählt, daß er seine Flugblätter schon nach wenigen Minuten losgeworden und ins Parteibüro der Unabhängigen gegangen ist. Dort sei er aber nicht lange geblieben, sondern mit anderen Genossen zusammen auf die Straße zurückgeeilt. Es galt, die Demonstrationszüge, die aus allen Richtungen auf die Innenstadt zumarschierten, so einzuweisen, daß sie einander nicht in die Quere kamen.

»Noch nie hab ich solche Menschenmassen gesehen! Noch nie ist mir so deutlich bewußt geworden, wie stark wir sind, wenn wir nur wollen.« Der Vater geht an seinen Mantel und legt eine Zeitung auf den Tisch. »Wißt ihr, was das ist? Das ist *Die Rote Fahne*, unsere erste eigene Zeitung!« Und dann erzählt er, wie ein Trupp Revolutionäre unter Führung eines Spartakisten den *Berliner Lokal-Anzeiger*, ein sehr kaisertreues Blatt, einfach besetzte und die ängstlichen Zeitungsredakteure mithalfen, die fast fertige Abendnummer ihres Blattes so umzuändern, daß daraus *Die Rote Fahne* wurde.

Neugierig schaut Helle der Mutter über die Schulter. Tatsächlich, die neue Zeitung heißt *Die Rote Fahne*. Darunter steht etwas kleiner *Ehemaliger Berliner Lokal-Anzeiger – 2. Abend-*

ausgabe. Und die Hauptschlagzeile lautet: *Berlin unter der roten Fahne – Polizeipräsidium gestürmt – 650 Gefangene befreit – Rote Fahne am Schloß*.

Die rote Fahne am Schloß hat er gesehen, und als das Polizeipräsidium gestürmt wurde, war Ede dabei. Nie zuvor hat Helle sich für eine Zeitung interessiert, jetzt wartet er ungeduldig darauf, daß die Mutter das Blatt beiseite legt, um endlich selber den Artikel auf der ersten Seite lesen zu können.

Als die Mutter Helle das Blatt überläßt, ist sie beeindruckt. »Das hätte ich nicht gedacht«, sagt sie. »Kaum haben wir gesiegt, haben wir schon 'ne eigene Zeitung.«

»Vorsicht!« dämpft der Vater Mutters Freude. »Diese Zeitungsfritzen haben nicht aus Überzeugung die Fronten gewechselt. Die sind nur der Gewalt gewichen. Die taktieren, die wollen erst mal sehen, wer der Stärkere ist. Wenn morgen andere die Macht übernehmen, drucken sie wieder 'ne andere Zeitung. Die buckeln vor jedem, der die Macht hat. Auf so was können wir uns nicht verlassen.«

Während Helle die Berichte studiert, erzählt die Mutter dem Vater von Nauke und der Schießerei vor der Universität.

»Diese Banditen!« Der Vater preßt die Faust an die Stirn, als müsse er irgendeinen Druck in seinem Kopf ausgleichen. »Wo sie doch sowieso keine Chance mehr hatten! Alle Garnisonen sind zu uns übergelaufen, was wollten sie denn da noch? Was sind denn Offiziere ohne Mannschaften?«

»Er ist ja nicht umsonst gefallen«, versucht die Mutter sich und den Vater zu trösten. »Wir haben ja nun Frieden.«

Der Vater antwortet nicht gleich darauf, und als er antwortet, klingt seine Stimme besorgt. »Ich weiß nicht, Marie. Zwar ist an einigen Fronten das Schießen eingestellt worden, aber Frieden, richtigen Frieden haben wir noch lange nicht. Vor allem nicht im eigenen Land. Es läuft da einiges schief ... Ausgerechnet Ebert und Scheidemann, die doch die Revolution bis zur letzten Sekunde verhindern wollten, geben sich auf einmal als ihre Führer aus. Um ein Uhr mittags, als wir längst gesiegt hatten, gaben sie ein Extrablatt heraus, in dem nun auch sie den Generalstreik forderten. Verstehste? Als sie den Zug nicht mehr anhalten konnten, sind sie aufgesprungen und haben so getan, als hätten sie ihn die ganze Zeit gesteuert. Trittbrettfahrer sind das, ganz miese Trittbrettfahrer! Und wenn sie erst lange genug mitgefahren sind, werden sie versuchen, die Weichen so zu stellen, daß der Zug in eine andere Richtung rollt.«

Der Vater hat zu laut gesprochen, Martha ist aufgewacht. Sie steht in der Küchentür, reibt sich die Augen, sieht niemanden an, ist nur müde, unglücklich und böse. Der Vater nimmt sie auf den Arm, preßt seine Stirn an ihr Gesicht. »Es darf nicht dabei bleiben, daß der Kaiser abtritt und der Waffenstillstand ausgerufen wird. Wir müssen die Gelegenheit beim Schopf packen und unseren eigenen Staat gründen. Einen Staat, in dem die Arbeiter, Handwerker und Bauern regieren, in dem die vielen kleinen Leute sagen, was gemacht wird, und nicht die wenigen Reichen. Einen Staat, in dem niemand mehr ausgebeutet wird und der nie wieder einen Krieg beginnt. Deshalb müssen jetzt sofort die kaisertreuen Beamten entlassen werden. Solange die noch auf ihren Posten hocken, bewegen wir nichts. Aber Ebert hat strikt abgelehnt. Ohne Fachleute geht's nicht, hat er gesagt.«

Helle legt die Zeitung weg. Der Jubel vom Nachmittag war also verfrüht?

»Wenn das so ist«, sagt die Mutter leise, »wird Ebert auch die Generäle nicht entlassen. Das sind ja auch Fachleute.«

Der Vater antwortet nichts. Wie mechanisch wiegt er Martha auf seinem Schoß, die den Daumen in den Mund geschoben hat, daran herumnuckelt und trübsinnig vor sich hinschaut.

»Und wie geht's jetzt weiter?« will die Mutter wissen.

»Erst mal ist Ebert Reichskanzler, die alte Regierung hat ihn noch schnell dazu ernannt. Lieber einen Ebert als einen Liebknecht, dachten die sich wohl. Aber so einfach geht das nicht, und das weiß Ebert auch. Deshalb hat er seinen eigenen Arbeiter- und Soldatenrat gegründet, natürlich mit sich selbst an der Spitze, und verhandelt jetzt mit den Unabhängigen. Es heißt, er sei sogar bereit, Liebknecht in die Regierung zu übernehmen. Aber Liebknecht hat Forderungen gestellt, die erfüllt sein müssen, bevor auch die Spartakisten in die Regierung eintreten.«

»Und was sind das für Forderungen?«

»Ein Staat des Volkes, eine wirklich sozialistische Republik.«

Die Mutter schaut auf die Uhr. »Ich geh Oma Schulte ablösen. Sie muß ja auch mal schlafen.«

»Ist Nauke schon tot?« fragt Martha.

Helle zuckt zusammen. Marthas Stimme klang so unbeteiligt, so gleichgültig. Aber natürlich hat sie es nicht so gemeint, sie ist nur müde, ist gar nicht richtig da.

»Nein«, antwortet die Mutter, die auch ein wenig erschrocken ist. »Er ist noch nicht tot, aber er wird noch diese Nacht sterben. Und weil man einen Sterbenden nicht allein läßt, geh ich jetzt hoch und löse Oma Schulte ab. Sie hat ja jetzt kein Bett, in das sie sich legen kann. Also wird sie bei uns schlafen.«

»Ich geh mit«, sagt der Vater. »Krieg jetzt doch kein Auge zu.« Und damit trägt er die nur wenig widerstrebende Martha in die Schlafstube zurück.

Als die Eltern gegangen sind, schließt Helle hinter ihnen die Tür, setzt sich in der Küche an den Tisch und stützt den Kopf in die Hände. Er ist ein bißchen enttäuscht, daß er dem Vater nicht berichten konnte, was er alles erlebt hat, und daß er ihm noch immer nicht von Onkel Kramer erzählen konnte, doch er sieht ein: Im Moment hat der Vater Wichtigeres im Kopf.

Bilder tauchen vor ihm auf. Er mit Fritz auf dem Sechssitzer ... der kleine Mann im Fenster des Reichstags ... Liebknecht auf dem Autodach ... Edes strahlendes Gesicht ... Nauke auf Oma Schultes Bett ... Freude und Trauer vermischen sich. Er weiß nicht mehr, was er denken soll, schließt die Augen, würde am liebsten schlafen, ist aber viel zu aufgeregt dazu. Als Oma

Schulte kommt, hebt er nur kurz den Kopf – und weiß Bescheid.

»Er ist eingeschlafen«, sagt Oma Schulte leise. »Ist nicht wieder zu sich gekommen.«

Helle läßt die Worte einen Moment lang in sich nachklingen, dann steht er auf und geht langsam an Oma Schulte vorbei in die Schlafstube, zieht sich aus und legt sich ins Bett, alles wie mechanisch. Und dann liegt er da und starrt in die Finsternis hinein, hellwach und doch wie betäubt.

Die oder wir

Helle hat Hänschen gefüttert und für Martha und sich Grütze gekocht, nun sitzt er in der Küche auf der Fensterbank und schaut in den Hof hinab. Der Vater hat sich ein bißchen hingelegt. Die Mutter und er waren die ganze Nacht bei Nauke geblieben, obwohl er ja schon nicht mehr lebte, als sie hochkamen. Die Mutter war auch müde, aber sie mußte, kaum hatte sie sich hingelegt, gleich wieder aufstehen. Eine Kollegin hat sie abgeholt. In den Fabriken und Kasernen der ganzen Stadt, also auch bei Bergmann, werden am Vormittag Arbeiter- und Soldatenräte gewählt. Am Nachmittag wollen die gewählten Räte sich dann im Zirkus Busch treffen, um zu beratschlagen, wie es weitergehen soll.

Ein Mann mit einem Sack in der Hand betritt den Hof und schaut in die Müllkästen.

Ein Müllkastenkramer! Davon gibt es viele. Sie ziehen die Straßen entlang, von Haus zu Haus, von Müllkasten zu Müllkasten, und suchen nach eßbaren Abfällen und anderen Dingen, die sie irgendwie gebrauchen können. Aber daß sie auch in die Ackerstraße kommen? Der Mann da unten wird nichts finden, nicht mal heute, am Sonntag.

Der Vater hat von einem neuen Staat gesprochen, einem Volksstaat, in dem die Arbeiter, Handwerker und Bauern regieren und dafür sorgen, daß niemand mehr einen Krieg anzetteln kann und es allen bessergeht. Ob es dann keine Müllkastenkramer mehr gibt? Und ob dann nicht mehr so viele Kinder und Erwachsene krank werden und sterben müssen? Als er vorhin mit Oma Schulte darüber sprach, hat sie gesagt, sie könne sich das nicht vorstellen. Sie sei nun schon so alt, und nie sei es sehr viel anders gewesen als jetzt.

Der Müllkastenkramer geht wieder. Er hat nichts gefunden, sein Sack ist noch genauso leer.

Ob Trude noch mal vorbeikommt, jetzt, da Nauke tot ist? Er muß sie fragen, ob sie weiß, daß das Päckchen noch immer unter der losen Diele im zweiten Stock liegt. An irgend jemanden muß er sich wenden, und Trude ist die einzige, die wissen kann, von wem Nauke das Päckchen hatte und ob derjenige es irgendwann zurückhaben will …

Ede kommt durch den Hofeingang, steckt zwei Finger in den Mund und pfeift.

Sofort reißt Helle das Fenster auf. »Komm hoch!« schreit er und winkt, und dann erwartet er den Freund schon im Treppenhaus und führt ihn in die Küche.

Martha, die die ganze Zeit auf dem Küchensofa lag und träumte, inzwischen aber eingenickt ist, richtet sich steif auf und gafft Ede verdutzt an. Erst als Helle ihr gesagt hat, daß Ede in seine Klasse geht und sein Freund ist, setzt sie ihr fröhlichstes Lächeln auf und rückt sogar ein Stück zur Seite, damit Ede sich aufs Sofa setzen kann.

Ede jedoch hat keine Zeit für Freundlichkeiten. »Kommste mit zum Reichstag?« fragt er Helle. »Ich bring meinem Vater was zu essen. Er hat da zu tun.«

Helle zögert keinen Augenblick. Leise geht er ins Schlafzimmer.

Der Vater schläft nicht mehr. Er liegt im Bett, hat sich

Hänschen auf den Bauch gelegt, spielt mit ihm und denkt nach.

»Ede ist gekommen. Sein Vater ist im Reichstag, er will ihm Essen bringen. Darf ich mit?«

Der Vater überlegt nur kurz. »Geh mit. Ich bring die beiden dann zu Oma Schulte hoch. Will nämlich auch gleich weg. Es gibt sicher noch 'ne Menge zu tun.«

»Nein!« Martha, die sich hinter Helle in die Schlafstube geschlichen hat, beginnt zu heulen. »Ich will nicht zu Nauke. Ich hab Angst.«

»Nauke ist doch gar nicht mehr da, seine Freunde haben ihn längst abgeholt.« Der Vater zieht auch Martha aufs Bett und pustet ihr ins Ohr, daß es kitzelt und sie, ob sie will oder nicht, lachen muß.

»Was is'n mit Nauke?« fragt Ede auf dem Hof. Er kennt Nauke nur vom Hörensagen. Rasch erzählt Helle von den Schüssen vor der Universität und Naukes Tod. »Wenn man sie nicht kennt«, sagt er danach, »ist es leicht. Dann freut man sich, weil es nur so wenig Tote gab. Aber wenn man sie kennt ...«

»Das ist wie mit dem Gefängnis«, meint Ede. »Wenn du niemanden hast, der drin sitzt, denkste gar nicht daran, daß es solche Dinger gibt. Haste jemanden drin sitzen, denkste immerzu daran.«

Es ist ein richtig schöner Herbsttag geworden, die Sonne scheint und taucht die grauen Häuser in freundliches Gelb. Doch die Sonntagsstille täuscht. Wenn die beiden Jungen an Fabrikhöfen vorbeikommen, hören sie laute Stimmen hinter den Fenstern, und in der Friedrichstraße stoßen sie auf eine Streife bewaffneter Matrosen.

Helle schaut die Matrosen aufmerksam an. Es wäre schön, wenn er Heiner oder Arno wiedertreffen würde.

Über den Königsplatz treibt Laub. Vor dem Eingang zum Reichstag sitzen Matrosen neben ihren Maschinengewehren, rauchen und machen zufriedene Gesichter. Kurz entschlossen geht Helle auf die Männer zu und fragt nach Heiner und Arno.

»Heiner?« Einer der Matrosen kraust die Stirn. »Meinst du den Heinrich Stockmann?«

»Ich weiß nur, daß der eine Heiner heißt und aus Heinersdorf kommt, und der andere Arno und aus Spandau ist.«

»Heiner aus Heinersdorf!« Die Matrosen lachen, aber sie kennen weder Heiner noch Arno. »Es sind mehrere tausend von uns hier«, sagt einer von ihnen. »Aus Kiel, Lübeck, Wilhelmshaven, Cuxhaven, von überall her kommen wir.«

Ein hellblonder Matrose zieht eine Tüte Zwieback aus seiner Jackentasche. »Ihr seht ja aus, als hätte man euch gerade erst auf'm Friedhof ausgebuddelt. Habt ihr Hunger?«

Helle und Ede nicken gleichzeitig. Hunger haben sie immer, da braucht keiner lange zu fragen. Der Blonde drückt Ede gleich die ganze Tüte in die Hand. »Hier! Tut mir leid, daß ich nichts Besseres dabeihabe.«

Die beiden Jungen bedanken sich und steigen Zwieback kauend die Stufen zum Reichstag empor. Vor den riesigen Türen, die in das Reichstagsgebäude führen, stehen Soldaten mit roten Armbinden. Ede will einfach an ihnen vorbeigehen, einer der Soldaten hält ihn fest. »Nicht so schnell, Bürschchen! Wo willst du denn hin?«

»Zu August Hanstein. Das ist mein Vater. Der ist hier drin.«

Der Soldat mustert erst Ede und dann Helle. »Kann ja jeder sagen. Habt ihr Papiere?«

Ede und Helle blicken sich ratlos an. »Nee«, sagt Ede schließlich. »Aber mein Vater hat Hunger. Ich bring ihm was zu essen.«

»Ohne Berechtigungsschein dürft ihr hier nicht rein.« Der Soldat will Ede fortschieben, Ede jedoch bleibt stehen wie ein Denkmal. »Er hat bis gestern im Gefängnis gesessen«, sagt er, »und jetzt hat er Hunger.«

»Im Gefängnis hat er gesessen?« Der Wachsoldat guckt wieder erst Ede und dann Helle an. Er ist noch ziemlich jung, weiß nicht so recht, wie er sich verhalten soll. Schließlich bespricht er sich mit einem seiner Kameraden. Auch der blickt die beiden Jungen erst mal nur mißtrauisch an, dann sagt er: »Wartet hier« und verschwindet im Gebäude.

Ede und Helle setzen sich auf die Steinstufen und essen die Zwiebacktüte leer. Als sie damit fertig sind, kommt der Wachposten zurück.

»In Ordnung«, sagt er. »Zimmer 112 im ersten Stock. Aber geht in den Fluren nicht erst lange spazieren – nur reingehen, abgeben und wieder zurück.«

Zögernd durchqueren die beiden Jungen die riesige Vorhalle des Gebäudes, in dem ein emsiges Kommen und Gehen herrscht; Soldaten, Matrosen und Zivilisten hasten an ihnen vorüber. Die Betriebsamkeit und die imposante Größe der Flure und Treppen schüchtern sie ein. Dicht beieinander bleibend, befürchten sie, jeden Moment erneut angehalten und gefragt zu werden, was sie denn eigentlich hier zu suchen hätten.

Im ersten Stock streiten zwei Männer miteinander. Sie stehen vor einer Tür und schreien sich fast an. Der eine der beiden ist Zivilist, der andere Soldat. Der Zivilist hat die besseren Argumente, das merken Ede und Helle, ohne zu verstehen, worum es überhaupt geht, denn der Soldat schreit noch lauter und wütender und übertönt den Zivilisten, wenn ihm nicht gefällt, was der sagt.

Ede geht von Tür zu Tür und studiert die Zimmernummern. Vor der Nr. 112 bleibt er stehen und legt sein Ohr an die Tür. Aber die Türen sind so dick und wuchtig, daß nichts zu hören ist. Zaghaft klopft er und lauscht wieder. Als immer noch nichts zu hören ist, wird er ungeduldig und macht einfach die Tür auf.

Im Zimmer sitzen mehrere Männer um einen Tisch herum. Einer von ihnen redet. Er pocht dabei mit den Knöcheln seiner Faust auf den Tisch. Jetzt unterbricht er seine Rede und schaut genauso wie die anderen Männer zu Ede hin, der in der Tür steht und nicht weiß, was er tun oder sagen soll. Endlich steht ein schmaler, grauhaariger Mann auf und kommt auf die beiden Jungen zu.

Edes Vater! Helle erkennt ihn sofort, obwohl er auf dem Foto in der Hansteinschen Küche wesentlich jünger aussieht.

Edes Vater tritt zu ihnen auf den Flur hinaus und schließt die Tür hinter sich. Er ist nicht ärgerlich über die Störung, nur ein wenig überrascht. Beinahe zärtlich legt er den Arm um Ede und schaut Helle abwägend an. »Was gibt's denn?«

»Mutter schickt mich.« Ede packt das mitgebrachte Essen aus. »Sie sagt, du mußt was essen.«

Edes Vater lächelt. »So ganz unrecht hat sie nicht.« Dann hält er Helle die Hand hin. »Guten Tag.«

Helle nimmt die Hand und wäre beinahe zurückgezuckt: Die Hand ist ganz trocken, so trocken, als wäre kein Leben in ihr. Überhaupt, der ganze Mann wirkt irgendwie »trocken«, und das magere Gesicht ist so grau, als hätte er es ewig nicht mehr gewaschen.

Edes Vater hat Helles Erschrecken mitbekommen, bleibt aber ungerührt, löffelt ein wenig von der Suppe und fragt: »Habt ihr schon gehört? Der Kaiser ist getürmt, hat sich nach Holland abgesetzt.«

Das ist neu für Ede und Helle, sie stoßen sich an und grinsen.

Edes Vater grinst auch. »Was soll er hier auch noch? Er hat ja nicht mal mehr 'ne Wohnung.«

Die beiden Jungen lachen über den Scherz, und Helle weiß nun, daß ihm Edes Vater gefällt. All das Graue muß mit der langen Gefängnishaft zusammenhängen.

»Umgefallen seid ihr«, schreit der Zivilist, der noch immer mit dem Soldaten streitet und nun offensichtlich die Geduld verloren hat. »Was soll denn das – keinen Bruderkampf? Wer will denn schon 'nen Bruderkampf?«

»Wenn ihr Blutvergießen wollt«, schreit der Soldat zurück, »machen wir nicht mit. Wir haben uns vier Jahre lang geopfert, jetzt reicht's! Wir haben's satt, bis oben hin.«

Edes Vater gibt Ede das Kochgeschirr zurück und hält sich an ihm fest. Er muß husten, ein richtiger Hustenkrampf schüttelt ihn, die Augen füllen sich mit Tränen.

Ede hält seinen Vater fest, hat nun selber Tränen in den Augen und ist erst erlöst, als der Vater sich aufatmend zurücklehnt, sich mit einem Taschentuch über den Mund fährt und dabei leise »Ist schon gut, ist ja schon gut!« sagt.

Dann schaut er zu den beiden Streithähnen hin. »Da hört ihr's! Darum geht's. Wenn heute abend die Abwiegler die Oberhand gewinnen ...« Er schiebt das Kochgeschirr weg, das Ede ihm ein zweitesmal in die Hände drücken wollte, nickt Ede und auch Helle noch mal zu und verschwindet wieder hinter der Tür mit der Nummer 112.

Ede blickt seinem Vater einen Moment lang nach und sagt, als sich die Tür hinter ihm geschlossen hat: »Er hat sich auf'm Alex was weggeholt, hat die ganze Nacht so gehustet. Und er ißt kaum was. Mutter sagt, wenn er so weitermacht, haben wir ihn nicht mehr lange.«

Die beiden Streitenden sind inzwischen an der Treppe angelangt, lösen sich aber immer noch nicht voneinander. »Die Revolution hat gesiegt«, schreit der Soldat. »Was wollt ihr denn jetzt noch? Wollt ihr Deutschland kaputtmachen?«

»Wir haben noch lange nicht gesiegt«, widerspricht der Zivilist. »Wir haben überhaupt noch nichts erreicht. Wenn wir jetzt nicht weitermachen, war alles umsonst.«

»Wollt ihr russische Verhältnisse in Deutschland?« schreit der Soldat. »Wollt ihr jede Ordnung zerschlagen?«

Der Zivilist ist auf einmal sehr müde. »Ihr begreift es nicht«, sagt er leise. »Ihr begreift es einfach nicht.« Dann dreht er sich um und läßt den Soldaten stehen.

»Aber ihr, was?« ruft der Soldat. »Ihr begreift alles. Ihr habt die Weisheit mit Löffeln gefressen.« Mit hochrotem Kopf eilt er die Treppe hinunter. Zwei Matrosen, die ihm entgegenkommen, schauen ihm belustigt nach.

Ede kneift die Augen zusammen. »Heute abend entscheidet's sich«, wiederholt er, was sein Vater gesagt hat. »Entweder die oder wir.«

»Aber die Soldaten gehören doch zu uns. Die haben doch mitgemacht«, wendet Helle ein.

»Mitgemacht haben fast alle«, entgegnet Ede da. »Aber das heißt noch lange nicht, daß alle, die gegen das Alte waren, für das gleiche Neue sind.« Er freut sich über Helles verblüfften Gesichtsausdruck und gibt zu: »Mein Vater hat's mir so erklärt. Und ich glaube, er hat recht.«

Unter den Linden ist Betrieb wie immer, Autos fahren die Straße entlang und ab und zu auch eine Pferdedroschke. Nur die unbesetzte Hauptwache und die roten Fahnen an den Flaggenmasten erinnern an das, was sich tags zuvor hier abgespielt hat.

Im Vorhof der Universität ist es still und leer. Helle späht durchs Gitter. Er hätte gern gewußt, wo Nauke stand, als er von dem Schuß des Offiziers getroffen wurde.

»Guck mal da!« Ede weist auf einige gutgekleidete Spaziergänger, die vor einer an die Wand geklebten Zeitung stehengeblieben sind und sich offensichtlich darüber aufregen.

»Erschießen!« ruft ein älterer Mann in pelzbesetztem Mantel da auch schon. »Wie die tollwütigen Hunde, einfach abknallen, diese Vaterlandsverräter!«

»Ach was!« entgegnet ein jüngerer Mann mit grauen Gamaschen. »Für die ist jeder Schuß Pulver zu schade. Aufhängen muß man so was!«

Die Frauen mit den Hüten auf dem Kopf sagen nichts, tuscheln nur miteinander. Helle und Ede warten, bis die Spaziergänger sich entfernt haben, dann nähern sie sich der Zeitung. Es ist *Die Rote Fahne – Nr. 2.* Sie informiert über die Wahl der

Arbeiterräte in den Fabriken und über die Veranstaltung im Zirkus Busch.

»Die meinen uns!« Ede starrt der kleinen Gruppe, die inzwischen schon vor dem Zeughaus angelangt ist, böse nach, und dann schreit er plötzlich: »Paßt bloß auf, daß wir euch nicht aufhängen!«

Der jüngere Mann dreht sich um. Ede verschränkt die Arme über der Brust. Der Mann zögert einen Augenblick, dann geht er weiter.

»Schiß, was?« Ede triumphiert laut, doch jetzt geht der Mann nur noch stur geradeaus.

»Ob die das ernst gemeint haben – das mit dem Aufhängen?« Helle verspürt auf einmal ein unbehagliches Gefühl.

»Da fragste noch?« Ede geht vor Aufregung so schnell, daß Helle ihm kaum folgen kann.

»Aber warum sind die so ... brutal?«

»Weil sie Angst haben, daß wir ihnen was wegnehmen. Die wissen ja, daß sie mehr haben als wir, daß wir verrecken, während sie Fettlebe machen. Sogar jetzt geht's denen noch gut.«

Den Rest des Weges schweigen die beiden Jungen, hängen ihren Gedanken nach. Sie wollen zu Fritz; Helle hat Fritz ja versprochen, vorbeizukommen.

Als sie vor dem Haus, in dem Fritz wohnt, angelangt sind, blickt Ede sich um , als erwarte er jeden Augenblick von irgendwoher einen Angriff. »Vornehme Gegend«, sagt er mürrisch, und Helle zweifelt nun daran, daß es eine gute Idee war, Fritz und Ede zusammenzubringen. Doch jetzt sind sie da, einfach umkehren wäre dumm.

Vorsichtig gehen die beiden Jungen durch den Hausflur. Auf dem Hof steckt Helle zwei Finger in den Mund und pfeift schrill. Es werden gleich mehrere Fenster geöffnet, und es wird auch geschimpft, aber nirgendwo schaut Fritz, seine Mutter oder sein Vater heraus.

»Wir können ja mal klingeln.«

Langsam gehen sie ins Vorderhaus zurück und steigen die Treppe hoch, bis sie vor dem Türschild mit der Aufschrift *F. W. Markgraf* angekommen sind. Helle dreht an der Klingel und lauscht. Nichts rührt sich.

»Vielleicht ist keiner da?« vermutet Ede.

Helle probiert es noch einmal.

Wieder nichts! Er will schon gehen, als er plötzlich doch noch Schritte hört, sehr leise Schritte; der Jemand, der sich da der Tür nähert, um durchs Guckloch zu schauen, will nicht gehört werden.

»Ich bin's – Helmut Gebhardt. Ist Fritz da?«

Die Tür wird aufgerissen, und Fritz' Vater steht auf der Schwelle – in Filzlatschen, Unterhemd und Hosenträgern. »Weg!« schreit er. »Weg, ihr rotes Pack!« Und dann stürzt er vor und packt Helle an der Joppe. »Wenn du Fritz noch einmal zu den Revoluzzern mitnimmst, zeig ich dich an. Mein Sohn hat unter euch Banditenpack nichts verloren.«

»Das tun Sie mal«, entgegnet Ede spöttisch. »Auf solche wie Sie warten die auf'm Alex gerade.«

Fritz' Vater hat vergessen, daß es längst einen neuen Polizeipräsidenten gibt – den Anführer der Arbeiter, die tags zuvor das Polizeipräsidium stürmten. Er läßt Helle fahren und will Ede packen, doch Ede ist schneller, taucht unter dem Mann weg und flitzt die Treppe hinunter. Erst auf der Straße bleibt er stehen.

»So 'n Krepel!« schimpft er. »So 'n Arsch mit Ohren! So 'n Kotzbrocken!«

Helle schaut nur still an der stuckverzierten Hausfassade hoch – und hebt die Hand: Hinter dem Fenster im zweiten Stock steht Fritz! Er steht da, winkt nicht zurück, blickt nur auf Helle und Ede herab. Bis er sich umdreht und verschwindet.

Vor der Nr. 37 verabschiedet sich Helle von Ede und läuft rasch über die Höfe. Er hat es eilig, nach oben zu kommen, möchte wissen, was es Neues gibt. Doch als er den vierten Hof erreicht hat, reißt Anni das Kellerfenster auf, winkt ihn heran und streckt eine Faust aus dem Fenster. »Hier – für dich!«

Es ist ein Herz, ein kleines halb verrostetes Herz an einer Kette. Helle will Anni fragen, wo sie das Herz herhat, aber Anni hat das Fenster schon wieder geschlossen.

Das Herz ist ein Geschenk! Ein Geschenk von Anni – für ihn! Noch nie hat ihm ein Mädchen was geschenkt, und nun: ein Herz! Was das bedeutet, weiß jeder.

»Ich bin zum Arbeiterrat gewählt worden«, begrüßt die Mutter Helle gleich an der Tür und strahlt vor Freude. »Die Frauen in der Halle waren alle für mich. Kann's noch gar nicht richtig glauben. Ausgerechnet mich kleines Licht haben sie gewählt.«

»Kleines Licht!« protestiert der Vater in der Küche. »Da kenne ich aber 'ne ganze Menge größerer Lichter, die wesentlich blasser leuchten.«

Die Mutter lacht, während sie hinter Helle die Tür schließt. »Nun übertreib mal nicht. Sie haben mich gewählt, weil ich die einzige bin, mit der alle einverstanden sein können, die Ebert-Leute ebenso wie die Unabhängigen und die Spartakisten. Aber ob das 'n Lob oder eher was weniger Schönes ist, darüber denke ich noch nach.«

»Denk nicht zu lange nach.« Der Vater schmunzelt. »Sonst merkste nachher noch, daß du ganz und gar untauglich bist.«

Helle nimmt Hänschen, der auf seiner Decke sitzt und ihm beide Arme entgegenstreckt, und setzt sich mit dem kleinen Bruder zum Vater an den Küchentisch. Die Mutter macht sich am Herd zu schaffen. »Wir sind ja schon froh, daß überhaupt 'ne Frau gewählt werden konnte«, sagt sie dabei. »Bisher gab's sowas ja nicht.«*

Helle fallen die Spaziergänger vor der Universität ein. Die Mutter gehört also auch zu denen, die diese Leute am liebsten aufhängen würden. »Wißt ihr schon, daß der Kaiser getürmt ist?«

Der Vater weiß es, doch es freut ihn nicht besonders. »Der war sowieso erledigt.«

»Erledigt, erledigt!« Martha spielt mit ihrer Lumpenpuppe. Sie hat ihr auf dem Sofa ein Bett gemacht. Das Wort »erledigt« scheint ihr zu gefallen, sie singt es vor sich hin, als wäre es ein Schlaflied für ihre Liese. Helle will die günstige Gelegenheit nutzen und dem Vater endlich von Onkel Kramer und dem Päckchen erzählen, doch er kommt wieder nicht dazu. Gerade als er ansetzen will, klopft es: Oswin.

Der Vater drückt Oswin lange die Hand. »Na? Wollen wir uns wieder vertragen?«

Oswin freut sich über den herzlichen Empfang. »Was unsere Führer können, können wir schon lange.«

»Unsere Führer?« Der Vater versteht nicht. »Wie meinst du'n das?«

»Weißte's etwa noch nicht? SPD und USPD haben sich geeinigt.« Oswin zieht den *Vorwärts* aus der Jackentasche und reicht ihn dem Vater.

Hastig überfliegt der Vater die Titelseite und läßt verstört die Zeitung sinken.

»Das kann doch nicht sein! Die Unabhängigen sind auf Ebert reingefallen?«

»Haste was gegen die Einigung?« wundert sich Oswin.

»Einigung!« ruft der Vater wütend aus. »Ein Trick ist das, ein ganz übler Trick.«

»Wenn der Trick weitere Tote verhindert, soll er mir recht sein.« Oswin ist enttäuscht über Vaters Reaktion.

»Weitere Tote!« wiederholt der Vater verärgert. »Wieviel Tote gab's denn? Ging doch alles wie geschmiert. Die paar kaisertreuen Offiziere, die ein bißchen in der Gegend rumgeballert haben, kannste doch nicht zählen. Das bißchen Geschieße war doch eher lächerlich.«

»Für Nauke war's nicht lächerlich.« Oswin dreht sich weg, als wolle er jeden Moment wieder gehen.

»Mensch, Oswin!« Der Vater schiebt dem Freund einen Stuhl hin. »Tu doch nicht so, als ob ich den armen Jungen auf dem Gewissen hätte. Denk lieber an die siebenhunderttausend Toten vor Verdun! Siebenhunderttausend Soldaten, die sinnlos fielen – und nur vor Verdun! Siebenhunderttausend Menschen, einfach so dahingeopfert! Um jeden von denen, die gestern fielen, tut's mir leid, aber keiner von ihnen ist umsonst gefallen.«

»Ich war nie gegen die Revolution«, entgegnet Oswin störrisch.

»Warste etwa dafür?« fällt ihm der Vater ins Wort. »Dann muß ich dich aber völlig falsch verstanden haben. Genau wie deine Führer. Erst haben sie mit den Generälen paktiert, haben ihnen geholfen, den Krieg zu verlängern und zu verlängern, obwohl jeden Tag Zigtausende Soldaten wie Schlachtvieh dahingemetzelt wurden, obwohl das Elend in der Heimat immer größer wurde, haben abgewiegelt und abgewiegelt, und jetzt plötzlich, wo wir gesiegt haben, spielen sie die großen Revolutionäre.«

»Hast mich nicht aussprechen lassen«, wehrt sich Oswin. »Geb ja zu, daß ihr recht hattet: Ohne Revolution wäre es vielleicht noch lange so weitergegangen mit diesem verfluchten Morden und Hungern. Geb auch zu, daß wirklich nur wenig Blut geflossen ist. Aber habt ihr das vorher gewußt? Habt ihr wirklich gewußt, daß die Gegenwehr nicht größer sein würde? Wenn ja, seid ihr Hellseher. Ein Leierkastenmann vom Wedding ist kein Hellseher. Und wenn ich sage, daß ich nie gegen die Revolution war, dann soll das nicht heißen, daß ich dafür war, sondern nur, daß ich nichts gegen sie hatte – außer Angst vor Mord und Totschlag, denn davon hatten wir in den letzten Jahren wirklich genug.«

»Die haben ja sogar schon 'ne gemeinsame Regierung gebildet«, sagt die Mutter, bevor der Vater erneut etwas erwidern kann, und schaut bestürzt aus der Zeitung auf.

»Waas?« Der Vater liest die Zeitung nun auch genauer.

»Ich sag ja, sie haben sich geeinigt«, wiederholt Oswin. »Sie haben einen Rat der Volksbeauftragten gebildet, und zwar ganz reell, drei SPD-Leute sitzen drin und drei Unabhängige. Oder ist das etwa nicht gerecht?«

»Gerecht?« höhnt der Vater. »Ein Betrug ist das! Gestern abend standen die Unabhängigen noch hinter Liebknechts Forderungen, jetzt haben sie Eberts Parolen von der Einigkeit übernommen und Liebknecht damit den Stuhl vor die Tür gesetzt. Und Ebert und Scheidemann sitzen natürlich auch im Rat der Volksbeauftragten, sind sozusagen die Obervolksbeauftragten!« Er wirft die Zeitung auf den Tisch und wandert in der Küche auf und ab. »Es gibt eben Unabhängige, die durchschauen Eberts Taktik einfach nicht. Sie glauben, eine SPD-USPD-Regierung wäre schon ein Erfolg. Und dann gibt's da noch andere, die fallen schon um, wenn Ebert bloß hustet.«

»Mensch, Rudi! Jetzt versteh ich dich aber wirklich nicht mehr. Haste früher denn nicht auch gesagt: Einigkeit macht stark?«

»Natürlich ist Einigkeit wichtig«, gibt der Vater zu. »Aber es geht doch um ein Ziel, und das Ziel muß ein neuer Staat sein, ein Volksstaat ohne Generäle, kaisertreue Beamte und Industrieherren, die uns ausbeuten. Die sind doch wie Unkraut, die mußte mit den Wurzeln ausreißen, wenn du nicht willst, daß sie immer wieder nachwachsen.«

»Bist also wirklich schon 'n Spartakist geworden!« Oswin macht ein Gesicht, als habe es keinen Sinn, weiter mit dem Vater zu reden. »Alles wollt ihr übers Knie brechen. Laßt Ebert doch erst mal machen! Ihr könnt ihn doch nicht verurteilen, bevor ihr ihm nicht Zeit gelassen habt, zu zeigen, was er kann und was er will.«

»Aber Oswin«, schaltet sich die Mutter ein. »Was Ebert und

Scheidemann können und wollen, das wissen wir doch nun wirklich. Haben's ja am eigenen Leib zu spüren bekommen. Oder haste vergessen, auf wessen Seite sie standen, als wir gegen den Krieg demonstrierten? Für die Polizistensäbel hatten sie Verständnis, für unsere Forderungen nicht.«

Oswin faltet seine Zeitung zusammen und will aufstehen, der Vater hält ihn fest. »Oswin! Auch wenn wir verschiedene Dinge anders sehen, deshalb können wir doch Freunde bleiben.«

»Und wie soll's eurer Meinung nach weitergehen? Sollen wir uns jetzt gegenseitig umbringen?«

»Wir bringen keinen um!« antwortet der Vater geduldig. »Und schon gar nicht, weil er anderer Meinung ist. Aber wir haben auch 'ne Meinung, und die vertreten wir. Und davon lassen wir uns auch durch miese Tricks nicht abbringen.«

Die beiden Männer schweigen. Sie sind an einem Punkt angelangt, an dem es nicht mehr weitergeht. Dabei wollen sie beide das gleiche, nur der Weg, den sie gehen wollen, ist ein anderer.

»Ob das im Zirkus überhaupt noch einen Sinn hat?« fragt die Mutter da. »Wenn die sich über unsere Köpfe hinweg längst geeinigt haben, was soll denn das ganze Theater überhaupt noch?«

Der Vater zuckt die Achseln. »Es ist unsere letzte Chance. Eberts Rat der Volksbeauftragten ist ja nur so 'ne Art provisorische Regierung. Wenn ihr's schafft, im Zirkus die Mehrheit auf unsere Seite zu bringen, könnten wir ein Gegengewicht bilden und Ebert auf diese Weise kontrollieren. Wenn ihr das nicht schafft ... tja, dann seh ich schwarz.«

»Tut mir leid, Rudi.« Oswin schüttelt den Kopf. »Was du da willst, ist doch schon wieder so 'n Zwiespalt. Ich bin seit über vierzig Jahren Sozialdemokrat, eingetreten bin ich, als wir noch verboten waren, das war unter Bismarck*. War nicht immer einverstanden mit dem, was meine Partei getan hat, aber eins habe ich jedesmal unterstützt: die Einigkeit! Wir sind doch nur gemeinsam stark, dürfen nicht in Gruppen und Grüppchen zerfallen, in SPD, USPD, Spartakisten und was weiß ich noch für Splitterparteien. Und erst recht nicht in den einen Rat und noch 'nen Rat, von dem dann jeder was andres will und der eine den anderen behindert.«

»Wer will denn schon Zwiespalt, er ist einfach da, verstehste das denn nicht?« Der Vater hält sich den Armstumpf, als schmerze er ihn. »Weshalb hat Ebert denn seinen Rat zuerst gegründet? Er hätte doch warten können, wie abgestimmt wird. Aber nein, das wollte er nicht, weil er uns an die Wand nageln will. Er will einen Mischmasch aus dem, was war, und dem, was wir wollen. Solange Ebert regiert, so lange regieren die Generäle und Industrieherren mit. Die aber haben uns schon einmal ins Unglück gestürzt und werden's wieder tun, wenn wir sie in Amt und Würden lassen. Erwarteste etwa, daß wir da tatenlos zusehen?«

»Stillhalten sollen wir«, ergänzt die Mutter mit dem Blick auf Oswins *Vorwärts*. »Immer nur stillhalten! Wir haben aber lange genug stillgehalten. Jetzt wollen wir nicht mehr. Wir wollen endlich selbst über uns bestimmen.«

Lange sagt Oswin nichts, dann fragt er leise: »Habt ihr euch schon Gedanken über Naukes Beerdigung gemacht?«

»Die Opfer werden im Friedrichshain beerdigt«, antwortet der Vater. »Es gibt eine Kundgebung. Du kommst doch mit?«

Oswin zögert, nickt dann aber.

»Oswin!« sagt da die Mutter. »Kannste uns denn gar nicht verstehen?«

»Wenn ich mich sehr anstrenge, kann ich euch schon verstehen«, gibt Oswin da leise zu und lächelt sogar ein wenig, als er das sagt. »Aber das ändert nichts daran, daß ich Angst habe vor dem, was ihr herausfordert.«

Die Mutter, der Vater und Helle sind nicht die einzigen, die dem steinernen Kuppelbau an der Spree entgegenstreben. Aus allen

Richtungen kommen Männer und Frauen, auch aus dem nahegelegenen Bahnhof Börse dringen sie auf die Straße.

Der Vater blickt sich immer wieder aufmerksam um. »Ich sehe keine Soldatenräte«, wundert er sich.

»Vielleicht sind sie schon drin?« vermutet die Mutter.

»Kann sein«, meint der Vater. »Aber wenn das stimmt, hat's 'nen Grund. So ohne weiteres kommen die nicht 'ne halbe Stunde zu früh.«

Vor dem Eingang des riesigen Kuppelbaus stehen Soldaten und kontrollieren die Arbeiterräte, die Einlaß begehren. Jedem, der vor sie hintritt, blicken sie streng ins Gesicht.

Helle möchte auch in den Zirkus hinein, er hat zuviel mitbekommen, um nicht gespannt auf den Ausgang der Wahl zu sein. Nur deshalb ist er mit den Eltern mitgegangen. Doch er versucht erst gar nicht, die Eltern zu bitten, ihn mitzunehmen. Der Vater will einen Trick anwenden, um mit der Mutter in den Zirkus zu gelangen; einen Dreizehnjährigen würden die Soldaten am Eingang bestimmt nicht passieren lassen.

»Das ist meine Frau, Kamerad«, erklärt der Vater da auch schon einem der Soldaten. »Sie ist gewählt, aber sie ist krank. Sie braucht mich. Laß mich mit rein.«

»Klar!« sagt der Soldat, der den Vater, da er einen Soldatenmantel trägt, gleich viel freundlicher behandelt als die Arbeiter, die zuvor an der Reihe waren. Und dann weist er auf den leeren Mantelärmel und will wissen: »Wie ist das denn passiert?«

»Französische Granate!«

»Schöne Scheiße! Na ja, jetzt haben wir bald Frieden.«

Der Vater und die Mutter drehen sich noch einmal um und winken. Helle winkt zurück, geht aber noch nicht. Er hat es nicht eilig, Oma Schulte abzulösen, die mit Martha in der Küche sitzt und *Schwarzer Peter* spielt. Er ist ja auch nicht der einzige, der unschlüssig vor dem Zirkus herumsteht. Männer und Frauen und vor allem junge Burschen stehen da im kalten Wind, reden leise miteinander, rauchen und warten.

Sicher möchten die auch wissen, was da drinnen passiert. Langsam wandert Helle um das Zirkusgelände herum. Vielleicht gibt es ja auf der Rückseite eine Mauer, die nicht zu hoch ist, um sie zu erklimmen. Doch der Zirkus ist wie eine Burg, man kann nicht in ihn hinein, ohne einen der Eingänge zu benutzen. Die aber sind – bis auf den Haupteingang – geschlossen.

Auf der Spreeseite weht der Wind noch heftiger. Das im Mondlicht glänzende Wasser schlägt glucksend an die Steinmauern. Helle fröstelt es. Er zieht den Kopf zwischen die Schultern und fällt in einen langsamen Trab, um sich warmzulaufen, verharrt dann aber: Eine Gruppe Männer und Frauen nähert sich dem Zirkus von der Rückseite her. Die Frauenstimme da eben, war das nicht Trude?

Er wartet, bis die Gruppe unter einer Laterne angelangt ist, dann zuckt er freudig bewegt zusammen: Es war Trude, die gerade sprach, aber das ist es nicht allein, was ihn so überrascht hat: Neben Trude geht Onkel Kramer.

»Helle? Helmut Gebhardt?« Onkel Kramer freut sich auch. »Du«, sagt er, und Helle sieht ihm an, daß ihm die Frage, die er jetzt stellt, schon lange im Kopf herumgeht, »als sie mich verhafteten, der Junge auf der Straße, das warst doch du?«

Helle kann nur nicken.

»Hab dich sofort erkannt. Aber ich dachte mir, nur keine Reaktion zeigen. Sonst hätten sie dich nachher noch mitgenommen.«

»Er hatte ja auch die Papiere dabei«, erklärt Trude, während die Umstehenden Helle aufmerksam mustern. Es sind alles fremde Gesichter, außer Trude und Onkel Kramer kennt Helle nur noch Atze.

»Ich hab die Papiere immer noch.«

»Und wo hast du sie?«

Helle erzählt, daß Nauke ihm riet, das Päckchen wieder unter die lose Diele im zweiten Stock zurückzulegen.

»Also können die Papiere nicht bei euch gefunden werden.«

Onkel Kramer ist zufrieden. »Wie geht's euch denn? Ist Rudi noch an der Front?«

Helle gibt sich Mühe, sich kurz zu fassen, er sieht es Onkel Kramer und den anderen Männern und Frauen an, daß sie es eilig haben, in den Zirkus zu kommen. Während er berichtet aber keimt neue Hoffnung in ihm auf: Vielleicht kann er Onkel Kramer dazu überreden, ihn mitzunehmen. Onkel Kramer hat schon oft Sachen gemacht, die andere Erwachsene nie getan hätten. Einmal hat er sich vor ein Haus gestellt, neben dessen Eingang ein Schild angebracht war, auf dem stand: *Das Spielen der Kinder auf den Höfen ist strengstens untersagt. Der Hauseigentümer*. Onkel Kramer hat sich so vor das Schild gestellt, daß er es hinter seinem Rücken mit einem Schraubenzieher ablösen konnte. Dabei hatte er die ganze Zeit harmlos in die Gegend geblickt. Er, Helle, war vor Angst fast vergangen, Onkel Kramer jedoch hatte das Schild einfach in eine Mülltonne geworfen und war weitergegangen.

»Na, dann treff ich Rudi und Marie ja vielleicht.« Als er von Vaters Verwundung hörte, war Onkel Kramer ernst geworden, jetzt kann er wieder lächeln. »Wenn nicht, grüß sie von mir und sag ihnen, daß ich bald mal vorbeikomme.« Er streckt Helle die Hand hin.

Helle ergreift die Hand nicht. »Könnt ihr mich nicht mitnehmen?«

»Willste dir 'n Schnurrbart ankleben?« Atze lacht.

Helle will Vaters Trick anwenden. Onkel Kramer soll sagen, daß er krank ist und Hilfe benötigt und sich so auf ihn stützen, als könne er ohne ihn keinen einzigen Schritt gehen; vielleicht lassen die Soldaten ihn dann mit hinein.

Onkel Kramer denkt einen Augenblick nach, dann ist er einverstanden. »Probieren können wir's ja mal. Wenn's klappt, klappt's – und wenn nicht, haben wir auch nichts verloren.«

Die Gruppe löst sich auf, damit Onkel Kramer und Helle allein bleiben. Gleich darauf stützt Onkel Kramer sich auf Helle und macht ein müdes Gesicht. Offentsichtlich fällt ihm das nicht schwer. Helle hätte gern gefragt, ob es schlimm war im Gefängnis, doch dafür ist jetzt keine Zeit.

Vor dem Haupteingang stehen noch immer viele Neugierige, die keinen Einlaß gefunden haben. Helle spürt, wie sein Herz heftiger schlägt. »Keine Bange!« flüstert Onkel Kramer. »Das klappt schon. Sehr frisch sehe ich ja wirklich nicht mehr aus.«

Es klappt tatsächlich. Der Soldat am Eingang fragt erst gar nicht nach Helle. Er empfindet es als selbstverständlich, daß ein so müder und kranker Mann einen Begleiter hat.

Erst als die Soldaten vor dem Haupteingang sie nicht mehr sehen können, richtet Onkel Kramer sich wieder auf. »Na bitte«, sagt er. »Wenn du älter bist, gehen wir beide zum Theater – als Komikerpaar!«

Helle blickt sich um. Die Angst, die er ausgestanden hat, ist vergessen, der Zirkus, dieses weite Rund voller Menschen, nimmt ihn sofort gefangen. Er war schon mal im Zirkus Busch. Das war lange vor dem Krieg, er war damals noch sehr klein. Es gab eine Kindervorstellung, und Erwin war auch dabei. Der Bruder und er hatten die Augen aufgerissen vor Staunen über all die bunten Lichter und Scheinwerfer rund um die Manege, und sie hatten diesen Tag und die heitere Stimmung, die über allem lag, lange nicht vergessen können. Heute ist alles ganz anders. Der Zirkus ist zwar fast genauso voll wie damals, nur sitzen keine fröhlich gestimmten Kinder in den dichtgedrängten Reihen bis hoch unters Dach, sondern viele ernste Männer und nur ganz wenige Frauen. In der Manege stehen Tische, und hinter den Tischen sitzen Männer mit Stehkragen und Schlipsen. Und die Scheinwerfer, die sie beleuchten, sind nicht bunt, sondern weiß und grell und verbreiten eine ungeheure Spannung in dem riesigen Rund.

»Verdammt! Alles voller Landser.« Atze hat es zuerst bemerkt, jetzt sehen es auch die anderen: In den ersten Bankreihen sitzen nur Soldaten.

Sie waren also tatsächlich schon drin! Und nun ist auch deutlich zu erkennen, weshalb sie früher als die Arbeiter in den Zirkus kamen: Dadurch, daß sie die vorderen Reihen besetzt halten, schirmen sie die Männer hinter den Tischen vor den Arbeiterräten ab.

Onkel Kramer nimmt seine Schirmmütze ab und kratzt sich besorgt den Kopf. »Alles, was recht ist – ein raffinierter Hund, dieser Ebert!«

»Meinste, daß der das absichtlich so eingefädelt hat?« fragt Trude.

»Hundertprozentig! Hab ja gesehen, wie seine Leute von Kaserne zu Kaserne gewieselt sind; nur daß sie den Zirkus in die Hand bekommen wollten, auf die Idee bin ich nicht gekommen.«

In den oberen Reihen sind noch jede Menge Plätze frei. Gemeinsam mit den Männern und Frauen, mit denen er gekommen ist, setzt Helle sich in die unterste noch freie Reihe, direkt zwischen Trude und Onkel Kramer, und versucht, irgendwo im weiten Rund die Eltern zu entdecken. Doch das ist unmöglich, zu viele Menschen haben sich hier versammelt, und die Männer und Frauen auf der anderen Seite des runden Baus sitzen viel zu weit von ihm entfernt.

»Ruhe!« Einer der Männer auf der Tribüne schwingt eine Glocke und kündigt, als der Lärm endlich ein wenig abgeflaut ist, den ersten Redner an.

Helle hat den Namen des ersten Redners nicht mitbekommen, zu laut war das Stimmengewirr um ihn herum, Trude jedoch stöhnt gleich auf: »Dacht ich mir's doch! Ebert! Nicht genug, daß er den Laden mit seinen Leuten vollgepumpt hat, nun schwört er sie auch noch als erster auf sich ein.«

»Da kannste nichts machen«, sagt Atze. »In jeden Zirkus gehört 'n Clown. Busch hat also Ebert engagiert.«

Nur wenige Umsitzende lachen, die meisten blicken wie gebannt in die Manege hinab.

Der kleine dickliche Mann mit dem kurzen Hals und dem dunklen Kinn- und Schnauzbart ist also Ebert? Helle ist enttäuscht. Der Dicke mit dem Birnenkopf sieht nicht aus wie ein gefährlicher Mann, und er gibt sich auch nicht so. Väterlich streng warnt er davor, daß, wenn nicht bald Ruhe und Ordnung herrschten, die Ernährung der Bevölkerung gefährdet sei, und fügt hinzu, daß für einen vollständigen Sieg der Arbeiterschaft Ruhe und Ordnung bitter notwendig wären. Er spricht überhaupt viel von Ruhe und Ordnung und dem Ausgleich der Interessen und zeigt sich sehr befriedigt darüber, daß der Bruderstreit zwischen SPD und USPD endlich beseitigt sei und man sich über eine gemeinsame Regierung geeinigt habe. Nur wenige Zwischenrufe werden laut, und als der kleine, gutmütig wirkende Mann in der Manege seine Rede beendet hat, erntet er prasselnden Beifall.

»Wo sind wir denn hier?« fragt einer aus der Gruppe um Onkel Kramer. »Was sitzen denn hier für Leute?«

Onkel Kramer blickt sich um. »Sieht ganz so aus, als hätte Eberts Parole von der Einigkeit gezündet. Die meisten Arbeiterräte, die heute vormittag gewählt worden sind, sind offensichtlich SPD.«

Er schüttelt den Kopf. »Noch gestern wäre es anders gewesen. Unsere Leute vergessen einfach zu schnell.«

Nach Ebert spricht einer von der USPD, er heißt Haase. »Mein Name ist Hase, ich weiß von nichts«, witzelt Atze. Und dann schimpft er darüber, daß dieser Haase nur wiederkäue, was zuvor Ebert gesagt habe.

Als dritter spricht Liebknecht. Helle hatte Liebknecht noch gar nicht gesehen, er saß verdeckt und sprach die ganze Zeit mit seinem Nebenmann. Nun steht er auf, und alle rücken gespannt vor.

Liebknecht spricht anders als Ebert und Haase, feuriger, wütender, und er spricht gegen das, was seine Vorredner sagten. »Ich muß Wasser in den Wein eurer Begeisterung schütten«, ruft er aus. »Die Gegenrevolution ist bereits auf dem Marsche, sie ist bereits in Aktion! Sie ist bereits hier unter uns.«

Damit meint er Ebert und seine Leute. Onkel Kramer, Atze, Trude und einige andere vereinzelte Männer und Frauen auf den Rängen klatschen laut Beifall, doch die meisten Anwesenden sind mit dem, was Liebknecht gesagt hat, nicht einverstanden. Besonders die Soldaten werden unruhig. Und als Liebknecht weiterreden will, schwillt die Unruhe zum Lärm an. »Einigkeit!« rufen die Soldaten. »Wir wollen Einigkeit!«

Liebknecht versucht trotzdem weiterzureden, doch seine Worte gehen im allgemeinen Lärm unter. »Wir wollen keinen Bruderkampf«, ruft ein alter Arbeiter. »Wir wollen kein neues Blutvergießen! Wir wollen endlich Frieden und Brot.«

»Wir doch auch!« schreit Atze da plötzlich los. »Aber wir wollen, daß die, die uns den Krieg und die Not eingebrockt haben, nichts mehr zu sagen haben. Wir wollen eine Arbeiterrepublik und keine Republik von Arbeiterverrätern.«

»Dann geh doch zu den Russen! Da haste deine Räterepublik.«

»Ick bin Berliner, keen Russe«, wehrt sich Atze, wird aber niedergeschrien.

»Ruhe!« verlangen die Männer an den Tischen, und dann meldet sich der Hagere mit der Bügelbrille, der die Versammlung eröffnet hat, zu Wort. Er hat eine Liste vor sich liegen und liest, nachdem er eine Zeitlang einleitend geredet hat, die Namen derjenigen vor, die für den zu wählenden Aktionsausschuß vorgeschlagen sind. Liebknechts Name fällt auch.

Ein Soldat springt auf. »Da sind ja nur Unabhängige und Spartakisten auf der Liste.«

Ebert steht ebenfalls auf. Er halte einen solchen Ausschuß für überflüssig, erklärt er, wenn er aber schon gebildet werden solle, dann müsse er wie der Rat der Volksbeauftragten paritätisch zusammengesetzt sein.

»Was heißt'n das?« fragt Helle Onkel Kramer, der mit zusammengekniffenen Augen verfolgt, was sich in der Manege abspielt.

»Das heißt, daß Ebert auch in dem Ausschuß mitreden will, der ihn und seine Volksbeauftragten kontrollieren soll«, erklärt Onkel Kramer seltsam ruhig. »Er will sich also selber kontrollieren, weil paritätisch zusammengesetzt sein heißt, daß von jeder Partei der gleiche Anteil Mitglieder in den Ausschuß gewählt wird. Nur hat dann der ganze Ausschuß keinen Sinn mehr, da er nie einen Beschluß gegen die Regierung fassen wird.«

Der Hagere mit der Brille droht aufgeregt, daß er sein Amt niederlegen werde, wenn in diesen Ausschuß auch die Ebert-Anhänger gewählt werden sollten. »Lieber schieße ich mir eine Kugel durch den Kopf, als daß ich je mit einem Regierungssozialisten zusammenarbeite«, ruft er erbittert aus.

Ein Tumult bricht los. Die Soldaten aus den ersten Reihen stürzen mit erhobenen Gewehren und gezogenen Säbeln in die Manege. Wieder schreien sie: »Ei-nig-keit! Ei-nig-keit!« und »Pa-ri-tät! Pa-ri-tät!«

Liebknecht und noch einer der Männer in der Manege machen den Versuch, zu den Soldaten zu sprechen, werden aber niedergeschrien.

»Zirkus im Zirkus!« sagt Trude traurig. »Und dafür ist Nauke nun gefallen.«

»So darfste das nicht sehen.« Tröstend legt Onkel Kramer den Arm um Trudes Schultern. »Noch ist nicht aller Tage Abend. Und, das kannste mir glauben, für dieses Theater da unten ist Nauke nun wirklich nicht gefallen.«

Vor dem Zirkus stehen noch immer einige Männer und Frauen, Burschen und Mädchen, warten und machen betroffene Gesichter. Das meiste von dem, was sich innerhalb des Kuppelbaus abspielte, ist bereits bis zu ihnen vorgedrungen. Helle hält sich die Hände vor den Mund, um sie sich warmzuhauchen. Der Wind, der von der Spree herkommt, ist noch kälter geworden, und er steht nun schon ziemlich lange hier draußen, um auf die Eltern zu warten. Gleich nachdem die Abstimmung über die Mitglieder des Aktionsausschusses vorüber war, hatten Trude, Onkel Kramer, Atze und viele andere den Zirkus enttäuscht verlassen. Je vierzehn Arbeiter- und Soldatenräte sitzen nun in dem Ausschuß, der Eberts Regierung kontrollieren soll; von den vierzehn Arbeiterräten aber sind sieben SPD-Mitglieder. Damit hat Ebert in diesem Vollzugsrat ein Stimmenverhältnis von 21 : 7 für sich durchgesetzt, denn die Soldatenräte, das hat sich während der Wahl deutlich gezeigt, stehen ebenfalls auf seiner Seite.

Liebknecht und die übrigen Spartakusanhänger hatten den Zirkus noch vor der Abstimmung verlassen. Sie lehnten es ab, unter der Bedrohung durch bewaffnete Soldaten weiterzuverhandeln.

Aus dem Kuppelbau dringt Gesang: die Internationale! Also scheint die Versammlung dem Ende entgegenzugehen. Helle stellt sich dicht neben den Eingang, um die Eltern nicht zu verpassen, und richtig, sie gehören mit zu den ersten, die herauskommen.

»Du bist noch hier?« Der Vater ist überrascht, und die Mutter wird böse: »Haste etwa die ganze Zeit in der Kälte herumgestanden?«

Endlich kann Helle von Onkel Kramer erzählen, von den Papieren unter der losen Diele im zweiten Stock und Naukes Auftrag und daß er dabei war, als Onkel Kramer verhaftet wurde. Zum Schluß richtet er den Eltern Onkel Kramers Gruß aus.

Die Eltern wissen nicht, was sie zu all dem sagen sollen. Sie haben lange nichts von Onkel Kramer gehört und nun soviel auf einmal? Die Mutter denkt wohl in erster Linie an die Gefahr, in die ihr Sohn sich begab, als er Onkel Kramer das Päckchen mit den Papieren bringen wollte, und der Vater bedauert, daß er Onkel Kramer, nach all dem, was im Zirkus geschehen ist, nicht sofort sprechen kann.

»Es ist schiefgelaufen«, sagt er schließlich, als er Helles fragenden Blick bemerkt. »Alles ist schiefgelaufen. Wir haben gesiegt – und doch verloren.«

Stumm gehen die Eltern mit Helle durch die nun schon nachtdunklen Straßen, bis die Mutter sich beim Vater einhakt. »Es hat schon mal aussichtsloser ausgesehen. Noch haben wir nicht endgültig verloren.«

Das klingt wie Onkel Kramers »Noch ist nicht aller Tage Abend«. Der Vater nickt. »Hast recht, Marie. Wir dürfen jetzt den Kopf nicht verlieren.« Doch dann fügt er hinzu: »Allerdings müssen wir von heute an noch vorsichtiger werden. Als es gegen Wilhelm ging, waren die Fronten klar. Jeder wußte, wer Freund war und wer Feind. Jetzt müssen wir aufpassen, mit wem wir uns verbünden und wen wir bekämpfen.«

Am Bahnhof Börse fährt eine Lokomotive über die Stadtbahnbrücke. Sie rasselt und zischt, und ihre Lichter leuchten wie ein Dreigestirn.

»Weißte noch, wie wir früher immer davon geträumt haben, mal eine richtige Reise zu machen?« fragt die Mutter. »An die Nordsee oder nach Thüringen?«

»Daran hab ich im Feld oft gedacht«, sagt der Vater. »Und dann hab ich Angst gehabt, daß ich vielleicht nie mehr nach Hause komme – und wir diese Reise nie unternehmen werden.«

»Meinste denn, das wird noch was?«

»Warum denn nicht? Wir sind doch noch jung.« Der Vater lacht leise.

Vor der Haustür verabschieden sich die Eltern von Helle. Die Mutter muß in die Fabrik, den Frauen, die sie gewählt haben und dort auf sie warten, Bericht erstatten. Der Vater will sie begleiten. Helle geht allein über die Höfe.

Im ersten Hof ist alles still, im zweiten raschelt und fiept es zwischen den Müllkästen, im dritten steht ein Schmusepärchen in der Tür zum Seitenaufgang: die blonde Rieke und ihr Freund. Der vierte Hof liegt da wie ausgestorben, nur hinter wenigen Fenstern schimmert mattes Licht. Irgendwo plärrt ein Kind, aber Hänschen ist es nicht, Hänschen schreit anders.

Ein seltsames Gefühl weht Helle an. Hier ist alles wie immer – als hätte es keine Revolution gegeben, als würde Nauke noch leben, als wäre nicht die ganze Stadt in Bewegung. Wer die letzten zwei Tage nicht aus dem Haus ging, hat von all den Veränderungen sicher gar nichts bemerkt.

In der Fielitzschen Kellerwohnung brennt kein Licht, Annis Mutter ist längst zur Arbeit, und Anni und ihre Geschwister schlafen schon. In Oswins Schuppen jedoch ist schwacher Lichtschein zu erkennen. Vorsichtig tritt Helle an eines der Schuppenfenster heran und schaut hinein.

Oswin wäscht. Über die Waschschüssel gebeugt rubbelt er an einem Hemd herum. Helle klopft leise.

Oswin schaut zum Fenster, kommt heran, öffnet es.

»Ach, du bist es! Warste mit im Zirkus?«

Erst nickt Helle nur stumm, dann sagt er: »Du wolltest mir doch mal von der anderen Revolution erzählen, die vor siebzig Jahren.«

»Jetzt?« wundert sich Oswin.

Warum denn nicht? Martha und Hänschen sind nicht allein, Helle hat also noch Zeit. Und müde ist er nicht, im Gegenteil, er ist so munter wie selten zuvor.

»Na gut, komm rein«, sagt Oswin da, ohne lange zu überlegen.

»Du erzählst mir, was im Zirkus los war, und ich erzähl dir, was vor siebzig Jahren passiert ist.«

Es ist warm bei Oswin, warm und feucht, und der ganze Schuppen riecht nach Wäsche. Helle setzt sich auf Oswins Bett und erzählt zuerst. Oswin spült sein Hemd aus und unterbricht Helle nicht, sagt nur ab und zu: »Ja, und warum denn auch nicht?«, wenn Helle allzu empört die Meinung der Ebert-Anhänger wiedergibt. Das mit den bewaffneten Soldaten aber gefällt ihm auch nicht. »Das war schlau, aber nicht klug«, sagt er, als Helle seinen Bericht beendet hat. »Gegen diese Art Schläue hab ich was.« Danach hängt er dann erst mal seine Wäsche auf die Leine, die er quer über den Lumpenberg gespannt hat, stellt einen Kessel mit Wasser für Tee auf seinen kleinen, fast glühenden Kanonenofen und stopft sich seine Pfeife mit dem Teufelsstanker. Helle wartet ab; er weiß, drängeln nützt nichts.

»Na ja«, beginnt Oswin, als seine Pfeife endlich brennt und er sich zu Helle aufs Bett gesetzt hat. »Eigentlich ging's ja nicht bei uns los, sondern in Paris. Die Franzosen hatten nämlich ihren König davongejagt, etwa so, wie wir gestern unseren Wilhelm. Davon hörten die Leute in Berlin, denen es unterm preußischen König nicht besser ging. Man traf sich, redete darüber und forderte ebenfalls mehr Freiheit. Und eine Versammlung von Arbeitern und Handwerkern, darunter auch ein paar Kaufleute, beschloß, dem König eine Liste mit Forderungen zu übergeben. Auf dieser Liste wurden Rede-, Presse- und Versammlungsfreiheit und noch 'ne ganze Menge mehr, vor allem aber eine Volksvertretung gefordert. Zehn Männer sollten diese Liste dem König übergeben. Der König aber lehnte es ab, die Liste entgegenzunehmen, statt dessen zog er Truppen heran, ließ Kanonen aufstellen und berittene Soldaten durch die Straßen patrouillieren. Damit wollte er ›seine lieben Berliner‹ wohl einschüchtern. Eines Abends aber, als sie sich wieder versammelten, ließ er seine Reiter die Versammlung sprengen. Mit blanken Säbeln hieben sie auf die unbewaffneten Leute ein. Es gab viele Verwundete und auch Tote. Dadurch wuchs die Erbitterung im Volk natürlich. Die Menschen wehrten sich, und nun ließ der König sogar schießen. Wieder Tote, wieder Verwundete.«

Helle kann sich alles genau vorstellen. Im Januar und Februar, als die Streiks gegen den Krieg ihren Höhepunkt erreicht hatten, waren ja auch berittene Polizisten in die Menge geritten.

»Jetzt gab's 'ne neue Forderung«, fährt Oswin fort, »nämlich: Rückzug des Militärs! Solange der König auf sie schießen ließ, wollten die Berliner nicht mehr seine Untertanen sein. Nun, der König zog seine Soldaten nicht zurück, dafür fürchtete er seine lieben Berliner zu sehr, aber er verkündete immerhin die Pressefreiheit und ließ den Landtag einberufen. Das war nicht viel, doch die Leute freuten sich. Sie drängten zum Schloß, wo der König vom Balkon sprechen wollte, und als er kam, ließen sie ihn hochleben. Inzwischen kamen aber immer mehr Menschen heran und drückten die, die vorne standen, gegen die Schloßeingänge – und da sahen die Männer und Frauen in den ersten Reihen das in den Schloßhöfen aufgestellte Militär und begriffen, daß der König auf eine ihrer wichtigsten Forderungen gar nicht eingegangen war. Soldaten fort, Militär zurück, riefen sie, und da passierte es dann: Der König ließ seine Kavallerie ausrücken, die Versammelten vor dem Schloß glaubten, das Militär zöge tatsächlich ab, und riefen schon Hurra, da schwenkten die Reiter um und ritten wieder mit blanken Säbeln auf das Volk los. Und aus dem mittleren Portal kamen Soldaten mit aufgepflanzten Bajonetten. Und dann, tja, dann fielen auf einmal zwei Schüsse.«

Helle hat sich inzwischen auf Oswins Bett ausgestreckt, liegt da, die Arme unter dem Kopf verschränkt, und wendet keinen Blick von Oswin, der nun so in Fahrt gekommen ist, daß ihm das Erzählen richtig Spaß macht.

»Alles wie jetzt«, sagt er nur leise.

»Wieso?«

»Na, das mit der Redefreiheit. Liebknecht haben sie ja auch verhaftet, nur weil er ›Nie wieder Krieg!‹ gesagt hat. Und das mit den Soldaten im Zirkus? Die wollten die Arbeiter ja auch einschüchtern.«

»Hm.« Oswin paßt diese Ähnlichkeit der Vorkommnisse nicht so recht ins Konzept. Er erzählt nicht weiter, denkt nach.

»Und das mit den berittenen Soldaten, die mit den Säbeln losgeschlagen haben«, erinnert ihn Helle. »Genau wie jetzt. Nur sind's jetzt meistens Polizisten.«

»Wenn du schon alles weißt, du Klugscheißer, warum erzähl ich dir dann überhaupt noch was?« Oswin kaut an seiner Pfeife herum, als hätten Helles Bemerkungen ihm die Lust genommen, weiterzuerzählen. Doch dann fragt er: »Wo waren wir stehengeblieben?«

»Bei den Schüssen.«

»Ach ja! Na ja, dann kam's, wie's immer kommt, wenn man was nicht beweisen kann. Der König hat hinterher verbreiten lassen, die Schüsse wären aus Versehen losgegangen, beim Laden der Gewehre oder so. Er habe seinen Leuten extra befohlen, keinem seiner lieben Untertanen auch nur ein Haar zu krümmen. Ob das stimmt oder nicht, weiß keiner. Die Leute vor dem Schloß jedenfalls glaubten, der König hätte auf sie schießen lassen, und setzten sich voller Wut zur Wehr. Sie stürzten Droschken um und Brunnengehäuse, besorgten sich Wollsäcke und Balken und errichteten in Windeseile Barrikaden. Es dauerte nur wenige Stunden, und es gab über tausend Barrikaden in Berlin – und damals war die Stadt noch viel kleiner als heute. Tja, und dann besorgten sich die Leute Waffen: Picken und Schwerter, Hämmer, Mistgabeln, Äxte und Holzplanken. Auch die eine oder andere halb verrostete Pistole wurde auf irgendwelchen Hängeböden hervorgekramt. Der König ließ angreifen, der Kronprinz, auch so 'n Wilhelm, mit dem wir später noch viel Ärger bekommen sollten, ließ mit Kartätschen schießen. Die Männer hinter den Barrikaden, darunter viele junge Burschen, setzten sich zur Wehr. Aber natürlich hatten sie gegen die Überzahl der Soldaten und vor allem gegen die Kanonen keine Chance; sie kämpften nur aus Verzweiflung und wohl auch aus Stolz. Diesem König wollten sie es zeigen.«

Das Teewasser kocht. Oswin brüht für Helle und sich ein paar getrocknete Pfefferminzblätter auf und reicht Helle einen Becher davon. Helle pustet erst mal und fragt, als Oswin nicht weiterredet: »Woher weißte denn das alles so genau?«

»Mein Vater war ja dabei. Er hat mir alles haargenau erzählt. Und nicht nur einmal, immer wieder, und besonders oft hat er von zwei Jungen erzählt. Er hat die beiden zwar nicht gekannt, damals aber wurde viel über sie geredet. Der eine der beiden hörte auch auf den schönen Namen Wilhelm und war Schlossergeselle, der andere – Ernst – war erst Lehrling. Sie verteidigten ganz alleine 'ne Barrikade, irgendwo da unten an der Jägerstraße. Wilhelm hatte 'n altes Gewehr und Ernst 'n verrosteten Säbel. Als die Soldaten herankamen, schoß Wilhelm auf sie und wurde dabei so getroffen, daß er nicht mehr weiterschießen konnte. Ernst gab trotzdem nicht auf, sprang mit seinem Säbel auf einen Offizier los und hieb damit auf ihn ein. Mehrere Soldaten schossen auf ihn, er wich den Kugeln aus und warf Pflastersteine gegen sie. Die wütenden Soldaten beantworteten die Steine mit Kugeln, von denen dann auch einige trafen. Er konnte noch in einen Hausflur flüchten, dort starb er dann, der verrückte Kerl!«

Oswin räuspert sich, kann nicht gleich fortfahren, und auch Helle braucht eine Pause im Zuhören. »Das waren ja richtige Helden«, sagt er.

Oswin wiegt den Kopf. »Früher hab ich das auch gedacht, jetzt hab ich da so meine Zweifel. Die beiden meinten ja genau wie alle anderen im Kampf Gefallenen, sie würden für eine gute Sache sterben. Doch was wurde draus? Sicher, der König mußte klein beigeben, mußte seine Truppen abziehen. Und als man die

Toten auf dem Schloßplatz aufgebahrt hatte und der König ihnen gezwungenermaßen die letzte Ehre erweisen mußte, rief jemand: ›Hut ab!‹, und der König nahm tatsächlich seinen Piependeckel ab. Doch bei Lichte betrachtet, blieb diese Geste die einzige Genugtuung, die die Barrikadenkämpfer erfuhren. Alles was danach kam und als sogenannter Fortschritt betrachtet wurde, brachte uns nichts. Wir Arbeiter haben den Sieg teuer bezahlt, die Nutznießer aber waren allein die Bürgerlichen, die noch heute das große Wort führen. Die nächsten Jahre haben's doch gezeigt: Sie gründeten Fabriken und bauten Häuser, wir arbeiteten in ihren Fabriken – für einen Hungerlohn! – und mußten in ihre Häuser ziehen, in denen wir vor Feuchtigkeit und Armut noch heute verrecken.« Er deutet zur Tür, nach draußen. »Hier, diese elenden Mietskasernen, in denen wir hausen, sind eine Folge jener ach so goldenen Gründerjahre, die auf diese Revolution folgten und von denen noch heute so viele schwärmen.«

Helle schweigt. Ein Sieg, der eine Niederlage wurde – das ist kein gutes Ende.

»Tja«, sagt Oswin. »Und was haben wir diesmal erreicht? Der Kaiser ist weg, gut, das ist das ›Hut ab‹ von damals. Und was mehr? Nauke ist gefallen, und noch andere sind gefallen, so wie damals die Barrikadenkämpfer. Und was mehr?«

»Aber das ist's ja gerade«, erwidert Helle leise. »Das will Vater ja, daß mehr draus wird.« Oswin hat zum Schluß gegen den Vater gesprochen, er hat es nicht ausdrücklich betont, doch er weiß es selbst.

»Natürlich will Rudi das, natürlich will Liebknecht das.« Oswin faltet sich aus einem Stück *Vorwärts* einen Fidibus, hält ihn in den Ofen und zündet sich seine Pfeife neu an. »Die Frage ist aber nicht, was wir wollen, sondern was draus wird. Hört sich vielleicht toll an: Sein Leben dem Kampf gegen das Unrecht geopfert! Doch lohnt sich das? Und begehe ich mit der Waffe in der Hand nicht auch ein Unrecht? Folgt auf das eine Unrecht nicht immer wieder ein anderes? Ist die ganze Weltgeschichte nicht eine einzige Folge von Unrechten?«

Darauf weiß Helle nichts zu erwidern.

»Bin unsicher geworden, ob all diese Opfer was bringen«, sagt Oswin da und schaut zum Fenster hin, als stünden dort Antworten auf alle seine Fragen. »Bin mir nicht sicher, ob es überhaupt einen Sinn hat, etwas schnell verändern zu wollen. Deshalb bin ich gegen jede Art von Hau-Ruck-Aktionen und Blutvergießen. Dem Unrecht kommt man nur langsam bei, und schon gar nicht mit Waffen.«

Leise steht Helle auf und geht zur Tür.

»Gefällt dir nicht, was?«

»Nein«, sagt Helle ehrlich. Denn wenn das stimmt, daß ein Unrecht, das man beseitigen will, nur neues Unrecht mit sich bringt, müßte man immer alles so lassen, wie es ist; dann müßte man mit allem zufrieden sein, so groß die Not auch ist. Das hätte der Vater Oswin geantwortet, und wenn er, Helle, besser reden könnte, hätte er das auch gesagt.

2. Teil
Freunde und Feinde

Die Niederlage

»Pst! – Pst!« Martha sitzt auf Helles Bauch, rüttelt ihn und macht immer wieder: »Pst!«

»Was ist denn?« Helle schiebt die Schwester zur Seite und dreht sich von ihr weg. Er will weiterschlafen, es ist ja noch ganz dunkel draußen. Und kalt ist es auch, hundekalt; wenn die Bettdecke verrutscht, spürt er es. »Deck dich zu«, knurrt er Martha an. »Sonst holste dir noch was weg.«

Martha legt sich neben ihn und preßt ihren Mund dicht an sein Ohr. »Heute ist Nikolaus. Ob sie was für uns haben?«

Deshalb ist Martha schon so früh munter! »Nee, bestimmt nicht«, flüstert Helle zurück. »Woher denn?«

Martha ist nicht enttäuscht. »Aber ich hab was.« Sie kichert leise.

»Was denn?« Er fragt nur, um endlich weiterschlafen zu können. Was soll Martha schon haben?

Da preßt die Schwester ihren Mund noch dichter an Helles Ohr. »Pantoffeln! Richtige Nikolaus-Pantoffeln! Für euch alle! Auch für Hänschen.« Sie gluckst vor Freude über die gelungene Überraschung.

»Pantoffeln?« Nun ist Helle wach. »Haste etwa Oma Schulte beklaut?«

Martha wird rot. »Nee.«

»Bei dir piept's wohl?« Helle fährt hoch und packt sie an der Schulter. »Wo willste die denn sonst herhaben?«

Die Schwester preßt die Lippen aufeinander, ihre Augen weiten sich und werden dunkel, und dann schreit sie los: »Aua! Du tust mir weh.« Und noch lauter, wütender: »Du bist blöd! Ganz gemein biste!«

Die Mutter richtet sich im Bett auf. »Warum schlaft ihr denn nicht?« Dann schaut sie zur Uhr, seufzt und steht auf. »Ist ja sowieso Zeit.«

Rasch legt Helle den Finger vor den Mund. Es ist besser, wenn die Eltern von Marthas Diebstahl erst gar nichts erfahren.

Martha schweigt wütend. Bis ihr wieder einfällt, was für ein Tag heute ist. Sie springt auf, läuft zur Mutter und drückt sich an sie. »Heute ist Nikolaus.«

»Ach ja! Nikolaus.« Die Mutter streichelt Marthas Gesicht. »Vielleicht hab ich Glück und bekomm irgendwas Schönes für heute abend.«

Der Vater steht auch auf.

»Was willste denn schon?« fragt die Mutter. »Kannst doch noch liegenbleiben.«

»Kann ich eben nicht.« Der Vater zieht sich seine Hose über und die Jacke an und geht aus der Wohnung, um im Parterre aufs Klo zu gehen.

»Ich muß auch«, ruft Martha und zieht sich schnell ihren neuen Mantel über, auf den sie so stolz ist, weil er bis vor zwei Wochen Anni gehört hat. Annis Mutter hat ihn Martha geschenkt, da Anni inzwischen aus dem Mantel rausgewachsen ist. Die Mutter hat dafür eine Hose für Annis Bruder Willi mitgegeben, die Helle längst nicht mehr und Martha noch lange nicht paßt.

Helle bleibt allein in der Stube zurück. Er genießt das, macht es sich im Bett so richtig bequem und verschränkt die Arme unterm Kopf. Er braucht erst aufzustehen, wenn die Geräusche in der Küche verraten, daß die Mutter mit dem Waschen fertig ist. Er kennt die Geräusche, die die Mutter beim Waschen macht, ganz genau, weiß, wie oft und wie lange sie jeweils den Wasserhahn laufen läßt, weiß, daß sie zwischendurch immer wieder mit Hänschen spricht und daß das die langen Pausen zwischen dem dreimaligen Rauschen des Wasserhahns ausmacht. Als die Mutter den Wasserhahn zum letztenmal an- und abgestellt hat, steht er auf und geht in die Küche.

»Huh! Ist das Wasser heute eisig.« Die Mutter steht im Unterrock in der Küche, zittert und rubbelt sich mit dem Handtuch die mageren, blassen Arme trocken.

Sie können es sich nicht leisten, jeden Morgen den Herd zu heizen, um warmes Wasser zu haben. Es gibt kaum Kohlen, mehr als einmal in der Woche warm waschen ist nicht drin. Und weil der Herd nicht geheizt ist, ist es in der Küche noch kälter als in der Schlafstube, die ja sowieso nie geheizt wird, aber allein durch die Wärme der vier Menschen, die darin die Nacht verbracht haben, wärmer erscheint. Da es jedoch in der Küche so kalt ist, packt die Mutter Hänschen jeden Abend mit Jacken und Mänteln dick ein, daß er sich keine Erkältung holt. Wenn es noch kälter wird, muß sie ihn mit zu sich und Vater ins Bett nehmen. Jetzt will sie das noch nicht, weil sie weiß, daß sie dann nicht schlafen kann. Sie muß aber schlafen, damit sie ausgeruht ist und ihr an der Maschine nichts passiert.

Der Vater und Martha kommen zurück. »Da unten stinkt's«, verkündet Martha und hält sich wie zum Beweis die Nase zu.

»Die Wasserleitung ist eingefroren«, erklärt der Vater. »Aber die Leute gehen trotzdem rauf – was soll'n sie denn sonst machen?«

Der ganze Seitenaufgang benutzt dasselbe Klo, und jedesmal, wenn im Winter die Wasserleitung zufriert, gibt es das gleiche Problem: Die Leute müssen austreten, die Klospülung aber funktioniert nicht. Natürlich müssen sie trotzdem aufs Klo, und jeder Gang wird zur Überwindung. Doch im Sommer ist es auch nicht viel besser; wenn es heiß ist, stinkt es auf dem Klo fast genauso bestialisch, und außerdem huschen dann da unten Ratten und Mäuse herum.

Die Mutter nimmt ihren Mantel von dem Berg Mäntel und Kleider, unter dem Hänschen liegt. »Eßt die Mehlsuppe kalt«, bittet sie. »Es lohnt nicht, für das bißchen Suppe zwei Kohlen zu opfern.«

»Ich geh heute abend mal los. Vielleicht kann ich irgendwo 'n bißchen Holz auftreiben.« Der Vater sagt das wie zur Entschuldigung. Er ist in der letzten Zeit oft für den Spartakusbund unterwegs und kommt immer weniger dazu, sich um den Haushalt zu kümmern. Außer Einkaufen und Aufräumen und Heizen, wenn es was zu heizen gibt, und Kochen, wenn es was zu kochen gibt, kann er mit nur einer Hand ja auch nicht viel tun. Jene Arbeiten, auf die es der Mutter ankommt, Waschen und Bügeln, kann er ihr nicht abnehmen. Er hat das bald gemerkt und sich immer verzweifelter bemüht, Arbeit zu finden, es aber bald wieder aufgegeben. Was er kriegen kann, Arbeit als Pförtner, Nachtwächter oder so, will er nicht, und was er will, eine richtige Arbeit, kriegt er nicht. Auch nicht in Mutters Betrieb. Es gibt zur Zeit keine Aufträge; außerdem kommen bald die Truppen von der Front zurück, dann gibt es wieder jede Menge gesunder Männer. Und solange es Frauen mit zwei Armen gibt, wozu soll man dann einarmige Männer einstellen?

Die Mutter will nicht, daß der Vater als Pförtner oder Nachtwächter arbeitet. Sie weiß, daß ihn das unglücklich machen würde, eine solche Alte-Männer-Stelle anzunehmen. Deshalb bittet sie auch jetzt wieder: »Mach dir nicht soviel unnütze Gedanken, Rudi. Was du tust, ist im Augenblick viel wichtiger, als irgendwo an der Maschine zu stehen und Löcher zu bohren. Laß uns die Löcher bohren, und tu du was für uns.« Und weil sie den Vater aufheitern will, fügt sie noch hinzu: »Was nützt's uns denn, wenn du was dazuverdienst? Gibt ja doch nichts zu kaufen.«

»Bist 'ne Perle, Marie«, sagt der Vater. »Noch so eine wie du, und ich setz mich zur Ruhe.«

Die Mutter lacht, als bemerke sie das Bittere in Vaters Gesicht nicht, küßt ihn, küßt Hänschen, Martha und Helle und geht.

Der Vater teilt die Mehlsuppe auf. Hänschens Teil läßt er noch im Topf, deckt ihn mit dem Deckel zu und schiebt ihn erst mal zu Hänschen unter den Jacken- und Mantel-Berg, damit die Suppe nicht mehr ganz so kalt ist, wenn er Hänschen füttert.

Still löffelt Helle vor sich hin und beobachtet den Vater dabei.

Er muß einen günstigen Augenblick abpassen, um Martha die Pantoffeln abnehmen zu können.

Der Vater fängt Helles Blick auf. »Haste was?«

»Nee.« Helle ist fertig mit der kalten, kleistrigen Suppe, zwinkert Martha zu und geht mit ihr in die Schlafstube. »Wo hast'n die Pantoffeln?«

Die Schwester legt sich der Länge nach auf den Fußboden, angelt unter den Betten herum – und befördert einen Pantoffel nach dem anderen ans Licht.

Helle muß beinahe lachen. »Denkste etwa, Vater und Mutter hätten sich über das geklaute Zeug gefreut?«

Martha schmiert sich den Rotz breit, der ihr vor Anstrengung aus der Nase gelaufen ist. »Ich wollte ja nur mal richtig Nikolaus feiern.«

»Aber doch nicht so!« Schnell verstaut Helle die Pantoffeln unter seiner Jacke, in seiner Hose und in seinem Ranzen. »Wir können doch Oma Schulte nicht ihren Verdienst klauen.«

Da wird Martha bockig. »Ist ja auch mein Verdienst.«

»Quatsch! Dein Verdienst ist, daß Oma Schulte auf Hänschen und dich aufpaßt.« Helle kann die kleine Schwester gut verstehen, zeigen aber darf er ihr das nicht, sonst nutzt sie das aus. Doch sie hat recht: Seit der Vater andauernd unterwegs ist, müssen Martha und Hänschen wieder jeden Vormittag zu Oma Schulte hoch. Oma Schulte ist das recht so. Sie hat gesagt, es geht nicht, daß Martha mal kommt und mal nicht. Sie brauche nun mal Hilfe, und viele Familien wären froh, wenn eines ihrer Kinder bei ihr helfen dürfte.

»Beeil dich auf dem Nachhauseweg«, bittet der Vater, als Helle und Martha sich verabschieden. »Ich muß heute mittag ins Redaktionsbüro.«

Der Vater hilft nun oft beim Verkaufen der *Roten Fahne*. Helle würde gern einmal mit dem Vater mitgehen und auch Zeitungen verkaufen. Einer von ihnen jedoch muß zu Hause bleiben, um auf Martha und Hänschen aufzupassen. Ob der Vater aber rechtzeitig zurück ist, um nach Holz zu gehen? Bisher ist es immer sehr spät geworden, wenn er für den Spartakusbund was zu erledigen hatte ...

Auf den Höfen und vor dem Haus ist es noch stockdunkel, ein kalter Morgenwind pfeift durch die Ackerstraße. Die Männer und Frauen auf dem Weg in die Fabriken sind dick vermummt. Helle zieht sich den Schal fester um den Hals. Er hat keinen Mantel, nur die Joppe, die er immer trägt. Sie ist nicht nur zu dünn, sie ist ihm auch zu kurz; wenn er sich bückt, fährt der Wind hinten rein. Er spürt das jedesmal, denn auch Hemd und Pullover sind zu kurz.

Es war nicht schwer, Oma Schultes Pantoffeln in einen der Kartons zurückzulegen. Sie hat einen neuen Schlafburschen, den sie nicht mag und deshalb stets nur bei seinem Nachnamen nennt und über den sie sich jeden Morgen aufregt. Da sie aber beim Schimpfen weiterarbeitet, bemerkt sie nicht, was um sie herum vorgeht.

Helle hat diesen Herrn Rölle schon ein paarmal gesehen und kann nicht sagen, daß ihm der lange, dünne und immer so korrekt angezogene junge Mann, der in all seiner Ordentlichkeit so ganz anders ist, als Nauke es war, besonders sympathisch ist. Oma Schulte jedoch findet nur deshalb kein einziges gutes Haar an Herrn Rölle, weil sie immer noch an Nauke denkt und ihr der neue Schlafbursche wie ein Eindringling vorkommt.

»Eh, Helle!«

Jetzt wäre Helle in Gedanken fast an Ede vorübergegangen. Aber das hat er auch noch nie erlebt, daß Ede vor ihm am Treffpunkt ist.

»Mein Vater will nicht, daß ich weiter Zeitungen austrage«, erklärt Ede. »Er sagt, jetzt, wo er wieder verdient, soll ich mehr für die Schule tun.«

Ausgerechnet Ede soll pauken?

»Na ja«, sagt Ede. »Er meint, wenn wir dümmer sind als die Försters, werden die uns immer wieder eins auswischen.«

Herr Förster ist schon lange wieder in der Schule. Kurz nachdem alles vorbei war, der Kaiser abgedankt hatte und die Waffenstillstandserklärungen unterzeichnet worden waren, tauchte er genauso plötzlich, wie er verschwunden war, wieder auf. Ohne daß er etwas erklärte oder die Klasse irgendeinen Unterschied an ihm feststellen konnte, fuhr er im Unterricht genau dort fort, wo er unterbrochen hatte.

»Stell dir mal vor, wie das wäre, wenn der Förster mich was fragt und ich weiß die Antwort. Und wenn er dann noch was fragt, und ich weiß wieder die Antwort! Und dann noch mal. Und noch mal. Was der für Augen machen würde! Solche Dinger!« Ede zeigt mit den Händen, wie groß Herrn Försters Augen dann wären.

»Meinste denn, daß du das schaffst?« Helle kann sich Ede nicht als Musterschüler vorstellen. Zwar wäre das 'ne tolle Sache, dem Förster auf diese Weise eins auszuwischen, aber ob Ede das gelingt?

Ede traut sich den Musterschüler auch nicht zu. »Aber schlecht wär's nicht«, sagt er nur noch leise.

Dann haben die beiden Jungen den Schulhof erreicht, und in dem Moment, in dem sie sich hinter der Klasse anstellen, klingelt es auch schon. Die Türen öffnen sich, die Lehrer kommen.

In der ersten Stunde steht Geschichte auf dem Stundenplan. Herr Förster erzählt vom Krieg 1870/71, wie die Deutschen die Franzosen in die Flucht schlugen, wieviel Geld die Franzosen damals als Kriegsschuld zahlen mußten und daß Wilhelm I., der zuvor nur König war, im Spiegelsaal des Schlosses von Versailles zum deutschen Kaiser gekrönt wurde. »Jene ruhmreiche Stunde bedeutete die Gründung des Deutschen Reiches«, verkündet er feierlich.

Die Jungen können sich denken, weshalb Herr Förster mit so bewegter Stimme von diesem Krieg erzählt. Damals hatten die

Deutschen den Krieg gegen die Franzosen gewonnen, jetzt ist es umgekehrt: Der Waffenstillstand, der zwei Tage nach der Abdankung des Kaisers unterzeichnet wurde und endlich Frieden brachte, war eine Niederlage.

Und da kommt es auch schon, Herr Förster verläßt die Geschichte und kommt auf die Gegenwart zu sprechen: »Wir haben diesen Krieg nur verloren, weil uns unsere eigenen Leute den Dolch in den Rücken stießen. Während an der Front geblutet, gekämpft und ausgeharrt wurde, haben unverantwortliche Elemente die augenblickliche Schwächung im Hinterland ausgenutzt, um die Macht an sich zu reißen.«

Das hat Oma Schultes neuer Schlafbursche auch gesagt, als der Vater und Helle ihn zufällig auf der Treppe trafen. Der Vater erwiderte, daß die Revolution nicht schuld an der Niederlage, sondern nur die Folge der Niederlage und außerdem längst überfällig gewesen sei. »Die Zeit der Kaiser ist vorbei, und das nicht nur bei uns, sondern überall auf der Welt«, sagte er und nannte die Revolution eine reine Notwehrreaktion. Herr Rölle war anderer Meinung, widersprach aber nicht, sondern wechselte nur das Thema. Der Vater jedoch war noch lange nach diesem Gespräch sehr ärgerlich. Nicht wegen diesem einen Querkopf, wie er erklärte, sondern aus Furcht, daß nun bald immer mehr Leute solche Reden schwingen und immer mehr diesem Geschwätz glauben würden.

Diese Furcht ist nicht unbegründet, auch Oma Schulte hat schon so was Ähnliches gesagt. Das war auf Naukes Beerdigung, an der sie erst nicht teilnehmen wollte. Sie hatte Angst vor der Elektrischen, mit der sie in ihrem ganzen Leben noch nicht ein einziges Mal gefahren war, und sie hatte Angst vor diesem Liebknecht, dem Zuchthäusler, von dem sie wußte, daß er sprechen würde. Die Mutter überredete sie, doch mitzufahren. Ob sie Nauke etwa ohne ihren Segen in die Erde senken lassen wollte? Das wollte Oma Schulte nicht, deshalb fuhr sie dann doch mit. In der Straßenbahn und auch bei der Beerdigung hielt sie sich dann immer dicht an Oswin und war bald ganz begeistert von der »ungeheuer praktischen« Straßenbahnfahrt. Über Karl Liebknecht sagte sie lange nichts, erst viel später gab sie zu, daß er gar nicht wie ein Zuchthäusler ausgesehen hätte …

»Gebhardt!«

Herr Förster steht vor Helle, sein Schnurrbart zittert. »Du glaubst wohl, jetzt brechen andere Zeiten an, was?«

Hat der Förster ihn was gefragt? Vorsichtig blickt Helle sich in der Klasse um, doch keiner wagt, ihm etwas zuzuflüstern.

Herr Förster geht an den Schrank und kommt mit dem Rohrstock zurück. »Hände vor!«

»Nein!«

Der Lehrer steht starr, in der Klasse ist kein Muckser zu hören. »Du weigerst dich?« Herr Förster hebt den Stock, und Helle hebt zur Abwehr die Hände – doch zu spät, der Stock landet in seinem Gesicht. Er spürt einen brennenden Schmerz und legt die Hände vors Gesicht.

»Ihr rote Brut!« schreit Herr Förster, und es ist ihm deutlich anzusehen, daß er über sich selbst erschrocken ist. »Euch werd ich's zeigen! Denkt ihr, ihr könnt eure Revolution in die Schule tragen? Denkt ihr … Was ist, Hanstein?«

Ede ist aufgestanden. »Warum haben Sie ihm ins Gesicht geschlagen? Warum haben Sie das getan?«

»Was unterstehst du dich …« Nun stürzt Herr Förster auf Ede los, läßt den Stock auch auf ihn niedersausen. Ede setzt sich in die Bank, zieht den Kopf ein und schützt ihn unter den Armen. Der Stock saust auf seinen Rücken nieder, der Lehrer sucht eine freie Stelle, eine, wo der Schlag mehr schmerzt. Als er keine findet, schreit er: »Steh auf!«

Ede bleibt sitzen.

»Steh auf!«

»Nicht, wenn Sie mich schlagen.«

»Ich werde dich …«

Wieder klatscht der Stock auf Edes Rücken nieder.

Helle steht nur stumm da. Er würde Ede so gern beistehen, aber er weiß nicht, was er tun soll.

Endlich läßt Herr Förster von Ede ab. Schwer atmend trägt er den Stock zurück zum Schrank. »Ihr habt auf der Straße gesiegt, doch ihr werdet nicht in der Schule siegen«, keucht er. »Hier werden weiter Gesetz und Ordnung herrschen.«

Ohne die Erlaubnis dafür abzuwarten, setzt Helle sich wieder in die Bank. Jetzt ist ihm alles klar: Für Herrn Förster bedeutet allein die Abdankung des Kaisers schon den Sieg der Revolution; der halbe Sieg ist für solche wie Herrn Förster eine vollständige Niederlage.

Für immer

Der rote Striemen quer über dem Gesicht ist dick angeschwollen. Helle kann ihn mit den Händen ertasten und in den Spiegelbildern der Schaufenster entdecken, doch er schämt sich nicht dafür. Wenn ihm ein paar Wochen zuvor jemand gesagt hätte, daß er sich irgendwann weigern würde, die Hände auszustrekken, wenn ein Lehrer es verlangt, hätte er es nicht geglaubt. Jetzt hat er es getan, einfach so, voller Angst, aber doch mit dem sicheren Gefühl, daß er nie wieder die Hände ausstrecken wird, nur weil Herr Förster es verlangt.

Fräulein Gatowsky war richtig bleich geworden, als sie in der Stunde danach die Klasse betrat. Doch sie fragte nicht, wer ihn so zugerichtet hatte; sie konnte es sich denken.

Die Höfe sind nun leer. Es macht keinen Spaß, auf ungemütlichen Dezemberhöfen zu spielen; es liegt noch kein Schnee, alles ist nur kalt und grau. Der einzige, der immer noch in irgendeiner Ecke herumlungert, ist der kleine Lutz. Lutz hält nichts in der Wohnung, die ja auch nicht viel wärmer ist. Und als hätte er nur auf Helle gewartet, kommt er auch schon angelaufen.

»Frag bloß nicht«, droht Helle und meint damit Lutz' ewige Bettelei um was zu essen. Lutz glaubt, daß er nicht nach dem dicken roten Striemen in Helles Gesicht fragen soll, und bleibt eingeschüchtert zurück.

Auf der Teppichklopfstange neben Oswins Schuppen sitzen Fritz und Anni und unterhalten sich. Fritz hat noch seinen Ranzen auf dem Rücken, und natürlich trägt er seinen dicken Mantel. Der Unterschied zu Annis dünnem Sommermantel, der mal ihrer Mutter gehörte, ist erschreckend. Es ist ja kein Geheimnis im Haus, daß es Anni von Tag zu Tag schlechter geht. Die Lebensmittel sind in der letzten Zeit noch knapper geworden, und dazu kommt die Kälte, die alles noch schlimmer macht, und Annis Unvernunft. Sie bleibt einfach nicht im Bett. Sowie sie sich nur ein kleines bißchen besser fühlt, steht sie auf und zieht sich an. Dabei ist sie so dünn, daß man alle Rippen zählen könnte, und ihr fahles Gesicht wird von Tag zu Tag spitzer. Oma Schulte sagt, ihr sitzt der Tod um die Nase.

»Wie siehst du denn aus?« Fritz ist entsetzt. »Haste Senge gekriegt?«

»Der Förster«, sagt Helle nur. Dann wendet er sich Anni zu, die sein Gesicht anstarrt, als könne sie nicht glauben, was sie sieht. »Warum biste nicht in Oswins Bett?«

Alle Mieter im Haus fragen sie das, wenn sie ihr auf dem Hof begegnen; alle wissen, wie es um sie steht. Anni kann die Frage nicht mehr hören. »Ist so langweilig, den ganzen Tag allein im Schuppen«, sagt sie und sieht Helle dabei an, als hätte sie ihm gern noch mehr gesagt, wenn sie allein gewesen wären.

Auch Helle kann vor Fritz nicht richtig mit Anni reden. »Willste zu mir?« fragt er den Freund fast ein wenig unfreundlich.

Fritz ist gekommen, um ein bißchen von den Matrosen zu schwärmen. Das kann er nur mit Helle, und da gibt's fast jeden Tag was Neues zu erzählen. Volksmarinedivision nennen sich die Matrosen nun, aber in der Stadt werden sie nur »die roten Matrosen« genannt. Sie haben Schloß und Marstall* besetzt, und er hätte gern mit Helle darüber gerätselt, wo Heiner und Arno jetzt wohl stecken, ob sie noch in Berlin sind und ob sie sie jemals wiedersehen werden. Doch natürlich kann er nicht damit herausrücken, wenn Helle ihn so ansieht.

»Komm mit hoch«, sagt Helle schließlich gnädig.

»Und dein Vater?«

»Der tut dir nichts.«

Anni hustet. »Klopfste nachher mal bei mir?«

Helle nickt nur, betritt den Seitenaufgang und steigt die Treppe hoch. Fritz bleibt dicht hinter ihm. Im zweiten Stock kommt ihnen Herr Rölle entgegen. Er beguckt sich Fritz, weil ein Junge mit Gymnasiastenmütze in diesem Haus nicht allzuoft zu sehen ist und weil er sowieso immer alles wissen will, was im Haus passiert, und wendet sich dann Helle zu. »Kannste deiner Schwester nicht mal sagen, daß sie bei der Arbeit nicht so laut singen soll? Dabei kriegt man ja kein Auge zu.«

Herr Rölle arbeitet nicht im Hafen oder in einer Fabrik, sondern bei der Wach- und Schließgesellschaft. Nacht für Nacht geht er mit einem großen Schlüsselbund durch die Straßen und kontrolliert die Läden und kleineren Firmen, die keinen eigenen Nachtwächter haben. Das komische daran ist, daß Herr Rölle als junger Mann das macht, was der Vater für eine Alte-Männer-Arbeit hält. Aber der Vater ist da sicher im Unrecht, manchmal bekommt so ein Nachtwächter es ja sogar mit Einbrechern zu tun. Herr Rölle hat erst vorige Woche einen festgenommen, das ganze Haus hat darüber gesprochen.

»Ich sag's ihr«, verspricht Helle und geht schnell an Herrn Rölle vorbei, damit der ewig mißtrauisch guckende Mann sein Grinsen nicht sieht. Wenn Martha bei der Arbeit laut singt, dann nur, weil Oma Schulte sie aufgehetzt hat. Und daß Herr Rölle nicht einfach Oma Schulte bittet, dafür zu sorgen, daß Martha nicht singt, zeigt, daß er ganz genau weiß, wem er das Ständchen zu verdanken hat. Wenn's darauf ankommt, kann Oma Schulte ein richtiges Biest sein, dann ist es ihr sogar egal, daß sie die

Miete braucht und nicht gleich der nächste Schlafbursche vor der Tür steht, falls Herr Rölle bei ihr auszieht.

Der Vater sitzt in der Küche und liest in der *Roten Fahne*. Als die beiden Jungen hereinkommen, hebt er den Kopf.

»Das ist Fritz«, stellt Helle den Freund vor, aber der Vater schaut nur ihn an. »Wer war denn das?« fragt er erschrocken.

»Der Förster. Mit dem Stock.«

Der Vater zieht Helle dicht an sich heran und betrachtet sich den Striemen näher. »Und ... warum?«

Zögernd erzählt Helle, was in der Schule geschehen ist, und auch, daß Ede ihn verteidigen wollte und wie Herr Förster da auf Ede einschlug.

»Diesen Pauker knöpfe ich mir vor.« Der Vater guckt finster. »Der denkt wohl, er kann sich alles erlauben.«

Rasch schaut Helle zu Fritz hin, der noch immer in der Küchentür steht und vor Verlegenheit von einem Bein aufs andere tritt. »Entschuldige.« Der Vater gibt Fritz die Hand.

Fritz macht einen Diener. Der Vater muß darüber schmunzeln, Fritz bemerkt es und wird rot.

Helle verstaut seinen Ranzen neben dem Küchenschrank. »Ich denke, du willst gleich weg.«

»Sie brauchen mich nicht, wir haben wieder Ärger mit der Papierbewilligung.«

Der Vater hat das auch zu Fritz gesagt, so als nehme er ganz selbstverständlich an, daß Fritz sich dafür interessiert, welche Schwierigkeiten die Spartakisten mit ihrer Zeitung haben. Fritz nickt höflich, fühlt sich aber offensichtlich nicht sehr wohl in seiner Haut. Den Vater rührt das nicht. »Ist das etwa gerecht?« fragt er ihn. »Die anderen Zeitungen verbreiten Lügen über uns, wir aber können nicht widersprechen. Dreihundert Seiten pro Tag stehen ihnen insgesamt zur Verfügung, der *Roten Fahne* nur vier.«

Helle kennt das Problem. Die neue Regierung teilt den Zeitungen das knappe Papier zu und behindert die *Rote Fahne* dabei absichtlich, so daß sie nicht regelmäßig erscheinen kann, zuletzt fast eine ganze Woche lang nicht.

»Was lest ihr denn zu Hause für 'ne Zeitung?«

Fritz zuckt die Achseln. »*BZ am Mittag* ... glaub ich.«

»Das ist auch so 'ne Giftküche. Was die alles über uns schreiben ...!« Der Vater seufzt. »Das schlimme daran ist, daß man mit so einem Wurstblatt mehr Unheil anstiften kann als mit einem ganzen Arsenal von Waffen. Die meisten Leute glauben doch den Mumpitz, der da gedruckt wird, und mit der Zeit formt sich in ihren Köpfen ein Bild. Hören sie Spartakisten, denken sie Verbrecher, rote Bande, rote Teufel. Deshalb müssen wir den Lügen was entgegensetzen. Aber wie können wir das mit vier Seiten gegen dreihundert – das ist, als ob du die Müggelberge mit 'nem Teelöffel abtragen willst.«

»Ich muß nach Hause.« Fritz weiß nicht, wo er hinblicken soll, und fügt zur Begründung schnell hinzu: »Hab da unten schon so lange gewartet.«

»Ich bring dich ein Stück.« Helle versteht nicht, weshalb der Vater gerade jetzt mit diesen Schwierigkeiten angefangen hat. Was kann denn Fritz dafür, daß sein Vater nicht die *Rote Fahne* liest?

»Nichts für ungut«, sagt da der Vater zu Fritz. »Das sind nun mal unsere Sorgen und Probleme.«

Fritz nickt brav, dreht sich schnell weg und geht aus der Tür. Helle will ihm nach, der Vater hält ihn noch fest. »Der ist schon in Ordnung, der Junge, aber zu uns paßt er nicht.«

»Und warum nicht?«

»Weil er sich nicht jeden Tag gegen seine Eltern entscheiden kann. Das hält er nicht durch. Er ist ja noch 'n Kind, viel jünger als du.«

Der Vater meint nicht, daß Fritz wirklich jünger ist. Er will damit nur sagen, daß Fritz noch nicht soviel Verantwortung zu tragen hatte wie er und deshalb kindlicher geblieben ist. Und daß Fritz sich nicht jeden Tag gegen seine Eltern entscheiden kann, das hat Helle sich so ähnlich selbst schon gedacht. Doch er mag Fritz nun mal, und Fritz kommt ja auch immer wieder vorbei; da kann er ihn doch nicht einfach wegschubsen. Er will das ja auch gar nicht.

»Lauf ihm nach.« Endlich läßt Vater Helle los. »Sonst ist er zu Hause, bevor du auf'm Hof bist.« Und er hat recht. Als Helle auf dem Hof angekommen ist, geht Fritz schon durch den letzten Hofdurchgang.

»Warte doch!«

Fritz bleibt stehen, aber er blickt Helle nicht an. Und dann sagt er, und es klingt fast wie ein Schluchzen: »Was will dein Vater denn eigentlich noch? Die Revolution ist doch längst vorüber.«

»Ist sie eben nicht. Bis jetzt ist nur der Kaiser weg, alle anderen sind noch da.«

»Welche anderen denn?«

»Na, die Generäle, die Industrieherren ... und die Beamten.« Das mit den Beamten hat Helle mit Rücksicht auf Fritz' Vater eigentlich nicht sagen wollen, jetzt ist es ihm doch rausgerutscht.

»Die Beamten?« Nun versteht Fritz gar nichts mehr. »Aber die Regierung will doch, daß sie bleiben.«

»Das ist es ja. Deshalb war das ja auch noch keine richtige Revolution.«

»Und warum soll'n die Generäle und Beamten weg?«

»Weil wir sonst vielleicht bald wieder 'n Krieg haben.«

Betroffen starrt Fritz Helle an. »Du spinnst ja. Meinste etwa, mein Vater will Krieg?«

»Und wer hat den letzten gemacht?«

»Mein Vater etwa?«

»Nicht alleine, aber er hat mitgemacht.«

»Deiner auch. Deiner war sogar im Feld.«

Helle will sagen, daß der Vater nur deshalb im Feld war, weil er mußte. Doch er weiß ja, daß das nicht stimmt. Der Vater ist gern ins Feld gezogen, weil er glaubte, das Vaterland verteidigen zu müssen. »Er hat eben denen geglaubt, die ihm vorgelogen haben, daß wir angegriffen worden sind«, gibt er schließlich zu. »Aber jetzt weiß er, daß er belogen worden ist – und er will, daß die, die ihn belogen haben, nicht noch mal einen Krieg anzetteln können.«

»Du sagst ja nur, was dein Vater sagt.«

»Und du?« fragt Helle. »Was sagst du?«

Es ist immer dasselbe, sie können so dicke Freunde sein, wie sie wollen, immer stehen ihre Väter zwischen ihnen.

Fritz unternimmt noch einen Versöhnungsversuch. »Mein Vater sagt, wenn die Roten vernünftig sind, will er auch vernünftig sein. Unter einem Ebert kann er arbeiten, aber nicht unter einem Liebknecht.«

»Auf einen wie deinen Vater können wir auch verzichten«, antwortet Helle da heftiger als beabsichtigt. »Und Ebert ist kein Roter, der ist noch nicht mal rosa, der macht nur, was die Generäle wollen.« Damit dreht er sich um und geht in den vierten Hof zurück.

Wenn Fritz' Vater wie Oswin oder Oma Schulte denken würde, könnte man mit ihm reden, und dann könnte man auch mit Fritz reden. Aber Fritz' Vater ist wie Herr Förster, und mit dem kann man nicht reden.

Er legt die letzte Kohle in den Eimer und fegt den Kellerverschlag aus. Dabei muß er aufpassen, daß er mit dem Besen nicht zuviel Wind macht, sonst geht die Kerze aus, und er muß erst lange im Finstern herumtasten, bis er sie erneut angezündet hat. Was er zusammenfegt, nimmt er mit Müllschippe und Handfeger auf, tut es auf Zeitungspapier und wickelt es sorgfältig ein. Kohlengrus brennt auch, jedes Päckchen ist fast eine ganze Kohle wert.

Als er damit fertig ist, schaut Helle sich noch einmal um. Der Verschlag ist nun ratzekahl leer – keine Kohlen, kein Holz, überhaupt nichts mehr! Sogar die alte Truhe, die in der Wohnung keinen Platz mehr hatte und deshalb, solange er denken kann, im Keller stand, haben sie vorigen Winter verheizen müssen …

Irgendwo raschelt es. Schnell tritt Helle ein paarmal mit dem Fuß gegen den Holzverschlag, und das Rascheln verstummt. Danach nimmt er den Eimer mit den Kohlen, Besen, Handfeger und Müllschippe, stellt alles vor die Tür des Verschlags, holt die Kerze und schließt die Lattentür ab. Eigentlich lohnt sich das nicht mehr, es wird ihnen ja niemand einen Zentner Kohlen in den Keller stellen. Wenn er aber nicht abschließt, muß er das Vorhängeschloß mitnehmen; es könnte geklaut werden. Das ist nicht nur in der Ackerstraße so. Überall, wo die Leute vor Not nicht mehr ein noch aus wissen, wird geklaut.

Er läßt etwas Kerzenwachs auf die oberste Kohle tropfen, klebt die Kerze darauf fest, nimmt den Eimer in die eine und Besen und Handfeger in die andere Hand und geht laut pfeifend den Kellergang entlang.

Das Rascheln vorhin war sicher eine Ratte, so ein Biest wie jenes, das vorigen Winter die kleine Isa aus der Nr. 39 anfiel. Sie soll halb verhungert gewesen sein und hatte sich so in Isas Unterschenkel verbissen, daß die durch Isas Schreie aufmerksam gewordenen Frauen sie totschlagen mußten, bevor sie von Isa abließ. Dr. Fröhlich gab Isa jede Menge Spritzen, trotzdem lag sie hinterher lange mit Fieber und Schüttelfrost im Bett. Als es ihr besserging, zeigte sie den Kindern auf der Straße den Rattenbiß; die Stelle, wo die Zähne ins Fleisch gedrungen waren, war deutlich zu erkennen.

Vor der Kellertür stellt Helle alles ab und verschließt die Tür hinter sich. Als er sein Zeug wieder aufnehmen will, hört er jemanden seinen Namen flüstern. »Anni?« fragt er leise.

Es ist bereits dunkel im Hof, nicht mal in Oswins Schuppen brennt Licht. Doch von einer Wand löst sich ein Schatten. Es ist tatsächlich Anni.

»Was machste denn hier?«

Anni verschränkt die Arme hinter dem Rücken und lehnt sich an die Kellertür. »Deine Mutter hat gesagt, daß du Kohlen holst. Da hab ich auf dich gewartet.« Sie sieht Helle groß an. »Warum haste denn nicht geklopft?«

Verlegen löscht Helle die Kerze aus. »Mußte oben bleiben, auf Hänschen aufpassen.«

Das ist ein bißchen geschwindelt. Zwar mußte er tatsächlich auf Hänschen aufpassen, weil der Vater am Nachmittag doch noch weggegangen und erst mit der Mutter heimgekehrt ist, doch er hatte Annis Bitte, bei ihr zu klopfen, über dem Streit mit Fritz total vergessen.

»Warum sollte ich denn überhaupt klopfen?«

Anni schaut zu den wenigen erleuchteten Fenstern hoch. »Ich komm bald ins Krankenhaus. Dr. Fröhlich hat 'n Bett für mich.«

Das also wollte Anni ihm anvertrauen. »Wann ... wann ist es denn soweit?«

»Sowie das Bett frei ist.«

Hilflos guckt Helle beiseite. Was soll er denn jetzt zu Anni sagen? Einerseits ist es ja ganz gut, daß sie endlich ins Krankenhaus kommt, andererseits zeigt es, wie schlimm es um sie steht.

»Hab Angst davor«, sagt Anni leise. »Da stinkt's immer so. Und dann muß man alles machen, was die Schwestern sagen.«

»Na ja. Anders geht's aber nicht, wenn du wieder gesund werden willst ... Und wenigstens gibt's da jeden Tag was zu essen.«

»Und wenn ich nicht wiederkomme?«

»Warum sollste denn nicht wiederkommen?«

»Kann ja sein.«

»Quatsch! Du kommst bestimmt wieder.«

»Und woher weißte das?«

Helle fällt keine Antwort ein. »Wie willste denn sonst gesund werden?«

»Wünschste dir denn, daß ich wieder gesund werde?«

»Klar!«

»Und warum?«

»Jeder im Haus will, daß du wieder gesund wirst.«

»Und wenn ich nicht wiederkomme, sind sie alle traurig?«

»Was denn sonst?«

Anni sagt Sachen und stellt Fragen, daß es Helle ganz komisch wird. Es sind ja wirklich schon viele nicht wiedergekommen. Der alte Timpe, Frau Hahn, Edes Schwester Lotte, die vor drei Wochen starb, die kleine Berta, der kleine Albert – er könnte jede Menge Namen aufzählen, darunter viele Kinder. Oma Schulte wundert das nie, wenn einer aus dem Krankenhaus nicht wiederkommt. Die wissen schon, warum sie so dicht bei den Friedhöfen bauen, sagt sie.

Anni rückt ein Stück näher an Helle heran. »Trägste eigentlich meine Kette noch?«

Die Kette! Hätte er sie doch bloß jetzt um! »Nee«, gibt Helle zu. »Wegen der Schule. Wenn die anderen mich damit sehen, lachen sie.«

»Auslachen ist doof«, meint Anni. »Da ist doch nichts dabei, wenn zwei sich liebhaben.«

Wie Anni das sagt! So ganz einfach, als wäre tatsächlich nichts dabei.

»Du hast mich doch lieb, oder?«

»Na klar!«

»Ehrlich?«

»Ehrlich!«

Anni denkt nach, schließlich lacht sie leise. »Schade, daß du nicht mitkommen kannst.«

»Wohin?«

»Ins Krankenhaus.«

»Was soll ich'n da? Bin doch nicht krank.«

»Dr. Fröhlich hat gesagt, eigentlich gehören wir alle ins Krankenhaus.«

»Alle?«

»Alle Kinder aus der Ackerstraße, vom ganzen Wedding.«

»Aus ganz Berlin, ganz Deutschland, ganz Europa, aus der ganzen Welt.«

Anni kommt auf komische Ideen! Er soll mit ins Krankenhaus, und das nur, damit sie ihn bei sich hat.

»Warum denn nicht? Überall wo Krieg war, hungern die Leute. Und Hungern macht krank.«

»Ich muß jetzt hoch.« Helle nimmt Eimer, Besen und Müllschippe wieder auf. »Mutter will kochen, sie hat Trockengemüse mitgebracht.«

»Bleib doch noch 'n bißchen. Morgen ... morgen bin ich ja vielleicht schon weg ...«

Zögernd stellt Helle sein Zeug wieder ab, und da fährt Anni mit ihrer Hand den Striemen in seinem Gesicht entlang. Das ist sehr angenehm, weil ihre Hand so kühl ist.

»Wenn ich mir vorstelle, wie dein Lehrer dich gehauen hat, dann tut's mir selber weh.«

Das ist schön, was Anni da gesagt hat, deshalb hält Helle still, bis sie ihn fragt: »Denkste mal an mich, wenn ich nicht mehr hier bin?«

»Klar!«

»Öfter?«

»Klar!«

»Dann gehören wir beide jetzt so richtig zusammen, nicht?«

»Klar!«

»Für immer?«

Helle blickt zum Himmel hoch, diesem etwas helleren Viereck zwischen den dunklen Häuserwänden, und sagt schließlich wieder: »Klar!«

»Dann mußte mich jetzt küssen.«

»Warum ich dich? Du kannst doch auch ...«

»Im Schuppen hab ich dich zuerst geküßt. Jetzt bist du dran.«

Helle guckt sich um, ob niemand sie beobachten kann, dann legt er sein Gesicht an Annis Gesicht und küßt vorsichtig ihren Mund.

»Jetzt wieder ich«, sagt Anni sofort, und dann preßt sie ihren Mund auf Helles Lippen. Danach stehen sie beide einige Zeit stumm nebeneinander, bis Anni neu beginnt. »Damals im Schuppen – meine Mutter hat deinen Ranzen gesehen.«

Helle hatte sich das schon gedacht, Annis Mutter hat ihn seither ein paarmal so komisch angeguckt.

»Hat sie was gesagt?«

»Nicht direkt.« Anni kichert leise. »Sie redet jetzt nur immer so 'n ulkiges Zeug. Ich soll mich ja vor Jungs in acht nehmen, von Männern kommt nichts Gutes und so.«

»So 'n Quatsch!«

Anni lacht, als wäre sie anderer Meinung. Doch sie kommt nicht mehr dazu, noch irgendwas zu sagen, die Tür zum Seitenaufgang quietscht in den Angeln.

»Helle?«

Es ist die Mutter. Sie hält eine Kerze in der Hand.

Schnell preßt Anni sich an die Kellertür, und Helle nimmt den Eimer, den Besen und die Müllschippe und geht auf die Mutter zu, als sei er gerade erst aus dem Keller gekommen.

»Da biste ja! Wo haste denn die ganze Zeit gesteckt? Hab mir schon Sorgen gemacht.« Die Mutter leuchtet ihm mit der Kerze ins Gesicht.

»Mir ist schlecht geworden«, lügt Helle. Er ist ein bißchen ärgerlich auf die Mutter: Gerade jetzt hätte sie nicht kommen müssen.

Es ist gemütlich in der Küche. Im Herd verglühen die letzten Kohlen, und über allem liegt noch der Duft der Gemüsesuppe. Es war eine prächtige Gemüsesuppe, sie hat sogar nach Fleisch geschmeckt. Der Vater hatte einen Rindsknochen mitgebracht, den die Mutter in der Suppe auskochte und den Martha als Nikolaus-Überraschung akzeptierte. Nun sitzt der Vater da und qualmt sein Pfeifchen. Zum erstenmal, seit er aus dem Feld zurück ist, raucht er wieder. Beides, den in Zeitungspapier gewikkelten Krümeltabak und den Knochen, hat ihm ein Frontkamerad mitgegeben, ein gewisser Paul, über den der Vater viel Lustiges zu erzählen weiß. Er hat ihn rein zufällig wiedergetroffen; sie hatten sich eine Ewigkeit nicht mehr gesehen und sich sehr darüber gefreut, daß sie beide den Krieg überlebt haben.

»Tut's immer noch weh?«

Die Mutter meint die Striemen in Helles Gesicht. Sie hat ihm, gleich als sie ihn sah, das Gesicht mit Salbe eingerieben und ist ein wenig zärtlicher als sonst. Auch Martha ist ungewöhnlich lieb zu ihm. Nicht mal, als die Mutter ihm anstatt ihr den Rest Suppe gegeben hat, hat sie gequengelt. Und Hänschen will heute abend nur auf seinem Schoß sitzen, sonst nirgends.

»Ist nur noch heiß.«

»Heute nacht wird's brennen«, sagt der Vater. Und dann: »War mutig von dir, nicht die Hände hinzuhalten. Weiß nicht, ob ich mich das getraut hätte, als ich so alt war wie du.«

»Mutig oder dumm«, seufzt die Mutter. »So genau weiß ich das noch nicht.«

»Es war Mut«, widerspricht der Vater. »Er hat ja gewußt, daß dieser Förster sich das nicht bieten lassen wird. Seit einigen Wochen hat unsereins eben ein ganz anderes Bewußtsein bekommen.«

»Bewußtsein hin, Bewußtsein her.« Die Mutter stochert im Herd herum und schüttelt den letzten Kohlengrus auf die Glut.

»Mir wäre lieber, wenn ich wüßte, womit wir morgen die Küche heizen. War vorhin in der Kohlenhandlung, der Pachulke sagt, vorläufig ist mit keiner Lieferung zu rechnen.«

Der Vater kratzt sich den Kopf. »Tut mir leid, bin nicht dazu gekommen, mich nach Holz umzuschauen. Wir haben so viel zu tun. Die Ebert-Leute bereiten irgend etwas vor, wir wissen nur noch nicht, was.«

Da setzt sich die Mutter mit bittendem Gesicht zu Helle aufs Sofa. »Kannste morgen nicht mal durch den Tiergarten gehen? Vielleicht findste 'n paar Äste.«

»Darf ich mitgehen?« drängelt Martha.

»Und Oma Schulte?« fragt die Mutter.

»Ach, Mensch!« Martha macht ihr Schmollgesicht. »Immer da oben glucken! Ich will auch mal woanders hin.«

»Sollste ja auch!« Der Vater nimmt sie auf den Schoß. »Wird ja bald besser werden. Dann brauchste nicht mehr zu Oma Schulte hoch. Aber bis in den Tiergarten ist's zu weit.«

»Und wann wird's besser?«

»Wenn ich wieder Arbeit habe.«

»Und wann haste wieder Arbeit?«

»Vielleicht zu Weihnachten, vielleicht nächstes Jahr.«

Weihnachten ist das Stichwort für Martha. Seit Tagen denkt sie an nichts anderes mehr. Oma Schulte hat ihr erzählt, daß dieses Weihnachten nach vier Kriegsjahren die erste Friedensweihnacht und damit etwas ganz Besonderes sei.

»Schenkste mir was Schönes?«

»Vielleicht was Kleines.«

»Aber schön muß es sein.«

»Martha!« bittet die Mutter. »Mach dir keine Hoffnungen, da biste hinterher nur enttäuscht.«

»Ich will aber zu Weihnachten was haben.«

»Nein«, beharrt auch der Vater. »Es nützt nichts, wenn du drängelst. Wenn wir dir überhaupt was schenken können, dann nur was ganz Kleines.« Und er wiegt Martha, die betrübt den

Daumen in den Mund gesteckt hat und daran herumlutscht, und flüstert ihr ins Ohr: »Mutti und ich können doch nichts dafür, daß es nichts gibt. Irgendwann wird's ja wirklich besser. Dann gehste nicht mehr zu Oma Schulte hoch, sondern zur Schule. Dann haste 'n schönes Kleid an, wirst immer größer und klüger, und wir sind alle stolz auf dich. Martha Gebhardt? heißt es dann. Die kennen wir. Und die Leute fragen mich: Was denn? Sie sind der Vater von Martha Gebhardt?«

Martha kichert verzückt. »Weiter!« bittet sie den Vater. »Weiter!«

Doch der Vater kommt nicht dazu weiterzuspinnen, im Treppenhaus werden Schritte laut, und dann sind gleich mehrere, nicht gerade leise Stimmen zu hören.

»Das ist doch ...« Der Vater schiebt Martha von seinem Schoß. »Das ist doch Moritz!«

Es ist Onkel Kramer. Schon in der Tür fallen sich die beiden Männer in die Arme. Wenn sie in der Zwischenzeit über Helle auch voneinander gehört haben, so ist es doch das erstemal seit langer Zeit, daß sie sich wiedersehen. Onkel Kramer kann beim Anblick von Vaters leerem Ärmel nichts sagen, drückt dem Vater nur stumm die Hand, und der Vater freut sich so, daß er ebenfalls kein Wort herausbringt.

Hinter Onkel Kramer betreten Trude und Atze den Flur. Der Vater begrüßt auch sie, die Mutter holt aus der Schlafstube zwei Stühle, und Helle setzt sich mit Hänschen auf die Fensterbank, damit alle in der engen Küche Platz haben.

»Bei euch riecht's ja, als ob der Wohlstand ausgebrochen wäre.« Onkel Kramer zieht seinen Mantel aus. »Und geheizt ist auch! Habt ihr Beziehungen zu 'nem Kohlenbaron?«

»Schön wär's!« Die Mutter lacht. »Das ist das Ausgefegte aus'm Keller.«

Trude zieht Martha auf ihren Schoß, und Martha kuschelt sich an sie. Die beiden kennen sich von Oma Schulte her. Trude freut sich über Marthas Schmuserei und will auch Helle zur Begrüßung zulächeln, wird aber gleich wieder ernst. »Wie siehst du denn aus?«

Auch Onkel Kramer wird aufmerksam.

Die Mutter erzählt, was Helle in der Schule erlebt hat, und sofort wird Trude vor Zorn ganz rot im Gesicht. »Hab ja noch nie viel von Lehrern gehalten«, sagt sie, »aber ein solcher Schlag ist wirklich 'ne Schande.«

»In welche Schule gehste denn?« will Onkel Kramer wissen. Und als er es weiß, fragt er: »Kennste einen Lehrer namens Flechsig?«

»Ja.«

»Der arbeitet bei den Unabhängigen mit, ein prima Bursche. Von der Sorte müßte es mehr geben.«

Helle erzählt, was Herr Flechsig über den Kaiser in Spa und über blaues und rotes Blut gesagt hat.

»Typisch!« Onkel Kramer schmunzelt. »Er kann einfach nicht die Klappe halten.«

»Aber die meisten Lehrer sind Lumpen«, beharrt Trude. »Kaisertreu bis in die Knochen. Ich weiß noch, wie sie uns in der Schule vom Krieg vorgeschwärmt und mit ihren Lügen die jungen Burschen an die Front getrieben haben.«

Onkel Kramer nickt. »Da solltest du wirklich was unternehmen, Rudi. So was dürfen wir uns nicht länger bieten lassen. Doch jetzt was anderes. Es ist was passiert, was Ernstes. Atze war dabei. Erzähl mal.«

Atze, der bisher noch nichts gesagt hat, sondern die ganze Zeit nur still in die Runde geguckt hat, räuspert sich. »Für heute waren mehrere Versammlungen angesetzt, eine davon in den Germaniasälen. Es ging um die heimgekehrten Soldaten, die ja meistens noch keine Arbeit gefunden haben. Danach sind wir dann die Chausseestraße runtergezogen. Keiner unserer Leute trug eine Waffe, alles war ganz friedlich. An der Ecke Invalidenstraße aber geriet der Zug ins Stocken. Maikäfer hatten die Straße abgeriegelt. Und plötzlich haben sie geschossen, mit sechs

Maschinengewehren einfach in die Menge gehalten. Es gab mehrere Tote und Schwerverletzte.«

»Welchen Grund hatten die denn dafür?« Der Vater schaut von einem zum anderen. »Ich meine ... man schießt doch nicht auf Unbewaffnete.«

»Gar keinen«, antwortet Atze böse. »Friedlicher als wir konnte gar kein Demonstrationszug sein. Außerdem waren nicht nur Arbeiter im Zug, auch Soldaten ... eigene Leute ... Sie haben einfach drauflosgeballert.«

»Ja, aber ...« Der Vater sieht sich ratlos um.

»Sie haben geschossen, bis sie entwaffnet wurden«, fährt Onkel Kramer für Atze fort. »Danach flüchteten sie in die Kaserne zurück.«

»Das war Mord«, fährt Atze auf, »nichts als schmutziger, gemeiner Mord!«

Schweigen herrscht am Tisch, bis Onkel Kramer sagt: »Das ist leider noch nicht alles, Rudi. Gestern hat ein Trupp Unteroffiziere vor Ebert salutiert und ihm Treue geschworen, und heute hat ein Trupp bewaffneter Soldaten den Vollzugsrat verhaftet.«

»Den Vollzugsrat? Den sie im Zirkus gewählt haben?« fragt die Mutter ungläubig. »Aber der ist doch so harmlos wie 'n Stall Kaninchen.«

»Er soll Eberts Regierung kontrollieren«, wirft Trude ein.

»Aber das tut er ja nicht!« Der Vater geht zum Wasserhahn und füllt sich einen Becher ab. »Dieser Vollzugsrat ist doch keine Gegen-, sondern eine Nebenregierung ... Ein Haufen von Jasagern und Kopfnickern.«

Onkel Kramer ist anderer Meinung. »Für die Militärs ist er nicht harmlos, denn daran, daß sie die Generäle nicht wieder an der Macht sehen wollen, haben sogar deine Jasager keinen Zweifel gelassen.«

»Und wie ist die Sache ausgegangen?«

»Als Arbeiter und Matrosen anrückten, um die Räte zu befreien, befahl der Offizier, der die Soldaten anführte, den Sprecher der Arbeiter niederzuschießen. Unser Mann hat Glück gehabt, daß die Soldaten sich weigerten, den Befehl auszuführen. Statt dessen haben sie den Offizier entwaffnet und ihm die Rangabzeichen abgerissen. Wären die ein bißchen gehorsamer gewesen, hätt's ein Blutbad gegeben. Einer der Soldaten ging dann zu den Volksbeauftragten, um einen schriftlichen Befehl zur Verhaftung der Räte zu bekommen. Den konnte Ebert natürlich nicht geben, das hätte ihn bloßgestellt. Also, was geschah? Plötzlich war alles nur ein Irrtum gewesen, die Räte wurden wieder freigelassen.«

»Und zur gleichen Zeit, als der eine Trupp die Räte festsetzte, rief ein anderer Trupp Ebert zum Reichspräsidenten aus«, ergänzt Trude. »Daß das kein Zufall war, merkt auch ein Trottel.«

»Keinen Vollzugsrat, keinen Rat der Volksbeauftragten, aber Fritze Ebert als zweiten Friedrich den Großen!«

Atze macht ein Gesicht, als würd er am liebsten ausspuken.

»Ich kann's noch immer nicht begreifen«, sagt der Vater. »Was sollte das Ganze denn?«

»Es war ein Putsch der Generäle.« Onkel Kramer streckt die Hand aus, um sich vom Vater den Wasserbecher füllen zu lassen. »Die Gegenrevolution marschiert. Die Militärs wollen alles, was wir in den letzten vier Wochen erreicht haben, rückgängig machen; wollen sich die Macht zurückerobern. Dazu müssen sie nicht extra wieder den Kaiser einsetzen, unter einem Reichspräsidenten Ebert läßt sich's auch ganz gut regieren. Sie haben nur ein bißchen übereilt gehandelt, deshalb hat die Sache nicht geklappt.«

»Und was hat Ebert dazu gesagt?« will die Mutter wissen. »Ich meine, dazu, daß ihn das Militär zum Reichspräsidenten machen wollte.«

»Er hat getan, was er immer tut, hat taktiert.« Onkel Kramer hat von dem Wasser getrunken und reicht dem Vater den Becher zurück. »Er müsse erst noch mit seinen Freunden in der Regierung sprechen, hat er gesagt.«

Erneut herrscht Schweigen in der Küche, dann sagt Atze: »Wenn wir so stark wären, wie die uns einschätzen, hätten wir längst gesiegt.«

»Und warum sind wir nicht so stark?« fragt Onkel Kramer und beantwortet sich die Frage selbst: »Weil wir die Soldaten nicht auf unserer Seite haben.«

»Wie sollen die denn für uns sein?« Der Vater lacht ärgerlich. »Geh doch mal in die Kasernen. Da kannste was erleben. Die wissen ja gar nicht mehr, was sie denken sollen. Die Ebert-Leute reden so, die Räte so ähnlich, die Obleute aus den Betrieben ein bißchen anders und wir ganz anders.«

»Ich weiß, daß es schwierig ist«, erwidert Onkel Kramer, »wir haben nur keine andere Wahl. Wenn wir die Soldaten nicht auf unsere Seite bekommen, werden wir gegen die Generäle den kürzeren ziehen.«

»Wir dürfen nicht zulassen, daß Ebert und seine Leute in den Kasernen Lügen über uns verbreiten.« Trude macht ein empörtes Gesicht. »Die kriegen doch dreimal am Tag zu hören, was für Verbrecher wir sind und daß sie für Ordnung sorgen müssen, wenn sie nicht verhungern wollen. Und natürlich nehmen die Landser ihnen das ab, wenn ihnen keiner die Wahrheit sagt. Irgendwie stecken diese Lügen ja von Wilhelms Zeiten noch in ihnen drin.«

»Du hast doch Verbindungen zu Soldaten, warst schließlich selber einer. Geh doch mal in die Kasernen, versuche Vertrauenspersonen zu finden, Kameraden, die Einfluß haben und auf die wir uns verlassen können«, bittet Onkel Kramer den Vater. »Wir haben jetzt einen Roten Soldatenbund gegründet; das wäre doch was für dich, da könntest du doch mitmachen.«

»Der Paul«, sagt da die Mutter gleich, »das wär so ’ne Vertrauensperson.«

»Paul?«

»Paul Kruse«, erklärt der Vater. »Is'n guter Kamerad. Ich kenn ihn aus Flandern. Hab ihn mal aus'm Dreck geholt.«

»Hat dieser Paul Freunde unter den Kameraden, oder ist das mehr so 'n Einzelgänger?« will Trude wissen.

»Nee!« Der Vater lacht. »Der Kruse ist beliebt bei den Leuten. Das ist einer, der immer Witze macht und auf die tollsten Ideen kommt. Hat manchmal die ganze Kompanie mit Fressalien versorgt. Paule treibt immer was auf, hieß es.«

»An diese Leute müssen wir ran.« Onkel Kramer nickt. »Was wir jetzt machen, bringt nicht viel. Wir drucken Zeitungen und Flugblätter und halten Versammlungen ab, aber wer liest uns, wer hört uns zu? Das sind doch immer dieselben. Und leider haben wir keine Zeit, langsam zu wachsen. Über Sieg oder Niederlage wird in den nächsten Wochen entschieden, nicht in den nächsten Jahren.« Er schaut auf seine Taschenuhr. »Wir müssen weg. Wir planen für morgen eine Protestdemonstration gegen den Putschversuch. Es gibt noch 'ne Menge zu tun.«

Der Vater geht mit Onkel Kramer, Trude und Atze mit, will noch weiter mit ihnen reden, und bei der Vorbereitung der Demonstration ist sicher auch niemand zuviel. Helle leuchtet den vieren durchs dunkle Treppenhaus und steht danach auf dem Hof und schaut zu dem nur schwach erleuchteten Kellerfenster hin.

Was wohl jetzt in Anni vorgeht? Ob sie an ihn denkt? Oder ans Krankenhaus?

Er schläft spät ein in dieser Nacht und wacht früh wieder auf. Hinter den Fenstern ist es noch dunkel, und durch die Rahmen pfeift der Wind. Auch das Papier, das der Vater in die Ritzen gestopft hat, und die Decken, die er halbhoch vor die Fenster gehängt hat, helfen da nicht.

Vorsichtig richtet Helle sich auf und lauscht zum Bett der Eltern hin: Der Vater ist noch nicht zurück; Hänschen liegt neben der Mutter und schnarcht leise. Voller Unruhe versucht er, wieder einzuschlafen. Doch natürlich gelingt das nicht.

Wieso ist es eigentlich so schwer, die Soldaten davon zu überzeugen, daß es nicht gut für sie ist, wenn die gleichen Generäle, von denen sie vier Jahre lang betrogen und in den Tod geschickt wurden, weiterregieren? Und wenn jeder weiß, daß Ebert mit den Generälen gemeinsame Sache macht, warum gibt es so viele, die Ebert trotzdem unterstützen?

Vielleicht wollen sie nur endlich Frieden, ganz egal unter wem. Oder sie kämpfen für den, der gerade regiert – wie sie es gewohnt sind ... Der Vater nennt das, was im November erreicht wurde, nur einen halben Sieg. Zur wirklichen Revolution braucht er also noch eine andere Hälfte ... Ob er sie bekommen wird?

Erste Grauschimmer tasten sich über die Betten. Gleich muß Mutters Wecker klingeln. Ulkig, den hört er sonst nie; als ob seine Ohren wüßten, daß er damit nicht gemeint ist.

Da! Der Wecker! Die Mutter ist sofort wach, stellt ihn ab und steht auf.

»Vater ist nicht gekommen«, flüstert Helle.

»Haste nicht geschlafen?« Die Mutter setzt sich zu ihm.

»Nicht viel.«

»Es wird ihm schon nichts passiert sein. Sie haben sicher viel zu tun.«

Die Mutter sagt das nicht nur, um ihn zu trösten. Sie ist überzeugt davon, daß es so ist. Trotzdem ist sie nervös. Das merkt er an der Art, wie sie mit Hänschen in die Küche geht und wie sie mit ihm spricht, während sie ihn wickelt.

Als die Mutter Hänschen gewickelt und sich gewaschen hat, steigt sie mit dem Topf in der Hand zu Oma Schulte hoch. Oma Schulte hat noch ein paar Kohlen im Keller und schon Feuer im Herd. Die Mutter will den Rest Haferflocken warm machen; kalt, wie sie sie gestern gegessen haben, sind sie kaum genießbar.

Nun wird es auch für Helle Zeit. Er steht auf, wäscht sich und holt Martha aus dem Bett. Die Schwester wehrt sich und protestiert, lacht aber dabei. Aus irgendeinem Grund hat sie gute Laune, eine so gute Laune, daß nicht mal Vaters Abwesenheit sie ihr verderben kann. Als sie vor dem Wasserhahn steht und sich bemüht, möglichst wenig naß zu werden, muß sie sich sehr anstrengen, ein mürrisches Gesicht zu machen. Helle spielt mit, gibt sich überaus wachsam und achtet wie ein Luchs darauf, daß Marthas Katzenwäsche nicht zur Mäusewäsche ausartet.

Als die Mutter mit den Haferflocken kommt, ist Martha noch immer nicht fertig. Doch nun macht sie schneller, spült sich todesmutig das Gesicht ab und linst dabei zu Helle hin, ob er ihre Tapferkeit auch genügend würdigt.

Die Mutter ißt nur wenig. Sie ist spät dran und muß los. Schon im Mantel, streichelt sie Hänschen noch mal übers Gesicht. »Er hat heute nacht nur ganz dünn und grün gekackt. Hoffentlich hat er nichts.«

Helle erinnert sich an Hänschens Schnarchen, und ihm fällt ein, daß der kleine Bruder gestern abend, als er ihn auf dem Schoß hielt, sehr still war. Er sagt das der Mutter.

»Ich hab Oma Schulte gebeten, daß sie Hänschen im Auge behält und ab und zu mal seine Temperatur mißt. Wenn er Fieber bekommt, mußt du heute nachmittag mit ihm zu Dr. Fröhlich.«

Helle seufzt nur. Natürlich wird er mit Hänschen zum Arzt gehen, wenn der Bruder krank ist. Aber zum Tiergarten schafft er es dann nicht mehr, und Holz brauchen sie auch.

Als die Mutter fort ist, wird gegessen, und was Helle insgeheim befürchtet hat, tritt ein: Hänschen ißt nicht, verzieht nur den Mund. Und als Helle ihm die Nase zuhält, damit er den Mund aufmacht, plärrt der kleine Bruder los.

»Auch das noch!« Helle spürt eine Welle hilfloser Wut in sich aufsteigen. So mußte es ja kommen: Der Vater nicht da, die Mutter weg, und er ist mit Martha und Hänschen allein und kann sehen, wie er mit allem fertig wird.

»Hänschen ißt nicht!«

Helle erhofft sich von Martha keinen Rat. Er kann nur nicht länger mitansehen, wie sorglos die Schwester löffelt, schlürft und schmatzt und sich überhaupt nicht um seine Sorgen kümmert.

Martha schaut mit großen Augen erst Hänschen und dann Helle an. »Na ja ... wenn er doch krank ist.«

»Er muß aber essen!« Die Wut verwandelt sich in Angst. Helle sieht Erwin vor sich, sieht den Bruder, wie er langsam immer magerer und blasser wurde, und dann Anni, wie sie hustet und ihn anschaut, und er muß daran denken, daß denen, die an allem schuld sind, die Industrieherren und Generäle, die den Krieg anzettelten, noch immer nichts geschehen ist und daß ihnen auch nichts geschehen wird, wenn Ebert und seine Leute weiterregieren, sondern daß sie dann weiter auf ihren Besitztümern und Gütern hocken werden und es ihnen gutgehen wird. Und plötzlich, urplötzlich erkennt er, was er zuvor nur unbewußt gespürt hat: wie recht der Vater, die Mutter, Nauke, Onkel Kramer und Trude und all die Spartakisten haben, wenn sie sagen, daß sich nur dann was ändern wird, wenn nicht nur der Kaiser, sondern auch die Generäle und Industrieherren verschwinden.

»Darf ich Hänschens Napf haben?« Martha schielt mit verlangenden Augen auf Hänschens Haferflocken.

Erst will Helle ihr den Napf verweigern und sagen, sie soll nicht so gierig sein und Hänschen nicht alles wegfressen, dann schiebt er der Schwester den Napf hin. Martha ist ja genauso von allem betroffen wie Hänschen.

Martha ißt Hänschens Napf bis auf die letzte Haferflocke leer, dann lehnt sie sich zurück und schaut Helle traurig an. »Muß Hänschen nun sterben?«

»Biste verrückt geworden?« Helle will schreien, doch er flüstert nur: Was Martha gesagt hat, genau das hat er ja auch gedacht! »Hänschen darf nicht sterben, verstehste! Lieber ...« Lieber sterb ich, wollte er sagen, aber das ist dumm: Er will ja, daß sie beide leben, und deshalb beendet er den Satz, wie es ihm richtiger erscheint: »Lieber bring ich jemanden um.«

»Und wen?« will Martha wissen, nachdem die Verblüffung über diese Antwort ihrer Neugier gewichen ist. Daß Helle jemanden umbringt, kann sie sich zwar nicht vorstellen, aber sie hätte trotzdem gern gewußt, wen.

»Einen von denen, die den Krieg gemacht haben.«

»Spinnst ja! Die sind doch alle erwachsen.«

»Bin ja auch eines Tages erwachsen.«

»Und dann willste einen umbringen?«

»Nee«, gibt Helle zu. »Umbringen nicht. Aber wenn sie wieder 'nen Krieg anfangen, mach ich nicht mit.«

Diese Erklärung beeindruckt Martha so, daß sie die folgende Zeit über still ist. Noch als Helle sie und Hänschen bei Oma Schulte abliefert, ist sie nachdenklich. Der Bruder aber ist nun in Eile. Er läßt Oma Schulte nur schnell und fast widerwillig den Striemen in seinem Gesicht betrachten, der über Nacht ein wenig dunkler geworden ist und deshalb noch gefährlicher aussieht, und sagt ihr danach, daß Hänschen nichts gegessen hat.

»Ojeojeoje!« stöhnt Oma Schulte. »Was sind das nur für Zeiten!« Dann nimmt sie Hänschen auf den Arm und spricht mit ihm. »Wie kannste denn so was machen? Der Mensch muß essen, sonst geht er kaputt.«

Rasch verabschiedet sich Helle, rast die Treppe hinunter und flitzt über die Höfe. Er wird zu spät kommen, das steht fest, aber vielleicht erwischt er die Klasse noch, bevor sie den Klassenraum betritt.

Ede steht nicht an der Straßenecke, an der sie sich immer treffen; vielleicht ist er schon vorausgegangen. Helle läuft noch schneller, doch er holt Ede nicht ein. Dafür prallt er, als er durch das große rote Backsteintor der Schule flitzt, mit einem Mann im Soldatenmantel zusammen. Ohne aufzublicken, will er weiterlaufen, da hält der Mann ihn fest: Es ist der Vater. »Hab mit deinem Lehrer gesprochen, aber wie er reagieren wird, weiß ich nicht. Typen wie der ...« Der Vater unterbricht sich, hat es offensichtlich ebenfalls eilig. »Egal, erzähl mir nur immer alles, was in der Schule passiert. Wir werden uns so was nicht länger gefallen lassen, hörste!«

»Ja«, sagt Helle nur atemlos. Es geht alles so schnell, er begreift nur: Der Vater hat schon mit Herrn Förster gesprochen, doch er hat keine Zeit, ihm zu erzählen, was der Lehrer erwidert hat. »Hänschen ist krank«, stößt er da nur noch hastig heraus. »Vielleicht muß ich heute nachmittag mit ihm zum Arzt.«

»Hänschen?« Der Vater überlegt schnell. »Verflucht! Ich kann jetzt nicht nach Hause, muß in die Kaserne ...«

»Ich bin ja da.« Helle wird auf einmal ganz ruhig. »Mach dir keine Sorgen.«

Da zieht der Vater Helle an sich. »Das versprech ich dir, noch mal lassen wir uns nicht in so was hineintreiben.« Er küßt Helle auf die Wange und geht schnell davon.

Die Klassen sind schon im Schulgebäude verschwunden. Helle läuft durch die leeren Flure und rast die Treppen hoch, schafft es aber nicht mehr: Als er vor der Klassentür angelangt ist, ist sie bereits verschlossen. Er holt tief Luft, klopft und lauscht. Herr Förster ist drin, und solange er nicht »Herein!« ruft, darf er die Tür nicht öffnen. Doch es ist nichts zu hören. Helle klopft noch einmal, diesmal so laut, daß es unmöglich zu überhören ist; Herr Förster jedoch ruft ihn nicht herein.

Das also ist Herrn Försters Antwort auf das Gespräch mit dem Vater! Langsam geht Helle von der Tür weg, stützt sich auf das Fensterbrett und schaut in den Schulhof hinaus.

Es ist still im Schulgebäude, nur irgendwo ganz hinten wird gesungen.

Warum ärgert ihn Herrn Försters Reaktion nicht? Warum hat er keine Angst?

Weil der Vater da ist, weil der Vater auf seiner Seite steht, das ist es! Und weil der Vater nicht allein ist, weil auch die Mutter, Trude, Onkel Kramer, weil alle, die er mag, auf seiner Seite sind.

Deshalb hat er gestern nicht die Hände ausgestreckt, deshalb hat er keine Angst mehr ...

Der alte Herr Brandt, der Hausmeister, geht über den Schulhof. Er jagt ein paar Blätter altes Laub, die von irgendwoher herangeweht wurden. Helle schaut zu und denkt nach. Er vergißt, daß er auf dem Schulflur steht, merkt nicht, wie die Zeit vergeht, ist in Gedanken weit fort. Als es klingelt, fährt er zusammen, hat aber noch immer keine Angst, dreht sich nur um und spannt, als die Tür geöffnet wird, alle Muskeln an. Doch Herr Förster beachtet ihn nicht, geht an ihm vorüber, als wäre er gar nicht da.

Helle betritt die Klasse und wird sofort umringt. Alle haben sie das Klopfen gehört und darauf gewartet, daß Herr Förster ihn hereinrufen würde, um ihm eine Strafpredigt zu halten oder ihm ein paar mit dem Stock überzuziehen. Der Lehrer aber habe getan, als hätte er das Klopfen nicht gehört; nicht mal mit der Wimper gezuckt habe er dabei.

Helle schaut sich gleich nach Ede um, möchte mit ihm bereden, was es Neues gibt. Doch Edes Platz ist leer.

Wer die Waffen hat ...

Herr Flechsig steht an der Tafel und erzählt über Afrika, die Wüste, den Dschungel und über berühmte Forscher, die in unentdeckte Gebiete vordrangen. Er erzählt aber auch über die deutschen Kolonien und besonders über Deutsch-Südwestafrika, ein Land, in dem die Bantus leben.

»Bantu heißt auf deutsch Mensch«, erklärt er. »Für die kaiserliche Regierung aber waren die Bantus keine Menschen.« Und dann berichtet er auch schon von den Hereros, einem Bantu-Stamm von Viehzüchtern und Ackerbauern, der es wagte, sich gegen die Unterdrückung durch die deutschen Kolonialherren aufzulehnen. »Sie haben ein paar deutsche Farmen und einen Militärstützpunkt überfallen und einhundertdreiundzwanzig Weiße getötet, darunter fünf Frauen. Die deutsche Regierung hat daraufhin Strafexpeditionen nach Südwestafrika geschickt. Zwei Jahre lang wurden die Hereros verfolgt und ermordet. Sie fielen in den Kämpfen und wurden von den Wasserstellen weg in die Wüste getrieben, wo sie elendiglich verdursteten; darunter viele Frauen und Kinder. Von den einhunderttausend Hereros überlebte nur jeder vierte. Fünfundsiebzigtausend Männer, Frauen und Kinder fielen unserer Rache zum Opfer.«

Herr Flechsig ist traurig und wütend zugleich und verbirgt es nicht. »Wir müssen uns schämen für das, was da im Namen unseres Volkes geschehen ist«, sagt er. Und: »Es nützt uns nichts, daß andere Kolonialmächte nicht weniger grausam wüteten. Wir müssen zuallererst vor unserer eigenen Tür kehren und aufpassen, daß die, die dafür verantwortlich waren, nie wieder Macht über uns bekommen.«

Es ist die letzte Stunde, aber keiner der Jungen wird unaufmerksam. Noch vor wenigen Wochen hätte Herr Flechsig nicht gewagt, so mit ihnen zu reden. Jetzt ist auch das anders geworden.

Nach dem Unterricht stehen die Jungen dann vor der Schule und diskutieren über das, was Herr Flechsig ihnen erzählt hat. Eine Zeitlang macht auch Helle mit, dann geht er zu Ede.

Der Freund ist zu Hause. Als Helle pfeift, steckt er sofort den Kopf aus dem Fenster. Und als Helle sich zu Addi auf die Küchenbank gesetzt hat, sagt er: »Hab gewußt, daß du kommst.«

»Warum warste denn heute nicht in der Schule? Der Flechsig hat über Afrika erzählt und über die Kolonien.«

»Mein Vater ... er hat heute nacht einen Anfall gehabt. Ich darf ihn nicht allein lassen.«

Der kleine Addi rückt ganz dicht an Helle heran und schaut ihm ins Gesicht. Aber er fragt nichts, guckt Helle nur an. Der muß gleich an den Hustenanfall denken, den Edes Vater bekam, als Ede und er ihm sein Essen brachten.

»War's schlimm?«

»Ziemlich.«

Helle weiß nicht, was er noch dazu sagen soll. Deshalb erzählt er nun von Herrn Förster, seinem Zuspätkommen und von Herrn Försters Rache für den Besuch des Vaters.

»Ich kann den Förster nicht mehr sehen«, stößt Ede da plötzlich haßerfüllt aus. »Wenn der mich noch mal anfaßt, schlag ich zurück.«

Helle begreift: Herr Förster hat nur auf den ersten Blick nichts mit der Krankheit von Edes Vater zu tun; Herr Förster steht auf der anderen Seite, also ist er irgendwie mitverantwortlich.

Eine Tür klappt. Ede steht auf und geht in den Flur. Sein Vater steht in Hose und Jacke vor ihm und sieht mit bleichem Gesicht an ihm vorbei.

»Wo willste denn hin? Du darfst doch nicht weg.«

Edes Vater schaut zu Helle hin. »Haste was gehört?« fragt er mit heiserer Stimme. »Da soll gestern abend ...« Ein Hustenanfall überkommt ihn, er muß sich am Türrahmen festhalten. Als er endlich wieder Luft kriegt, tastet er sich in die Küche und setzt sich auf einen Stuhl.

Helle kann sich denken, was Edes Vater wissen will. Schnell erzählt er ihm von den Schüssen an der Ecke Invalidenstraße und der Verhaftung des Vollzugsrates. Edes Vater wendet dabei keinen Blick von seinem Gesicht, und je länger er zuhört, desto heftiger atmet er und desto lauter rasselt es in seiner Brust.

»Bitte«, sagt Ede. »Du mußt wieder ins Bett.«

Sein Vater fährt sich nur mit der Hand übers Gesicht. »Uns werfen sie vor, wir wollten ein Blutbad, Bruderkampf ... Wir ringen mit uns ... dürfen wir schießen oder nicht? ... die schießen einfach ... die ...«

Wieder muß er husten. Diesmal aber wird es nur ein Würgen, das ihn schüttelt, bis sein Gesicht blaurot anläuft. Danach ist er noch bleicher als zuvor, die Wangen wirken noch eingefallener, die Haut noch trockener.

Ede zieht ihm die Jacke aus. »Leg dich doch wieder hin«, bittet er. »Das ist besser für dich.«

Edes Vater stützt sich schwer auf Edes Schulter. »Wer die Waffen hat, hat die Macht«, flüstert er. »So war's immer schon. Deshalb müssen wir uns bewaffnen ... dürfen nicht zusehen, wie sie alles wieder kaputtmachen.«

»Ja doch«, sagt Ede erleichtert, als er merkt, daß sein Vater sich von ihm in die Schlafstube zurückführen läßt.

Helle wartet darauf, daß Ede zurückkommt, und blickt Addi, der die Augen voller Tränen hat und ab und zu die Nase hochzieht, die ganze Zeit über nicht an. Er muß an Anni denken, die ja auch krank ist, und an Hänschen, dem es ebenfalls nicht gutgeht, und hat dabei das Gefühl, als hätte sich alles gegen ihn und seine Freunde verschworen. Doch er weiß, daß das nicht stimmt. In den Nachbarhäusern sieht's ja nicht anders aus, nur in den Vierteln, in denen die besseren Leute leben, ist es nicht ganz so schlimm. Danach denkt er wieder an jene, die diese ganze Not und all das Elend verschuldet haben, aber nicht mittragen, und er weiß, daß er diese Gedanken nun immer öfter haben wird.

Als Ede endlich zurückkommt, hält er einen Brief in der Hand und schaut Helle bittend an. »Der muß in den Reichstag. Ich würde ihn ja selbst hinbringen, aber ich kann Vater nicht allein lassen. Und Addi ist noch zu klein.«

Ohne zu zögern, nimmt Helle den Brief. »Ich bringe ihn hin. Muß nachher sowieso in den Tiergarten, Brennholz suchen. Aber erst muß ich mit Hänschen zum Arzt.«

»Hauptsache, du bringst den Brief heute noch hin«, sagt Ede dankbar, und dann fragt er: »Kommste wieder mal vorbei? Ich weiß ja nicht, wann ich wieder in die Schule kann.«

Helle findet Edes Frage überflüssig, doch das sagt er ihm nicht.

Oma Schulte hat Helle schon erwartet. »Ihr macht ja schöne Sachen«, schimpft sie. Sie war mit Hänschen bei Dr. Fröhlich und hat auch Martha mitgenommen. Dr. Fröhlich hat erst Hänschen und danach auch gleich Martha untersucht und festgestellt, daß beide gefährlich unterernährt sind und Hänschen eine regelrechte Ernährungsstörung hat.

»Hat er ihm was verschrieben?«

»Hat er ihm was verschrieben! Hat er ihm was verschrieben!« Wie immer, wenn Oma Schulte besorgt ist, poltert sie. »Er hat ihm verschrieben, was es gibt, Fencheltee und Trockenmilch. Frische Milch und Nährzucker hat er ihm nicht verschrieben, gibt's ja sowieso nicht.«

Helle nimmt Hänschen auf den Arm und spricht mit dem Bruder, der noch immer so still ist, sich nicht freut und auch nicht schreit. »Ich geh dann gleich zur Apotheke.«

»Kannste dir sparen, ich war schon da.« Oma Schulte weist auf zwei Tütchen, die auf einem der Kartons liegen. »Zweihundert Gramm Trockenmilch hat der Doktor ihm verschrieben, aber in der Apotheke haben sie nur fünfzig rausgerückt. Ihr sollt Montag wiederkommen.«

Bei Dr. Fröhlich kommt man unter drei, vier Stunden Wartezeit nicht weg, das Wartezimmer ist immer knüppeldickevoll. Also hat Oma Schulte den ganzen Vormittag – einen halben Arbeitstag – geopfert. Und in der Apotheke war sie auch schon.

Oma Schulte läßt die Nähmaschine rattern. »In diesen Zeiten aufwachsen zu müssen ist schon 'ne richtige Strafe. Aber was hilft's, der Herrgott weiß, was er uns zumuten kann und was nicht.«

»Dann geh ich jetzt auf Brennholzsuche«, sagt Helle zu Martha und zuckt bedauernd die Achseln. »Es wird bestimmt spät werden.«

Die Schwester legt den fertigen Pantoffel, den Oma Schulte ihr in die Hand gedrückt hat, in den bereitstehenden Karton und schaut nicht auf.

»Und wie sieht's mit Essen aus?« fragt Oma Schulte. »Die beiden Kleinen müssen doch was essen.«

Helle zuckt die Achseln. Es ist ja nichts da. Die Mutter kann erst am Abend was mitbringen.

»Mein Gott! Mein Gott!« grübelt Oma Schulte. »Wie wird das nur alles enden?« Aber dann sagt sie: »Hau schon ab! Ich hab noch 'n bißchen Zwieback, da rühr ich dem Kleinen mit der Trockenmilch ein Pappchen an. Und die Große«, sie sieht Martha an, die eben noch klein war und nun plötzlich auch eine Große ist, »die kriegt den Zwieback so.«

»Danke!« Helle geht erst noch einmal in die Wohnung, um den Ranzen abzulegen und sich Handsäge und Sack unter den Arm zu klemmen. Dann steckt er den Brief, den Ede ihm gegeben hat, in seine Joppentasche und zieht los.

Als er an Annis Fenster vorüberkommt, zögert er. Bereits als er von Ede zurückkam, wollte er klopfen, um in Erfahrung zu bringen, ob Anni noch zu Hause ist. Doch er hat nicht geklopft und klopft auch diesmal nicht. Wenn nicht Anni, sondern ihre Mutter öffnet, wüßte er nicht, was er sagen soll.

Auf dem zweiten Hof kommt ihm Oswin entgegen. Als er Helles Gesicht sieht, stutzt er: »Was haben sie denn mit dir gemacht?« Helle erzählt, wie er zu dem Striemen gekommen ist, und sieht mit Genugtuung, wie betroffen Oswin von seiner Schilderung ist. Etwas anderes aber scheint den Leierkastenmann noch mehr erschüttert zu haben. Als Helle fertig ist, nimmt er seine Mütze ab, kratzt sich den Hinterkopf und berichtet, daß die Innenstadt voller Demonstranten ist. »Die Spartakisten haben Flugblätter verteilt und die Arbeiter auf die Straße geholt. Vorm Zeughaus hat Liebknecht gesprochen und an der Siegesallee 'n anderer. Einige von ihnen haben sogar Soldaten entwaffnet. Jetzt marschieren sie selber mit den Karren durch die Gegend.« Er weiß offensichtlich nicht, was er von alldem halten soll.

»Das ist bestimmt wegen gestern«, meint Helle.

»Aber das ist doch Blödsinn! Ebert läßt doch nicht auf Arbeiter schießen.« Sehr sicher ist Oswin sich aber nicht, das sieht Helle ihm an. Doch er hat keine Zeit, lange auf dem Hof herumzustehen. Er muß den Brief abliefern und Brennholz besorgen.

»Brennholz?« fragt Oswin. »Das wird schwer. Auf'm Senefelder Platz sieht's aus wie auf'm Mond. Alle Bänke sind weg. Und die paar Bäume, die da noch rumstehn, haben keine Äste mehr.«

Helle weiß, daß es schwer wird, doch das nützt alles nichts. Er schaut Oswin, der seinen Leierkastenwagen über die Höfe schiebt, noch einen Augenblick lang nach, dann durchquert er die letzten beiden Hofdurchgänge und schlägt den Weg zum Reichstag ein.

Die Straßen sind nicht belebter als sonst, die große Protestdemonstration muß schon vorüber sein. Erst als Helle die Ecke Friedrichstraße/Unter den Linden erreicht hat, verdichtet sich der Verkehr, sind mehr Menschen als üblich zu sehen. Sie streben den Bussen und Straßenbahnen und der nahegelegenen Stadtbahn-Station zu. Sicher sind das die letzten Demonstranten, die sich nun auf dem Weg nach Hause befinden. Einen Moment lang beobachtet Helle das Treiben an dieser belebtesten Kreuzung der Stadt, dann wendet er sich nach rechts, um zum Reichstag und dem ebenfalls hinter dem Brandenburger Tor liegenden Tiergarten zu gelangen.

Eine Grüne Minna* fährt vorüber. Dahinter ein Lastkraftwagen, vollbesetzt mit Arbeitern und Matrosen, die Gewehre zwischen den Knien halten. Wie jedesmal überfliegt Helle die Gesichter der Matrosen. Es könnte ja sein, daß er auf ein bekanntes Gesicht stößt, Arno oder Heiner, aber die meisten Matrosen wenden ihm den Rücken zu.

Der Soldat vor dem Eingang zum Reichstag studiert den Briefumschlag erst lange und umständlich, dann fragt er seinen Kameraden, ob er den Namen auf dem Kuvert kenne. Der zweite Soldat kennt den Namen und nennt Helle eine Zimmernummer im Parterre. Rasch trägt Helle den Brief dorthin und klopft an die betreffende Tür. Diesmal fühlt er sich in dem riesigen Gebäude schon wesentlich sicherer als das erstemal, als er mit Ede hier war, um seinem Vater Essen zu bringen.

Ein großer Mann mit einem Kneifer auf der Nase öffnet. Helle reicht ihm den Brief. Der Mann liest die Anschrift und nickt, dann schließt er die Tür wieder.

Froh, daß alles so schnell ging, läuft Helle auf die Straße zurück und wandert am Brandenburger Tor vorbei. Dabei schaut er in die Straße Unter den Linden hinein und erblickt wieder die Grüne Minna, die nun von einer Menschenansammlung umgeben ist. Neugierig wendet er sich nach links anstatt nach rechts, geht in die Straße Unter den Linden zurück anstatt in Richtung Tiergarten.

Die Grüne Minna und auch der LKW stehen vor einem Hotel, über dessen Eingang in goldverzierter Schrift der Name *Bristol* angebracht ist. Helle drängt sich zwischen die Schaulustigen und entnimmt ihren Gesprächen, daß sie mit einer Verhaftung rechnen. Warum sonst sollte die Grüne Minna hier vorgefahren sein?

Vor dem Eingang des Hotels haben ein Arbeiter und ein Matrose Posten bezogen. Sie halten jeder ein Gewehr in ihren Händen, und ihre Gesichter verraten, daß sie die Waffen nicht zum Spaß mitgebracht haben.

Nach einiger Zeit erscheinen einige Matrosen im Hoteleingang, drängen die Passanten auseinander und bilden vor dem Eingang Spalier. Mehrere gutgekleidete Männer verlassen das Hotel. Es sind richtige Herren, in feinen Mänteln und mit Gamaschen über den Schuhen; einer von ihnen trägt sogar ein Monokel. Begleitet werden sie von Matrosen und bewaffneten Arbeitern.

»Was sind denn das für welche?« ruft einer der Neugierigen aus der Menge. »Die sehen ja aus wie aus'm Kintopp.«

»Darf ich vorstellen«, einer der Matrosen weist auf einen der gutgekleideten Herren, »Prinz Krafft Hohenlohe!« Und er weist auf einen zweiten und nennt ihn Graf Stierstorpf. Die Leute vor dem Hotel lachen über die Namen, die Herren lachen nicht.

»Die Namen sind echt«, ruft der Matrose, »nur die Herren, die sind nicht echt, das sind ziemlich falsche Hunde.«

Die Herren werden immer mehr, es sind zu viele, als daß Helle sie zählen könnte. Sie stehen zwischen den Matrosen und Arbeitern herum und flüstern miteinander. Und die Menschenmenge, die dieser Verhaftungsaktion zuschaut, wird auch immer größer. Bald kann Helle nichts mehr sehen, drängt sich weiter nach vorn durch – und erschrickt freudig: Da stehen sie ja, Heiner und Arno! Direkt vor dem Hoteleingang. Arno zeigt den Passanten die Pistolen und Revolver, die sie den Herren abgenommen haben, und Heiner verteilt ein paar Flugblätter, die bei ihnen gefunden wurden. »Die sollten über England abgeworfen werden«, erklärt er. »Englische und französische Truppen sollten bei uns einmarschieren.«

Eine schon etwas ältere Frau, die eines der Flugblätter rasch überflogen und dann zusammengeknüllt und weggeworfen hat, tritt vor den mit dem Monokel hin und spuckt aus. »Das also ist eure Schicksalsgemeinschaft! Das ist eure Vaterlandsliebe!« Arno hält sie zurück. »Nicht doch, Muttchen!« bittet er. »Das ist der doch gar nicht wert. Ist doch klar, 'n französischer und 'n deutscher Prinz stehen sich näher als 'n deutscher Arbeiter und 'n deutscher Prinz. Wär ja auch irgendwie verkehrt, wenn's anders wär.«

»Gleiche Brüder – gleiche Kappen!« sagt einer der Passanten böse. »Aber bei uns ist damit Sense. Das werden die schon noch merken.«

Das Gesicht des Prinzen zeigt keine Regung, es sieht eher gelangweilt aus. Ein Arbeiter gibt ein Zeichen, die Türen der Grünen Minna werden geöffnet und die Herren einer nach dem anderen hineingeschoben.

»Heiner!« Endlich hat Helle Gelegenheit, Heiner am Ärmel

zu zupfen. Der Matrose fährt herum. Eine Zeitlang guckt er nur verdutzt, dann huscht ein Lächeln über sein Gesicht: »Fritz?«

»Nee, Helmut.«

»Ach ja – Helle! Hast du alles gesehen?«

»Ja!«

»Diese blasierten Fratzen! Wenn's nach denen ginge, würden wir morgen alle an der Wand stehen.« Heiner macht ein angewidertes Gesicht, und Arno stößt einen der uniformierten Herren mit dem Gewehr an. Der sommersprossige Matrose hat Helle auch wiedererkannt, aber keine Zeit, ihn zu begrüßen. »Los! Arschbacken aus'nander!« schreit er und lacht über den sich eilig in Bewegung setzenden Offizier. »Haben wir alles von euch gelernt! Macht richtig Spaß, was?«

Als der Uniformierte endlich in der Grünen Minna verschwunden ist, hängt Arno sich das Gewehr über die Schulter und reicht Helle die Hand. »Was haste'n da gemacht? Sieht ja aus, als ob dir einer seinen Säbel übers Gesicht gezogen hat.«

»War kein Säbel, war 'n Stock.«

»Auch nicht viel angenehmer, oder?«

»Nee.«

Die Türen der Grünen Minna werden geschlossen, die letzten Arbeiter und Matrosen besteigen den LKW, die Neugierigen zerstreuen sich wieder.

»Wo bringt ihr die denn hin?«

»Zum Alex«, antwortet Heiner. Und Arno, der sieht, wie enttäuscht Helle ist, meint: »Wenn du Lust hast, kannste ja 'n Stück mitkommen. Hast doch Übung im Mitfahren, oder?«

Helle läßt sich das nicht zweimal sagen. Rasch klettert er mit Sack und Säge in den Händen auf den LKW und setzt sich auf eine der Bänke zu beiden Seiten der Ladefläche. Heiner und Arno schließen die Luke, steigen über sie hinweg und setzen sich neben ihn.

»Erzähl mal«, bittet Arno. »Wie ist denn das passiert?«

Zum x-ten Mal erzählt Helle von Herrn Försters Stockhieb,

diesmal allerdings vor einer Zuhörerschaft von mindestens zwanzig Männern. Er muß aufpassen, daß er nicht zu dick aufträgt, denn in seinem Innern gewinnt das Ganze immer mehr an Dramatik. Die Männer hören ihm gespannt zu, und als er geendet hat, legt ihm ein älterer Arbeiter die Hand auf die Schulter. »Laß mal, Junge! Mit solchen Methoden machen wir auch Schluß. Da kannste Gift drauf nehmen.«

Der LKW hält vor dem Polizeipräsidium am Alexanderplatz, dem riesigen roten Backsteinbau, dessen Anblick Helle an Edes Vater und Edes Bericht über seine Befreiung denken läßt. Die Verhafteten werden ausgeladen und durch ein Spalier von Arbeitern und Matrosen geführt. Sie geben sich steif, ernst und würdig, doch ihre Gesichter verraten Unsicherheit.

Heiner hat während der Fahrt nicht viel gesprochen, und er sagt auch jetzt nicht viel. Als alle Verhafteten – es sind über siebzig Männer, wie einer der Arbeiter befriedigt festgestellt hat – in dem roten Backsteingebäude verschwunden sind, setzt er sich wieder auf den LKW und stützt stumm die Hände auf den Lauf seines Gewehres.

Auch Helle weiß nicht, was er sagen soll. An jenem Tag vor vier Wochen war es einfacher, da waren all die Menschen, die rund ums Regierungsviertel durch die Straßen zogen, fast wie verwandt miteinander – jetzt ist das anders, jetzt sind Heiner und er nur ein Mann und ein Junge, die sich zwar kennen, aber eigentlich nichts miteinander zu schaffen haben.

Auch Arno kommt zurück, luchst Heiner eine Zigarette ab und raucht gemütlich. Sie haben nun Zeit, müssen warten, bis die Matrosen und Arbeiter, die die Verhafteten abgeführt haben, ebenfalls zurück sind.

»Was willste denn damit?« Arno zeigt auf den Sack mit der Säge, den Helle immer noch unter dem Arm trägt.

»Bin auf Brennholzsuche.«

»Und wo wollteste hin?«

»In den Tiergarten.«

»Meinste, das wird heut noch was? Ist ja gleich zappenduster, da siehste ja gar nichts mehr.«

Arno hat recht, die Dämmerung hat längst eingesetzt, mit der Brennholzsuche wird es heute nichts mehr.

»Na, nun laß mal nicht gleich den Kopf hängen. Wenn du willst, kannste mit zu uns kommen. Wir zerkloppen ein paar Stühle, und schon haste Holz.« Arno grinst fröhlich. »Wilhelm hat uns so viele Möbel hinterlassen, wir wissen gar nicht, wohin mit all dem Zeug.«

Die Matrosen und Arbeiter, die die Verhafteten abgeführt haben, klopfen ans Fahrerhaus, um den Fahrer des LKW aufzuwecken, der die Wartezeit für ein kleines Schläfchen genutzt hat. Dann steigen sie hinten auf.

»Na?« will Arno wissen. »Habt ihr sie heil abgeliefert?«

»Ich weiß nicht«, antwortet einer der Arbeiter. »Hab so das Gefühl, die sind bald wieder draußen.«

»Wir hätten sie gleich an die Wand stellen sollen«, meint ein schnauzbärtiger Matrose, der auch mit im Polizeipräsidium gewesen war. »Das wär das beste gewesen.«

»Quatschkopf!« Heiner spuckt seinen Zigarettenkippen auf die Straße. »Das wollen die da oben doch bloß, dann haben sie einen Grund, die Truppen in die Stadt zu holen.«

Der Schnauzbärtige erwidert nichts, aber Helle sieht ihm an, daß er seine Meinung nicht geändert hat.

Die Fahrt geht zuerst nach Neukölln, um die Arbeiter, die aus diesem Stadtteil stammen, dort abzusetzen. Einer von ihnen schenkt Helle, bevor er den Wagen verläßt, noch einen halben Kanten Brot, den er in der Tasche mit sich herumgetragen und vor lauter Aufregung zu essen vergessen hat. »Hier«, sagt er. »Damit's nicht mehr so weh tut.« Er meint den Striemen. Helle bedankt sich und beißt sofort ein Stück davon ab.

Von Neukölln geht es zurück in die Innenstadt. Es ist inzwischen dunkel geworden, nur die Laternen und wenigen Geschäfte mit Licht in den Schaufenstern erhellen die Stadt ein wenig. Die Matrosen auf dem LKW schweigen wieder, und Helle kommt sich überflüssig vor. Wären sie irgendwo in der Gegend rund um den Wedding, wäre er jetzt abgestiegen und zu Fuß nach Hause gelaufen. Von hier aus ist das unmöglich.

»Was is'n da los?«

Der LKW ist langsamer geworden. Arno beugt sich über die Verladeklappe, und auch Helle und Heiner schauen auf die Straße hinaus.

An einer Straßenecke hat sich eine Menschenmenge gebildet, eine helle Stimme ist zu hören, ab und zu wird geklatscht und manchmal gepfiffen. Die Matrosen springen vom LKW, Heiner und Arno sind unter den ersten. Helle folgt ihnen und bleibt dicht hinter den beiden.

»Ah! Matrosen!« Mitten in der Menge steht eine sehr kleine, fast winzige Frau und begrüßt die Neuankömmlinge mit einem freundlichen Kopfnicken. Sie steht direkt vor einem Plakat, das an der Hauswand klebt. *Arbeiter! Bürger! Das Vaterland ist dem Untergang nahe,* steht auf dem Plakat. *Rettet es! Es wird nicht bedroht von außen, sondern von innen: von der Spartakusgruppe. Schlagt ihre Führer tot! Tötet Liebknecht! Dann werdet ihr Frieden, Arbeit und Brot haben.* Die Unterschrift lautet: *Die Frontsoldaten.*

»Endlich zeigt die Gegenrevolution ihr wahres Gesicht«, ruft die kleine Frau. »Wer sind denn die, die da so ungeschminkt zum Mord auffordern? Die Frontsoldaten? Die Frontsoldaten sind noch gar nicht in Berlin. Es sind die Herren Generäle dieser Frontsoldaten, die noch immer nicht genug haben. Das Ergebnis dieser Hetze haben wir gestern gesehen. Die Morde in der Chausseestraße waren kein Zufall.«

»Das ist Rosa Luxemburg«, flüstert Heiner Arno zu.

Rosa Luxemburg? Helle betrachtet die kleine, blasse, schon leicht grauhaarige Frau mit dem riesigen Hut auf dem Kopf, deren Name fast immer gleichzeitig mit dem von Karl Liebknecht genannt wird, etwas genauer. Der Vater redet oft von ihr. Sie hat lange Zeit in Gefängnissen zugebracht und ist erst einen Tag bevor in Berlin die Revolution ausbrach, von Breslauer Arbeitern befreit worden.

Wie eine Revolutionärin sieht diese Rosa Luxemburg eigentlich nicht aus, eher wie eine der feinen Damen Unter den Linden.

»Wir haben zwar den Kaiser davongejagt, aber was ist damit getan?« Die kleine Frau blickt fragend in die Menge. »Was hat sich denn geändert? Da wo einst ein Prinz Max von Baden saß, sitzt heute ein Fritz Ebert. Und neben ihm? Neben ihm sitzen die gleichen Generäle, die gleichen Richter und Staatsbeamten, die bereits unter Wilhelm da saßen. Worin also besteht der Unterschied?«

Gemurmel setzt ein, Proteste werden laut, irgendwo pfeift jemand schrill.

Die kleine Frau wartet einen Augenblick, bis Ruhe eingekehrt ist, dann fährt sie fort: »Diese sogenannte neue Regierung weiß, daß Karl und ich immer wieder Morddrohungen erhalten – was tut sie dagegen? Nichts! Ebert hat die Arbeiterschaft verraten, er paktiert mit den Generälen! Wenn wir uns gegen ihn und seine Politik nicht wehren, stirbt die Revolution.«

Widersprüche werden laut, doch sie gehen in dem einsetzenden Beifall unter. Arno klatscht besonders laut.

»Die Vorfälle gestern haben gezeigt, daß wir Polizei und Militär vollständig entwaffnen müssen.« Die kleine Frau wendet sich den Matrosen zu, und Helle kann nun ihr Gesicht sehen: die ziemlich große Nase und die großen dunklen Augen, die jetzt nicht mehr freundlich, sondern auffordernd blicken. »Wir müssen eine Arbeitermiliz an ihre Stelle setzen, eine Rote Garde zum Schutz der Revolution. Alle Offiziere und Unteroffiziere müssen abgesetzt werden. Alle Behörden, alle Regierungsstellen müssen durch Vertrauensmänner der Arbeiter- und Soldatenräte ersetzt werden. Und vor allen Dingen müssen die Lebensmittel beschlagnahmt werden, damit endlich die Volksernährung gesichert werden kann.«

Der prasselnde Beifall, der nun einsetzt, ist so stark, daß sich die kleine Frau mit dem großen Hut ein Lächeln nicht verkneifen kann. Sie will noch etwas sagen, da zieht ein weißhaariger Mann neben ihr seine Uhr aus der Manteltasche und flüstert mit ihr. Sie zuckt die Achseln und verabschiedet sich von den Umstehenden, die sofort eine Gasse bilden und sie zu einem Auto geleiten.

Bevor das Auto mit der kleinen Frau und dem Weißhaarigen davonfährt, sieht Helle noch, daß Rosa Luxemburg hinkt und daß sie, der noch eben alle wie gebannt lauschten, zwischen all den Männern wie verloren aussieht.

Auch Heiner schaut dem Auto noch einige Sekunden nach, dann geht er auf das Plakat zu und fetzt es Stück für Stück von der Wand.

Nicht woher, sondern wohin

Der Marstall ist eines jener Gebäude in der Nähe des Schlosses, die Helle stets am meisten beeindruckt haben. Wenn er an einem davon vorüberging, kam er sich immer sehr klein, armselig und unbedeutend vor. Den riesigen Komplex, in dem der Kaiser seine Stallungen unterhielt, empfand er sogar als bedrohlich; daß dieses mächtige Haus nur ein Pferdestall war, konnte er nie recht glauben. Jetzt fährt er auf dem LKW sitzend durch den von Matrosen bewachten Torbogen mitten in den Marstall hinein. Das Gefühl, etwas Verbotenes zu tun, überkommt ihn, weicht jedoch bald der Neugierde.

Auf dem nur schwach beleuchteten Hof zwischen den Stallungen ist emsiges Kommen und Gehen. Er hält sich an Heiner und Arno und folgt den beiden durch mehrere Gänge in einen riesigen, holzverkleideten Raum, in dem an langen Tischreihen Matrosen sitzen, aus Blechschüsseln ihre Suppe löffeln und sich nicht um die Neuankömmlinge kümmern.

»Da kommen wir ja gerade richtig.« Arno nimmt von einem Tisch, auf dem stapelweise Blechschüsseln stehen, drei Schüsseln, reicht eine Helle und eine Heiner und stellt sich am Ende der langen Schlange von Matrosen an, die noch auf ihr Essen warten.

Helle ist sich nicht sicher, ob er hier einfach mitessen darf. Heiner jedoch schiebt ihn so selbstverständlich hinter Arno in die Schlange, daß er nicht erst lange fragt, und der Matrose am Suppenkessel verzieht keine Miene, als Helle ihm seine Schüssel hinhält.

Als sie dann zu dritt zwischen all den anderen Matrosen an einem der langen Tische sitzen und ihre Suppe löffeln, lächelt Heiner zum erstenmal an diesem Tag. »Ihr habt wohl daheim nichts zu essen?«

Helle geniert sich, daß er so in die heiße Suppe reingehauen hat, nickt aber.

Der Matrose mit dem Schnauzbart, der vor dem Polizeipräsidium vom »an die Wand stellen« sprach, sitzt ihnen direkt gegenüber. »Das ist doch auch 'ne Bürgerliche«, sagt er gerade über Rosa Luxemburg. »Genau wie Liebknecht. Wenn die erst mal dran sind, bescheißen sie uns auch.«

Ruckartig hebt Arno seinen Kopf.

»Meinste das im Ernst?«

»Was denn sonst?«

»So?« Arno dehnt sich, als wisse er noch nicht genau, was er tun wolle, nimmt dann plötzlich seine Schüssel und klatscht dem Schnauzbärtigen den Rest Suppe ins Gesicht. Erst ist es totenstill am Tisch, schließlich lachen einige. Der Schnauzbärtige ist so überrascht, daß er lange nicht reagieren kann, doch dann schnellt er vor und schlägt Arno die Faust ins Gesicht.

Arno fährt sich mit der Hand übers Kinn. »Sind wir quitt?«

fragt er den Schnauzbärtigen. Der streckt die Hand aus. »Meinetwegen.«

Schnell ergreift Arno die Hand und zieht den Schnauzbärtigen über den Tisch. »Denkste, Puppe!« ruft er und schlägt zu.

Der Schnauzbärtige fliegt zurück, sucht einen Halt und findet keinen. Er fällt zwischen Tisch und Holzbank, rappelt sich wutschnaubend wieder auf, springt über den Tisch und schlägt auf Arno ein. Arno taumelt, bekommt eine noch fast volle Blechschüssel zu fassen und schüttet dem Schnauzbärtigen auch deren Inhalt ins Gesicht.

Die Matrosen johlen vor Freude über Arnos zweiten Streich. Der Schnauzbärtige wischt sich mit den Ärmeln die Suppe aus dem Gesicht, in seinen Haaren und im Bart jedoch bleibt sie kleben. Ganz langsam geht er auf Arno zu. Arno steht in der Mitte des Raumes, breitet die Arme aus und geht etwas in die Knie. Die anderen Matrosen feuern die beiden Kampfhähne lautstark an, die aber umkreisen sich erst mal nur lauernd.

»Komm!« Heiner steht auf. »Suchen wir dir ein bißchen Holz.«

Still geht Helle mit Heiner mit, während Arno und der Schnauzbärtige wieder aufeinander losstürzen. Krachend fallen sie auf einen Tisch, trudeln übereinander und hin und her.

Heiners Gesicht ist deutlich anzusehen, daß er mit der Schlägerei und Arnos Verhalten nicht einverstanden ist. Ärgerlich packt er einen mit vielen Verzierungen versehenen Stuhl an der Lehne und schlägt ihn gegen den Fußboden, bis er auseinanderbricht. »Der brennt bestimmt prima.« Er findet einen zweiten und dritten Stuhl, und Helle verstaut auch deren Einzelteile in seinem Sack. Es tut ihm leid um die schönen Stühle, aber Heiner hat recht: »Stühle kann man ersetzen, Menschen nicht.«

Als Helles Sack so voll ist, daß er ihn gerade noch tragen kann, geht der Matrose mit ihm in den Hof und kramt einen Zettel und einen Bleistift aus seinen weiten Hosentaschen. »Ich schreib dir mal die Adresse meiner Eltern auf. Denen geht es eigentlich immer noch ganz gut, ein paar Kartoffeln und ein bißchen Milch müßten sie schon erübrigen können.«

Helle nimmt den Zettel und steckt ihn ein. »Danke.«

»Weißt du, wie du nach Heinersdorf kommst?«

»Erst mit der Ringbahn und dann mit ’nem Bummelzug.«

Heiner nickt. »Fahr kurz vor Weihnachten hin. Dann schlachten wir immer; außerdem können sie dann gar nicht anders, dann müssen sie was rausrücken – wegen Nächstenliebe und so!«

Offensichtlich hat der junge Matrose noch keine Lust, zu den anderen zurückzukehren. Schweigend geht er mit Helle über den Schloßplatz, bis er an dem eisernen Geländer neben der Spree stehenbleibt und nach Fritz fragt. »Warum seid ihr nicht zusammen auf Brennholzsuche? Ihr seid doch Freunde, oder?«

»Wir haben uns gestritten. Sein Vater ist so ’n Kaisertreuer.«

»Na und? Für seinen Vater kann er doch nichts.«

»Aber er sagt, was sein Vater sagt.«

»Was soll er denn sonst sagen? Er sagt, was er so beigebracht kriegt – zu Hause und in der Schule.«

»Weiß ich ja. Aber soll ich ihm recht geben, wenn er Kacke erzählt?«

Heiner steckt sich eine Zigarette an und schnippt das Streichholz ins Wasser. »Ich war auch mal Gymnasiast. Mein Vater wollte unbedingt, daß ich was Besseres werde, nicht nur so ein Kuhbauer wie er. Na ja, mit mir war nicht viel los auf der Schule, hab von der See geträumt ... Als der Krieg ausbrach, hab ich mich dann freiwillig gemeldet. War gerade siebzehn und stellte mir das toll vor, für Kaiser und Vaterland zu sterben. Und noch dazu auf hoher See!«

Helle spürt das kalte Eisengeländer, an das sie sich lehnen, aber er bleibt so stehen, rührt sich nicht.

Heiner schaut zum Marstall hinüber. »Wenn ich meine Kameraden nicht gehabt hätte, vielleicht stände ich heute auf der anderen Seite ... Aus Dummheit, verstehst du?«

Stumm senkt Helle den Kopf. Ohne Freunde, die anders sind, muß Fritz ja werden wie sein Vater, soll das heißen.

Der Matrose legt den Arm um Helle und zieht ihn ein Stück weiter. »Es kommt nicht darauf an, wo einer herkommt, es kommt darauf an, wo er hin will. Wenn wir die Leute nach ihrer Herkunft beurteilen würden, hätten wir keinen Karl Liebknecht und keine Rosa Luxemburg.« Auf der Schloßbrücke gibt er Helle dann die Hand. »Ich fand euch beide damals schwer in Ordnung. Das findet man nicht oft, daß ein Arbeiterjunge und ein Gymnasiast so dicke Freunde sind.«

Helle sagt nichts, doch nun weiß er: Er wird zu Fritz gehen und mit ihm reden.

Da lächelt Heiner und läßt Helles Hand los. »Grüß meine Mutter von mir und die Oma auch. Sag ihnen, daß es mir gutgeht. Meinem Alten aber geh lieber aus dem Weg. Das ist auch so ein Kaisertreuer, der hält nicht viel von seinem roten Sohn.«

Bereits im Treppenhaus schlägt Helle der Geruch entgegen, als er vor der Tür steht und klopft, weiß er sicher, was die Mutter kocht: Pferdefleisch! Und nun weiß er auch, was das längliche Dunkle war, das vor der Nummer 32 im Rinnstein lag. Er hatte Ratten über die Straße huschen sehen, aber auf die Idee, daß sie sich an den Resten eines Pferdekadavers gütlich taten, war er nicht gekommen.

»Wo warste denn so lange?« Die Mutter ist sichtlich erleichtert, daß er zurück ist. Helle möchte ihr auch gleich alles erklären, doch mit einem einzigen Satz geht das nicht, und lange Geschichten kann er der Mutter in der Tür nicht erzählen. Also geht er erst mal nur in die Küche und leert dort den Sack mit dem Holz aus. Danach setzt er sich, während die Mutter fassungslos die seltsamen Stuhlteile bestaunt, zur schlafenden Martha aufs Sofa und erzählt, wie er Heiner und Arno wiedergetroffen hat und was er sonst noch so alles erlebt hat an diesem Tag.

»Du hast Rosa Luxemburg gesehen?« Die Mutter kann kaum

glauben, was Helle ihr da alles erzählt, am meisten aber imponiert ihr die Begegnung mit Rosa Luxemburg. »Ist sie wirklich so 'ne kleine Portion, wie alle sagen?«

»Sie ist sehr klein. Und sie hat 'n ziemlich großen Hut auf'm Kopf, aber sie sagt genau das, was Vater sagt – nur anders.«

»Ist ja klar! Was die alles gelesen hat. Und wo die schon überall Reden gehalten hat.« Die Mutter stapelt das Holz neben dem Herd auf. Ein Stück Stuhllehne legt sie gleich auf die Glut im Herd. Dabei erzählt sie, wie Oma Schulte zu ihr kam und ganz aufgeregt von dem toten Pferd vor der Nummer 32 berichtete. »Es war einfach umgefallen, wahrscheinlich vor Schwäche. Ehe der Kutscher es abtransportieren lassen konnte, waren die Leute schon da.« Sie lacht. »War gerade erst von der Arbeit gekommen, aber als ich das gehört habe, gab's nur eins – Messer raus und runter! Die anderen waren schon fleißig beim Rumsäbeln, 'n schönes Stück Keule hab ich aber trotzdem noch erwischt. Und dann hat Oma Schulte uns auch noch drei Kohlen geliehen – heute scheint 'n richtiger Glückstag zu sein.«

»Ist Vater noch nicht zurück?«

»Er war kurz hier, ist aber gleich wieder weg.« Die Mutter füllt etwas von der Fleischbrühe in eine Tasse und stellt sie vor Helle hin. »Trink mal. Das tut gut.«

Helle trinkt in kleinen Schlückchen, aber ohne zu pusten; er mag es, wenn es heiß in ihm hinunterrinnt und ihm danach ganz warm wird.

Die Mutter macht sich wieder am Herd zu schaffen und erzählt nun von Hänschen, den sie schon ins Bett gelegt hat, weil es ihm immer noch nicht bessergeht. Dann stockt sie plötzlich. »Haste schon gehört, die Frau Fielitz hat ihre Anni heute ins Krankenhaus gebracht.«

Also doch, heute schon! »In welches Krankenhaus ist sie denn gekommen?«

»In die Charité.«

Die Charité ist das Universitätskrankenhaus, ein riesiger

Komplex mit vielen Häusern und Parkanlagen dazwischen. Erwin sollte damals auch dort hin, aber bis ein Bett frei wurde, war es schon zu spät.

»Die Fielitz hat es auch nicht gerade leicht«, seufzt die Mutter. »Wer soll denn jetzt auf die beiden Kleinen aufpassen, wenn sie zur Arbeit geht?«

Helle hat die Frage gehört, aber natürlich erwartet die Mutter keine Antwort von ihm. Außerdem hat die heiße Brühe ihn inzwischen schläfrig gemacht. Es ist so gemütlich in der Küche, die Stuhllehne knackt in der Glut, und die schlafende Martha mit dem Kopf im Kopfkissen und dem regelmäßigen Atmen, das manchmal wie ein Seufzen klingt, tut ein übriges – er legt sich zur Schwester, seine Augenlider klappen zu, und er schläft ein.

Wie lange er geschlafen hat, weiß er später nicht; es sind Stimmen, die ihn wecken. Irgendwo wird laut und aufgeregt geflüstert. Verwirrt richtet er sich auf. Hat er das nur geträumt?

Er hat das Flüstern nicht geträumt. Es kommt aus dem Flur, dringt durch die geschlossene Tür. Noch halb benommen geht Helle zur Tür und öffnet sie.

»Haben wir dich aufgeweckt? Das tut uns leid.« Trude steht im Flur und neben ihr Atze.

»Am besten, ihr geht übers Dach«, sagt die Mutter.

»Und die Knarren?« fragt Atze.

Dach? Knarren? Helle versteht überhaupt nichts mehr.

»Wir haben ein Waffenlager geknackt«, klärt Atze ihn auf und grinst dabei, als sei das eine freudige Botschaft. »Jetzt sind sie hinter uns her. Wir glauben, daß wir sie abgehängt haben, aber sicher sind wir uns nicht.«

»Ihr habt keine Zeit«, drängt die Mutter. »Ihr müßt auf den Boden und über die Dächer.«

»Und die Knarren?« fragt Atze wieder. »Was, wenn sie die auf'm Boden finden? Dann war die ganze Aufregung umsonst.«

»Wenn du im Gefängnis sitzt, war sie nicht umsonst, was?« Atzes Sorglosigkeit macht die Mutter wütend.

»Helle!« bittet Trude, die inzwischen nachgedacht hat. »Kannste nicht auf'm Hof aufpassen? Wir bleiben dann solange auf dem Boden. Wenn sie kommen, pfeifst du, und wir hauen ab.«

»Und was soll ich pfeifen?« fragt Helle, der noch immer nicht ganz wach ist.

»Am besten die Internationale.« Atze lacht. »Dann wissen die gleich, woran sie sind.«

Trude bleibt ernst. »Egal, was du pfeifst, nur laut, hörste, laut muß es sein.«

Helle will noch fragen, was er sagen soll, wenn er gefragt wird, weshalb er denn so laut gepfiffen habe, dann läßt er das bleiben. Wenn es dazu kommen sollte, muß er sich selbst was einfallen lassen. Schnell zieht er seine Joppe über und steigt durchs dunkle Treppenhaus in den Hof hinab, während Trude, Atze und noch zwei andere junge Männer, die mit den gestohlenen Gewehren und Pistolen auf dem Treppenabsatz gewartet haben, mit der Mutter zum Boden hinaufsteigen.

Auf dem Hof ist es finster und ruhig, nur in Oswins Schuppen brennt noch Licht. Vorsichtig tritt Helle an eines der Schuppenfenster heran und späht hinein.

Oswin sitzt an seinem Basteltisch und näht an einem Stück Stoff herum. Auf seinem Tisch liegt ein ganzer Berg Stoffreste. Was das wohl dieses Jahr für ein Weihnachtsgeschenk wird? Vielleicht Puppenkleider? Auf jeden Fall was aus Stoff ...

Wie spät ist es eigentlich? Er hat keine Ahnung, weiß ja nicht, wie lange er geschlafen hat, und so finster wie jetzt ist es immer im Hof, wenn der Abend hereingebrochen ist. Es kann zehn Uhr abends, kann aber auch Mitternacht sein. Um nicht allzusehr zu frieren, beginnt Helle auf und ab zu spazieren, marschiert mal links, mal rechts im Hof herum, geht aber so leise, daß niemand ihn hören kann.

Im Fielitzschen Kellerfenster brennt plötzlich Licht. Helle hockt sich hin und späht hinein. Willi, Annis mittlerer Bruder, wieselt im Nachthemd durch die Gegend. Er hat die Petroleumlampe angezündet und sucht irgend etwas. Der kleine Otto liegt im Bett und guckt zu.

Hat Annis Mutter die beiden also doch allein gelassen! Und natürlich stellen sie jetzt irgendeinen Blödsinn an.

Da, Willi hat eine Schere geholt, will irgendwas zerschneiden. Rasch klopft Helle ans Fenster. Willi erstarrt und guckt zum Fenster hin, als vermute er dahinter ein Gespenst. Dann dreht er die Lampe aus und verschwindet wieder im Bett. Das kann Helle nicht mehr sehen, aber hören. Willi springt so hastig hinein, daß die Bettfedern laut quietschen.

Leise lachend zieht Helle weiter seine Runden. Dabei denkt er an Anni, wie sie nun in dem fremd riechenden Krankenzimmer liegt, sicher zusammen mit vielen anderen Kindern, und vor lauter Fremdsein nicht einschlafen kann. Und an Annis Mutter. Was sollte sie tun? Sie mußte die beiden ja allein lassen, wenn sie ihre Arbeit nicht verlieren will.

In einem der vorderen Höfe werden Schritte laut. Helle preßt sich in die dunkelste Hofecke und überlegt schon, ob er pfeifen soll, läßt es dann aber sein: Das ist nur ein einzelner Mann, der da über die Höfe geht, und er geht nicht so, als spähe er etwas aus. Und dann kommen ihm die Schritte auch schon bald sehr vertraut vor: Es ist der Vater, der da kommt. Schnell löst er sich aus dem Schatten und tritt auf den Vater zu.

»Du? Was machst du denn noch hier?«

Mit wenigen Worten klärt Helle den Vater über seinen Auftrag auf. Der Vater überlegt kurz, dann entschließt er sich, ihm Gesellschaft zu leisten. Er lehnt sich an die Teppichklopfstange, schiebt sich die Mütze aus der Stirn und fragt: »Wie war's denn heute in der Schule?«

Die Schule? Heute? Helle erscheint es, als wäre der Morgen vor der Klassenzimmertür schon zwei, drei Tage her. Nur kurz, fast uninteressiert, erzählt er von Herrn Försters Rache, die ihm, nach all dem anderen, was er an diesem Tag erlebt hat, seltsam unwichtig vorkommt. Vom Vater erfährt er, daß Herr Förster erst gar nicht mit ihm sprechen wollte. Weil er aber in Eile war und nicht warten konnte, hat der Vater nicht lange fackeln können, sondern sich so vor ihm aufgebaut, daß Herr Förster nicht an ihm vorüberkonnte, und ihn auf diese Weise zur Rede gestellt. »Ich wußte, daß du das ausbaden mußtest, aber ich wußte auch, daß du in der Lage bist, dich zu wehren.«

Eine Zeitlang schweigen beide, um besser lauschen zu können, aber alles bleibt still. Dann erzählt Helle von Heiner und Arno und von Rosa Luxemburg, der kleinen Frau mit dem großen Hut. Der Vater will genau wissen, was sie gesagt hat, und Helle berichtet ihm davon, so gut er kann.

Der Vater weiß bereits von den Morddrohungen gegen Karl Liebknecht und Rosa Luxemburg und erzählt, daß es immer mehr Mühe macht, die beiden zu verstecken. »Sie wechseln laufend die Hotels, bleiben nie lange an einem Ort. So mancher Hotelbesitzer aber wagt nicht mal mehr, an sie zu vermieten, weil man ihn mit Drohungen eingeschüchtert hat. Also müssen sie bei Freunden oder in ihren Wohnungen übernachten. Das ist natürlich besonders gefährlich.«

»Und? Könnt ihr dagegen nichts tun?«

»Was denn?« fragt der Vater. »Sie können doch nicht fortlaufen, jetzt, wo es um all das geht, wofür sie ihr Leben lang gekämpft haben.«

Der Vater hat recht: Nauke konnte ja auch nicht fortlaufen, und Trude und Atze, Heiner und Arno, der Vater und Onkel Kramer können es auch nicht.

»Wir passen schon auf sie auf«, sagt der Vater. »Jedenfalls so gut es geht.« Dann schaut er zu Oswins Fenster hin. »Ob ich mal kurz zu ihm reingehe? Es paßt mir nicht, daß wir beide so über Kreuz miteinander sind. Mag den alten Zausel ja.«

»Geh nur«, sagt Helle.

»Wenn du was hörst, meldeste dich, ja?«

Helle nickt nur stumm, dann klopft der Vater an die Fensterscheibe und geht zur Schuppentür. Oswin öffnet, und Helle ist wieder allein. Lange ist alles still, dann rührt sich was im Seitenaufgang.

»Helle!«

Trudes Stimme. Helle geht zu ihr hin und betritt den dunklen Flur. »Paß auf!« flüstert Trude. »Wir sind jetzt sicher, daß wir sie doch abgeschüttelt haben. Könnte nur sein, daß sie auf der Straße warten. Deshalb geh bitte voran. Wenn du was merkst, gib uns ein Zeichen.« Sie drückt ihm Mutters Hausschlüssel in die Hand. »Tu möglichst harmlos.«

Die Hände in den Taschen geht Helle über die Höfe und schließt pfeifend die Haustür auf. Mittendrin fällt ihm ein, daß er immer, wenn er den Harmlosen spielt, die Hände in die Taschen schiebt oder pfeift, und er läßt das Pfeifen sein. Auf der Straße blickt er sich aufmerksam um, dann winkt er Trude. Alles ist dunkel und still, niemand ist zu sehen.

Trude und die drei jungen Männer kommen hervor und blicken sich ebenfalls vorsichtig um. »Still ruht der See«, flüstert Atze. »Aber manchmal schwimmt ’ne Leiche drin.«

»Danke, Helle!« Trude küßt Helle auf die Wange. »Haste prima gemacht.«

Helle sieht den vieren noch einen Augenblick nach, dann schließt er die Haustür wieder ab und geht zu Oswins Schuppen zurück.

Der Vater erwartet ihn schon. »Sind sie weg?« fragt er, und als Helle die Frage bejaht: »Hatten sie die Waffen dabei?«

»Nein.«

»Dann müssen wir ’n Auge drauf haben. Dieser Rölle schnüffelt mir zuviel rum. Wäre schade um die Dinger.«

Es wird langsam hell hinter den mit Eisblumen zugewachsenen Fenstern. Helle kuschelt sich eng an Martha, obwohl er eigentlich nicht mehr müde ist. Doch wozu soll er aufstehen, heute am Sonntag? Es ist so kalt über der Bettdecke, überall pfeift der Wind durch die Ritzen, und in der Küche haben sich sicher wieder kleine Eiszapfen über dem Fenster gebildet.

Auch die Eltern schlafen noch. Helle hört ihr ruhiges Atmen. Die Mutter genießt es, einmal in der Woche nicht früh aufzustehen, einmal nicht durch die frühmorgendliche Kälte zur Fabrik wandern zu müssen. Und der Vater ist gestern erst spät in der Nacht nach Hause gekommen. So lange ist er von Kaserne zu Kaserne gezogen, um mit den Soldaten zu diskutieren. Zwischen den Eltern liegt Hänschen. Sie haben ihn nun doch in ihr Bett geholt, es geht ihm ja immer noch nicht viel besser, und so hat er wenigstens Wärme; nirgends ist es so warm wie im Bett zwischen den Eltern.

Es macht Spaß, den Tag nur langsam an sich heranzulassen, noch nicht richtig wach zu sein, aber schon nachdenken zu können. Und es gibt ja, abgesehen von der Eiseskälte um ihn herum, an diesem Morgen nur Angenehmes zu denken. Erstens ist Sonntag, zweitens ist vierter Advent, und drittens haben die Weihnachtsferien begonnen. Das heißt, tagelang keinen Herrn Förster sehen und nicht dessen nun so deutliche Mißachtung ertragen zu müssen.

Wie die Klasse gejohlt hat, als es zum letztenmal läutete! Wenn sie die letzte Stunde beim Förster gehabt hätten, wären die Ferien sicher nur mit unterdrückter Freude begrüßt worden; der Flechsig aber hatte sich selbst gefreut. Es ist längst nicht alles so gekommen, wie er es sich dachte, deshalb war er genauso froh, die Schule einige Tage nicht sehen zu müssen ...

Martha ist wach. Sie kitzelt ihn.

»Biste still! Penn weiter, oder ich schaller dir eine.«

Er meint das nicht ernst, hat Lust auf eine Kabbelei. Martha spürt das. Leise singt sie ihm den Refrain eines Liedes vor, den ihr die blonde Rieke vom dritten Hof beigebracht hat:

»Ja, ja, det Leben,
det is wenig heiter,
man schimpft und flucht
und lebt jemütlich weiter.«

»Na, dann lebe mal gemütlich«, flüstert Helle und boxt Martha unter der Bettdecke in die Rippen. Sofort boxt sie zurück. Nicht lange, und sie knuffen, puffen, pieken und kitzeln sich und rollen dabei über- und untereinander im Bett herum, bis sie sich wieder zudecken, weil ihnen kalt geworden ist.

Martha ist begeistert. »Holste mir 'n Eiszapfen?«

»Hol'n dir doch selber.«

»Ist so kalt.«

»Denkste, ich schwitze?«

»Ja.«

»Bist wohl 'n bißchen knille.«

Wieder geht die Balgerei los, diesmal so heftig, daß ihnen richtig warm dabei wird.

»Eiszapfen lutschen ist ungesund«, erklärt Helle schweratmend, als sie wieder zur Ruhe gekommen sind. »Da verkühlste dich nur.«

»Schmeckt aber«, widerspricht Martha, die Helle selber schon Eiszapfen lutschen gesehen hat.

»Schmeckt nicht!«

»Schmeckt doch!«

Die dritte Runde beginnt. Wieder piesacken, boxen und kitzeln sich Martha und Helle, bis sie völlig außer Atem sind und nun tatsächlich schwitzen. Danach hat Helle genug. Er steht auf und zieht sich gleich an, um in der kalten Wohnung nicht erst lange frieren zu müssen. Dann geht er in die Küche und probiert, ob der Wasserhahn geht. Doch die Wasserleitung ist immer noch zugefroren.

Auch die Schwester kommt in die Küche. Ein Blick auf den Wasserhahn und sie weiß, daß sie sich heute wieder nicht waschen muß. Das verbessert ihre gute Laune noch. Sie stellt sich ans Fenster, begutachtet die Eisblumen, haucht ein Loch in die bizarren Eismuster, späht hindurch, um etwas auf dem Hof erkennen zu können, und singt dabei:

»Advent, Advent –
wer dich nicht kennt,
der hat keinen Schimmer,
der bleibt doof für immer.«

Das hat sie selbst gedichtet. Sie tut das in letzter Zeit öfter. Meistens ist es Quatsch, was sie da zusammendichtet, manchmal aber wirklich ulkig. Helle nimmt Papier und Holzspäne und macht Feuer im Herd. Die Mutter hat von einer Kollegin Pfefferminztee bekommen, den trinken sie nun jeden Morgen, um was Heißes in den Bauch zu bekommen. Die Kohlen jedoch, die der Vater neulich ergattert hat, reichen nicht mehr lange; wenn sie nicht bald irgendwo neue Kohlen oder wenigstens ein bißchen Holz auftreiben, gibt es keinen heißen Tee mehr, denn auch Oma Schultes Vorräte neigen sich dem Ende zu.

»Warum schneit's denn nicht?« Jeden Tag fragt Martha das. Sie wünscht sich Schnee, weil es ihrer Meinung nach ohne Schnee kein richtiges Weihnachtsfest gibt; sie wünscht es sich so sehr, daß sie es sogar schon mit Beten versucht hat, aber geholfen hat es bisher nicht.

Helle freut sich auch auf Weihnachten, doch mit Marthas Vorfreude ist seine Freude nicht zu vergleichen. Martha hofft immer noch auf irgendwas Besonderes. Und natürlich denkt sie, wenn sie an Weihnachten denkt, auch an ihren Geburtstag. Sie wird ja übermorgen, am Heiligen Abend, endlich sechs, kommt ins

Schulalter und muß ab Ostern nicht mehr zu Oma Schulte hoch.

»Erinnerste dich noch an voriges Jahr Weihnachten?« fragt Martha, ohne sich von ihrem Guckloch abzuwenden.

»Na klar.«

»Wie war's denn da? Erzähl mal.«

»Wie soll's gewesen sein? Vater war auf Urlaub, und wir haben in der Küche gesessen.«

»Und haben meinen Geburtstag gefeiert!«

»Ja.«

»Und wie, wie haben wir ihn gefeiert?«

Überhaupt nicht, möchte Helle am liebsten sagen. Die Eltern hatten andere Sorgen, als Geburtstag zu feiern. Marthas fünfter Geburtstag war schon das vierte Kriegsweihnachten. Die Eltern haben den ganzen Abend nur über ihre Sorgen geredet, und er hat mit Martha *Schwarzer Peter* gespielt – das war alles. Weil er Martha nicht enttäuschen will, schwindelt er: »Es war lustig. Wir haben viel gelacht.«

Viel lachen findet Martha toll. »Diesmal lachen wir auch viel. Und wir essen viel.«

»Abwarten.« Helle legt eine Kohle auf die Späne, die nun lichterloh brennen. Er will heute zu Heiners Eltern raus, es ist ja nun kurz vor Weihnachten. Martha verspricht sich unheimlich viel von dieser Fahrt, er nicht. Heiners Eltern sind nicht Heiner selber, und wenn er an Heiners Vater gerät, den er sich ein wenig wie Fritz' Vater vorstellt, wird es vielleicht sogar Ärger geben. Wenn Heiners Vater schon von seinem Sohn nicht viel hält, was soll er dann von einem halten, der nur kommt, um zu betteln?

Die Kohle beginnt zu glühen. Helle hält seine längst klamm gewordenen Hände über die Flammen, ehe er das Wasser aufsetzt, das die Mutter noch am Abend aus dem Vorderhaus geholt hat. Martha folgt seinem Beispiel. »Besser als waschen«, sagt sie und zieht verschmitzt die vor Kälte rote Nase kraus.

Helle aber ist in Gedanken schon auf dem Weg nach Heinersdorf und denkt mit Erleichterung daran, daß wenigstens Ede mitfährt.

Erst wollte der Freund nicht mit. Seinem Vater geht es immer noch nicht besser. Der Arzt hat gesagt, Edes Vater leide bereits seit langem an einer schlimmen Lungenkrankheit, die zwar nicht ansteckend sei, aber auch nicht mehr zu heilen ist. Wenn Edes Vater sich schone, könne er mit dieser Krankheit ein alter Mann werden, wenn nicht, könne die Krankheit sich so verschlimmern, daß er sterben muß. Seitdem Ede das weiß, würde er am liebsten überhaupt nicht mehr aus der Wohnung gehen, um seinem Vater jeden Handgriff abzunehmen. Der aber meinte, Ede müsse mal an die frische Luft. Da sei so eine Tagestour nach Heinersdorf gerade das richtige. Und wenn die Jungen tatsächlich ein bißchen was zu essen mitbrächten, lohne sich die Fahrt ja auch.

»Ich muß aufs Klo«, quengelt Martha.

»Na, dann geh doch.«

»Ist so kalt! Und's stinkt so.«

Die Wasserspülung in der Toilette ist bei dieser Kälte natürlich auch noch außer Betrieb. Es sieht furchtbar aus da unten. Helle stellt sich lieber an eine Hauswand. Aber das geht natürlich nur beim Pinkeln.

»Ich geh auf'n Nachttopf, ja?«

»Nee! Der Nachttopf ist für nachts. Oder willste'n hinterher runterbringen? Dann kannste's auch gleich unten abliefern.«

Die Schwester schmollt. Doch sie hat nicht wirklich damit gerechnet, daß sie Helle überreden könnte, deshalb ist das gleich wieder vergessen.

Als das Teewasser endlich kocht, kommt die Mutter in die Küche, die nun nicht mehr ganz so kalt ist. Sie bringt Hänschen mit, legt ihn auf den Tisch und wickelt ihn.

Hänschen ist sehr mager geworden. Er bewegt sich kaum noch. Richtig apathisch liegt er da und blickt mal Helle, mal die Mutter, mal Martha an.

»Ist das wieder kalt heute!« seufzt die Mutter. Und dann äußert sie erneut ihre Befürchtung, daß es einen langen Winter geben und Hänschen überhaupt nicht mehr gesund werden könnte. Sie hofft auf einen frühen Frühling und einen warmen Sommer. Wärme wäre gut für Babys, sagt sie, außerdem gebe es im Sommer sicher wieder mehr zu essen.

Als die Mutter vom Essen spricht, fällt ihr Helles Tour ein. »Wann fährste denn?«

Helle hat sich schon erkundigt, wann die Züge fahren, und sich mit Ede für elf Uhr verabredet. Das sagt er der Mutter, während er den Pfefferminztee aufbrüht.

Die Mutter hat Hänschen fertiggewickelt, nimmt ihn auf den Schoß und läßt sich von Helle einen Becher Tee und die Tüte mit den Zwiebackresten reichen. Sie tunkt die bröseligen Zwiebackstücke in den Tee, damit sie weich werden und nach irgendwas schmecken, und stopft sie Hänschen vorsichtig in den Mund.

Martha ißt auch von dem Zwieback. Doch sie tunkt ihn nicht mehr in den Tee; das hat sie nur so lange getan, wie Hänschen diese Art von Pappchen noch nicht bekam.

Der Vater kommt, ist ebenfalls ganz durchgefroren und bleibt am Herd stehen, um sich zu wärmen. »Weißt du, wie Edes Vater heißt?« fragt er Helle. »Es gibt da nämlich einen gewissen August Hanstein, der für die *Rote Fahne* schreibt.«

»Edes Vater heißt August.«

Da geht der Vater in den Flur zurück, zieht eine *Rote Fahne* aus der Manteltasche und legt sie vor Helle hin. »Dieser Hanstein – egal, ob es Edes Vater ist oder nicht – schreibt tolle Sachen. Mit dem würde ich mich gern mal unterhalten.«

Tatsächlich, der Name unter dem Artikel, den der Vater mit einem Bleistift angekreuzt hat, lautet *August Hanstein*.

»Edes Vater ist doch Arbeiter«, sagt die Mutter. »Glaubste wirklich, daß der Zeitungsartikel schreibt?«

»Warum denn nicht?« fragt der Vater. »Die Artikel sind ganz einfach geschrieben, klar und deutlich – eben wie 'n Arbeiter sich ausdrückt. Deshalb versteht das auch jeder. Was der schreibt, kannste jedem Dreher, Tischler oder Transportarbeiter in die Hand drücken, ohne lange erklären zu müssen, wie alles gemeint ist. Solche Schreiber brauchen wir. Vor den Studierten hat unsereins zuviel Respekt.«

Das wäre ein Ding, wenn Edes kranker Vater im Bett Zeitungsartikel schreibt! Und noch dazu welche, die der Vater für toll hält. Helle nimmt die Zeitung und liest den Artikel. Es ist ein Aufruf an die jungen Arbeiter, die nicht im Krieg waren und zwischen den verschiedenen Parteien schwanken. *Wenn Ihr uns im Stich laßt, war alles umsonst,* steht da. Und weiter: *Wir brauchen Euch, aber Ihr braucht uns auch. Wenn wir nicht zusammenstehen, werden wir das eines Tages bitter bereuen.*

»Frag Ede doch mal«, bittet der Vater. »Und kommt nicht zu spät zurück. Die Züge fahren ziemlich selten, und auf 'nem kalten Bahnhof zu übernachten ist kein Vergnügen.«

Die Häuser stehen nun längst nicht mehr so dicht, immer öfter lockern Schrebergärten die Stadtviertel auf, durch die die Ringbahn hindurchdampft. Kahle Bäume recken ihre Äste in den Himmel, grauschwarz und feucht ist die Erde, und die Lauben zwischen den Beeten sehen aus, als fühlten sie sich einsam.

Jener August Hanstein, dessen Artikel in der *Roten Fahne* dem Vater so gefallen hat, ist tatsächlich Edes Vater. Am meisten aber staunte Helle darüber, daß er selber es war, der den ersten Artikel bei der *Roten Fahne* ablieferte. Der Mann im Reichstag, dem er vor zwei Wochen den Brief gebracht hat, war ein Redakteur der *Roten Fahne*. Der Brief war eigentlich gar nicht als Zeitungsartikel gedacht. Edes Vater wollte den Männern im Reichstag nur mitteilen, was seiner Meinung nach getan werden mußte, nachdem der Putsch der Offiziere fehlgeschlagen war. Weil er nicht aufstehen durfte, schrieb er einen Brief. Der gefiel dem Redakteur so gut, daß er bat, ihn abdrucken zu dürfen. Kurz darauf bat er um einen neuen Brief. Edes Vater schrieb ihn, schrieb auch einen dritten, fand Spaß daran und schreibt seitdem fast nur noch.

Als die ersten Felder auftauchen, müssen Ede und Helle umsteigen. Mit einem Bummelzug geht es zwischen ungepflügtem braunem Ackerland hindurch.

Auf dem Bahnhof Heinersdorf steigen außer Helle und Ede nur noch ein junger Bursche und ein altes Mütterchen aus. Helle fragt zuerst den jungen Burschen nach dem Weg, doch der ist selber fremd. Das Mütterchen kennt den Weg, beschreibt ihn aber so umständlich, daß Helle immer wieder nachfragen muß und die alte Frau sich über seine Begriffsstutzigkeit ärgert.

Durch die Bahnhofstraße weht ein eiskalter Wind. Als die Häuser weniger werden und nichts als flache Landschaft vor den Jungen liegt, wird er zum Sturm, zaust die Bäume an den Straßenrändern, fährt ins Haar, beißt im Gesicht. Bald sind die Wangen der Jungen gerötet, die Nasen beginnen zu laufen, die Augen tränen. Immer wieder versuchen sie dem Wind auszuweichen, indem sie ihre Köpfe wegdrehen. Der Wind aber nutzt die weite Ebene, um ständig die Richtung zu wechseln und ihnen ein ums andere Mal ein Schnippchen zu schlagen.

Endlich taucht wieder ein Haus auf, aus dem Rauch aufsteigt und das mit der Scheune und den zwei Ställen dahinter so aussieht, wie Heiner das Haus seiner Eltern beschrieben hat. Vorsichtig betreten die Jungen den Hof und rechnen jeden Moment damit, daß ein Hund anschlägt oder eine Stimme sie anfährt. Doch nichts rührt sich.

»Hallo!« ruft Helle, erhält aber keine Antwort.

»Vielleicht ist keiner da«, vermutet Ede.

Das wäre eine schöne Pleite, wenn sie ganz umsonst hier rausgefahren wären. Helle ruft noch einmal, nun schon lauter, verzweifelter: »Hallo! Ist da wer?«, als auf einmal eine Stalltür knarrt und ein altes Weiblein in Holzpantinen, mit tief in die Stirn gezogenem Kopftuch und zwei schweren Kannen in den Händen heraustritt. Ob das Heiners Oma ist?

Helle macht einen Schritt auf sie zu und grüßt freundlich.

»Ich komme von Heiner«, sagt er danach zu der Frau, die ihn verwundert anblickt.

»Von Heiner?« fragt die Alte, als würde sie den Namen zum erstenmal hören.

»Ja.«

»Wo ist er denn?«

»In Berlin.«

»In Berlin?«

Helle wirft Ede einen hilfesuchenden Blick zu. Ob die Alte nicht mehr ganz richtig im Kopf ist? Ede jedoch kommt nicht mehr dazu, ihm beizustehen, eine mächtige Stimme läßt die beiden Jungen herumfahren: »Hier wird nicht hausiert! Runter vom Hof!«

Aus dem Wohnhaus kommt ein großer Mann mit dichtem, leicht nach oben gezwirbeltem Schnurrbart, Stiefeln an den Füßen und einem gewaltigen Bauch unter der weiten braunen Strickjacke.

Heiners Vater! Helle sieht es sofort, die Ähnlichkeit ist unverkennbar. Auch, wie der Mann das Wort Hof betont – er spricht es Hoff aus –, erinnert an Heiner.

Meinem Vater geh am besten aus dem Weg, hat Heiner ihm geraten, dazu aber ist es nun zu spät. »Guten Tag!« stottert Helle. »Ich ...«

Das Weiblein stellt die Kannen ab und sieht Heiners Vater bittend an. »Sie kommen von Heiner. Er ist in Berlin. Schöne Grüße sollen sie ausrichten.«

»Steckt bei den Roten, was?« Heiners Vater wird um keinen Deut freundlicher. »Hat sich auf die Seite der Vaterlandsverräter geschlagen, der Herr Sohn, was?«

Ede will etwas sagen, Helle hält ihn zurück. Was nützt es, wenn sie mit dem Mann Streit anfangen? Sie haben den ganzen Sonntag für die Fahrt hierher geopfert. »Er hat uns hergeschickt. Mein Bruder ist krank. Er braucht Milch ...«

»So? Mein Sohn schickt euch. Warum kommt er denn nicht selbst?«

»Weil er keine Zeit hat.«

»Muß Revolution machen, was?«

Ede kann sich kaum noch beherrschen, Helle jedoch bleibt so dicht neben ihm, daß er ihn unter Kontrolle hat.

Das Weiblein schaut den Mann noch immer so bittend an. Er weicht ihrem Blick aus, befiehlt aber: »Gib jedem zwölf Kartoffeln und schick sie vom Hof.«

»Kommt mit«, flüstert die Alte.

»Geh du mit. Von dem nehm ich nichts.« Ede blickt dem Mann, der wieder ins Haus zurückkehrt, haßerfüllt nach.

»Dummerjan«, flüstert die Alte. »Denkst du vielleicht, dem tut das weh, wenn du hungerst?« Sie läuft vor Helle und dem nur widerwillig folgenden Ede auf die Rückseite des Wohnhauses zu, um dort an eine Tür zu klopfen. Eine Frau macht auf, die Alte tuschelt mit ihr.

Die Frau in der Küchentür ist freudig überrascht. »Kommt rein! Aber seid leise. Er muß uns nicht hören.«

Zögernd betreten die beiden Jungen die Küche und setzen sich, als die Frau sie dazu auffordert, auf die Bank hinter dem blankgescheuerten Holztisch.

»Wie geht's ihm denn? Woher kennt ihr ihn?« will Heiners Mutter dann wissen.

Helle erzählt, wie er Heiner kennengelernt hat und wie der junge Matrose ihm seine Adresse gab und sagte, daß seine Eltern bestimmt ein bißchen Milch und ein paar Kartoffeln übrig hätten.

Die beiden Frauen beratschlagen miteinander, danach sagt Heiners Mutter: »Paßt mal auf! Ich schreib Heiner jetzt schnell einen Brief, den nehmt ihr bitte mit. Mutter legt euch inzwischen was zu essen raus.«

»Auch Milch?« Helle stellt seine Kanne auf den Tisch und Ede seine daneben.

»Auch Milch«, antwortet Heiners Mutter freundlich. »Wo doch nun bald Weihnachten ist ...«

Eilfertig dreht das Weiblein aus Zeitungspapier ein paar Tüten und füllt aus großen Steinkrügen etwas darin ab, darunter Mehl, Zucker und auch ein bißchen Gries. Währenddessen schreibt Heiners Mutter an ihrem Brief. Sie schreibt nicht viel, aber sie schreibt sehr langsam. Als sie endlich fertig ist, faltet sie den Brief zusammen, legt ihn in einen Umschlag und klebt ihn mit Mehlkleister zu. »Was soll ich viel schreiben«, entschuldigt sie sich dabei. »Daß wir ihn alle liebhaben, weiß er ja, und das andere ... darüber muß man reden.«

Heiners Großmutter hat inzwischen aus einer Kiste Kartoffeln gefischt und sie zu den Tüten gelegt. Helle und Ede verstauen alles in ihrem Sack und wagen kaum, sich anzusehen: Die alte Frau hat alles doppelt abgefüllt, zwei Tüten von jedem, so brauchen sie nachher nur noch die Kartoffeln aufzuteilen.

Gleich darauf bringt Heiners Mutter noch ein großes rundes Bauernbrot, zwei Tüten mit Eiern und ein paar Maiskolben und füllt die beiden Kannen so randvoll mit Milch ab, daß kaum noch die Deckel draufpassen. Als sie das getan hat, stellt sie zwei Becher mit Milch vor Helle und Ede hin und legt zwei riesige, dick bestrichene Butterbrote daneben. »Ihr habt noch einen weiten Weg vor euch«, sagt sie und fügt, als müßte sie die Milch erst lange anpreisen, noch leise hinzu: »Sie ist ganz frisch, von heute morgen.«

Das Brot schmeckt toll, und die Milch ist so sahnig, daß Helle und Ede gern noch mehr davon gehabt hätten, doch sie wagen nicht, darum zu bitten.

Zum Schluß holt Heiners Mutter noch zwei ellenlange Würste aus dem Schrank. »Nehmt eine davon für Heiner mit«, bittet sie. »Er soll am Heiligen Abend auch was haben.«

Heiners Großmutter ist auf einmal ganz still geworden, schaut niemanden mehr an, spricht nur leise vor sich hin. Helle braucht eine Weile, um zu begreifen, daß die alte Frau für Heiner betet.

Zögernd steht er auf, bedankt sich bei Heiners Mutter, steckt den Brief ins Hemd und verspricht der Frau, ihn gleich am nächsten Tag zusammen mit der Wurst bei Heiner abzugeben.

Den nun ziemlich schweren Sack zwischen sich und jeder eine volle Milchkanne in der Hand, gehen Helle und Ede zurück über den Hof. Sie haben das Hoftor noch nicht erreicht, da kommt Heiners Mutter ihnen nachgelaufen. »Wir haben ja das Holz ganz vergessen«, ruft sie schon von weitem. »Ihr braucht doch bestimmt auch was zum Heizen.«

Helle und Ede müssen alles wieder auspacken, sich den Sack mit Holzscheiten füllen lassen und das Ausgepackte wieder zurücklegen. Jetzt ist der Sack so prallvoll, daß Ede sich die Eier lieber unters Hemd schiebt. Danach bedanken sich die beiden Jungen zum zweitenmal bei Heiners Mutter.

»Geht nur«, sagt die Frau und sieht plötzlich sehr traurig aus. »Und grüßt mir den Heiner. Sagt ihm ... sagt ihm ...« Sie weiß nicht, was sie noch ausrichten lassen soll, und bittet schließlich nur noch: »Grüßt ihn schön, hört ihr! Ich hab ihm ja alles geschrieben! Grüßt nur schön.«

Erst als Helle und Ede das Hoftor bereits passiert haben, drehen sie sich noch einmal um. Aber Heiners Mutter ist nicht mehr zu sehen. Dafür steht Heiners Vater hinter einem der Fenster, schaut ihnen nach und pafft eine Zigarre.

»Ein widerlicher Kerl.« Ede spuckt aus. »Ein Stinktier erster Güte.«

Helle sagt nichts dazu. Seine Eltern kann sich niemand aussuchen. Da hat man entweder Pech oder Glück.

Der Rückweg zum Bahnhof erscheint den beiden Jungen trotz des schweren Sacks und der nun vollen Milchkannen kürzer als der Hinweg. Sie reden noch ein bißchen über die beiden Frauen und Heiners Vater und schweigen dann. Es gibt nichts mehr zu sagen. Sie haben nur noch einen Wunsch – mit ihrer Beute möglichst rasch nach Hause zu kommen. Doch dieser Wunsch wird nicht erfüllt. Am Bahnhof angekommen, müssen sie feststellen, daß der nächste Zug in Richtung Stadt erst in einer Stunde fährt. Also setzen sie sich mit ihrem Sack und den beiden Kannen zu einem schlafenden Soldaten in den Warteraum und schließen ebenfalls die Augen. Schlafen jedoch können sie nicht. Die Angst, daß ihnen ihr Sack gestohlen werden könnte, hält sie wach.

Die Stunde vergeht, und der Zug kommt nicht, und als Helle beim Bahnhofsvorsteher nachfragt, erfährt er, daß der Zug in Richtung Berlin zwei Stunden Verspätung hat. Niedergeschlagen warten sie weiter in dem kalten Warteraum, inzwischen total durchfroren und längst nicht mehr bester Laune.

Als der Bummelzug nach über drei Stunden Wartezeit dann endlich in den Bahnhof einfährt, ist es bereits dunkel. Und als Ede und Helle nach Umsteigen und erneutem Warten ihren Sack und die Kannen endlich durch die vertrauten Straßen schleppen, ist es fast Nacht. Die Beine sind ihnen schwer, und die Arme tun weh – und der Sack wird auch nicht leichter. An jeder Straßenecke wechseln sie die Seiten, tragen den Sack mal links, mal rechts, aber auch das hilft jeweils nur kurze Zeit. Sie versuchen sich gegenseitig aufzuheitern, sagen: »Wenn der Sack nicht so schwer wäre, wär auch nicht soviel drin« und: »Wir können ihn ja stehenlassen, freut sich der Lumpensammler«, doch das ist nur aufgesetzt und macht keinen Spaß. Sie merken es bald und lassen es sein.

Irgendwann haben sie es geschafft, stehen in der Küche der

Hansteinschen Wohnung, und Edes Mutter guckt fassungslos zu, welche Schätze die beiden Jungen da auspacken.

»Kinder, das habt ihr doch geklaut«, bringt die Frau nur heraus, als Helle und Ede alles vor ihr ausgebreitet haben. »Wer hat denn so was zu verschenken?«

Ede lacht nur. Bereitwillig erzählt er von ihrer Tour und Heiners Eltern.

Der kleine Addi bekommt gleich eine Zuckerstulle mit einer Tasse Milch vorgesetzt und strahlt Helle beim Kauen an, als sei der der Weihnachtsmann persönlich.

Als das Holz und die Lebensmittel aufgeteilt sind, werden Helles Anteil und die Wurst für Heiner in den Sack zurückgelegt, und Edes Mutter bedankt sich bei Helle noch mal dafür, daß er Ede mitgenommen hat. »Es ist schön, wenn zwei Freunde so zusammenhalten«, sagt sie.

Ede will Helle noch nach Hause begleiten, um ihm tragen zu helfen, doch der lehnt das ab. Das Stückchen Weg bis zur Akkerstraße schafft er auch allein. Vor der Haustür verabschiedet er sich von Ede, schultert den Sack und geht in Richtung Ackerstraße davon. Erst als er in eine Seitenstraße eingebogen ist und Ede ihn nicht mehr sehen kann, verschnauft er. Der Sack ist zwar nur noch zur Hälfte gefüllt, aber doch schwerer, als er gedacht hat.

Die meisten Fenster der schmalen Straße sind erleuchtet, und in die Parterrefenster kann Helle beim Vorbeigehen hineinschauen. In den Räumen dahinter sieht es aus wie bei Oma Schulte, überall Nähmaschinen oder Stanzen zum Pressen von Kleinteilen, überall Arbeitstische, Werkzeuge, müde Gesichter. Die Männer, Frauen und Kinder, die ihr Geld durch Heimarbeit verdienen, arbeiten auch sonntags.

Dann durchbricht auf einmal ein lauter, peitschender Knall die Stille. Er bleibt stehen und lauscht.

Da! Noch einmal! Und wieder! Das können nur Schüsse sein. Und sie müssen ganz in der Nähe abgefeuert worden sein.

Schnell stellt Helle Sack und Milchkanne in eine Haustürnische und lauscht weiter in die Nacht hinein. Er hat keine Lust, mitten in eine Schießerei zu geraten.

Wieder ein Schuß, ein vereinzelter, letzter – jedenfalls hat es so geklungen. Irgendwo über Helle wird ein Fenster geöffnet. »Geht's also wieder los«, sagt eine Männerstimme. »Da denkt man, alles ist vorbei, aber Pustekuchen, manche geben nie Ruhe.«

»Mach lieber das Fenster zu, und schraub 's Licht runter«, antwortet eine Frauenstimme. »Sonst schießen sie uns noch in die Wohnung herein.«

Der Mann brummt etwas, das Helle nicht verstehen kann, dann hört er, wie das Fenster über ihm wieder geschlossen wird. Der Lichtschein auf dem Pflaster vor der Haustür wird blasser.

Er wartet noch einige Minuten, als nichts mehr zu hören ist, nimmt er seinen Sack und die Milchkanne auf und geht dicht an den Häuserwänden entlang weiter. Dabei ist er ständig darauf gefaßt, wieder in eine Haustürnische flüchten zu müssen. Doch er hat Glück, nichts passiert. Er erreicht die Nr. 37 und geht erleichtert über die Höfe.

Auf den ersten drei Höfen ist es still, nicht einmal die blonde Rieke steht mit einem Freund vor der Tür herum. Das tut sie sonst immer noch, die Kälte scheint ihr und ihren Freunden nichts auszumachen.

Im vierten Hof kommt Helle Annis Mutter entgegen. Wie jedesmal, wenn er sie trifft, möchte er sie nach Anni fragen, die ja nun schon seit zwei Wochen im Krankenhaus liegt, doch er hat wieder mal nicht den Mut dazu.

In der Küche brennt Licht. Also warten die Eltern noch auf ihn.

Helle wird schneller und tastet sich hastig durch das dunkle Treppenhaus. Wenn die Eltern sehen, was er mitgebracht hat, werden sie Bauklötze staunen.

Es ist kein normales Klopfen, das Helle da voller Vorfreude losläßt, es ist ein Trommelfreuer.

»Wer is'n da?« piepst es hinter der Tür.

Martha?

»Ich bin's. Mach schon auf.«

Die Schwester öffnet die Tür so vorsichtig, als könne ein Fremder Helles Stimme nachgeahmt haben.

»Wo is'n Mutter?«

»Mit Vater bei Onkel Kramer.« Martha guckt neugierig auf den Sack. »Haste was mitgebracht?«

»Nee, sieht nur so aus!«

Martha hat sich die Zeit mit Krakeleien vertrieben. Tannenbäume, Weihnachtssterne und ein paar Figuren, die Weihnachtsmänner und Christkinder darstellen sollen, hat sie mit einem Bleistift auf Papierfetzen gekritzelt, die sie aus Oma Schultes Abfallkiste stibitzt haben muß.

»Kommt Oma Schulte ab und zu nachgucken?«

»Sie war eben erst da.« Martha ärgert es, daß der Bruder ihr nicht zutraut, mit Hänschen allein bleiben zu können; die Neugierde auf das, was da wohl in dem Sack sein könnte, aber ist größer. »Pack doch mal aus«, drängelt sie.

»Erst muß ich nach Hänschen sehen.«

Der kleine Bruder liegt im Bett der Eltern und schläft. Seine Nase ist ganz kalt, und sein Atem geht unregelmäßig. »Komm!« Helle nimmt den Bruder auf den Arm. »Jetzt kriegste was Feines.«

Hänschen öffnet seine Augen nur halb, doch das reicht, um ein Lächeln über sein Gesicht huschen zu lassen, bevor er die Augen wieder schließt, um auf Helles Arm weiterzuschlafen.

Marthas Kopf ist inzwischen im Sack verschwunden. Als sie den Bruder kommen hört, taucht sie hochrot im Gesicht wieder auf. »Mensch!« staunt sie. »So viel haste bekommen?«

Helle legt ihr Hänschen in die Arme. »Wärm ihn ein bißchen. Ich mach Feuer.«

Sofort setzt Martha sich mit Hänschen aufs Sofa und schlingt eine Decke um Hänschen und sich. »Kochste uns was?«

»Klar!« Helle braucht nur ein paar Späne und ein Scheit Holz nachzulegen, es ist noch Glut im Herd.

»Was denn?«

»Milch mit Ei und Zucker für Hänschen – und Milch mit Zukker für dich.«

Martha sinniert über das fehlende Ei in ihrer Milch nach und kommt zu einem vernünftigen Ergebnis. »Ich bin ja schon groß. Werd' übermorgen schon sechs. Oma Schulte hat's auch gesagt.«

»Wenn Oma Schulte es gesagt hat ...« Helle spricht nicht weiter. Auch wenn die Eltern etwas sehr Wichtiges zu erledigen haben, die Enttäuschung über den mageren Empfang ist zu groß, um sie so einfach herunterzuschlucken.

Hänschen liegt im Bett der Eltern und schläft wieder. Helle kommt es vor, als würde der kleine Bruder nun ruhiger atmen. Auf jeden Fall ist die Nase nicht mehr so kalt. Wie er reingehauen hat in die heiße Milch mit dem Zucker und dem verquirlten Ei! Ganz große Augen hat er gemacht, und kaum hatte er geschluckt, riß er den Mund schon wieder auf.

Wenn Hänschen jeden Tag so eine heiße Milch bekommen würde, wäre er bestimmt bald wieder gesund. Fürsorglich deckt Helle den kleinen Bruder noch einmal zu, dann geht er leise aus der Schlafstube.

Martha sitzt auf dem Küchensofa, wippt mit den Beinen und singt leise vor sich hin: »Morgen, Kinder, wird's was geben, morgen werden wir uns freun ...«

»Übermorgen«, verbessert Helle sie, aber die Schwester stört das nicht. Noch immer den herrlichen Geschmack nach Milch und Zucker im Mund, singt sie leise weiter.

Helle rückt seinen Stuhl so vor den Herd, daß er sich den Rücken wärmen kann.

»Kannste auch 'n Weihnachtslied?«

»Nee.«

»Soll ich dir eins beibringen?«

»Nee.«

Das fehlte gerade noch, Martha und er im Duett auf dem Küchensofa.

An der Tür wird geschlossen. Martha springt auf und wetzt an Helle vorbei, um als erste herauszuplappern, was es Neues gibt. Helle steht auch auf, bleibt aber im Hintergrund.

»Ist Helle schon zurück?« fragt die Mutter im Flur.

Martha bejaht die Frage gar nicht erst, zählt gleich auf, was der Bruder mitgebracht hat. Von ihrer Milch mit Zucker berichtet sie und von Hänschens Milch mit Zucker und Ei.

Die Eltern kommen in die Küche, und Helle will schon ein ablehnendes Gesicht machen, vergißt das aber schnell: Die Eltern tragen eine kleine Kiste in die Küche, die sehr an die erinnert, die Nauke damals aus dem Keller geholt hat.

»Wann biste denn gekommen?« fragt die Mutter, nachdem der Vater und sie die Kiste abgestellt haben. »Wir haben gewartet, so lange es ging – aber dann mußten wir weg.«

Helle wendet keinen Blick von der Kiste. »Was is'n da drin?«

»Munition«, sagt der Vater.«

»Und wo habt ihr die her?«

Der Vater zieht seinen Mantel aus. »Das sagen wir dir später. Jetzt laß uns erst mal nachschauen, ob Martha nicht übertrieben hat.«

»Haben sie auf euch geschossen?«

Der Vater hält mitten in der Bewegung inne. »Woher weißte denn, daß geschossen wurde?«

Also doch! Die Schüsse vorhin galten den Eltern.

»Junge!« bittet die Mutter. »Wir erklären dir das später.« Sie deutet mit dem Kopf auf Martha, will ihm klarmachen, daß sie in Marthas Anwesenheit nicht zuviel erzählen möchte. Helle übersieht diese Warnung: Die Eltern haben Munition gestohlen! Haben sich in Gefahr begeben! Was, wenn die Schüsse sie getroffen hätten? Was, wenn sie beide getroffen worden wären? Dann wäre er mit Hänschen und Martha allein geblieben ... Abrupt dreht er sich um und will aus der Tür.

»Helle!« befiehlt da der Vater. »Du bleibst jetzt hier. Ich erwarte von dir, daß du uns erst mal vertraust. Wenn du alles weißt, kannste immer noch die beleidigte Leberwurst spielen.«

Steif setzt Helle sich aufs Sofa und sieht zu, wie die Mutter all die Dinge begutachtet, die er mitgebracht hat. »Das bekommt Frau Kalinke ja die ganze Woche nicht in ihren Laden«, ruft sie begeistert aus, als sie alles gesehen hat. »Das ist ja wirklich 'ne Weihnachtsbescherung.«

Auch der Vater ist ganz baff. »Ein Sohn von armen Eltern ist dein Matrose ja nun gerade nicht«, sagt er, nimmt das halbe Brot in die Hand und schneidet, indem er sich das Brot unter den Armstumpf klemmt, eine Scheibe davon ab. »Phantastisch!« murmelt er dann kauend. »Richtiges Brot! Nicht so 'n Kleiezeug mit Rinnsteinwürze.«

Auch die Mutter schneidet sich eine Scheibe Brot ab, das meiste davon jedoch bekommt Martha.

»Willste auch was?« Der Vater hält Helle eine Scheibe Brot hin.

»Nee.«

Der Vater überlegt kurz, dann zündet er eine Kerze an, nimmt die Petroleumlampe und winkt Helle damit. »Hilf mir mal die Kiste auf den Boden tragen.«

Nur widerwillig geht Helle mit. Er weiß, jetzt kommt die Erklärung.

Auf dem Dachboden sieht es wüst aus, nichts als Gerümpel, nichts als Staub. Doch das ist gut so, auf diese Weise bieten sich viele Möglichkeiten, etwas zu verstecken.

»Hatteste Angst um uns?« fragt der Vater, als sie die schwere Munitionskiste endlich abgestellt haben.

Helle antwortet gar nicht erst. Der Vater weiß ohnehin Bescheid, wozu fragt er noch?

Der Vater schiebt die Kiste in eine Ecke, direkt unter einen spinnwebenüberzogenen, jämmerlich verrosteten Kinderwagen. »Kannst doch nicht erwarten, daß nur die anderen ihre Köpfe hinhalten. Ein bißchen was müssen wir auch tun.«

»Und was mach ich, wenn euch was passiert? Was mach ich mit Hänschen und Martha?«

Der Vater stellt ein paar alte Flaschen und Gläser um den Kinderwagen herum, richtet sich auf und sieht Helle ernst an. »Wir achten schon darauf, daß wir uns nicht beide in Gefahr begeben. Aber du darfst von uns nicht erwarten, daß wir uns zurückhalten, wenn's gefährlich wird. Manchmal gibt es Dinge, die sind wichtiger als die eigene Sicherheit.«

Der Vater hat recht. Helle sieht es ein. Dennoch: Diese Angst wird er jetzt öfter verspüren.

Die Mutter hat inzwischen Hänschen gewickelt und Martha ins Bett gebracht. Sie sieht Helle aufmerksam an und ist froh darüber, daß er nicht mehr so verstockt ist, während der Vater gleich an seine Manteltasche geht, einen in einen Lappen gewickelten Gegenstand in die Küche trägt und ihn auf den Tisch legt.

Eine Pistole! Fremd und kalt liegt sie da.

Der Vater setzt sich und beginnt die Pistole auseinanderzunehmen. »Sie ist nicht mehr ganz neu«, erklärt er. »Ich muß sie erst auf Vordermann bringen.«

»Ist das deine?« Helle kann keinen Blick von dem Ding wenden. Wer weiß, wie viele Menschen damit schon erschossen wurden.

»Vorläufig ja.«

Die nächste Frage müßte lauten: Willst du etwa damit schießen? Doch was will man wohl sonst mit einer Pistole?

»Als ich aus dem Heer entlassen wurde, habe ich mir geschworen, nie wieder eine Waffe in die Hand zu nehmen«, sagt der Vater da leise. »Jetzt sehe ich das anders. Diejenigen, denen wir all unsere Not und die vielen Opfer zu verdanken haben, werden nicht freiwillig gehen, das haben sie uns nun schon oft genug bewiesen.«

Wer die Waffen hat, hat die Macht! Das hatte auch Edes Vater gesagt. Aber wenn beide Seiten Waffen haben? Dann wird Blut fließen, wird es Tote und Verwundete geben – so wie vor siebzig Jahren.

»Hilf mir mal. Mit einer Hand geht das schlecht.«

Helle greift zu, spürt den kalten Stahl und hält nicht fest genug; der Teil, den der Vater aufstecken wollte, fällt herunter.

Der Vater blickt auf. »Ich mag auch keine Waffen. Die meisten von uns mögen keine Waffen. Wer Waffen mag, ist mir schon von vornherein verdächtig. Doch gerade weil wir so gutmütig und gutgläubig sind, haben die mit den Waffen immer wieder Schindluder mit uns getrieben. Wenn wir uns jetzt nicht bewaffnen, haben wir keine Chance. Und wenn wir sie nicht davonjagen, werden sie eines Tages wieder einen Krieg anzetteln, vielleicht einen noch weitaus schlimmeren als den, den wir hinter uns haben.«

»Ich glaube, ich weiß, was du denkst.« Die Mutter legt den Arm um Helle. »Du möchtest, daß endlich Schluß mit all den Kämpfen ist, daß wirklich Frieden ist. Stimmt's?«

Ja, das möchte er! Er hat es nicht so deutlich gewußt; jetzt, da die Mutter ihn fragt, weiß er, daß er das möchte. Er möchte nichts als endlich keine Angst mehr haben zu müssen, weder um die Eltern noch um Onkel Kramer, Trude oder Atze.

»Wer möchte denn keinen Frieden?« fragt der Vater. »Doch je nachgiebiger wir sind, deso mehr wird wieder alles, wie es war. Und so, wie es war, darf es nicht mehr werden.«

»Weißte«, die Mutter lächelt Helle traurig zu, »ich hasse jede Gewalt, schon beim Gedanken daran, daß einer einem anderen weh tut, werde ich zornig. Aber das habe ich nun gelernt: Wenn man Gewalt beenden will, muß man Gewalt anwenden – sonst unterliegt man.«

»Es gibt welche«, denkt der Vater laut nach, »die wollen die Gewalt mit totaler Gewaltlosigkeit bekämpfen. Wenn das ginge ... schön wär's! Ich glaub nicht daran. Ich glaube, daß die Gewalttäter über die, die sich nur mit frommen Sprüchen zur Wehr setzen, lachen.«

»Aber irgendwie haben die mit den frommen Sprüchen auch recht«, seufzt die Mutter. »Jede Gewalt erzeugt neue Gewalt.«

»Mag sein.« Der Vater hat die Pistole mit Helles Hilfe gereinigt, nun setzt er sie mit seiner Hilfe wieder zusammen. »Die Frage ist nur, wofür kämpfst du? Und vielleicht noch, wie kämpfst du? Kämpfst du für eine gute Sache – oder für eine schlechte? Vermeidest du unnötige Grausamkeiten – oder macht es dir nichts aus, Menschen zu töten?«

Eine Menge Stoff zum Nachdenken. Noch als Helle schon im Bett liegt, geht ihm das Gespräch mit den Eltern nicht aus dem Kopf. Und er kommt immer mehr zur Überzeugung, daß es wohl so sein müsse, wie der Vater gesagt hat. Oder hätten der Kaiser und seine Generäle so schnell mit dem Krieg Schluß gemacht, wenn sie nicht dazu gezwungen worden wären?

Ein übler Trick

Es ist nicht leicht, die Wurst so unter der Joppe zu verstecken, daß die Passanten, die an diesem kalten Dezembertag durch die Große Hamburger Straße eilen, sie nicht sehen können. Mit solch einem Monstrum von Wurst unter dem Arm würde Helle kein geringes Aufsehen erregen, deshalb bemüht er sich, so wenig wie möglich von der vorsichtshalber auch noch in einen Sack gewickelten Kostbarkeit zu zeigen.

Am Dom, wo der Weg zum Marstall am Lustgarten vorbeiführt, wird es Helle fast ein wenig wehmütig zumute. Früher erstreckte sich um diese Zeit vom Mühlendamm durch die Breite Straße bis hin zum Lustgarten der Weihnachtsmarkt. Bunte Buden mit Pfefferkuchen, Spielzeug und allerlei anderen interessanten Sachen standen hier. Und jedes Jahr, drei, vier Tage vor Weihnachten, zogen die Eltern mit Erwin und ihm einmal über den Weihnachtsmarkt. Natürlich konnten sie nie viel kaufen, doch allein das Herumschlendern zwischen den Buden machte schon Spaß. Der Vater erzählte dann, wie er als Kind auf dem Weihnachtsmarkt selbstgebastelte Hampelmänner verkaufte, und sie wollten es immer wieder hören, weil sie sich nicht vorstellen konnten, daß auch die Eltern mal Kinder waren.

Ob es nächstes Jahr wieder einen richtigen Weihnachtsmarkt geben wird? Schön wäre es, Martha hat noch nie einen gesehen.

Vor dem Schloß stehen Möbelwagen. Es sieht aus, als würde der Kaiser seine Möbel abholen lassen. Helle geht etwas näher an den ersten Wagen heran und stößt auf einen Matrosen, der einen Seesack auf den Wagen wirft. »Zieht ihr aus?«

»Wir wollen nur mal probieren, wie das ist, wenn wir fortgejagt werden«, antwortet der schon etwas ältere Mann und lacht böse. Sein Kamerad auf dem Wagen lacht nicht, mit verhaltener Wut befördert er den Sack ein Stück weiter.

Ob der Marstall auch geräumt wird? Vielleicht kommt er zu spät, vielleicht sind Heiner und Arno längst fort. Besorgt geht Helle etwas schneller.

Auch im Marstall ist Betrieb. Zwar stehen hier keine Möbelwagen, die Matrosen jedoch, die über den Hof laufen, machen genauso wütende Gesichter wie die vor dem Schloß.

»Such dir deinen Heinrich selber aus.« Der Wachmatrose, den Helle nach Heinrich Schenck gefragt hat, bedeutet ihm mit einer Kopfbewegung, daß er passieren dürfe.

Langsam geht Helle durch das hohe Tor und über den Innenhof. Er geht denselben Weg, den er vor zwei Wochen mit Heiner und Arno ging, und betritt dann zögernd den ersten der holzgetäfelten Räume, aus dem ihm Tabakrauch und Stimmengewirr entgegenschlägt. Die Matrosen sitzen an oder auf Tischen und diskutieren heftig miteinander. Helle kann nichts verstehen, es reden jeweils mehrere zur gleichen Zeit, doch er merkt bald, daß Heiner und Arno nicht darunter sind.

Im nächsten Raum sieht es nicht anders aus. Helle hält nach Heiner und Arno Ausschau und will schon einen der Matrosen, der ihm den Rücken zuwendet, nach ihnen fragen, als ihm plötzlich die Stimme des Mannes, der am lautesten auf seine Kameraden einredet, bekannt vorkommt.

»An die Wand stellen, die ganze Blage«, fordert dieser Matrose. »Wir haben viel zu lange gefackelt. Wir betteln und flehen um Löhnung, als würde sie uns nicht rechtmäßig zustehen. Sie steht uns aber zu! Oder haben wir nicht wochenlang Dienst geschoben?«

Es ist der Schnauzbärtige vom LKW, der, mit dem Arno sich geschlagen hat. Er sitzt auf einem Tisch und spielt mit einer Pistole, als wolle er jeden Augenblick jemanden damit bedrohen.

»Was heißt hier Dienst?« Ein Matrose mit einem Milchgesicht versucht noch lauter zu schreien als der Schnauzbärtige. »Wir haben die Revolution gemacht. Was wäre denn passiert, wenn wir nicht gewesen wären? Gar nichts wäre passiert.«

»Kameraden!« meldet sich ein dritter Matrose. »Übertreibt doch nicht so! Natürlich haben wir Anteil am Sieg, aber wir haben die Revolution nicht allein gemacht.«

»Ist das ein Grund, uns die Löhnung zu verweigern?« Das Milchgesicht schwingt nun auch die Pistole. »Wir müssen losmarschieren und uns unser Geld mit Gewalt holen.«

Helle hat sich dem Schnauzbärtigen nur langsam genähert. »Ich suche Heiner«, sagt er nun leise und hält die Wurst so, daß sie ein Stück aus dem Sack herauslugt. »Ich soll ihm was bringen – von seinen Eltern.«

Wie abwesend sieht der Schnauzbärtige auf die Wurst. »Den

kannst du jetzt nicht stören. Aber geh mal 'n Raum weiter, da triffst du den Schlicht.«

»Den Schlicht?«

»Arno Schlicht.«

Auch im dritten Raum, den Helle nun betritt, sitzen die Matrosen in Gruppen beisammen und diskutieren heftig. Und auch hier fällt immer wieder das Wort Löhnung.

Helle hält nach Arno Ausschau, kann ihn aber lange nicht entdecken, bis sein Blick endlich auf einen schlafenden Matrosen fällt, dessen rotblondes Haar unter der Matrosenmütze hervorlugt.

»Ah, der Jungmatrose!« Müde richtet Arno sich auf und reicht Helle die Hand. »Bringste uns was zu futtern?«

Helle wickelt die Wurst aus dem Sack und legt sie auf den Strohsack. »Wo is'n Heiner?«

»Versammlung! Unsere Räte beraten!«

»Geht's um die Löhnung?«

Arno schnuppert an der Wurst und atmet tief ihren Duft ein. »Toll – 'ne richtige Weihnachtswurst!« Dann beantwortet er Helles Frage: »Die Kommandantur will uns die Löhnung nicht auszahlen. Wir sollen erst Schloß und Marstall räumen. Ausweichquartiere aber haben sie nicht. Verstehste? Das is'n Trick, 'n ganz übler Trick. Ebert und seine Leute wollen uns loswerden. Also haben se uns gebeten, uns selbst aufzulösen. Bis auf die paar ollen Herren, die Weihnachten unbedingt bei ihren Enkelkindern verbringen wollen, haben wir das abgelehnt. Nun versuchen sie's mit 'ner anderen Methode: Sie stellen unzumutbare Forderungen und hoffen, daß wir irgendwann die Schnauze voll haben.«

»Zieht ihr deshalb aus dem Schloß aus?«

»So ungefähr. Wir räumen das Schloß und behalten den Marstall. Das is'n Kompromiß. Wollen uns nicht stur stellen. Obwohl«, Arno macht eine wegwerfende Handbewegung, »es wird uns nichts einbringen, außer Ärger. Du mußt dir das mal vorstellen: Wir haben Wilhelms Hütte vor fünf Wochen übernommen, haben den Kasten vor Plünderungen geschützt, und jetzt heißt's auf einmal, wir selbst hätten uns an Wilhelms Nippes vergriffen. Deshalb soll'n wir hier verschwinden, das ist die Begründung! Das ist so an den Haaren herbeigezogen, da staunste dich krumm über so wenig Phantasie.« Er dreht sich eine Zigarette, raucht in tiefen Zügen und fährt nach einer Weile nachdenklich fort: »Wenn wir jetzt zur Reichskanzlei marschieren und unsere Löhnung verlangen und sie rücken sie nicht raus, holen wir sie uns selber. Kommt's dabei zu einer Schießerei, wird's heißen: So sind sie, die roten Matrosen! Alles Anarchisten! Die holen sich mit Gewalt, was sie wollen. Daß wir uns nur dagegen wehren, unsere Posten zu verlassen, weil wir Ebert weiter auf die Finger sehen wollen, wird im allgemeinen Palaver um die Löhnung untergehen.«

»Wollt ihr denn hinmarschieren?«

»Darüber beraten sie jetzt, aber es wird so kommen, kannste mir glauben.«

Arno behält recht, denn als Heiner zusammen mit einigen anderen Matrosen, die an der Beratung teilgenommen haben, den Raum betritt, verbreitet es sich wie Lauffeuer unter den Matrosen: Wir marschieren zur Reichskanzlei und bringen Ebert die Schlüssel vom Schloß.

»Und wenn er trotzdem die Löhnung nicht rausrückt?« Viele Matrosen bleiben mißtrauisch.

»Dann werden wir sie uns holen. Wir lassen uns nicht länger hinhalten.« Einer der Matrosen, die mit Heiner gekommen sind, sagt das, und Heiner, der Helle, als er den Raum betrat, kurz zunickte, ergänzt: »Wir sind Ebert und seinen Leuten zu links, haben zu viele Kontakte zu Unabhängigen und Spartakisten, das paßt ihnen nicht, deshalb wollen sie uns loswerden.«

»Das muß man sich mal auf der Zunge zergehen lassen«, höhnt Arno. »Wir – passen – unserer – Regierung – nicht! Die Regierung, die wir eingesetzt haben, ist doch wohl *unsere* Regierung, oder etwa nicht? Warum reden die nicht mit uns, wenn ihnen was nicht paßt? Sind wir denn Leibeigene, die man abschiebt, wenn man sie nicht mehr braucht? Oder sind wir Kinder, die vor die Tür müssen, wenn sie unartig waren?«

Die Matrosen nicken beifällig. Einer ruft: »Wir sind doch keine Landser, wir springen nicht, wenn Ebert pfeift.« Ein anderer schreit: »Wozu haben wir denn überhaupt Revolution gemacht, wenn Ebert alles beim alten lassen will?«

Heiner wartet, bis sich die allgemeine Erregung ein bißchen gelegt hat, dann sagt er: »Wir werden ja sehen, wie die Sache ausgeht. In einer halben Stunde marschieren wir los«, und verläßt den Kreis der Matrosen, um sich zu Arno und Helle auf den Strohsack zu setzen. »Na, warste auf'm Hof?«

Wieder dieses »Hoff«, genau wie sein Vater! Als Antwort überreicht Helle Heiner gleich die Wurst, erzählt, wie großzügig die beiden Frauen zu ihm und Ede gewesen sind, und gibt Heiner den Brief seiner Mutter.

Zögernd reißt Heiner den Brief auf und liest. Arno nimmt währenddessen die Wurst, teilt sie mit dem Bajonett in drei Teile, reicht einen Teil Heiner, einen Helle und behält den dritten. Danach kramt er in seinem Seesack, findet ein Stück Brot und teilt es ebenfalls in drei Teile.

»Na, los! Iß schon! Was weg ist, ist weg.«

Helle hält seinen Teil Wurst in der Hand, als wisse er nicht, was er damit anfangen soll. Doch dann findet er, daß er, obwohl sie ja zu Hause noch eine halbe Wurst haben, ruhig hineinbeißen darf.

Heiner legt den Brief beiseite. »Auch alles beim alten! Der König von Heinersdorf und seine beiden Frauen! Nur gut, daß ich keine Schwester habe, sonst hätte er noch mehr zum Herumkommandieren.«

Arno kaut seinen Bissen herunter und schneidet sich eine neue Scheibe Wurst ab. »Bei euch auf'm Land wird sich auch in hundert Jahren nichts ändern.«

»Täusch dich nicht«, entgegnet Heiner. »Irgendwann komm ich ja wieder nach Hause – und dann ändert sich was! Zumindest in Heinersdorf und Umgebung.« Er steckt den Brief weg, ißt von seiner Wurst und dem Brot und will danach von Helle wissen, ob er auch seinen Vater gesehen habe.

Helle nickt nur.

Heiner ißt und schweigt lange, dann sagt er leise und mehr wie zu sich selbst: »Wenn es mal hart auf hart kommt, wenn ich mal untertauchen muß, nach Hause kann ich nicht. Mein Alter bringt es fertig und zeigt mich an.«

»Damit er dir im Knast besser die Leviten lesen kann, was?« Arno grinst breit.

»Weil er 's für seine Pflicht hält. Und vielleicht auch, weil er hofft, daß ich noch umzubiegen bin – in seine Richtung, versteht sich.« Heiner legt seine Wurst und sein Brot weg, hat offensichtlich keinen Appetit mehr. »Komm!« sagt er zu Helle. »Du mußt jetzt verschwinden. Wir treten jeden Moment an. Ich bring dich noch vors Tor.«

Helle schiebt sich seinen Sack in die Joppe und verabschiedet sich von Arno, der Heiners Wurst in eine große Blechbüchse legt und sorgfältig verschließt. Gleich darauf folgt er Heiner durch die Räume mit den noch immer heftig diskutierenden Matrosen.

»Mach's gut.« Vor dem Tor hält Heiner Helle die Hand hin. »Und denk mal an uns. Es wird wohl nicht so friedlich ausgehen, wie's angefangen hat.«

»Wenn du fliehen mußt«, sagt Helle da, dem das, was Heiner über seinen Vater sagte, nicht aus dem Kopf geht, »ich meine, wenn du dich verstecken mußt ... Wir wohnen in der Ackerstraße 37. Vierter Hinterhof. Mein Vater heißt Rudi – Rudi Gebhardt.«

»Werd's mir aufschreiben.« Heiner lächelt.

»Wirklich?«

»Wirklich!«

Er hat nun schon zum drittenmal gepfiffen, aber das Küchenfenster im zweiten Stock bleibt zu. Ob Fritz nicht da ist? Oder ob er ihn bloß nicht hört? Ungeduldig pfeift Helle noch einmal. Er muß einfach mit irgend jemandem über das reden, was er im Marstall erfahren hat – und mit wem könnte er besser darüber reden als mit Fritz, der von den Matrosen schwärmt und an jenem 9. November mit ihm zusammen auf Heiners und Arnos Sechssitzer mitfuhr?

Er pfeift noch einmal, ein letztesmal, und diesmal so laut und schrill, daß er damit rechnet, daß sich ein anderes Fenster öffnen und irgendein Mieter auf ihn herunterschimpfen wird. Doch nichts passiert. Es ist, als wären alle Leute ausgezogen.

Enttäuscht verläßt Helle den Hof. Es ging ihm ja nicht nur darum, Fritz zu erzählen, was es Neues über die Matrosen gibt. Da ist noch das Gespräch mit Heiner, das sie an jenem Abend an der Spree führten. Damals hatte er sich fest vorgenommen, Fritz zu besuchen und mit ihm zu reden, doch er hat es nicht getan. Mal war es der Gedanke an Fritz' Vater, der ihn den Besuch verschieben ließ, mal kam was dazwischen – weil er immer wieder was dazwischenkommen ließ. Nun ist er endlich hergekommen, und Fritz ist nicht da.

Auf der nur mäßig belebten Straße schaut Helle zum Wohnzimmerfenster der Markgrafs hoch. Vielleicht sitzt Fritz in der guten Stube seiner Eltern und sortiert seine Zigarettenbildchen, dann kann er ihn auf dem Hof natürlich nicht hören. Schon steckt er die Finger in den Mund, um sein Glück auch auf der Straße zu versuchen, da nimmt er sie wieder heraus: Fritz' Vater kommt den Bürgersteig entlang. In seinem dunklen Mantel und der steifen Melone auf dem Kopf schreitet er ernst geradeaus, blickt weder links noch rechts. Helle hofft schon, daß Fritz' Vater ihn nicht erkennt und achtlos an ihm vorübergeht, da dreht der Mann den Kopf in seine Richtung.

»Willst du zu Fritz?«

»Ja ... aber er ist nicht da.«

»Doch.« Fritz' Vater lächelt ein wenig. »Er ist da.«

»Aber ich hab auf dem Hof gepfiffen. Warum ist er denn nicht ans Fenster gekommen?«

»Er darf nicht ans Fenster. Er hat Stubenarrest.«

Stubenarrest? Und deshalb darf Fritz nicht ans Fenster? Ab und zu bekommt auch ein Junge oder Mädchen in der Nummer 37 Stubenarrest aufgebrummt. Doch dann lehnen sie den ganzen Tag im Fenster und schauen auf die spielenden Kinder im Hof hinunter, beteiligen sich also zumindest rufend oder schreiend am Spiel. Daß einer wegen Stubenarrest nicht aus dem Fenster sehen darf, hat Helle noch nie gehört.

Fritz' Vater mustert Helle kühl, aber nicht so ablehnend wie sonst. Das allein überrascht Helle schon. Als der Mann nun sagt: »Komm nur mit hoch. Fritz freut sich sicher«, ist er mehr als nur überrascht. Das ist, als ob einem ein Stein auf den Kopf fällt, man zuckt schon zusammen – und dann ist der Stein bloß Watte.

Mit einem komischen Gefühl im Bauch geht Helle hinter dem Mann, der mit kurzen, schnellen Schritten die Stufen nimmt, durchs Treppenhaus. Im Flur der Markgrafschen Wohnung ist es wie immer still und dunkel, auch das elektrische Licht, das Fritz' Vater einschaltet, ändert daran nicht viel. Vorsichtig bleibt Helle in der Nähe der Wohnungstür stehen, will erst mal abwarten, was passiert.

Fritz' Vater schließt eine Tür auf und sagt: »Du kannst rauskommen. Dein Freund ist da.«

Mit blassem Gesicht kommt Fritz aus dem Zimmer. Seine Augen sind umrändert, und er erscheint Helle kleiner als sonst. Verlegen geben sich die beiden Jungen die Hand.

»Geht ins Wohnzimmer.« Fritz' Vater setzt seinen Hut ab, zieht sich den Mantel aus und kämmt sich im Flurspiegel seinen schmalen Schnurrbart. »Ich setz mich dann ein bißchen zu euch, wenn's recht ist.«

Brav geht Fritz ins Wohnzimmer und setzt sich an den Tisch. Verblüfft über all das Seltsame, das ihm hier widerfährt und so anders ist als sonst, setzt Helle sich dazu. »Ich ...« beginnt er, nachdem Fritz nichts sagt, sondern nur stumm vor sich hinstarrt, weiß dann aber nicht weiter und fängt noch mal von vorn an. »Der Streit neulich ... Das tut mir leid. Wollte das gar nicht ... Wir waren richtig blöd.«

Fritz weicht Helles Blick aus. »Nicht so schlimm«, murmelt er. Und Helle sieht deutlich, Fritz sagt das nicht nur so, er muß inzwischen etwas erlebt haben, das den Streit mit ihm weit in den Hintergrund gerückt hat.

»Ich war bei Heiner und Arno und soll dich grüßen.«

»Wann warste denn da?« flüstert Fritz, sofort munter geworden, zurück.

»Ich komm gerade von ihnen und muß dir was erzählen. Können wir hier nicht verschwinden?«

»Hab doch Stubenarrest.«

Richtig! Das hat Helle vergessen. »Und deshalb darfste nicht aus'm Fenster gucken?«

»Hab verschärften Stubenarrest. Er schließt mich in meinem Zimmer ein. Ich darf nichts tun, nicht lesen, nicht malen, nicht aus'm Fenster gucken. Darf auch nicht liegen. Darf nur sitzen, stehen oder herumlaufen.«

Was Fritz ihm da erzählt, klingt so ungeheuerlich, daß Helle nichts dazu sagen kann. Er kann nur dumm fragen: »Macht er das auch, damit was Anständiges aus dir wird?«

»Wenn meine Mutter da ist, läßt sie mich raus. Nur wenn sie weggeht, schließt sie mich ein. Wegen Vater, falls er mal früher nach Hause kommt«, weicht Fritz einer direkten Antwort aus.

»Und jetzt? Wo ist sie denn jetzt?«

»Sie steht nach Kohlen an. Ich darf ja nicht ...«

So was Verrücktes! Da muß Fritz' Mutter nach Kohlen anstehen, obwohl Fritz ihr das abnehmen könnte, und alles nur, damit Fritz auch weiterhin in seinem eigenen Saft schmort. »Und warum haste Stubenarrest?«

Da legt Fritz erst mal den Finger an den Mund, geht zur Tür

und lauscht. Als er in der Küche das Wasser rauschen hört, kommt er zurück und flüstert Helle zu: »Ich hab ihm widersprochen. Er hat gesagt, die Matrosen wären alle Mörder und Verbrecher und ... gehörten an die Wand gestellt.«

Was der Schnauzbärtige immer will: An die Wand stellen! Nur anders herum. »Und du? Was hast du gesagt?«

»Daß das nicht stimmt. Und daß ich auch Matrose werden will.« Fritz hat zu laut gesprochen. Sofort guckt er ängstlich zur Tür und fährt leiser fort: »Früher fand er das gut, das mit den Matrosen. Jetzt nicht mehr.«

All die Matrosenanzüge und Matrosenmützen, mit denen Fritz immer herumgelaufen ist! Stets hat es so ausgesehen, als wollten seine Eltern mit aller Gewalt einen kleinen Matrosen aus ihm machen. Nun wollen sie das also nicht mehr, jetzt sind die Matrosen nur noch Mörder und Verbrecher ...

Die Tür geht auf, und Fritz' Vater kommt herein. Neugierig setzt er sich zwischen die beiden Jungen, sieht erst Fritz und dann Helle an. »Hast du auch manchmal Stubenarrest?«

Helle schüttelt nur stumm den Kopf. Ihn mit Stubenarrest zu bestrafen wäre ein Witz, da er ja die letzten vier Jahre sowieso fast jeden Nachmittag auf die Geschwister aufpassen mußte. Auf so eine Strafe wäre die Mutter aber auch nie gekommen, eher rutscht ihr die Hand aus. Und der Vater hat auch nie an Stubenarrest gedacht, hat immer nur geschimpft, wenn er früher, als er noch kleiner war, mal was angestellt hatte.

»Nicht? Na ja, wenn die Väter im Feld sind, verwöhnen die Mütter die Söhne.« Fritz' Vater lehnt sich zurück und blickt versonnen vor sich hin. »Die Situation hat sich sehr geändert«, sagt er dann, das Thema wechselnd. »Wir müssen auf unser Land achtgeben, wenn wir nicht wollen, daß es bolschewisiert* wird. Es gibt da so Gruppen und Grüppchen ... Gott sei Dank weiß der deutsche Arbeiter, wer ihm Lohn und Brot verschafft. Die Vernünftigen unter ihnen werden die Oberhand behalten.«

»Ebert?« Helle wollte eigentlich nichts sagen, die Frage ist ihm nur so herausgerutscht. Fritz' Vater jedoch scheint sie nicht zu mißfallen. »Ja, Ebert! Ich bin nicht gerade glücklich mit ihm, doch er ist ein vernünftiger Mann, treibt es nicht zu weit. Man kann mit ihm reden.«

Helle spürt etwas am Schienbein. Es ist Fritz, der sich verzweifelt bemüht, ihn unter dem Tisch anzustoßen, damit er nicht widerspricht – er sitzt nur zu weit von ihm entfernt, erreicht ihn kaum.

»Die Arbeiterschaft sollte auf einen Mann wie Ebert hören und sich nicht von Spartakisten und Matrosen den Kopf heißmachen lassen. Bolschewistische Zustände, das wäre endgültig der Untergang unseres Vaterlands.« Fritz' Vater legt seine Hände ineinander und knackt mit den Knöcheln. »Oder sagt dein Vater was anderes?«

»Ich muß jetzt gehen.« Helle steht auf. »Hab noch was zu erledigen.«

»Das ist keine Antwort.«

Helle spürt Fritz' Blick. »Wir ... wir sprechen nicht über Politik.«

»Das ist das vernünftigste.« Fritz' Vater nickt zufrieden. »Die Politik sollte man denen überlassen, die was davon verstehen. Ein kluger Mann, dein Vater.«

In Helle steigt Wut auf. Warum hat er sich darauf eingelassen? Warum hat er für Fritz gelogen? Der Vater würde sich schämen, wüßte er, was er gesagt hat.

Fritz' Vater schaut auf seine Uhr und nickt noch einmal, diesmal lächelnd. »Ich geb dir eine Stunde frei«, sagt er danach zu Fritz. »Geh mit deinem Freund ein bißchen an die Luft.«

Wie vom Flitzbogen abgeschossen springt Fritz auf, läuft in den Flur und zieht sich an. Dann hastet er vor Helle die Treppe hinunter, bleibt aber gleich an der Haustür stehen und lehnt sich aufatmend in eine Nische. »Das haste gut gemacht! Hätteste das nicht gesagt, hätte er mich bestimmt nicht runtergelassen.«

»Ich hab gelogen.«

»Weiß ich ja. Aber das ist doch nicht so schlimm. Jetzt kannste mich immer besuchen ... immer wenn du willst.«

Helle steckt die Hände in die Taschen und schaut Fritz nicht an. Ihm erscheint der Preis, den er dafür bezahlt hat, zu hoch.

Fritz macht ein verlegenes Gesicht. »Hab ihm ja vorher schon gesagt, daß dein Vater sich nicht für Politik interessiert.«

»Was haste?«

»Na wegen der Matrosen. Er hat gesagt, daß ich so rede, käme nur von dir und deinem Einfluß. Und er hat mir verboten, mich wieder mit dir zu treffen. Da hab ich gesagt, das stimmt gar nicht, weil deine Eltern sich überhaupt nicht für Politik interessieren.«

Deshalb war Fritz' Vater heute so anders zu ihm! Und er hat das nichtsahnend bestätigt, hat ohne es zu wissen das gleiche gesagt wie Fritz.

»Was sollte ich denn machen?« verteidigt sich Fritz. »Ich wollte doch nicht, daß er mir verbietet ...«

Fritz hat auch seinetwegen gelogen. Er wollte ihre Freundschaft retten. Trotzdem: Es war nicht richtig.

»Helle!« drängelt Fritz. »Ist doch egal, was mein Vater denkt; er kennt deinen Vater doch überhaupt nicht.«

Aber mich kennt er, und ich kenne ihn, will Helle sagen, doch dann verkneift er sich das. Wozu soll er es Fritz noch schwerer machen?

Es entsteht eine Verlegenheitspause, bis Helle fragt: »Wie lange haste denn noch Stubenarrest?«

»Bis heute abend. Morgen ist ja Heiligabend, und Weihnachten – so ist er nun auch nicht.«

»Und wie lange haste schon?«

»Zehn Tage.«

Zehn Tage Stubenarrest? Zehn Tage nicht aus dem Fenster gucken dürfen?

»Du wolltest mir doch von Heiner und Arno erzählen«, lenkt Fritz ab.

Helle berichtet von der Wiederbegegnung Unter den Linden, der Fahrt auf dem LKW, dem Besuch im Marstall, von Heiners Eltern und davon, daß er jetzt geradewegs von den beiden Matrosen kommt und Heiner und Arno und ihre Kameraden im Augenblick sicher schon vor der Reichskanzlei angelangt sind, um dort ihre Löhnung zu verlangen. Während er erzählt, bemerkt er, daß der Freund immer trauriger wird; spürt den Neid auf seine Erlebnisse mit Heiner und Arno und kann Fritz gut verstehen. Deshalb sagt er noch einmal, daß Heiner nach ihm gefragt hat.

»Er sagt, als Kind war er genauso einer wie du.«

»Quatsch!«

»Hat er aber wirklich gesagt.«

»Interessiert mich nicht, ich will ja gar kein Matrose mehr werden.«

»Dein Vater will's nicht«, verbessert ihn Helle. Fritz schaut auf seine Fußspitzen. »Das ist dasselbe. Oder denkste, ich kann Matrose werden, wenn mein Vater es nicht will?«

Helle findet, daß es nicht dasselbe ist, doch er widerspricht nicht. »Dann gehste eben zur Handelsmarine«, schlägt er vor.

»Das sind ja keine Militärs.«

»Willste denn unbedingt Soldat werden?«

Fritz antwortet nicht und blickt auch nicht auf, und da weiß Helle, daß es wieder nicht Fritz ist, der da zu ihm spricht, sondern Herr Markgraf persönlich.

Eine Zeitlang stehen sich die beiden Jungen noch stumm gegenüber, dann sagt Fritz: »Ich geh wieder hoch. Komm bitte noch mal mit. Ich will dir was geben.«

»Was denn?« will Helle wissen, bekommt aber keine Antwort, und so bleibt ihm nichts weiter übrig, als hinter Fritz herzugehen, bis sie wieder vor der Tür mit dem Schild *F. W. Markgraf* angelangt sind. Fritz klingelt und geht, als sein Vater ihm geöffnet hat, stumm an ihm vorüber. Helle bleibt vor der Tür; er will nicht noch mal in die Wohnung hinein.

Fritz' Vater, nun in Filzlatschen und Hosenträgern, lehnt sich an den Türrahmen. »Fritz bekommt zu Weihnachten einen Rodelschlitten«, sagt er dabei leise und legt einen Finger vor den Mund, um Helle zu verstehen zu geben, daß er das Fritz noch nicht verraten darf. »Da könnt ihr dann mal zusammen rodeln gehen.«

»Wenn Schnee liegt.«

Fritz' Vater hat die Ablehnung aus Helles ausweichender Antwort herausgehört. Er guckt mißtrauisch, und Helle macht vorsichtshalber einen Schritt zurück: Könnte ja sein, daß Fritz' Vater die Freundlichkeit nicht länger aushält. Doch dann kommt schon Fritz und bringt ein in Zeitungspapier gewickeltes Päckchen mit, das er Helle in die Hand drückt.

Erst vor der Haustür wickelt Helle das Päckchen aus. Das Buch mit den Zigarettenbildern steckt drin. Er blättert ein paar Seiten um, betrachtet die abgebildeten Schlachtschiffe, die Fritz über so viele Jahre hinweg gesammelt hat, und weiß nicht so recht, was er mit dem Buch anfangen soll. Schließlich wickelt er es wieder ein und steckt es in seinen Sack. Vielleicht will Fritz es ja irgendwann zurückhaben.

Eigentlich geht's uns schon wieder gut

Vorm Fenster ist es nun schon lange dunkel. Die Eisblumen sind abgetaut, kleine Bäche laufen über die Fensterbank. Helle wischt sie hin und wieder mit dem Lappen fort und schaut mit Hänschen auf dem Schoß Martha zu, die Weihnachtssterne bastelt.

Die Schwester will den Eltern unbedingt was zu Weihnachten schenken, und da hat Oma Schulte ihr das mit den Strohsternen eingeredet und Oswin ihr ein bißchen Stroh besorgt. Helle wollte ihr beim Zuschneiden oder Legen und Binden der Halme helfen, doch das hat sie nicht zugelassen. Es soll ihr Geschenk an die Eltern werden, ihres ganz allein. Und so kann er nichts weiter tun, als weiter seinen Gedanken nachzuhängen. Und die sind noch immer bei Fritz. Noch nie zuvor hatte er nach einer Lüge so sehr das Gefühl, einen Verrat begangen zu haben ...

»Was hast du eigentlich für Vati und Mutti?« Martha ist ganz heiß vor innerer Anstrengung. Sie geht recht geschickt mit dem Stroh um, muß aber sehr konzentriert arbeiten, um fertig zu werden, bevor die Eltern nach Hause kommen.

Helle hat nichts für die Eltern, er hat auch nichts für Martha. Früher, als er noch kleiner war, vor dem Krieg, hatte er auch manchmal was für die Eltern gebastelt. Irgendwas aus Kastanien oder Eicheln. Doch aus dem Alter ist er raus.

Hänschen quengelt. Helle befühlt seinen Hintern. Alles trokken! Er hebt ihn hoch und riecht – eingekackt hat der kleine Bruder auch nicht. »Was haste denn?«

Hänschen verzieht das Gesicht, sein Kopf wird dunkelrot.

»Haste Bauchschmerzen?« Helle legt den Bruder auf den Tisch, zieht ihn aus und betastet den kleinen Bauch. Hänschen quäkt und weint dann herzzerreißend.

»Vielleicht friert er nur?«

»Aber es ist doch gar nicht kalt in der Küche.«

»Wenn man krank ist, friert man auch, wenn's warm ist«, entgegnet Martha altklug.

»Ach nee!« antwortet Helle nur. Aber etwas Besseres, als Hänschen wieder anzuziehen, ihn in Mäntel und Decken zu wikkeln und aufs Sofa zu legen, fällt ihm auch nicht ein.

»Weißte schon, wem Oswin dieses Jahr was schenkt?« Martha tun die Finger weh. Sie ruht sich aus und guckt in den Hof hinunter.

»Dir bestimmt nicht.«

»Und warum nicht?« Martha rechnet sich Chancen aus, obwohl die Mutter ihr eine Menge Kinder genannt hat, die es viel nötiger hätten, daß ihnen endlich jemand eine Freude macht.

»Weil's uns schon wieder gutgeht.«

Die Schwester dreht sich um und starrt ihn an. »Uns geht's doch nicht gut!«

Helle hält Hänschen den Zeigefinger hin, der kleine Bruder grapscht danach, umklammert ihn mit seinem Fäustchen und hält ihn fest. Er hat ganz heiße Hände. »Doch«, sagt Helle da, »eigentlich geht's uns schon wieder gut. Vater ist zurück, Mutter hat Arbeit, und zu Weihnachten haben wir sogar richtig was zu essen. Anderen geht's viel schlechter.« Er denkt dabei an Annis Bruder Willi. Der kleine Willi hat's jetzt am schwersten. Ohne die große Schwester und fast immer ohne die Mutter, die jeden Abend arbeiten geht und tagsüber meistens schläft, hat er kaum noch jemanden, der sich um ihn kümmert.

»Wenn ich was kriege«, fängt Martha wieder an, wird aber von Helle unterbrochen. Im Treppenhaus waren Schritte zu hören. Er geht zur Flurtür, um zu lauschen.

Herr Rölle ist es nicht, und Oma Schulte ist es auch nicht. Es sind leichte Schritte, doch sie klingen, als trage jemand etwas die Treppe hinauf.

Martha legt ebenfalls ihren Kopf an die Tür und kichert aufgeregt. »Vielleicht ist's der Weihnachtsmann.«

»Hähä!« macht Helle nur, lauscht aber weiter. Die Schritte sind vor ihrer Tür stehengeblieben – und dann klopft es.

»Wer is'n da?«

»Ich bin's! Trude.«

»Trude?« Martha ist enttäuscht und freut sich – beides zugleich.

»Hallo, ihr beiden!« Trude sieht unternehmungslustig aus. Sie gibt Helle die Hand und küßt Martha auf die Wange. »Seid ihr allein zu Hause?«

»Mutter ist noch auf Arbeit, und Vater ist für den Soldatenbund unterwegs.«

»Und du hältst die Stellung, was?«

Helle will gleich von Hänschens Bauchschmerzen erzählen. Er ist froh, daß jemand gekommen ist. Erst mal aber schleppt Martha die junge Frau in die Küche und zeigt ihr die Strohsterne.

»Na, das ist ja gut!« Trude macht ein geheimnisvolles Gesicht. »Ich hab nämlich was mitgebracht, was ganz prima zu den Sternen paßt.«

»Und was ist das?« Sofort ist Martha begeistert. Am liebsten wäre sie Trude auf den Arm gesprungen, wenn die sich nicht sofort zu Hänschen gesetzt hätte, der sie nur anguckt und keine Miene verzieht.

»Er hat Bauchschmerzen«, erklärt Helle. »Vorhin hat er geweint.«

Trude wickelt Hänschen aus den Decken und Mänteln und betastet seinen Bauch. Wieder weint er.

»Habt ihr irgendeinen Tee?«

»Nur Pfefferminztee.«

»Dann mach ich ihm den. Das kann nicht verkehrt sein.« Trude wickelt Hänschen wieder ein und setzt Teewasser auf. Martha benutzt die Gelegenheit, sich an sie zu schmiegen und mit Schmollmündchen noch mal zu fragen: »Was haste denn mitgebracht?«

»Das ist was für Weihnachten – und Heiligabend ist erst morgen.«

»Aber wo haste's denn?«

»Vor der Tür. Und wenn Helle schlau ist, bringt er's jetzt in euren Keller, damit dir die Überraschung nicht verdorben wird.«

Sofort will Martha aus der Tür flitzen, Helle erwischt sie gerade noch am Schürzenzipfel. Sie rudert mit aller Gewalt gegen ihn an, kommt aber nicht vom Fleck und tritt schließlich mit den Füßen nach ihm.

»Laß mich los! Ich will ja gar nicht nachgucken. Will ja in die Stube.«

Zum Schein läßt Helle die Schwester los, und sofort wetzt sie zur Flurtür. Bevor sie die Tür aufhat, packt er sie wieder.

Nun weint Martha fast vor Ärger. Sie trommelt mit den Fäusten auf den Bruder los und läßt erst von ihm ab, als Trude sagt: »Aber Martha! Das ist doch auch ’n Geburtstagsgeschenk für dich. Das darfste doch heute noch nicht sehen.«

Grinsend übersieht Helle Marthas herausgestreckte Zunge, nimmt Kerze, Streichhölzer und Kellerschlüssel und geht aus der Wohnung.

Er hatte es sich gedacht, ein Tannenbaum! Was könnte sonst zu Strohsternen passen und ist so groß, daß es im Keller aufbewahrt werden muß. Er trägt den Baum in den Keller, verschließt den Holzverschlag sorgfältig und bleibt noch einen Augenblick auf dem Hof stehen, um die kalte Luft einzuatmen, die, wie es scheint, schon ein bißchen nach Schnee riecht. Dann will er in den dritten Stock zurück. Zwei, drei Treppenabsätze über ihm geht auch jemand. Aber diesmal sind es schwere Schritte, die die Dielenbretter knarren lassen. Der Jemand geht langsam, stoppt im zweiten Stock und geht von Tür zu Tür, klopft aber nirgends.

Helle wird langsamer und hält die Kerze weit von sich, so daß er den Jemand, wenn sie sich begegnen, möglichst früh erkennen kann. Der über ihm braucht Licht, er reißt Zündhölzer an, um die Namensschilder lesen zu können, und flucht dabei leise.

Die Stimme ... Ist das nicht Arno?

Es ist tatsächlich der Matrose. Weil er Helles Schritte gehört hat, schaut er ihm entgegen; als er ihn erkennt, freut er sich. »Menschenskinder, dich such ich ja! Auf Heiners Zettel stand vierter Hinterhof, aber nicht das Stockwerk.«

»Ist was mit Heiner?«

»Leider. Aber laß uns erst mal zu deinen Eltern hochgehen, da bereden wir dann alles.«

Überrascht steht Trude auf, als Helle mit Arno die Küche betritt. Sie hat gerade Hänschen den Tee zu trinken gegeben.

»Das ist Arno«, stellt Helle den Matrosen vor. »Und das ist Trude!«

»Deine Schwester?«

»Die bin ich«, meldet sich Martha, die ihre Sprachlosigkeit über das plötzliche Erscheinen des riesigen Matrosen mit den vielen Sommersprossen im Gesicht endlich überwunden hat.

Arno nickt, aber er versteht nicht, wer da zu wem gehört. »Heiner ist unten«, sagt er zu Helle. »Er hat 'ne Schulterverletzung. Der Feldscher hat ihm die Kugel schon rausgeschnitten, doch jetzt hat er Fieber und braucht Ruhe. Ein richtiges Bett wäre gut. Bei uns hat er das jetzt nicht. Und wer weiß, wie's heute nacht noch weitergeht.«

»Natürlich bekommt er sein Bett!« Trude hat sofort begriffen. Sie wickelt Hänschen in seine Decken, küßt und streichelt ihn, als wollte sie sich dafür bei ihm entschuldigen, daß sie ihn jetzt allein läßt, und schiebt Arno zur Tür.

Helle überwindet seinen Schreck nur langsam. »Paß auf Hänschen auf«, bittet er Martha, dann läuft er hinter Trude und Arno her und holt die beiden gerade noch so rechtzeitig ein, daß er hören kann, was Arno weiter berichtet.

»Wir haben die Schlüssel in der Reichskanzlei abgegeben«, erzählt der Matrose. »Eberts Leute auf der Kommandantur haben uns die Löhnung trotzdem nicht ausbezahlt. Also sind ein paar von uns wieder zurück zur Reichskanzlei und haben alle Ein- und Ausgänge besetzt. Jetzt ging die Streiterei los: Die Unabhängigen in der Regierung haben gesagt, zahlt ihnen die Löhnung aus, Eberts Leute haben gesagt, nur auf Eberts Befehl. Ebert aber war nicht aufzufinden. Und während wir noch abwarteten, rückten plötzlich regierungstreue Truppen an und schossen auf uns.«

»Gab's Tote?«

»Zwei. Der Maxe Perlewitz und ein Regierungstreuer. Dem Maxe ist der Schuß direkt durchs Auge gegangen.«

Hastig laufen sie über die Höfe auf die Straße. Der Wagen mit den Matrosen ist von Schaulustigen umsäumt. Sofort springt Helle auf die Ladefläche. Nicht nur Heiner ist verwundet, vier weitere Matrosen liegen neben ihm. Heiner jedoch hat es am schwersten erwischt; die linke Seite seines Oberkörpers steckt in einem so dicken Verband, daß man ihm die Matrosenbluse aufschneiden mußte. Er liegt da und hält die Augen geschlossen.

Arno und ein weiterer Matrose packen Heiner an den Füßen und unter den Armen, heben ihn vom LKW und tragen ihn über die Höfe. Helle schnappt sich Heiners Jacke und Mütze und trägt ihm beides nach.

Im vierten Hof kommt Oswin aus seinem Schuppen. »Was ist denn passiert?«

Erst jetzt merkt Helle, daß er weint. Eine Zeitlang starrt er Oswin nur böse an, dann schreit er plötztlich los. »Sie haben geschossen. Einfach geschossen!«

»Wer? Wer hat geschossen?«

»Deine Ebert-Leute! Die, die immer schießen, die, die kein Blutvergießen wollen.« Schreit es, läuft in den Seiteneingang hinein und hastet die Treppen hoch, bis er die Matrosen wieder eingeholt hat.

Es ist später Abend, fast schon Nacht. Die Eltern, Trude, Oswin und Oma Schulte sitzen auf dem freien Bett und den Stühlen aus der Küche in der Schlafstube und schweigen. Der Schein der Petroleumlampe erhellt das Bett am Fenster nur wenig, Heiners Gesicht ist nicht mehr als ein blasser Fleck. Die Szene ähnelt so sehr jener, die Helle vor Wochen in Oma Schultes Dachkammer miterlebte, daß er immer wieder an Nauke denken muß. Manchmal, wenn er den blassen Fleck in den Kissen zu lange betrachtet hat, ist ihm tatsächlich, als sehe er Nauke vor sich.

Trude denkt sicher auch an Nauke, das sieht er ihr an. Sie hält ein Handtuch in der Hand, tupft Heiner immer wieder den Schweiß von der Stirn und ist fast genauso bleich wie er. Und Oma Schulte denkt auch an ihn – bei jedem Bekreuzigen murmelt sie etwas vor sich hin, und einmal glaubt Helle, Naukes Namen zu hören.

Woran Oswin denkt, ist ihm nicht anzusehen; Oswin ist der schweigsamste von allen. Und er schaut Helle nicht an; noch kein einziges Mal, seit er gekommen ist, hat er ihn angeblickt.

»Daß einer wie Ebert die Matrosen vom Hals haben will, kann ich ja verstehen.« Die Mutter durchbricht als erste das Schweigen. »Aber die Truppen? Warum machen die da mit? Die Matrosen sind doch Kameraden ... auf die schießt man doch nicht.«

»Erst haben sie gemeinsam Revolution gemacht, jetzt schießen sie sich gegenseitig tot.« Oma Schulte schneuzt sich. Sie guckt niemanden an, aber wie sie es sagt, ist eindeutig: Ihre Worte sind ein Vorwurf, ein Vorwurf an Trude, die Mutter, den Vater.

»Die Truppen, die jetzt in der Stadt sind, haben an der Revolution nicht teilgenommen«, erwidert der Vater. »Die lagen damals noch an der Front, die wissen nur vom Hörensagen von dem, was in der Heimat passiert ist.«

Wieder wird geschwiegen, bis Trude endlich den Mund aufmacht. »Ist doch klar, warum die Ebert-Anhänger die Matrosen loswerden wollen: Sind die Matrosen weg, stehen wir allein da, dann werden sie leichter mit uns fertig.«

Trude fühlt sich für Heiner verantwortlich; sie pflegt ihn, als kenne sie ihn schon ewig. Sie hat Helle auch gleich zu Dr. Fröhlich geschickt, obwohl Arno meinte, das sei nicht nötig, der Feldscher habe Heiner ja bereits behandelt. Dr. Fröhlich hat Heiner dann untersucht und gesagt, er hätte sehr großes Glück gehabt, fünf Zentimeter tiefer und er hätte nicht überlebt. So aber werde sich nur Schorf bilden, und Heiner sei, wenn er kein Wundfieber bekomme, bald wieder auf den Beinen. Gegen das Fieber verschrieb er ein fiebersenkendes Medikament, stellte das Rezept aber nicht auf Heinrich Schenck, sondern auf Marie Gebhardt aus. Dann ging er wieder, ohne gefragt zu haben, wie es denn überhaupt zu der Schußwunde gekommen sei. Dafür sah er sich bei dieser Gelegenheit gleich noch einmal Hänschen an.

Atze und Onkel Kramer kommen. Beide haben sie von der Kälte gerötete Gesichter. Helle legt den Zeigefinger an den Mund und führt sie leise durch den Flur, damit sie Martha und Hänschen nicht wecken, die die Mutter in der Küche schlafen gelegt hat.

Onkel Kramer blickt Heiner nur kurz ins Gesicht, dann setzt er sich zwischen Oswin und Oma Schulte aufs freie Bett, nimmt die Mütze ab und fährt sich müde durchs Haar. »Wir kommen direkt von der Reichskanzlei. Da war vielleicht was los, kann ich euch sagen. Beinahe wären wir mitten in die schönste Schießerei hineingeraten.«

Oma Schulte bekreuzigt sich schnell. Sie kennt Onkel Kramer nicht, hat ihn lange mißtrauisch angesehen, scheint ihn aber einigermaßen vertrauenswürdig zu finden.

Atze dauert es zu lange, bis Onkel Kramer zur Sache kommt. »Die Matrosen haben die Kommandantur gestürmt und sich ihre Löhnung geholt«, berichtet er, und dann, strahlend: »Und nicht nur das, sie haben auch gleich den Wels mitgenommen.«

»Den Stadtkommandanten?« fragt der Vater bestürzt.

»Den lieben Otto – jawohl!« freut sich Atze. »Der war es ja, der ihnen die Löhnung verweigert hat.«

»Das wird Ärger geben!« Der Vater hat nicht genügend Platz, um auf und ab zu gehen, wie er es immer tut, wenn ihn irgend etwas sehr beschäftigt. Deshalb steht er nur auf und bleibt mitten im Raum stehen. »Das darf sich Ebert nicht gefallen lassen.«

Onkel Kramer setzt sich die Mütze wieder auf und steckt sich mit nervösen Fingern eine Zigarette an. Dann berichtet er, daß ein Teil der Matrosen mit jenem Otto Wels als Geisel in den Marstall und ein anderer Teil zur Reichskanzlei zurückmarschiert sei, um von Ebert die Absetzung des Stadtkommandanten zu fordern. Und daß einige Matrosen nun auch das Schloß weiter besetzt halten würden.

»Aber was soll dieses ganze Theater um den Stadtkommandanten denn?« fragt Trude. »Wissen die Matrosen denn nicht, daß Ebert selbst hinter dieser Sache steckt?«

»Sie haben richtig gehandelt«, antwortet Onkel Kramer. »Sie wollten die Sache mit der Löhnung nicht auf die Spitze treiben, um unnötige Konflikte zu vermeiden. Das war in der jetzigen Situation das einzig Vernünftige.«

»Guck an, ein vernünftiger Spartakist! Endlich mal kein Hitzkopf!« Oswin deutet eine leichte Verbeugung an. Er kennt Onkel Kramer schon seit vielen Jahren, weiß, daß der so leicht nichts übelnimmt.

»Ebert war leider nicht so vernünftig«, entgegnet Onkel Kramer gelassen. »Hat Angst bekommen und die Truppen zu Hilfe gerufen. Irgendwie haben die Matrosen davon erfahren und ihrerseits ihre Kameraden zu Hilfe geholt. Der Fortgang der Sache wurde zu einer Frage von Minuten und Sekunden. Wer würde als erster vor der Reichskanzlei erscheinen, die Matrosen aus Schloß und Marstall oder die regierungstreuen Truppen aus'm Tiergarten?«

»Die Matrosen waren schneller.« Atze dauert es wieder mal zu lange, bis Onkel Kramer weiterredet. »Als die Truppen vor der Reichskanzlei aufmarschierten, war die Verstärkung der Matrosen schon da. Ein Major drohte, wenn sie nicht sofort abzögen, scharf schießen zu lassen, und die Matrosen verlangten, daß die Truppen sich wieder zurückzögen. Wäre die Verstärkung nicht rechtzeitig gekommen, hätte dieser Major sicher schießen lassen, so hat er's nicht gewagt.«

»Für Ebert eine verdammt verzwickte Situation.« Onkel Kramer lacht böse. »Er hat zuviel taktiert, hat sich vor den Matrosen als großer Revolutionär und vor den Generälen als großer Konterrevolutionär aufgespielt. Nun standen beide Seiten vor seinem Schreibtisch, jeder hörte, was er dem anderen sagte. Was sollte er also tun? Einerseits braucht er die Generäle, denn ohne die kann er seine Ziele nicht durchsetzen, andererseits braucht er das

Volk; so ganz ohne uns geht's ja auch nicht. Und die meisten von uns stehen auf seiten der Matrosen.«

»Und was hat er getan?« fragt Helle gespannt.

»Das würde ich auch gern wissen.« Onkel Kramer nickt ernst. »War ja nicht dabei, sondern die ganze Zeit bei den Matrosen draußen. Hab sie gebeten, ruhig zu bleiben, nicht die Nerven zu verlieren. Ja, und dann hieß es auf einmal, beide Seiten ziehen ab, die strittigen Fragen werden morgen geklärt.«

Sekundenlang ist es still im Zimmer, bis der Vater fragt: »Und dabei blieb's?«

»Die Matrosen sind abgerückt, die Soldaten sind abgerückt.« Atze macht ein verzweifeltes Gesicht, das komisch wirken soll. »Alles Friede, Freude, Eierkuchen.«

Der Vater muß nun doch ein paar Schritte machen, öffnet die Tür zum Flur und holt sich seine Pfeife. »Die Sache hat 'nen Haken. Da stimmt was nicht.«

»Das sag ich auch.« Onkel Kramer lächelt traurig. »Aber in welche Richtung krümmt er sich, dein Haken?«

Heiner wird unruhig und wälzt sich im Bett hin und her. Trude muß ihn beruhigen, und so lange sie auf ihn einredet, wagt niemand, etwas zu sagen. Dann, als Heiner wieder schläft, sagt der Vater: »An der Front nannten wir das, den Gegner in Sicherheit wiegen und angreifen.«

»Du meinst, das war 'n Trick?« fährt Oswin auf. »Du meinst, Ebert läßt schießen? Wegen dieser lächerlichen Löhnung?«

»Die Löhnung ist lächerlich, aber nicht, was draus wurde. Wenn du mich fragst, ist das alles ganz geschickt eingefädelt worden.«

»Außerdem hat dein Ebert nun schon ein paarmal schießen lassen«, unterstützt Atze den Vater und weist auf Heiner. »Oder meinste, das hier is'n Mückenstich?«

»Was heißt denn: dein Ebert?« wettert Oswin los. »Bin doch nicht mit ihm verheiratet.«

»Warum tuste'n dann so?« Atze grinst.

»Quatschkopf!« knurrt Oswin. »Mir geht's doch bloß darum, daß ihr nicht alle eines Tages auf der Nase liegt.«

»Das wissen wir doch, Oswin«, entgegnet der Vater. »Aber wenn mir einer seine Pistole auf die Brust setzt, mach ich ihm keine Liebeserklärung.«

Wieder wird geschwiegen, bis die Mutter leise sagt: »Wenn man bedenkt, daß Ebert auch mal 'n Arbeiter war ... Wieso verrät er uns?«

Helle fallen Heiners Worte ein: Nicht wo einer herkommt, ist wichtig, sondern wo er hin will. Er zögert, aber dann sagt er es doch.

Die Eltern sind überrascht. »Donnerwetter!« entfährt es dem Vater. »Wo hast'n das aufgeschnappt?«

»Heiner hat 's gesagt.« Helle berichtet über ihr Gespräch vor dem Marstall.

Alle blicken wieder zu Heiner hin. Und Onkel Kramer nickt bedächtig und sagt: »Von der Sorte bräuchten wir noch mehr.«

»Laßt ihn mal erst wieder gesund werden.« Oma Schulte steht auf, um sich zu verabschieden. »Es wird schon früh genug wieder auf ihn geschossen werden.«

Auch Onkel Kramer, Oswin und Atze gehen. Helle leuchtet ihnen die Treppe hinab und hört, als er die Treppe schon wieder hinaufsteigt, Oswin und Atze noch auf dem Hof herumstreiten. Oben angekommen, bittet ihn die Mutter, diese Nacht auf dem Fußboden zu schlafen. »Wir haben sonst nicht genug Platz.«

Helle nickt nur still. Es ist ihm egal, wo er diese Nacht schläft, wenn nur Heiner bald wieder gesund wird.

Damit er nicht so hart liegt, hat die Mutter mehrere Decken ausgebreitet; Helle ist es trotzdem, als liege er auf dem blanken Fußboden. Die Mutter hat auch die Küche vor dem Schlafengehen noch mal durchgeheizt, doch die Wärme hat nicht lange vorgehalten.

Martha merkt von der Kälte natürlich nichts, liegt auf dem Küchensofa, hat den Kopf unter der Decke und schläft tief. Sicher träumt sie von ihrem Geburtstag.

Wie spät es jetzt sein wird? Zwei Uhr nachts – oder später? Auf jeden Fall hat Martha schon längst Geburtstag ... Helle wird immer wacher, versucht auch nicht mehr einzuschlafen, verschränkt die Arme unterm Kopf und stellt sich vor, wie es am Abend aussehen wird. Wo werden sie Trudes Tannenbaum aufstellen? In der Schlafstube ist kein Platz. Und in der Küche? Auf der Fensterbank, aber dann kann dort niemand sitzen ...

Die Schlafzimmertür geht.

Ist das der Vater? Er steht oft nachts auf, um in der Küche Wasser zu trinken. Doch der Vater oder die Mutter kennen sich im Flur aus, tasten nicht so lange herum ... »Heiner?«

»Ja?«

Sofort springt Helle auf und öffnet die Küchentür.

»Helle?« fragt Heiner. »Also bin ich bei euch?«

»Du ... du bist verwundet.«

»Habt ihr kein Licht?«

Helle läuft in die Küche zurück, zündet die Petroleumlampe an und leuchtet Heiner.

Der junge Matrose ist sehr blaß. Er schaut sich um, entdeckt Martha, die nicht aufgewacht ist, setzt sich leise auf einen Stuhl und stützt den Kopf in die Hand. »Wie bin ich hergekommen?«

»Arno hat einen Zettel mit unserer Adresse bei dir gefunden.«

Heiner scheint sich nur mühsam zu erinnern. Dann aber richtet er sich ruckartig auf: »Was ist mit Max? Hat Arno was gesagt?«

Arno hatte auf der Treppe von einem Max Perlewitz erzählt. Helle berichtet Heiner, was er weiß.

Lange Zeit hält Heiner sich nur die schmerzende Schulter und schweigt. Erst als Helle sich Sorgen macht und ihn bitten will, sich doch lieber wieder hinzulegen, stöhnt er leise: »Diese Verbrecher! Wie konnten wir ihnen nur trauen!« Dann erzählt er stockend, was er seit ihrer letzten Begegnung erlebt hat: »Es war vor der Stadtkommandantur. Während ein paar Kameraden drinnen die fällige Löhnung forderten, unterhielten wir uns mit Landsern, die auf dem Weg waren, ihre Entlassungspapiere zu holen ... Die waren ganz ausgelassen, freuten sich auf Weihnachten, auf ihre Familien ... Auf einmal taucht Unter den Linden ein Panzerwagen auf, fährt langsam in Richtung Schloß ... Max hat ihn zuerst gesehen, geht ihm ein Stück entgegen, um rauszukriegen, wem der Wagen gehört. Zehn Meter bevor er den Wagen erreicht hat, schießen die plötzlich ... Ich sehe, wie Max fällt, will eine Handgranate aus dem Gürtel reißen und bekomme einen Schlag gegen die Schulter ... Denke noch, du bist getroffen, suche Arno ... höre mehrere Handgranaten explodieren, Schüsse ... Dann muß ich weggewesen sein. Einmal bin ich noch aufgewacht, das war auf dem LKW, weil der so rüttelte, dann war ich wieder weg.«

Er reibt sich die Stirn. »Habt ihr was zu trinken? Ich hab einen Mordsdurst.«

»Nur kalten Pfefferminztee ... oder Wasser.«

»Gib mir Wasser. Hauptsache, es ist was Nasses.«

Heiner trinkt in tiefen Zügen, atmet tief durch und fragt Helle danach, ob Arno sonst noch was gesagt hat. Zuerst verneint Helle, dann fällt ihm ein, was Atze und Onkel Kramer berichtet haben, und er erzählt Heiner davon.

»Da lang läuft also der Hase!« Schon wieder reibt Heiner sich die Stirn. Offensichtlich fällt es ihm schwer, einen klaren Gedanken zu fassen. Dann nickt er: »Alles klar! Auf diese Weise wollen sie uns ausbooten.«

Martha wird wach und guckt verwundert.

»Das ist Heiner«, erklärt Helle ihr. »Brauchst keine Angst zu haben.« Die Schwester war schon dabei, das Gesicht zu verziehen, wußte wohl noch nicht so genau, ob der fremde Matrose in ihrer Küche noch zu ihrem Traum gehörte oder bereits Wirklichkeit war.

Erschrocken blickt Heiner sich um. »Schlaft ihr meinetwegen in der Küche?«

»Es ging nicht anders. Und es ist ja auch nicht schlimm.«

»Geht wieder in euer Bett zurück. Ich bleib in der Küche. Kann jetzt sowieso nicht schlafen.«

Martha läßt sich das nicht zweimal sagen, nimmt ihre Decke und wackelt, die Augen schon wieder halb geschlossen, ab in die Schlafstube. Das mit den geschlossenen Augen aber ist nur gespielt. Helle kennt die Schwester, in Wirklichkeit ist sie längst hellwach; wacher geht's gar nicht.

Heiner setzt sich aufs Sofa und streckt die Beine von sich. Still hockt Helle sich ihm gegenüber auf einen Stuhl und wartet. Er weiß, Heiner wird noch irgend etwas zu ihm sagen, hat es einfach im Gefühl.

»Ich hab geglaubt, mich hat's erwischt«, sagt Heiner da auch schon so leise, daß Helle es kaum verstehen kann. »Und weißt du was? Da war ich auf einmal furchtbar traurig ... Das hätte ich nie gedacht, daß ich dann traurig sein würde ... Hab immer geglaubt, wenn's mich mal erwischt, geht's so schnell, daß ich gar keine Zeit habe, traurig zu sein ... Doch so schnell alles ging, ich hab wirklich gedacht, schade, schade, daß es nun vorbei ist. Ist das nicht seltsam?«

Darauf kann Helle nichts antworten.

»Der Perlewitz hat's hinter sich.« Heiner schaut zum Fenster, auf dem sich langsam Eisblumen bilden, die im Mondlicht glitzern. »Morgens hat er noch Witze gemacht, Weihnachtslieder gesummt und sich nicht mal sehr über die Sache mit der Löhnung aufgeregt – und jetzt ist er weg, als ob ein Menschenleben gar nichts wäre.«

Die Schlafzimmertür geht, Martha linst durch die Küchentür. »Wann kommste denn endlich?« drängt sie Helle. »Ich kann nicht einschlafen.«

»Geh nur«, sagt Heiner da. »Ich mach auch noch ein bißchen die Augen zu.«

Das stimmt nicht. Heiner wird nachdenken, wird in Gedanken alles, was er an diesem Tag erlebt hat, noch einmal durchgehen. Doch dazu braucht er ihn nicht. Deshalb sagt Helle nur »Gute Nacht!« und geht hinter Martha her.

Erst als er neben Martha im Bett liegt und die Schwester sich an ihn kuschelt, fragt er: »Was willste denn?« Ist ja klar, daß Martha ihn nicht geholt hat, weil sie nicht einschlafen kann; die Schwester kann immer einschlafen, mit ihm genausogut wie ohne ihn.

»Hab ich schon Geburtstag?«

»Nee.«

»Wann hab ich denn Geburtstag?«

»In zwei Stunden.«

Eine ziemlich gemeine Lüge, doch hätte er Martha gesagt, daß sie längst Geburtstag hat, wäre sie bis zum Morgen überhaupt nicht mehr eingeschlafen und hätte auch ihn nicht schlafen lassen.

»So lange noch?«

»Zwei Stunden und zehn Minuten, wenn du's genau wissen willst«, lügt Helle weiter, und dann droht er: »Mach keine Faxen, sondern penn jetzt. Oder willste morgen abend früher ins Bett?«

Das will Martha natürlich nicht, deshalb ist sie nun lieber still, und Helle kann versuchen, noch ein bißchen über Heiner nachzudenken. Doch das weiche, mollige Bett, das sich so angenehm von dem harten Fußboden unterscheidet, und die Wärme, die Martha ausstrahlt, machen ihn schnell müde, schon bald schläft er ein.

Es hat gedonnert, irgendwo hat es gedonnert.

Da – wieder.

Das ist kein Gewitter! Helle schüttelt den Schlaf von sich und lauscht. Wieder kracht es, daß die Fensterscheiben zittern.

Der Vater hat es auch gehört, er zieht sich eilig an.

»Sind das Kanonen?« Helle hat noch nie Kanonenschüsse gehört, etwas anderes aber kann keinen solchen Lärm machen.

»Ja«, sagt der Vater. Und dann: »Jetzt wissen wir, in welcher Richtung der Haken sich krümmt.«

Die Mutter ist schon zur Arbeit und hat auch Martha schon zu Oma Schulte hochgebracht, nur Hänschen liegt noch im Bett der Eltern. Rasch steht Helle auf und zieht sich ebenfalls an. Er weiß nicht recht, wozu er das tut, weiß nur, daß er jetzt unmöglich im Bett bleiben kann.

Nun ist auch Hänschen aufgewacht; er schreit, der Lärm macht ihm angst. Der Vater nimmt ihn auf den Arm, spricht ein paar beruhigende Worte und geht mit ihm in die Küche.

Heiner steht am offenen Küchenfenster und lauscht. Als der Vater und Helle die Küche betreten, dreht er sich um. »Woher kommt das?«

»Vom Schloß«, sagt der Vater.

Nur einen winzigen Augenblick zögert Heiner, dann will er wissen, wo seine Stiefel sind.

»Junge, mach keinen Mist!« bittet der Vater den Matrosen. »In deinem Zustand kannste da nicht hin.«

»Das sind die Regierungstreuen«, erklärt Heiner schnell, während er sich von Helle in die Stiefel helfen läßt, weil er sich wegen seiner Verletzung nicht allzuweit vorbeugen kann. »Die beschießen meine Kameraden.«

»Aber deine Schulter! Es hat dich ganz schön erwischt.«

Stur schüttelt Heiner den Kopf. »Ich muß zum Schloß. Wenn die das Schloß beschießen, beschießen sie auch den Marstall. Jetzt ist alles klar: Erst verweigert man uns den Lohn, zwingt uns zu Protestaktionen, dann nimmt man die zum Vorwand, uns zusammenschießen zu lassen.« Er hält dem Vater die Hand hin. »Danke für alles! Ich komm bald mal wieder.«

Da widerspricht der Vater nicht mehr. Er gibt Helle Hänschen zu halten und holt die Medikamente aus der Schlafstube. »Nimm wenigstens die Tabletten mit«, bittet er. »Die sind gegen das Fieber.« Gleich darauf geht er vor Heiner her, um ihm die Treppe hinabzuleuchten.

Sekundenlang steht Helle hilflos in der Küche herum, dann weiß er, was er zu tun hat. Er legt Hänschen auf das Küchensofa, deckt ihn sorgfältig zu, zieht sich die Joppe an, knotet sich den Schal um den Hals und setzt die Mütze auf. Danach schlüpft er durch die Wohnungstür und steigt die Treppe zu Oma Schulte hoch. Dort wartet er, bis der Vater wieder in der Wohnung ist, um nur wenig später die Treppe hinabzuflitzen.

»Helle!«

Der Vater hat ihn gehört, ruft ihn. Helle antwortet lieber nicht. Auch als er über den Hof läuft und hört, daß der Vater ihm noch aus dem Küchenfenster nachruft, blickt er nicht hoch und bleibt nicht stehen. Der Vater würde ihn jetzt niemals in die Innenstadt lassen.

Heiner ist schon einige hundert Meter weit weg. Helle muß laufen, um ihn einzuholen.

»Du?« Nur zögernd bleibt der junge Matrose stehen.

»Ich ... will dich nur 'n Stück begleiten.«

»Hast du Angst, ich fall um?«

»Nee. Will ja sowieso zum Schloß. Mal sehen, was da los ist.«

Heiner glaubt ihm nicht, doch das ist Helle egal; Hauptsache, er darf bei ihm bleiben.

»Wenn ich sage: Geh zurück – gehst du dann zurück?«

»Ja«, verspricht Helle, weiß aber schon, daß er sich nicht daran halten wird. Nachdem er den Vater so hereingelegt hat, kommt es auf eine Lüge mehr oder weniger auch nicht an.

»Gut!« Heiner geht weiter, schwankt hin und her und greift sich immer öfter an die Schulter.

Es donnert erneut, nun schon viel dichter. Heiner legt noch einen Schritt zu.

Der Junge und der Matrose sind nicht die einzigen, die an diesem frühen Morgen durch die noch dunklen Straßen eilen. Der Kanonendonner ist in der ganzen Stadt gehört worden. Von überall her kommen Menschen gelaufen, Männer, Frauen und Kinder. »Die Matrosen! Die Matrosen werden beschossen«, ruft ein Mann aus einem offenen PKW. Doch das wissen die Leute längst, deshalb bekunden viele von ihnen Heiner ihre Sympathie, wenn er an ihnen vorbeieilt. Oder sie bleiben gleich an ihm dran, laufen mit. Manche glauben auch, er wüßte, was vor dem Schloß los ist, wollen ihn ausfragen und sind enttäuscht, daß er auch nicht mehr weiß.

Ein LKW mit Arbeitern fährt an ihnen vorüber. Die Arbeiter tragen rote Armbinden – so wie am 9. November. Diesmal jedoch jubeln sie nicht.

Immer belebter werden die Straßen, immer mehr Menschen eilen dem Kanonendonner entgegen. Es ist keine Neugier, die sie treibt, es ist die Empörung; sie ahnen, was da in der Innenstadt vor sich geht, und wollen den Matrosen zu Hilfe eilen.

Dann ist der Geschützdonner so nah, daß Helle sich denken kann, wo die Geschütze stehen – direkt auf dem Schloßplatz und in der Nähe der Schloßbrücke. Und nun kommen die ersten Männer und Frauen, die Heiner und Helle inzwischen überholt hatten, auch schon wieder zurück. »Sie haben alles abgesperrt«, rufen sie. »Es ist kein Durchkommen.«

Nach kurzem Zögern läßt Heiner die Männer und Frauen beratschlagen, was nun zu tun sei, und zieht Helle in eine Haustürnische. »So! Bis hierher und nicht weiter. Jetzt mußt du zurück.«

»Und du? Was willst du tun?«

»Versuchen, so nahe wie möglich heranzukommen.«

»Nimm mich doch mit.«

»Nein! Auf keinen Fall. Das ist zu gefährlich.« Der Matrose merkt, daß er zu heftig gesprochen hat, und redet besänftigend weiter: »Das mußt du doch verstehen! Stell dir vor, dir passiert was. Wie soll ich das deinen Eltern erklären?«

Es hat keinen Zweck, Heiner wird ihn nicht weiter mitnehmen.

»Bis bald!« Freundschaftlich boxt Heiner Helle in die Rippen, dann geht er allein weiter.

Die Hände in den Taschen, schaut Helle dem jungen Matrosen nach. Er weiß, was Heiner vorhat. Er will das Schloß umgehen; will durch die Spandauer Straße, um sich Marstall und Schloß vom Molkenmarkt aus zu nähern. Das ist ein großer Umweg, aber seine einzige Chance. Er wartet, bis Heiner ihn nicht mehr sehen kann, dann folgt er ihm vorsichtig. Zum Glück dreht der Matrose sich nicht um; es ist leicht, ihm ungesehen zu folgen. Nur stehen bleibt er ab und zu, und dann greift er sich jedesmal an die Schulter, als müsse er irgend etwas geraderücken.

Am Molkenmarkt wendet Heiner sich nach rechts, geht den Mühlendamm in Richtung Petri-Kirche herunter und verschwindet ab und zu in einem Hausflur, denn jetzt kommen ihm alle paar hundert Meter Landser entgegen – in kleinen Marschgruppen oder auf einem LKW. Der Geschützlärm von Schloß und Marstall her ist bereits so laut und deutlich zu hören, daß Helle die verschiedenen Geräusche unterscheiden kann. Mal rattert ein Maschinengewehr, mal schlägt irgendwo eine Granate ein, mal fallen vereinzelte Karabinerschüsse.

In einer Nebenstraße verladen Arbeiter ein schweres Geschütz auf einen LKW. Heiner zögert, geht dann aber doch weiter, bis er wieder in einem Hausflur verschwindet: Ein Trupp Soldaten mit tief in die Stirn gezogenen Stahlhelmen nähert sich dem Fischmarkt. Sie kommen aus der Gertraudenstraße und wagen sich nur meterweise in die Breite Straße hinein, die an die Rückseite des Marstalls heranführt.

Helle preßt sich eng an die Häuserwand, lugt nur vorsichtig aus seiner Haustürnische heraus – und zuckt gleich wieder zurück: Rasendes Maschinengewehrfeuer hat eingesetzt, ununterbrochen hämmert es vom Marstall her in die Breite Straße hinein; also haben die Matrosen die heranschleichenden Soldaten bereits bemerkt?

Vom Molkenmarkt her nähert sich ein langsam fahrender LKW. Sind das auch Soldaten ...?

Nein, da sind Matrosenmützen zu erkennen – der Wagen ist voller Matrosen mit roten Armbinden! Sie halten ihre Gewehre in Anschlag und spähen aufmerksam in die Seitenstraßen hinein.

Heiner hat den LKW ebenfalls bemerkt, springt vor, breitet die Arme aus und stoppt ihn. Der Wagen bremst, und Heiner spricht mit den Matrosen, will sie sicher warnen. Doch zu spät, die Soldaten mit den Stahlhelmen haben den LKW bereits entdeckt. Aus Hausfluren heraus und hinter Häuserecken hervor beschießen sie ihn. Eilig springen die Matrosen auf die Straße herab und retten sich in die noch unbesetzten Hausflure.

Helle preßt sich noch enger in die Nische. Die Angst schnürt ihm die Kehle zu, er bekommt kaum noch Luft. Er will jetzt weg hier, weg, weg, weg – doch da nähert sich schon der nächste LKW, diesmal von der Gertraudenstraße her. Auf seinem Fahrerhaus ist ein Maschinengewehr aufgebaut ...

Es sind Arbeiter, Arbeiter mit roten Armbinden!

Ein Matrose hat seine Mütze über den Gewehrlauf gestülpt, wedelt damit vorsichtig hinter einer Litfaßsäule hervor. Der LKW stoppt, die Arbeiter springen von der Ladefläche und werfen sich flach aufs Straßenpflaster. Nur zwei bleiben zurück und erwidern mit ihrem Maschinengewehr das Trommelfeuer der Soldaten, die nun von drei Seiten her beschossen werden: vom Marstall aus, vom Mühlendamm her und vom Fischmarkt. Sie sind umzingelt und müssen einen Ausbruch wagen – und sie wagen ihn, wollen über den Mühlendamm davon.

Noch immer kann Helle aus seiner Nische nicht heraus, die ganze Straße ist nun unter Beschuß, überall spritzt Putz von den Wänden. Die Soldaten aber kommen näher, haben die Straßenseite erobert, auf der er sich befindet, und kämpfen sich von Haus zu Haus aus der Umzingelung heraus. Ihm bleibt nur eine Richtung, in die er davonlaufen kann: in den Hausflur hinein, die Treppe hoch, unter den Dachboden. Und das tut er. Erst als er oben angekommen ist, hält er inne und lauscht zurück. Auf der Straße hämmert und kracht es, pfeift es und schlägt ein, im Haus ist alles ruhig. Sicher haben die Hausbewohner sich in die hinteren Zimmer zurückgezogen. Oder sie haben das Haus für die Dauer der Kämpfe lieber ganz und gar verlassen.

Er versucht, die Bodentür zu öffnen, doch sie ist verschlossen. Einen Augenblick überlegt er, ob er noch irgendwas tun könnte, um sich in Sicherheit zu bringen, aber ihm fällt nichts ein. Also setzt er sich auf die Treppe und lauscht auf den Lärm.

Unten wird die Haustür aufgerissen, fluchende Männer stürzen ins Haus. Der Lärm wird noch lauter ... Wenn die Kämpfenden hier hochkommen ... Wo soll er dann hin?

Da, ein Schrei! Ein furchtbarer Schrei! Einer der Männer im Hausflur muß getroffen worden sein ... Schritte, die Haustür fällt krachend ins Schloß, Ruhe. Helle lauscht, doch es bleibt still im Haus. Und auch die Schüsse auf der Straße werden weniger und verstummen schließlich ganz. Er wartet noch geraume Zeit, dann steigt er vorsichtig und alle drei Stufen stehenbleibend, um zu lauschen, wieder die Treppe hinab.

Im ersten Stock verharrt er. Ein Stöhnen ist zu hören. Er muß sich zusammennehmen, um nicht unter den Dachboden zurückzulaufen. Nur ganz langsam, dabei fast die Luft anhaltend, steigt er weiter die Treppe hinab.

Im Hausflur liegt ein Soldat. Er liegt auf dem Rücken, das Gesicht nach oben. Helle drückt sich an dem Mann vorbei, behält ihn aber im Auge – und hätte beinahe aufgeschrien: Dem Soldaten fehlt das halbe Gesicht!

Sieht er ihn an? Bittet er um Hilfe? Helle kann das nicht erkennen. Es ist zu dunkel im Hausflur, und er wagt sich nicht näher an den Soldaten heran; zu groß ist das Entsetzen, das ihn gepackt hält. Mit dem Rücken an der Kachelwand schiebt er sich an dem Verwundeten vorbei und öffnet vorsichtig die Haustür.

Auf der Straße ist es still. Die Matrosen und Arbeiter stehen um ihre LKWs herum, rauchen, reden miteinander und verarzten ihre Verwundeten. Helle stürzt auf den ihm am nächsten stehenden Arbeiter zu, einen pockennarbigen Mann mit Schirmmütze auf dem Kopf, und will ihm von dem verwundeten Soldaten im Hausflur erzählen. Der Mann läßt ihn gar nicht erst zu Wort kommen. Er nimmt seinen Zigarrenstummel aus dem Mund und fährt ihn an: »Was willst du denn hier? Haste nichts Besseres zu tun?«

Glaubt der, er wohne in einem der Häuser und sei nur mal so aus Neugier heruntergekommen? Helle hat keine Zeit, dem Mann zu erklären, wieso und weshalb er hier ist, schreit nur: »Da!« und weist auf den Hausflur, aus dem er gekommen ist. »Da liegt ein Soldat. Er ist verwundet. Ihr ... ihr habt ihn mitten ins Gesicht getroffen.«

Sogleich nimmt der Pockennarbige sein Gewehr in Anschlag und bittet zwei Arbeiter, ihm zu folgen. Dann nähern sie sich zu dritt dem Hausflur. Einer der beiden Arbeiter, ein noch sehr junger Mann, stößt die Tür auf, die anderen beiden betreten mit vorgehaltenen Gewehren den Hausflur. Doch sie lassen ihre Waffen schnell sinken, heben den Soldaten auf und tragen ihn auf die Straße, um ihn dort, wo sich mehrere Männer und Frauen um die Verletzten kümmern, zwischen die anderen Verwundeten zu legen.

Helle bleibt in einiger Entfernung stehen und schaut zu, wie zwei Frauen den Soldaten notdürftig versorgen. Der Pockennarbige stellt sich neben ihn und zündet seinen Stumpen neu an.

»Tja, Junge!« sagt er dann. »So geht's zu, wenn geschossen wird. Das ist Krieg!«

Das ist Krieg! Helle wußte, daß es grausam zugeht in einem Krieg. Dazu bedurfte es nicht erst Vaters Verwundung. Aber er war nie dabeigewesen, hat nie einen Verletzten wie jenen Soldaten gesehen …

Der Mann neben ihm raucht nachdenklich. »Sie haben zuerst geschossen, das ist unser einziger Trost.«

Auch das weiß Helle, genauso wie er weiß, daß der Soldat sicherlich nur geschossen hat, weil es ihm befohlen wurde. Und dabei war er vielleicht nicht mal gern Soldat, sondern wäre über Weihnachten lieber bei seiner Familie gewesen, so wie der Vater, als er noch im Feld war …

»Helle!«

Heiner! Er hat ihn entdeckt und kommt zornig auf ihn zugelaufen, ist sicher wütend, weil er ihm doch gefolgt ist. Helle ist Heiners Enttäuschung egal. Endlich ein vertrautes Gesicht, endlich jemand, bei dem er sich ausheulen kann.

Der junge Matrose sitzt auf dem Trittbrett eines der LKWs und raucht nervös. Helle steht vor ihm, unschlüssig, was er tun soll. Heiner hat ihn angeschrien, hat ihn richtig fertiggemacht und gesagt, was er von einem hält, auf den man sich nicht verlassen kann. Aber das war gut so; wenn einer ihn anschreit, kann er nicht mehr heulen.

Der Pockennarbige kommt heran. »Verschwinde jetzt«, sagt er zu Helle. »Wir haben eine Feuerpause vereinbart, damit die Frauen und Kinder aus dem Kampfgebiet geschafft werden können. Hau also ab, bevor's zu spät ist!« Dann setzt er sich zu Heiner: »Biste aus'm Marstall, Matrose?«

»Ja. Und ich wäre jetzt lieber da drinnen als hier draußen.«

»Wünsch dir das lieber nicht. Im Marstall sind nur siebzig Mann von euch, im Schloß sogar nur dreißig. Eigentlich ein Wunder, daß sie sich bisher halten konnten.«

»Habt ihr Kontakt zu ihnen?«

»Da kommt kein Mensch und keine Maus durch«, seufzt der Pockennarbige. Dann schaut er auf seine Uhr und drängt: »Zieh Leine, Junge! Die Feuerpause ist gleich vorüber.«

Helle wendet keinen Blick von Heiner. So kann er nicht gehen.

Der Matrose tritt seine Kippe aus. »Geh schon! Ich bin dir nicht mehr böse.«

Da geht Helle. Ohne lange zu überlegen, wohin er sich wenden soll, geht er die Gertraudenstraße entlang und über die Spreebrücke mit der aus Stein gehauenen Gertraudenfigur. Er geht nach Westen, in Richtung Spittelmarkt – im Westen ist alles still, im Westen wird nicht gekämpft. Dafür hämmert hinter ihm schon bald wieder ein Maschinengewehr los, ein anderes antwortet, Granaten werden abgefeuert. Mit Wucht hat der Geschützlärm neu eingesetzt.

»Beeil dich, Junge!«

Der Spittelmarkt, der an normalen Tagen so belebte Verkehrsknotenpunkt mit den vielen Geschäften und Straßenbahnhaltestellen ringsherum, ist nicht wiederzuerkennen. Zwar ist er voller Menschen, die aus dem Kampfgebiet hierher geflohen sind, Helle winken und ihm zurufen, daß er laufen soll, sonst jedoch ist er seltsam tot: Die Geschäftsinhaber haben die Jalousien heruntergelassen, der Zeitungskiosk neben der Normaluhr hat geschlossen, und vor dem Musikhaus Menzenhauer steht eine leere Straßenbahn.

»Na, du hast aber die Ruhe weg!« schimpft eine Frau Helle aus. »Denkste, die Granaten unterscheiden zwischen Soldaten und Kindern?«

Ohne zu antworten, geht Helle zwischen den Männern und Frauen hindurch, die ihm kopfschüttelnd nachschauen, bevor sie ihre Blicke wieder dorthin wenden, wo der Geschützlärm am lautesten zu hören ist.

»Da kommt Verstärkung.« Ein ziemlich vornehm gekleideter

Mann mit einem grauen Filzhut auf dem Kopf weist auf die Leipziger Straße. Ein LKW, vollbesetzt mit Soldaten, kommt dort angefahren. Die Soldaten halten ihre Gewehre in Anschlag, als fürchteten sie aus der Menge heraus einen Angriff. Doch die Männer und Frauen rühren sich nicht, starren nur stumm dem LKW entgegen; der Geschützlärm von Schloß und Marstall erscheint dadurch noch lauter.

»Na bitte!« freut sich der Mann mit dem Filzhut. »Jetzt werden sie es den Roten zeigen.«

In Helle verkrampft sich alles. Wenn noch mehr Soldaten kommen, haben die Matrosen keine Chance mehr.

Plötzlich kommt Bewegung in die Menge. »Was wollt ihr denn hier?« ruft eine Frau. »Geht nach Hause.« Andere fallen ein: »Zieht ab! – Mörder! – Verräter! – Ihr schießt auf eure Brüder!«

Der LKW wird langsamer, fährt aber weiter. Die Menschen weichen zur Seite.

»Nicht weggehen! Stehenbleiben!« Eine Frau mit Kind auf dem Arm drängelt sich durch und stellt sich dem LKW in den Weg.

Das Seitenfenster des Fahrerhauses wird heruntergelassen, ein Offizier schaut heraus. »Weg da!« ruft er. »Runter von der Straße!«

Die Frau bleibt stehen, preßt ihr Kind an sich und schaut dem LKW zornig entgegen. Eine zweite Frau gesellt sich zu ihr, hat auch ein Kind bei sich, hält es an der Hand.

»Aus dem Weg!« schreit der Offizier mit dem blonden Bärtchen auf der Oberlippe.

»Geht in eure Kasernen zurück!« ruft die Frau mit dem Kind an der Hand. »Wir haben genug vom Krieg.«

Die Soldaten auf dem LKW wissen nicht, wie sie sich verhalten sollen. Der Fahrer hinter dem Lenkrad bremst nervös, der Offizier schreit ihn an.

Immer mehr Frauen stellen sich dem LKW in den Weg. Fast

alle haben sie Kinder bei sich, manche sogar drei, vier oder noch mehr. Viele der Kinder tragen noch ihre Hauspantoffeln an den Füßen; die Flucht aus dem Kampfgebiet war wohl zu überstürzt, um vorher feste Schuhe anziehen zu können.

Der Offizier steigt aus, fuchtelt mit der Pistole herum und schreit immer wieder: »Aus dem Weg! Aus dem Weg!«

Die Frauen pressen ihre Kinder fester an sich, bewegen sich aber nicht von der Stelle.

Da schießt der Offizier in die Luft. »Auseinander!« schreit er dabei. »Auseinander gehen!«

Eine alte Frau ohne Kind löst sich aus der Gruppe der Frauen vor dem LKW. »Werd nicht drollig, Jungchen! Wenn du willst, kannste auf mich schießen, aber wenn ich du wäre, würde ich das nicht tun. Hatte nämlich auch mal 'n Sohn, der so verrückt war wie du. Der wollte auch unbedingt 'n Held sein. Und was hat er nun davon? Er kann sich nicht mal mehr über seine Dummheit ärgern.«

»Gehen Sie weg! Gehen Sie weg!« schreit der Offizier. Und wieder schießt er zur Warnung in die Luft.

»Warum nimmt dem denn keiner die Knarre ab?« Eine der Frauen wendet sich an die Männer, die dem Geschehen bisher hilflos folgten. Der mit dem Filzhut macht einen Schritt zurück und taucht zusammen mit seinem Nachbarn in der Menge unter, die anderen ergreifen Partei für die Frauen, an den Offizier mit der Pistole jedoch trauen sie sich nicht heran.

Die Soldaten auf dem LKW beraten kurz, dann springen drei von ihnen auf die Straße herab. Mit vorgehaltener Pistole schaut der Offizier ihnen entgegen.

»Wir fahren zurück«, sagt einer der drei. »Die Frauen haben recht. Wir haben genug Krieg hinter uns.«

Die Frauen jubeln, der Offizier wird bleich. »Auf den LKW!« befiehlt er und streckt die Hand mit der Pistole etwas weiter vor.

Die drei Soldaten gehen zurück, einer von ihnen setzt sich auf den Beifahrersitz und gibt dem Fahrer Anweisungen. Der, sichtlich erlöst, startet den LKW und schlägt das Lenkrad ein – dreht um!

Der Offizier läßt die Waffe sinken. »Befehlsverweigerung«, murmelt er. »Meuterei!« Das schmale, blonde Bärtchen auf seiner Oberlippe zuckt.

Die alte Frau legt dem Offizier begütigend die Hand auf den Arm. »Vernunft, Jungchen, weiter nichts. Geh du mal lieber auch nach Hause. Heute ist Weihnachten, deine Mutter hat vielleicht gebacken.«

Die Frauen um ihn herum lachen, der Offizier aber starrt nur dem LKW nach, der nun wieder in die Leipziger Straße einbiegt. Dann dreht er sich um und versucht, sich zwischen den dichtstehenden Menschen hindurch einen Weg zu bahnen. Da drängen andere Frauen auf ihn zu. »Wollteste etwa auf uns schießen?« rufen sie. »Wollteste auf unsere Kinder schießen? Warum biste'n jetzt nicht mehr so mutig?«

Wieder streckt der Offizier die Hand mit der Pistole aus. »Weg!« befiehlt er heiser. »Aus dem Weg – oder ich schieße!«

»Schießen, ja, das kannste!« Die alte Frau hat nun auch die Geduld verloren. »Frieden machen kannste nicht, was?« Und in einer plötzlichen Aufwallung von Wut schlägt sie dem Offizier die Waffe aus der Hand. Rasch will er sich bücken, um die Waffe wieder aufzuheben, die Frauen jedoch sind schneller. Mit den Füßen stoßen sie die Pistole von ihm fort, bis er nicht mehr ausmachen kann, wo sie sich befindet. Da gibt er auf und geht langsam rückwärts. Die Frauen rücken nach, bis er sich umdreht und unter dem Gejohle der Kinder davonläuft.

Gleich stemmt die alte Frau die Arme in die Hüfte und mustert die umstehenden Männer. »Na, ihr Helden! Wenn man euch so anguckt, könnte man direkt neidisch werden.«

Die Männer lachen, tun so, als würden sie die Alte nicht ernst nehmen, eine der jüngeren Frauen aber blamiert sie vollends. »Laß mal, Oma Kraus«, sagt sie, »'s gibt ja noch andere« – und deutet mit dem Kopf in Richtung Schloßplatz, von dem ununterbrochen Geschützlärm herüberdringt.

Da wenden die Frauen sich wieder dem Geschehen in der Kampfzone zu, flüstern besorgt miteinander und haben die Episode mit dem LKW längst vergessen.

Wir haben gesiegt!

Die untere Friedrichstraße, in der es sonst von Einkäufern, Spaziergängern, Autos und Pferdedroschken nur so wimmelt, ist an diesem Heiligabend-Vormittag nicht sehr betriebsam. Die meisten Läden haben geschlossen, nichts deutet darauf hin, daß in wenigen Stunden die Bescherung beginnt.

Das Geschäft, vor dem Helle stehenbleibt, ist ein Spielzeugladen. Im Schaufenster steht ein Tannenbaum mit Weihnachtskugeln, Lametta, Engelshaar und vielen kleinen Weihnachtsmännern. Es gibt auch größere Weihnachtsmänner, die mit Rute, Sack und Schlitten, die von Hirschen gezogen werden, durch eine Wattelandschaft fahren und die Puppen, die ringsherum aufgebaut sind, mit Geschenken beglücken. Helle erscheint das alles irgendwie zu bunt für diesen Tag. Er steht da, betrachtet das Schaufenster und fühlt sich seltsam unglücklich. Er will noch nicht nach Hause, kann jetzt nicht mit Martha Geburtstag feiern, nett zu ihr sein, Weihnachtslieder singen oder irgendwas spielen; nicht, solange noch gekämpft wird.

Und der Vater? Er wird sich bei ihm entschuldigen, *muß* sich bei ihm entschuldigen, aber nicht jetzt. Erst muß er wissen, wie der Kampf ausgeht und was aus Heiner und Arno geworden ist. Und dazu muß er in der Nähe bleiben …

Das Schaukelpferd dort kostet mehr, als die Mutter in einem Monat verdient. Wer kann seinen Kindern ein solches Geschenk machen? – Die, die den Krieg gemacht haben; die, denen es trotz all des Elends um sie herum immer noch gutgeht; solche wie der mit dem Filzhut vorhin. Helle spuckt auf die Fensterscheibe, sieht, wie die Spucke langsam an der Scheibe herabrinnt, und wartet darauf, daß jemand rauskommt, schimpft. Das da ist sein Lametta, Lametta vom Wedding.

Es kommt niemand, der Laden hat geschlossen. Langsam geht Helle weiter.

Ein Uhrengeschäft! Es hat sogar geöffnet. Der Besitzer nimmt gerade eine Kuckucksuhr auseinander. Der Geschützlärm von Schloß und Marstall scheint ihn nicht zu beeindrucken. Helles Blick wandert die Uhrenparade entlang. Es sind die verschiedensten Uhren, aber alle zeigen sie auf die Sekunde genau zwanzig Minuten vor zwölf Uhr an. Also wird nun schon seit vier Stunden gekämpft – und der Mann im Laden repariert seine Uhren!

Ein Kanonenschlag! Nicht weit von hier, deshalb übermäßig laut. Dem Mann hinterm Ladentisch fällt die Pinzette aus der Hand, ihre Blicke treffen sich. Sofort kommt der Mann zur Tür. »Halt hier nicht Maulaffen feil. Verschwinde!«

»Warum denn? Kann stehen, wo ich will.«

»Werd nicht pampig!« Der Uhrenladenbesitzer hat bemerkt, daß einige Passanten, die eilig den Linden zustreben, aufmerksam geworden sind. »Du versperrst den Leuten die Sicht.«

»Heute kauft sowieso keiner Uhren.« Helle geht weiter, weiß aber, daß er gesiegt hat. Der Uhrenladenbesitzer hatte Angst, daß die Männer und Frauen seine Partei ergreifen könnten; hat überhaupt Angst vor dem, was da heute geschieht oder noch geschehen könnte. Auch als er an seiner Kuckucksuhr herumfummelte, hatte er Angst.

»Da ist er ja!«

Ede! Und neben Ede – der Vater! Beinahe wäre er mit den beiden, die da aus der Taubenstraße gebogen kommen, zusammengeprallt.

»Ach nee!« Der Vater schiebt sich die Mütze ins Genick und

guckt Helle von oben bis unten an, als wolle er sich vergewissern, daß auch noch alles an ihm dran ist. »Schön, daß man sich mal wiedersieht. Spaziergang beendet?«

»Mensch, Helle!« Auch Ede macht ein Gesicht, als hätte er einen Totgeglaubten wiedergefunden. »Du weißt ja gar nicht, wo wir dich überall gesucht haben.«

»Ich ... ich ...« stottert Helle, läßt es dann aber sein. So schnell findet er nicht die passenden Worte, um sich zu entschuldigen.

Der Vater legt ihm die Hand auf die Schulter und schüttelt ihn. »Kreuz und quer durch die Gegend gelaufen sind wir! Und immer voller Angst. Was haste dir nur dabei gedacht?«

»Wenn ich dich gefragt hätte«, bringt Helle da endlich heraus, »hätteste mich ja nicht gehen lassen.«

»Natürlich nicht! Die schießen hier doch nicht mit Platzpatronen!« Der Vater ist so erleichtert, ihn unversehrt wiedergefunden zu haben, daß der in ihm aufgestaute Zorn schneller verfliegt, als ihm recht ist.

Auch Ede bemerkt das. »Wo haste denn die ganze Zeit gesteckt?« fragt er. Und dann erzählt er, noch bevor Helle antworten kann, daß er gleich, als er den Kanonendonner hörte, zu ihm wollte, um mit ihm in die Innenstadt zu laufen. Doch er traf nur noch den Vater an, der ihm schon im Hausflur entgegenkam. Deshalb ist er einfach mit ihm mitgegangen, weil er ja sowieso zum Schloß wollte.

»Kindsköpfe seid ihr!« schimpft der Vater. »Alle beide! Immer dahin, wo was los ist. Aber nun raus mit der Sprache: Wo hast du dich überall rumgetrieben?«

Während Helle berichtet, gehen die drei weiter die Friedrichstraße hoch. Es sind inzwischen immer mehr Menschen geworden, die den gleichen Weg haben. Der Vater bemerkt es verwundert und hält Helle dann plötzlich fest: Aus der Jägerstraße kommen drei Soldaten gelaufen. Sie kommen aus Richtung Schloß, tragen weder Waffen noch Stahlhelme, laufen einfach zwischen den Leuten hindurch, die sich umdrehen, ihnen nachschauen, lachen oder Beifall klatschen.

»Die fliehen!« staunt Ede. »Die machen 'ne Mücke. Die hauen ab.«

Zwei weitere Soldaten kommen die Jägerstraße herunter. Der eine wirft Gewehr und Patronentasche weg, der andere schleudert seinen Stahlhelm über die Fahrbahn, daß es scheppert. Der Vater zögert keine Sekunde, läuft ein Stück in die Jägerstraße hinein und holt sich das Gewehr mitsamt den Patronen.

Aus einer Gruppe teilweise bewaffneter Arbeiter, die in Dreierreihen den Linden entgegenstrebt, löst sich ein junger Mann. Er hat die Szene beobachtet, kommt über die Straße gelaufen und bittet den Vater, ihm die Waffe zu geben.

»Ich hab keine. Sie haben nicht gereicht. Und für dich ist das doch schwierig, oder?« Er weist auf den hochgeschlagenen Mantelärmel.

»Wo kommt ihr denn her?« fragt der Vater, während er dem jungen Mann Gewehr und Patronen übergibt.

»Aus Henningsdorf.« Der junge Mann hängt sich beides um, nickt dem Vater noch einmal dankbar zu und läuft hinter seiner Gruppe her.

»Aus Henningsdorf?« Der Vater guckt verwundert. »Das ist ja schon außerhalb!« Und dann hat er es plötzlich eilig und beginnt zu laufen. Erst an der Ecke Unter den Linden bleibt er stehen. »Schaut euch das an!« sagt er und strahlt. »Schaut euch das mal an!«

Eine dichte Menschenmenge bewegt sich die breite Allee hinunter. Einige Männer sind bewaffnet, viele sind unbewaffnet, alle jedoch haben das gleiche Ziel: Sie wollen zur Schloßbrücke, wollen den Matrosen und Arbeitern in und rum um Schloß und Marstall zu Hilfe eilen.

»Wenn das so ist«, seufzt der Vater erleichert, »haben sich einige Leutchen aber gewaltig verrechnet.«

Es wird immer noch geschossen, doch je näher der Zug der Demonstranten der Schloßbrücke kommt, desto vereinzelter fallen die Schüsse. »Es lebe die Volksmarinedivision!« wird jetzt gerufen, »Waffen weg!« und »Schießt nicht auf eure Brüder!« Der Vater ruft mit, und auch Helle und Ede stimmen laut in die Rufe ein.

Aus der Oberwallstraße nähert sich ein Panzerwagen dem Demonstrationszug und will links in die Linden hinein. Einige bewaffnete Männer stoppen den Wagen, von dem sie glauben, daß aus ihm heraus das Feuer auf sie eröffnet werden soll. Da wedelt der Soldat in der Luke mit einem weißen Taschentuch: »Wir ziehen ab! Wir ziehen ab!«

Eine Zeitlang herrscht ungläubiges Staunen im Zug, dann wird die Nachricht weitergegeben und verbreitet sich wie ein Lauffeuer unter den Demonstranten. »Wir haben gesiegt! Wir haben gesiegt!« ertönt es überall.

Noch rascher drängen die Menschen nun vorwärts. An den schweigenden Geschützen und abrückenden Soldaten vorüber, die zum Zeichen ihrer Aufgabe die Stahlhelme abgenommen haben, laufen sie auf die Schloßbrücke zu, hin zum Schloß.

Der Vater hat Helles Hand genommen, läuft mit, bleibt aber vorsichtig. »Wenn die Nachricht vom Abzug der Regierungstreuen der Speck ist, der die Mäuse in die Falle locken soll, sind wir angeschmiert.«

Der Vater traut der neuen Regierung jetzt so ziemlich alles zu. Doch die Soldaten ziehen tatsächlich ab. Ein Offizier, den die heranstürmende Menge in Panik versetzt hat, läuft in die Brüderstraße hinein. Vor dem Schloßportal aber stehen zwei Matrosen, strahlen nicht und jubeln nicht, sondern sehen der heranstürmenden Menge eher verdutzt als erfreut entgegen. Sofort werden sie auf die Schultern gehoben und lauthals gefeiert: »Wir haben gesiegt! Wir haben gesiegt!«

Das schmiedeeiserne Tor am Schloßportal ist krumm und löchrig geschossen, hängt nur noch in den Angeln, die Stuckverzierungen an der Vorderfront haben Einschußlöchern Platz machen müssen, und auch die Fenster sind fast alle zerschossen. Wüßte Helle nicht, daß er vor dem Schloß steht, würde er es nicht glauben.

Auch das Kaiser-Wilhelm-Denkmal hat es erwischt, zerschossen und zerbrochen liegt es auf dem Pflaster. Der Vater lacht darüber; als er jedoch den Marstall sieht, vergeht ihm das Lachen: Die rote Fahne der Matrosen ist mit schwarzem Tüll verhüllt, und aus mehreren Fenstern qualmt es so heftig, als wäre der Kampf noch immer im Gange.

Der Vater ahnt, was in Helle vorgeht. »Wir gehen hin«, sagt er. »Wir fragen.«

Das Tor zum Marstall ist nicht bewacht, die meisten Matrosen sind längst zum Schloß hinübergelaufen, um ihre Kameraden zu treffen. Nur auf dem Hof ist Betrieb, die erbeuteten Waffen werden zusammengetragen, die Verwundeten gepflegt.

Helle schaut sich um – und zuckt freudig bewegt zusammen: Arno! Da steht er ja, quicklebendig und unverletzt. Neben ihm der Schnauzbärtige. Diesmal scheinen die beiden nicht zu streiten, stehen wie Freunde beieinander.

Arno hat Helle ebenfalls entdeckt. Mit langen Schritten kommt er über den Hof, packt ihn und hebt ihn hoch. »Wir haben gesiegt, Junge! Wir haben gesiegt! Sie haben uns nicht geschafft!« Trunken vor Freude dreht er sich mit Helle im Kreis, wirft ihn hoch, fängt ihn wieder auf.

Erst als Arno ihn wieder auf das Hofpflaster hinabläßt, kann Helle nach Heiner fragen.

»Das fragst du mich? Ich wollte gerade dich fragen.«

Hastig erzählt Helle, daß Heiner gleich am frühen Morgen aufgebrochen ist, um seinen Kameraden zu Hilfe zu eilen, und er ihm nachlief, bis er von ihm zurückgeschickt wurde.

»Wo haste'n denn zuletzt gesehen?«

»An der Ecke Gertraudenstraße.«

Arno blickt den Schnauzbärtigen nur kurz an, der nickt sofort.

»Wir werden ihn suchen – und finden! Verlaß dich drauf.« Der sommersprossige Matrose greift noch schnell in seine Jackentasche und drückt Helle und Ede je eine flache Büchse mit Schokolade in die Hand. »Weihnachten«, sagt er dann grinsend, bevor er mit dem Schnauzbärtigen davongeht.

Doch noch Weihnachten

Martha hat sich schöngemacht. Wie das Christkind persönlich sitzt sie neben dem Tannenbaum, den Oma Schulte und sie am Vormittag gemeinsam geschmückt haben und der nun mitten auf dem Küchentisch steht. Sie trägt die neue Bluse, die Oma Schulte ihr aus einem alten Kleid genäht hat, und hat sich von der Mutter ordentlich kämmen lassen. Nun ist sie bereit zu feiern und die Weihnachtsgeschenke entgegenzunehmen.

Auch Oma Schulte hat sich fein gemacht, so straff und glatt liegt ihr Haar sonst nie am Kopf, so fest ist ihre Portierszwiebel nur selten gebunden. Für sie ist Weihnachten das Fest des Jahres, da wäscht sie sich besonders gründlich, wie Martha weiß, da überlegt sie tagelang vorher, was sie denn anziehen soll, da macht sie Geschenke, über die sie sich selbst am meisten freut. Die alte Frau ist die einzige Erwachsene im vierten Hof, für die Weihnachten dasselbe bedeutet wie für Martha, deshalb sind Martha und sie am Heiligen Abend jedesmal ein Herz und eine Seele.

Oma Schulte war auch die erste, die sich auf das Spiel eingelassen hat, zweimal zu feiern – tagsüber Geburtstag, ab Nachmittag Heiligabend. Die Bluse ist ein Geburtstagsgeschenk, die warme Jacke, die sie einem Lumpenhändler abgeschwatzt und mit Waschen und Bügeln wieder ansehnlich gemacht hat, ihr Weihnachtsgeschenk für Martha. Die Eltern spielen ebenfalls mit. Zum Geburtstag schenkten sie Martha den Schal, den die

Mutter ihr in den Arbeitspausen gestrickt hat, jetzt, zu Weihnachten, gibt's neue Unterwäsche.

Von Helle bekommt Martha die Schokolade. Sie will erst gar nicht glauben, daß in dieser so herrlich bunten Büchse auch noch was drin ist. Als sie sie dann aufgemacht und ein Stück Schokolade gekostet hat, muß sie beinahe heulen. Daß Helle ihr so was Tolles schenken würde, hätte sie nie gedacht. Den besonders schönen Strohstern, den sie für ihn gebastelt hat, findet sie nun ein bißchen mager.

Helle heuchelt Begeisterung. »Der ist aber schön!« sagt er und hängt den Stern ganz oben in die Spitze des kleinen Baumes. Er hat dem Vater versprochen, Martha nichts von seiner Sorge um Heiner spüren zu lassen.

»Das ist der Stern von Jerusalem«, freut sich Oma Schulte.

»Bethlehem!« verbessert die Mutter und lacht: Es ist wie so oft, Oma Schulte ist zwar sehr fromm, geht aber nie in die Kirche, liest auch nicht in der Bibel und verwechselt deshalb alles.

»Jerusalem! Bethlehem!« Oma Schulte ist es Wurst, wie der Stern heißt; Hauptsache, er hängt am Baum. Und damit er nicht so einsam ist, hängt sie ihren Strohstern dazu, und auch die Eltern hängen ihre Sterne in den Baum. Die Mutter sogar zwei, einen für sich und einen für Hänschen; Martha hat für alle genug Sterne gebastelt.

»Und das ist für dich.« Oma Schulte überreicht Helle etwas bunt Eingewickeltes und mehrfach Verschnürtes. Er hat Mühe, es aufzubekommen.

»Von Nauke.« Oma Schulte schneuzt sich. »Das einzige Buch, das ihm wirklich gehört hat, die anderen waren alle nur geliehen. Ich dachte, das wär vielleicht was für dich.«

Ein Buch von Nauke? Es ist abgegriffen, sicher durch viele Hände gegangen, aber da steht in Naukes steiler, ungelenker Handschrift eingetragen: Ernst Hildebrandt.

Der Vater nimmt das Buch und liest laut den Titel vor: »Die Mutter. Von Maxim Gorki. Das muß 'n Russe sein.«

»Ach ja!« Oma Schulte erinnert sich. »Nauke hat mir mal davon erzählt. Es ist die Geschichte von 'ner Mutter und 'nem Sohn, auch so 'ne Art Nauke. Spielt in Rußland. Hat mich aber nicht sehr interessiert; es kommen nur Leute wie wir drin vor.«

Oma Schulte hat früher auch viel gelesen und erzählt Martha während der Arbeit manchmal die Geschichten, die sie als junges Mädchen geradezu gefressen hat. Meistens handelt es sich dabei um irgendein einfaches Mädchen, in das sich ein Graf oder Prinz verliebt. Seitdem Martha weiß, daß sie auch ein einfaches Mädchen ist, findet sie diese Geschichten wunderschön.

Der Vater reicht Helle das Buch zurück. »Muß ich auch mal lesen. Leute wie wir interessieren mich.«

Leise bedankt Helle sich bei Oma Schulte, und diesmal muß er nicht heucheln; etwas zu besitzen, was einmal Nauke gehört hat, sogar mit seinem Namen drin, ist eine große Sache.

»Aber nicht doch, Herzchen! Ist doch gar nichts, ich les so was ja sowieso nicht.« Oma Schulte ist gleich wieder ganz gerührt.

Danach müssen sich alle hinsetzen. Die Mutter zündet die Kerzen an, die genauso wie die Weihnachtskugeln von Oma Schulte gestiftet wurden, und schraubt die Petroleumlampe so weit runter, bis sie ausgeht. Dann nimmt sie Hänschen auf den Schoß, der zu Weihnachten einen besonders leckeren Milchbrei bekommen hat, und setzt sich zwischen Martha und Helle.

Eine Zeitlang schauen alle nur den Tannenbaum an, in dessen Kugeln sich die Kerzen widerspiegeln, bis Oma Schulte andächtig sagt: »Nun haben wir sie, die erste Friedensweihnacht seit vier Jahren! Dafür wollen wir dem lieben Gott danken.« Und als habe sie Angst, nicht dankbar genug zu sein oder ihre Dankbarkeit über andere Dinge vergessen zu können, faltet sie gleich die Hände im Schoß und murmelt ein Gebet vor sich hin.

Friedensweihnacht! Vorhin, als Helle, Ede und der Vater vom Marstall aus heimwärts gingen, haben sie eine andere Bezeichnung für dieses Weihnachtsfest gehört: Blutweihnacht. Und als

Onkel Kramer am Nachmittag kurz vorbeikam, um sich mit dem Vater zu besprechen, erfuhr der Vater, daß sieben Matrosen und mehrere Arbeiter gefallen sind und auf seiten der Regierungstreuen sogar von fünfzig Toten die Rede ist …

Oma Schulte bekreuzigt sich schnell, als könnte sie damit die gedrückte Stimmung beseitigen, die sie mit ihrer Bemerkung von der Friedensweihnacht hervorgerufen hat, und nickt Martha auffordernd zu.

Martha hat auf dieses Zeichen nur gewartet. Erst singt sie »Morgen, Kinder, wird's was geben, morgen werden wir uns freu'n«, dann »Leise rieselt der Schnee«. Als sie auch dieses Lied beendet hat, stimmt Oma Schulte »Stille Nacht, heilige Nacht« an. Sie singt sehr leise und wird, wenn die hohen Töne kommen, noch leiser, weil sie nicht so hoch kommt wie Martha mit ihrer Piepsstimme, die, ohne den Text zu kennen, schon bald Oma Schulte hinterhersingt.

Die beiden singen noch zwei, drei Lieder zusammen, nehmen dabei ihre Blicke nicht vom Tannenbaum und wischen sich hin und wieder verstohlen die Augen: Oma Schulte, weil sie wirklich traurig geworden ist, Martha, weil sie glaubt, das gehöre zum Weihnachtsliedersingen dazu. Als Helle noch kleiner war, wunderte er sich mal darüber, daß Oma Schulte am Heiligen Abend immer weinte. Die Mutter erklärte ihm, daß Oma Schulte an diesem Abend an ihre Kindheit und all die Menschen denken müsse, die ihr so früh weggestorben wären. Da fiel ihm sofort die Geschichte von Oma Schultes Mann ein. Jetzt denkt Oma Schulte sicher nicht an ihren Mann, ihre Eltern oder Geschwister, die ja alle schon so lange tot sind, jetzt sieht sie vielleicht Nauke vor sich, Nauke, der ihr fast zum Sohn geworden war und gerade erst sechs Wochen tot ist, und deshalb findet er ihre Heiligabendtraurigkeit überhaupt nicht mehr komisch.

Als Oma Schulte und Martha ihr letztes Lied beendet haben, lächelt der Vater Helle zu. »Na? Glaubst wohl, von uns kriegste nichts?«

Helle hat es schon etwas seltsam gefunden, daß die Eltern ihn beim Geschenkeverteilen so ganz und gar übergingen. Doch er hatte sich gedacht, daß sie sicher nicht genug Geld hatten, um Martha *und* ihm was zu schenken, wenn er auch fand, daß sie wenigstens mit ihm darüber reden hätten müssen.

»Komm mal mit!« Der Vater zündet die Petroleumlampe wieder an, geht mit der Lampe aus der Küche und steigt grinsend die Treppe hinab.

Wo will der Vater hin? In den Keller?

Der Vater will zu Oswin, klopft an die Tür des Schuppens, hinter der ein schummriges Licht brennt, und macht immer noch ein übertrieben geheimnisvolles Gesicht.

Hat Oswin ihm etwa auch was gebastelt? Es ist ja bereits im ganzen Haus herum, daß dieses Jahr – genau wie Helle es sich gewünscht hat – Annis kleiner Bruder Willi von Oswin beschenkt wurde. Einen fast tischgroßen Pferdestall hat er von ihm bekommen und dazu gleich noch die notwendigen Pferde – aus Lumpen und Stoffresten.

»Da seid ihr ja!« Oswin hat sie schon erwartet und öffnet weit die Schuppentür. Mitten im Raum steht ein Fahrrad, alt, aber blankgeputzt und frisch geölt. Es besitzt keine Lampe und keinen Gepäckträger, doch es ist ein richtiges Rad.

Soll das etwa für ihn sein? Unsicher blickt Helle sich um. Vielleicht steht irgendwo noch was anderes.

»Gefällt's dir etwa nicht?«

»Was? Das Rad?« Wie oft hat er, wenn Fritz mit seinem Rad durch die Straßen kurvte und auch ihn mal fahren ließ, von einem eigenen Rad geträumt! Daß er eines Tages selbst eins besitzen könnte, hat er nie geglaubt. Und er glaubt es auch jetzt noch nicht.

»Was denn sonst? Es ist zwar nicht das modernste, aber es fährt.«

Das Rad ist für ihn? Es ist wirklich für ihn?

»Es ist von Onkel Kramer«, erklärt der Vater. »Er hat's von

einer alten Frau, die's nicht mehr brauchen kann und es ihm billig überlassen hat. Ich hab's nur ein bißchen aufgemöbelt.«

Oswin räuspert sich. »Hab gehört, ihr beide wart vor dem Schloß?«

»Da war'n wir.« Der Vater nickt ernst. »Wir haben Eberts Befreiungsaktion miterlebt.«

»Befreiungsaktion?«

»Weißte das denn nicht? Den Truppen, die Schloß und Marstall stürmen sollten, wurde gesagt, es ginge darum, den Stadtkommandanten zu befreien. Dabei saß der, als Ebert den Generälen den Angriff gestattete, längst neben ihm. Die Matrosen hatten ihn nämlich nachts um zwei schon wieder laufenlassen.« Der Vater lacht bitter. »Wenn er tatsächlich noch im Marstall gewesen wäre, hätte Ebert ihn durch seinen Befehl ja erst recht gefährdet. Also, irgendwas kann an dieser Geschichte nicht stimmen.«

Oswin erwidert nichts, hält dem Vater nur ein Tütchen mit Zigaretten hin. »Hier, hat mir einer auf den Hof geschmissen. Soll 'ne Weihnachtsfreude sein.«

Der Vater nimmt eine Zigarette, obwohl er sonst, genau wie Oswin, Zigaretten nicht mag, und steckt sie sich an. »Jetzt können wir nur hoffen, daß inzwischen auch dem letzten klargeworden ist, auf wessen Seite Ebert wirklich steht«, sagt er leise.

»Wenn du mich meinst«, antwortet Oswin traurig, »so hoffste nicht umsonst. Bisher hab ich Ebert vertraut. Seit heute ist's damit vorbei.«

»Selbst die Matrosen haben ihm vertraut«, seufzt der Vater.

Oswin schaut auf seine Taschenuhr. »Ich muß weg. Die Fielitzen ... als ich dem Willi den Pferdestall brachte, hat sie mich zur Suppe eingeladen. Sie ist jetzt immer sehr allein.«

»Wie geht's Anni denn?« Endlich kann Helle mal jemanden nach Anni fragen. Doch er tut es wie nebenbei, dreht dabei mit dem Fuß das Pedal seines Rades und läßt das hochgehobene Hinterrad surren.

»Noch nicht so richtig.« Oswin kratzt sich den Kopf. »Wird wohl noch drei Wochen drinbleiben müssen.«

Noch drei Wochen! Dann ist es ja Mitte Januar! Anni bekommt also weder von Weihnachten noch von Silvester was mit. Andererseits jedoch heißt das, daß sie vielleicht wieder gesund wird ...

Oswin hat sich vorsichtshalber noch einen Schal um den Hals geschlungen. Er weiß, wie kalt und feucht es in der Fielitzschen Kellerwohnung ist. Nun steht er vor seiner Tür und atmet tief die kalte Nachtluft ein. »Was uns das nächste Jahr wohl bringen wird, Rudi?«

»Hoffentlich etwas mehr Frieden«, sagt der Vater, »aber wenn's geht, keinen faulen.«

Oswin nickt nachdenklich. »Also denn: frohes Fest!«

»Frohes Fest!« wünscht auch der Vater.

Helle hält sein Rad am Lenker und schaut den Vater fragend an. Er will doch etwas nicht wieder hoch?

Der Vater will nicht hoch. »Los!« sagt er. »Dreh mal 'ne Ehrenrunde.«

»Auf der Straße?«

»Na klar. Auf'm Hof kriegste ja kaum den Lenker krumm.«

Da tritt Helle in die Pedale und fährt über die dunklen Höfe und durch die noch finsteren Hofdurchgänge raus auf die ein wenig hellere Straße.

Der Vater kommt ihm nachgelaufen und lacht. »Zum Geburtstag mußte dir 'ne Lampe wünschen«, ruft er. »Bis dahin wird's ja hoffentlich wieder welche geben.«

»Und 'n Gepäckträger!« schreit Helle übermütig. Ein Gepäckträger wäre auch nicht schlecht. Dann könnte er Anni mal mitnehmen, wenn sie wieder gesund ist. Und auch Martha, den kleinen Lutz oder Willi; wenn er einen Gepäckträger hat, nimmt er sie alle mal mit. Auf die Rahmenstange jedoch kommt ihm keiner. Mit so alten Rädern muß man vorsichtig sein.

3. Teil
Die Wut

Die neue Anni

»Normalen Unterricht sollen wir abhalten!« Herr Flechsig spaziert in der Klasse auf und ab. »Als ob wir in ganz normalen Zeiten leben, als ob nicht jeden Tag Dinge passieren, wie sie in keinem Geschichtsbuch verzeichnet sind.«

Es ist der erste Schultag nach den Weihnachtsferien, noch sind alle müde, noch ist keiner richtig da. Deshalb ist es angenehm, die erste Stunde bei Herrn Flechsig zu haben. Vor allem, weil Herr Flechsig gleich auf das zu sprechen gekommen ist, was die Jungen an diesem kalten Januarmorgen in der noch kälteren Schule, die ja über die Ferien nicht geheizt wurde und erst langsam wieder warm werden muß, als einziges interessiert: die gestrige Demonstration. Schon auf dem Schulweg gab es nur ein Thema; Weihnachtsgeschenke, Silvestererlebnisse waren vergessen. Eine solche Demonstration wie gestern hat es noch nie zuvor gegeben – nicht mal am 9. November.

»Wer war denn gestern dabei?«

Günter Brem meldet sich, Franz Krause, Ede, Helle und zwei, drei andere.

»Weißt du, worum es ging, Günter?«

»Um die Absetzung des Polizeipräsidenten.«

Helle blickt zu Ede hin, der heute zum erstenmal wieder in der Schule ist, obwohl er lieber bei seinem Vater geblieben wäre. Sein Vater hat ihn geschickt, hat gesagt, er könne sich nun wieder selber helfen. Ede hat das angezweifelt, doch das hat ihm nichts genützt ... Als er, Helle, gestern mit den Eltern an der Demonstration teilnahm, hat er die ganze Zeit an Edes Bericht über die Befreiung seines Vaters aus dem Gefängnis denken müssen. Jener Emil Eichhorn, der damals die Arbeiter anführte, wurde kurz darauf Polizeipräsident – und soll nun wieder abgesetzt werden. Dagegen protestierten die Arbeiter. Aber es war nicht einfach eine Protestdemonstration, wie sie in den letzten Tagen und Wochen häufig stattfanden. Um zwei Uhr sollte die Kundgebung stattfinden, schon am Vormittag strömten aus allen Teilen der Stadt Menschen herbei und füllten den Tiergarten und die Straße Unter den Linden in ihrer gesamten Breite und Länge. Bis über den Schloßplatz hinaus, bis hin zum Alexanderplatz sollen sie gestanden haben. Die Eltern konnten sich gar nicht satt sehen an dieser Menschenmenge; und es hieß, auch Liebknecht und die anderen Veranstalter der Kundgebung wären von dieser Beteiligung überrascht gewesen.

»Es geht um mehr als nur um Emil Eichhorn«, erklärt Herr Flechsig. »Es geht um den letzten Rest dessen, was am 9. November erkämpft wurde. Überall hat Ebert inzwischen die Macht an sich gerissen, nur das Polizeipräsidium hat er noch nicht bekommen. Emil Eichhorn ist ein Unabhängiger, der eher Liebknecht zuneigt als Ebert. Das ist sein Verbrechen, deshalb wollen sie ihn loswerden, deshalb unterstellen sie ihm, er sei russischer Agent, und schämen sich nicht zu behaupten, er hätte Betrügereien begangen. Gestern wurde gegen diese Lügen protestiert, aber das war es nicht allein. Es war auch ein Aufbegehren, war die Wut über die Verzögerungstaktik der Regierung, über die Toten vom Heiligen Abend und über die Lügen, die die Zeitungen über alle jene verbreiten, die mehr wollen, als Ebert will.«

So etwas Ähnliches hat der Vater auch gesagt. Und er hat sich gesorgt, denn viele der zum Teil bewaffneten Demonstranten gingen in ihrem Zorn nach der Kundgebung nicht nach Hause, sondern stürmten das Zeitungsviertel an der unteren Friedrichstraße. Sie besetzten die Redaktionen, darunter auch den *Vorwärts*, legten die Maschinen still und schickten die Redakteure nach Hause. Den Vater haben die ewigen Lügen vom »Bluthunger« der Spartakisten auch zornig gemacht, trotzdem fand er die

Zeitungsbesetzungen nicht richtig und war froh, daß es dabei wenigstens keine Toten und Verwundeten gab.

»Ich kann die Wut der Arbeiter verstehen«, sagt Herr Flechsig nun. »Sie haben die Nase voll von den ewigen Demonstrationen, Protestkundgebungen, Beisetzungen ihrer Opfer. Ich bin dabeigewesen, als die Matrosen bestattet wurden. Es war die dritte Beisetzung innerhalb der letzten sieben Wochen, das drittemal, daß wir Menschen verloren – aber das erstemal auf Befehl einer ›Arbeiterregierung‹. Die Arbeiter wollen keine Regierung, die auf das eigene Volk schießen läßt, wollen endlich die wirkliche Revolution. Ich kann das alles verstehen, nur glaube ich, daß es dafür noch zu früh ist.«

»Warum?« Günter Brem hat das gefragt, alle drehen sich nach ihm um. Er hat sich nicht mal gemeldet, hat gefragt, als säße er zu Hause am Küchentisch.

Herr Flechsig nimmt Kreide und schreibt drei Buchstaben an die Tafel: KPD. »Habt ihr davon schon mal was gehört?«

In der Klasse wird gelacht. Sie haben alle davon gehört. Um Silvester herum ist der Spartakusbund aus der USPD ausgetreten und hat eine eigene Partei gegründet, die Kommunistische Partei Deutschlands – KPD. Karl Liebknecht und Rosa Luxemburg sind ihre Führer.

»Und wißt ihr auch, warum diese neue Partei gegründet worden ist?«

Ede meldet sich, Ede, der sich sonst nie meldet. Sein Vater hat es ihm gesagt: Die Spartakisten haben eingesehen, daß die Kluft zwischen ihnen und der USPD zu groß geworden ist. Außerdem hätten die Unabhängigen nach Ansicht der Spartakisten zu viele Fehler gemacht.

»Ihr wißt ja, ich bin auch ein Unabhängiger, bin es noch und werde es wohl noch einige Zeit bleiben.« Herr Flechsig spielt mit der Kreide, denkt nach, während er spricht. »Trotzdem glaube ich, daß es richtig war, daß die Spartakisten ihre eigene Partei gegründet haben. Wir Unabhängigen suchen zu oft nur den goldenen Mittelweg, wollen es allen recht machen. Aber das geht nicht, man kann nicht zugleich mit Ebert und Liebknecht verhandeln; zwischen den beiden liegen Welten, da muß man sich entscheiden. Und jetzt sind wir auch noch aus Eberts Rat der Volksbeauftragten ausgeschieden, hängen also völlig in der Luft.«

»Das war richtig«, sagt Günter Brem. »Mit Matrosenmördern darf man nicht gemeinsame Sache machen.«

»Das habe ich zuerst auch gedacht, jetzt sehe ich es anders. Indem sie Ebert ihre Mitarbeit aufkündigten, überließen unsere Führer ihm das Feld. Was kann er sich denn Besseres wünschen? Nun regiert er allein, ist er die Quälgeister endlich los.«

Herr Flechsig unterhält sich mit ihnen, als könnten sie ihm bei seinen Überlegungen weiterhelfen. »Ihr müßt euch das mal vorstellen, mit dem Ruf nach Einigkeit hat Ebert sich den ganzen November und Dezember über an der Macht gehalten. Wir Unabhängigen sind darauf reingefallen, weil Einigkeit nun mal ein schönes Wort ist. Und jetzt? Jetzt hat Ebert es geschafft, uns dazu zu bewegen, die Einigkeit von uns aus aufzugeben.«

»Aber ... Ebert hat doch wirklich auf die Matrosen schießen lassen.« Günter Brem ist mit dem, was Herr Flechsig sagt, noch immer nicht so recht einverstanden.

»Und? Was haben wir mit unserem Rückzug aus Protest erreicht? Von denen, die die Revolution wirklich wollten, ist nun niemand mehr in der Regierung. Der einzige Unabhängige, der noch ein Amt bekleidet, ist Emil Eichhorn, und wie es aussieht, wird man ihm das trotz aller Proteste ebenfalls bald wegnehmen.« Bedauernd zuckt Herr Flechsig die Achseln. »Tut mir leid, Günter! Du hast recht mit dem, was du sagst, aber ich hab auch recht. Was richtiger ist, wird eines Tages in den Schulbüchern stehen. Es ist zu schwer, das heute schon zu durchschauen.«

»Und warum ist es noch zu früh, mehr zu tun als zu protestieren?« erinnert Günter Brem den Lehrer an seine Frage.

»Weil die KPD noch zu jung ist. Eine Revolution braucht eine

Führung. Diese Revolution, das hat sich inzwischen gezeigt, hat viele Führer, aber keine Führung.«

»Auch nicht Karl Liebknecht – oder Rosa Luxemburg?« fragt Helle.

»Liebknecht ist erst wenige Tage vor dem 9. November aus dem Gefängnis entlassen worden, Rosa Luxemburg wurde sogar erst am Tag davor befreit«, antwortet Herr Flechsig. »Wie sollen sie da die Führung übernehmen? So was muß doch vorbereitet sein, die Menschen müssen wissen, um was es geht. Außerdem können zwei Menschen keine Revolution führen, dazu bedarf es einer Organisation, einer Partei. Vielleicht ist die KPD eine solche Partei, aber das muß sie erst noch beweisen.«

»Meine Mutter sagt, man muß die Stimmung ausnutzen«, sagt Bertie. »Ohne die richtige Stimmung kann man keine Revolution machen.«

»Deine Mutter ist eine kluge Frau«, erwidert Herr Flechsig, »aber eines vergißt sie leider: revolutionäre Stimmung ohne revolutionäre Führung bringt nur Leid und keinen Erfolg.«

»Und der Generalstreik heute?« fragt Günter.

»Der Aufruf zum Generalstreik wird sicher befolgt werden«, sinniert Herr Flechsig, »aber was kommt danach? Ein richtiger Schlag – oder wieder nur Geplänkel? Nehmt nur mal diese Zeitungsbesetzungen. Die bringen uns doch nicht weiter, das ist doch nur ein hilfloses Aufbegehren. Ein wirklicher Generalstreik unter einer festen Führung, der könnte mehr bringen.«

Es klingelt, aber die Klasse bleibt sitzen, als hätte sie das Klingelzeichen nicht gehört. Und auch Herr Flechsig findet es schade, den Unterricht, der eigentlich gar keiner war, nun abbrechen zu müssen. »Bis morgen«, vertröstet er die Klasse, bevor er geht. »Morgen wissen wir mehr.«

»Scheiße!« schreit Franz, als Herr Flechsig ihn nicht mehr hören kann. »Die Matrosen haben Weihnachten doch gesiegt, oder etwa nicht?«

Die Matrosen haben gesiegt, doch sie haben sich den Sieg

wieder abschwatzen lassen. Helle weiß es, Ede weiß es, Günter Brem weiß es. Doch keiner der drei hat Lust, sich jetzt mit Franz darüber zu unterhalten.

Der Scherenschleifer ist da. Mit seiner Schleifmaschine steht er im ersten Hof und läßt vor den Kindern, die ihn umringen, die Funken sprühen. Auch Helle bleibt stehen und schaut zu. Es hat sich schon ewig kein Scherenschleifer mehr blicken lassen. Der schöne Tag, die helle, klare Wintersonne muß ihn auf die Straße gelockt haben.

Der kleine Lutz ist auch unter den Kindern. Er hat Helle längst bemerkt, kommt aber nicht auf ihn zugelaufen, sondern schaut angestrengt zu, wie der Scherenschleifer mit dem Fuß das Schwungrad und damit den Schleifstein in Betrieb hält. Durch dieses angestrengte Zugucken schielt er noch mehr als sonst; es tut richtig weh, ihm ins Gesicht zu schauen.

»Der Scherenschleifer ist da!« Immer wieder läßt der alte Mann mit der Schirmmütze auf dem Kopf seinen Ruf erschallen und schaut dabei zu den Fenstern hoch. Doch nirgendwo wird geöffnet und genickt, aus keinem der Seitenaufgänge werden Kinder mit Messern oder Scheren zu ihm geschickt. Auch das Messer, das er vor den Augen der Kinder scharf schleift, hat ihm niemand gebracht; es ist das Vorführmesser. Die Leute haben andere Sorgen, als ihre Messer und Scheren schleifen zu lassen. Er ist zu früh losgezogen, merkt es selbst und macht kein frohes Gesicht.

»Der Scherenschleifer ist da!«

Helle hört den singenden Ruf, mit dem der Scherenschleifer seine Arbeit anbietet, noch im vierten Hof. Er hat es nun eilig, will nur rasch den Ranzen hochbringen, sein Rad holen und in die Innenstadt fahren.

»Helle!«

Anni? Tatsächlich! In ihrem dünnen Mantel und einem neuen, knallbunten Schal, der nicht so recht zu ihrem blassen Gesicht passen will, lehnt sie im offenen Fenster der Fielitzschen Kellerwohnung und winkt ihm.

»Biste wieder gesund? Deine Mutter hat gesagt, du wirst erst in zwei Wochen entlassen.«

»Die haben mein Bett gebraucht.«

»Und da haben se dich einfach rausgeschmissen?«

»Es geht mir ja schon besser.« Anni nestelt an ihrem neuen Schal herum. »Gefällt er dir?«

»Der Schal? Klar! Haste den zu Weihnachten gekriegt?« Er möchte Anni ganz andere Sachen fragen, doch er weiß nicht so recht, wie er diese Fragen in Worte kleiden soll. Anni ist zu überraschend zurückgekommen. Hätte sie nicht den neuen Schal um, könnte man meinen, sie wäre überhaupt nicht weggewesen.

»Den hab ich mir selbst gestrickt.«

»Wo hatteste denn die Wolle her?«

Anni erzählt, daß kurz vor Weihnachten mehrere Frauen eines kirchlichen Vereins ins Krankenhaus gekommen wären und an die Kinder Geschenke verteilt hätten. Es wären sogenannte »bessere« Frauen gewesen, manche Kinder aber hätten ganz blödes Zeug bekommen, Bilder vom Kaiser und seiner Familie oder kleine Heldendenkmäler aus Blei. Sie hatte Glück, bekam Stricknadeln und einen Beutel mit Wollresten, weil die Kirchenvereinsvorsteherin meinte, sie wäre ja nun bald eine junge Frau, da müsse sie was Nützliches bekommen. Und weil sie aus den Wollresten nichts anderes anfertigen konnte, habe sie sich eben einen Schal gestrickt.

»Aber ganz gesund biste noch nicht wieder?«

»Nee.« Wie zum Beweis muß Anni husten.

»Finde ich gemein, dich rauszuschmeißen, obwohl du noch gar nicht wieder richtig gesund bist.«

»Andere sind eben noch kränker.«

»Haste im Krankenhaus was geträumt?«

»Ich träum nichts mehr. Das ist vorbei.« Traurig blickt Anni zu den Dächern hoch. »Schade, daß kein Schnee liegt, hab mich so darauf gefreut.«

»Am ersten Weihnachtstag hat's geschneit, 'n richtiges Schneetreiben war das.«

»Davon hab ich doch nichts.« Anni spielt mit dem Fenstergriff, als wollte sie das Fenster jeden Augenblick wieder schließen.

»Und Weihnachten? Wie war's denn Weihnachten im Krankenhaus?«

»Besser als zu Hause.«

»Was haste denn?« Irgendwie hat Anni sich verändert. Es ist, als hätte es jenen Abend vor der Kellertür nie gegeben.

»Hab doch nichts.«

»Klar haste was.«

Jetzt blicken Annis Augen ganz kühl und abweisend. »Red dir bloß nichts ein.«

Da steht Helle auf. Die Beine tun ihm schon weh von der langen Herumhockerei vor dem Kellerfenster. Schlimmer aber ist diese neue Anni. Wenn er bloß wüßte, was sie hat.

»Haste noch daran gedacht?« fragt Anni.

»Woran denn?«

»An das, was wir zuletzt geredet haben.«

»Ja.«

»War ziemlich doof von uns, nicht?«

»Wieso?«

»Ich find's jetzt doof.«

Nun versteht Helle gar nichts mehr. Es ist, als wäre Anni nur aus dem Krankenhaus nach Hause gekommen, um ihn zu ärgern. »Tschüs«, sagt er, dreht sich weg und geht. Aber das »Tschüs«, das lässig und kühl klingen sollte, klang nur verstört. Er merkt das und ärgert sich darüber.

Der Vater ist sicher noch auf der Demonstration in der Siegesallee. Helle legt den Ranzen in den Flur und zögert kurz, geht dann aber doch nicht zu Oma Schulte hoch, sondern läuft gleich in den Keller.

Da steht es, sein Rad. In den Tagen um Weihnachten und Silvester hat er jede Gelegenheit genutzt, damit durch die Stadt zu fahren. Bis nach Charlottenburg und Spandau ist er gefahren, bis nach Weißensee und Lichtenberg. Es fährt prima, und es macht Spaß, durch die Stadt zu radeln und Straßen zu entdecken, in die er früher nie kam, weil sie einfach zu weit weg lagen, wie die Frankfurter Allee oder der Kurfürstendamm.

Anni hat ihn in den Keller gehen sehen. Als Helle mit dem Rad wieder herauskommt, reißt sie gleich das Fenster auf. »Ist das deins?«

»Nee, 's gehört Hänschen. Der tritt damit im Zirkus auf.«

»Döskopp!« Das Fenster fliegt wieder zu.

Er radelt dicht an Annis Fenster vorüber, zeigt ihr einen Vogel und läßt sich von ihr durch die Fensterscheibe zurufen, was er sie mal kann, dann fährt er vom Hof.

Der Scherenschleifer ist weg, die Kinder jedoch, die ihm zusahen, sind noch da und umringen den kleinen Lutz, der sich aus einem leeren Karton eine Murmelbude gebaut hat. Er hat ganz einfach fünf viereckige Öffnungen unten hineingeschnitten und Zahlen von 1 bis 5 drübergeschrieben. Die anderen Kinder müssen versuchen, mit ihren Murmeln die Löcher zu treffen. Treffen sie Loch Nr. 1, erhalten sie ihre Murmel zurück, treffen sie in eines der Löcher 2 bis 5, erhalten sie die jeweilige Anzahl Murmeln zurück, die über den Löchern angegeben ist; treffen sie keins der Löcher, behält Lutz die Murmel. Ein gutes Geschäft! Aber mitten im Winter eine Murmelbude aufzubauen und die anderen Kinder dazu zu bewegen, ihre Murmelsäcke rauszukramen, die sie normalerweise bis zum Frühling nicht angucken, das bringt nur Lutz fertig.

Helles Rad lenkt die Aufmerksamkeit der Kinder von Lutz' Murmelbude ab. »Schnieke«, sagen sie und staunen, obwohl sie das Rad ja nun schon oft genug gesehen haben. Daß einer von ihnen ein eigenes Rad besitzt, ist eben eine Seltenheit.

Zärtlich streichelt Lutz den Lenker. »Wo willste denn hin?«

»Zum Marstall.«

»Nimmste mich mit?«

»Nicht ohne Gepäckträger.«

»Und wann kriegste den?«

»Vielleicht zum Geburtstag.«

»Und wann haste Geburtstag?«

»Im Sommer.«

»Ist ja noch so lange hin!«

Es war ein Fehler gewesen, Lutz zu erzählen, daß er ihn mal mitnimmt, wenn er erst einen Gepäckträger hat. Er wollte ihm damit eine Freude machen, und das hat er nun davon: Jedesmal, wenn er Lutz trifft, fragt der nicht mehr nur nach was zu essen, sondern auch noch nach dem Gepäckträger.

»Kannst mich ja auf der Stange mitnehmen.«

»Kommt nicht in die Tüte.«

»Bitte!«

Helle bleibt fest. Da kann Lutz noch so drängeln und quengeln und sogar »Bitte!« sagen, auf die Rahmenstange kommt ihm keiner.

Lutz guckt traurig. Er ist es nicht gewohnt, schnell aufzugeben. Doch dann leuchten seine Augen plötzlich auf, und er sagt listig: »Irgendwann nimmste mich schon mit.«

»Wieso?«

»Wirste schon noch sehen.« Lutz strahlt und schielt vor Vorfreude noch stärker.

Helle hat keine Ahnung, was der kleine Lutz sich da überlegt hat, doch daß die Sache Hand und Fuß hat, davon ist er überzeugt. Sonst wäre der kleine Lutz nicht der kleine Lutz.

Er fährt nicht das erstemal zum Marstall, war in den letzten Tagen mehrfach dort, hatte aber kein Glück, traf weder Heiner noch Arno an, stieß nicht mal auf einen Matrosen, der die beiden kannte.

Daß Heiner noch lebt, daß er nicht zu den gefallenen Matrosen gehörte, die zwei Tage vor Silvester im Friedrichshain beerdigt wurden, weiß er nun. Die *Rote Fahne* berichtete über den gewaltigen Trauerzug quer durch die Stadt, der den Särgen mit den Matrosen folgte, und nannte die Namen der Opfer. So ganz erleichtert ist Helle dennoch nicht. Heiner kann in irgendeinem Krankenhaus liegen, kann noch einmal und diesmal viel schwerer verwundet worden sein. Oder seine alte Verwundung ist schlimmer geworden. Es gibt so viele Möglichkeiten. Je länger er darüber nachdenkt, desto mehr fallen ihm ein, und desto erlöster wäre er, könnte er sich endlich davon überzeugen, daß keine davon zutrifft.

Er versucht nicht, über die Friedrichstraße und die Straße Unter den Linden zum Marstall zu kommen. Die Kundgebung in der Siegesallee ist ja noch in vollem Gange; wenn nur halb so viele Menschen an ihr teilnehmen wie gestern, ist da sicher kein Durchkommen.

Er will vom Osten her an den Marstall heran. Zwar führt dieser Weg durch viele enge Gassen, ist aber kürzer als der andere. Vor allem hofft er, daß dort die Straßen nicht so voll sind wie in der Nähe der Siegesallee. Als er die Große Hamburger erreicht hat, merkt er, daß er sich getäuscht hat. Die Straßen sind auch hier voller Menschen, die dem Stadtzentrum zustreben; der Bogen, den er schlagen wollte, war nicht groß genug.

Kurz entschlossen biegt Helle in die Sophienstraße ein, überquert die Rosenthaler Straße und fährt immer weiter nach Osten durch die Neue Schönhauser hindurch, bis er in die Münzstraße einbiegen kann, die zum Alexanderplatz führt. Doch auch hier stauen sich die Demonstranten. Er muß absteigen, sein Rad schieben.

Rote Fahnen werden geschwenkt, Rufe ertönen: »Hoch Liebknecht! Hoch Luxemburg! Hoch Eichhorn!«

Eine Lücke! Rasch besteigt Helle sein Rad und fährt ein paar Meter, dann ist wieder alles dicht. Und so geht es weiter. Er weiß nicht, wie lange er braucht, um über den Alex zu kommen, vergißt längere Zeit, daß er überhaupt ein Ziel hat, läßt sich mittragen von der Woge der Begeisterung, die die Menschen erfaßt hat. Jeder Ruf, den einer anstimmt, wird von Tausenden aufgegriffen. »Nieder mit den Verrätern!« wird verlangt und: »Nieder mit der Regierung!«

Er hat in den letzten Wochen und Monaten viele Demonstrationszüge mitgemacht, war am 9. November dabei und am Heiligen Abend, als die Menschen aus allen Stadtteilen auf den Schloßplatz zudrängten, und hat erst tags zuvor die mächtige Protestkundgebung gegen die Absetzung des Polizeipräsidenten miterlebt – was sich jetzt in den Straßen der Innenstadt abspielt, übertrifft alles bisher Erlebte. Solche Menschenmassen hat er noch nie zuvor gesehen. Vom Alex über den Schloßplatz, die gesamte breite Allee Unter den Linden entlang bis rein in die Siegesallee, in der die Kundgebung stattfindet, stehen die Menschen Kopf an Kopf. Und im Tiergarten würde es auch nicht anders aussehen, erzählen die Männer und Frauen um ihn herum, stolz darüber, daß sie so viele sind.

In der Königstraße geht es dann überhaupt nicht mehr weiter. Zwei junge Burschen, die auf einem Balkon stehen und nach vorn schauen, zeigen es an: Alles dicht! Doch die Demonstranten sind nicht enttäuscht, schwenken ihre Fahnen und stimmen in immer neue Rufe ein.

Helle schiebt sein Rad in eine Seitenstraße und versucht, sich dem Marstall von hinten zu nähern. Doch das wird schwierig. Noch auf dem Molkenmarkt stehen die Menschen sehr dicht. Erst als er die Mühlendammbrücke erreicht hat, kann er für kurze Zeit sein Rad besteigen und sieht dann bald die Gegend wieder, in der vor zwei Wochen die Kämpfe tobten. Ab Fischmarkt muß er dann erneut schieben, die Breite Straße ist schwarz vor Menschen und rot von Fahnen. Nur vor dem Marstall bewegt sich etwas: Ein paar Männer drängen sich vor, um durchs Tor zu kommen, andere verlassen es wieder und tragen nun Gewehre auf dem Rücken.

Es ist mühselig, sich mit dem Rad zwischen all den Menschen hindurchzuzwängen und immer wieder darum bitten zu müssen, ihm doch Platz zu machen. Helle hätte längst aufgegeben, wenn es nicht nur noch wenige Meter wären, die ihn von dem riesigen Gebäude trennten. Endlich vor dem Tor angekommen, hat er Glück. Der eine der beiden Wachmatrosen ist der Schnauzbärtige. Noch bevor er den Mund aufmachen kann, um nach Heiner und Arno zu fragen, winkt er ihn schon durch. »Sie sind im Hof.«

»Sie«, der Schnauzbärtige hat »sie« gesagt, das heißt: Arno *und* Heiner.

Auch im Hof herrscht Gedränge. Mehrere Matrosen sind damit beschäftigt, Waffen zu verteilen – und der Matrose ganz links ist Heiner!

Heiner hat ihn auch entdeckt, ist aber nicht überrascht und unterbricht auch nicht seine Arbeit. »Weihnachten?« fragt er nur und weist auf das Rad.

Helle nickt still. Dann will er wissen, was Heiners Schulter macht.

»Der geht's gut. Nur meinem Verstand geht's schlecht.«

Arno, der ein paar Meter weiter Gewehre verteilt, lacht böse. »Was soll's?« ruft er laut über den Hof. »Wir haben im November gesiegt und uns den Sieg abhandeln lassen, wir haben im Dezember gesiegt und uns den Sieg abhandeln lassen – siegen wir eben zum drittenmal.« Er hat so laut gerufen, als wollte er nicht nur auf dem Hof gehört werden. Und richtig, einige der Matrosen schauen zu einem der Fenster hoch und lachen.

Die Arbeiter im Hof lachen nicht. Sie wissen, was Arno gemeint hat, und auch Helle weiß es: Als sich herausstellte, was sich am Heiligen Abend im einzelnen zugetragen hatte, sprach der Vater von einem »abgeschwatzten Sieg«. Denn noch bevor die Kampfhandlungen völlig eingestellt waren, hatten die Kommandeure der Matrosen mit den Abgesandten Eberts verhandelt und sich dabei kräftig übers Ohr hauen lassen. Zwar wurde vereinbart, daß der Stadtkommandant Wels, der den Matrosen die Löhnung nicht auszahlen wollte, seinen Posten einem anderen abzutreten hatte, aber Wels hatte den Matrosen ja nur auf Anordnung Eberts die Löhnung versagt – und Ebert blieb im Amt!

Eine zweite Abmachung besagte, daß das Kommando, das die Matrosen angegriffen hatte, aufgelöst werden sollte. Wer Bescheid wußte, konnte das nur als Witz verstehen: Von diesen Soldaten hatten sich die allermeisten ja längst verkrümelt. Und auch das Schloß, das die Matrosen zuvor so heldenmütig verteidigt hatten, gaben ihre Kommandeure nach ihrem Sieg freiwillig heraus. Das allerschlimmste aber war die Tatsache, daß sich die Kommandeure der Matrosen breitschlagen ließen, ein Papier zu unterzeichnen, mit dem sie sich einverstanden erklärten, sich freiwillig der Stadtkommandantur zu unterstellen und an keiner weiteren Aktion gegen die Regierung mehr zu beteiligen. »Von Kanonen haben sie sich nicht unterkriegen lassen«, hatte der Vater diese Nachrichten kommentiert, »aber von Maulhelden und Federfuchsern.«

»Das war die letzte Flinte, mehr haben wir nicht.« Arno drückt einem älteren Arbeiter den letzten Karabiner in die Hand und ruft dem Schnauzbärtigen am Tor zu, daß er niemanden mehr reinlassen soll. Die Arbeiter, die keine Waffen mehr bekommen haben, ziehen enttäuscht wieder ab, und Heiner und Arno haben endlich Zeit, Helles Rad zu begutachten.

»Scheint ja noch ganz gut in Schuß zu sein.« Arno schwingt sich gleich mal in den Sattel und dreht eine Runde.

»Du wolltest doch mal vorbeikommen«, sagt Helle leise zu Heiner.

»Wenn du wüßtest, was bei uns zur Zeit los ist ... Ich weiß nicht mal mehr, ob ich morgen noch Matrose bin.« Heiner setzt sich auf eine leere Munitionskiste und winkt Helle neben sich, während Arno unter dem Gelächter seiner Kameraden auf Helles Rad Kunststücke vorführt. »Seit unsere Führer sich der Stadtkommandantur unterstellt haben, unterstehen wir Ebert. Rote Matrosen können wir uns jetzt kaum noch nennen.«

Heiner erwähnt mit keinem Wort, daß Helle ihm an jenem Morgen gegen sein Versprechen nachgelaufen ist. Er ist wieder wie immer, wirkt nur sehr müde.

»Arno und ich haben dabei noch Glück gehabt. Die meisten von uns wurden schon kurz darauf an ihre ehemaligen Standorte zurückgeschickt. Gott sei Dank sind nicht alle gegangen, ungefähr die Hälfte ist trotz des Befehls, die Stadt zu verlassen, hiergeblieben. Auf die können wir noch bauen, auf unsere Führer nicht.«

»Und warum haben eure Führer das getan?«

Arno hat die Frage mitbekommen, er bremst. »Weil sie nicht wissen, was sie wollen. Die einen sagen hü, die anderen hott; die einen wollen immer noch die Revolution, die anderen sind inzwischen ›neutral‹.«

»Es ist schwer zu begreifen«, sagt auch Heiner. »Weihnachten hätten wir Ebert absetzen können, und die Generäle hätten nichts dagegen tun können. Irgendwie jedoch sind wir zu schwach – und zu dumm ... Jetzt sammeln sie sich wieder, verstärken sich mit Freiwilligen, denen sie das Blaue vom Himmel herunter versprechen, wenn sie nur bereit sind, gegen die Revolution zu kämpfen.« Er schaut zu denselben Fenstern hoch wie zuvor seine Kameraden. »Da tagt jetzt der Revolutionsausschuß, meistens Unabhängige. Erst haben sie mit Ebert mitgemacht, jetzt machen sie nicht mehr mit ihm mit. Aber was Eigenes machen sie auch nicht. Sie tagen und tagen, und ab und zu kommt einer raus, ordnet irgendwas an und verschwindet wieder. Sie telefonieren herum, aber mit wem und wozu weiß der Teufel.«

»Und nicht mal der weiß es!« Wütend tritt Arno in die Pedale und fährt noch mal im Kreis herum, dann gibt er Helle plötzlich das Rad zurück und läuft ins Gebäude. Nicht lange, und drinnen wird es laut. Drei Wachmatrosen bugsieren Arno wieder auf den Hof hinaus. Laut schimpfend setzt er sich zu Heiner auf die Kiste. »Sie lassen nicht mal mehr mit sich reden, die Herren Oberrevolutionäre! Sind so von ihrer Wichtigkeit überzeugt, daß sie die ganz und gar unwichtige Revolution völlig vergessen.«

»Jetzt redest du Blödsinn.« Heiner steckt Arno eine Zigarette in den Mund. »Sie haben die Revolution nicht vergessen, sie wollen nur jeder eine andere.«

»Das ist auch nicht besser.« Ärgerlich reißt Arno sich die Mütze vom Kopf und schleudert sie aufs Pflaster. »Diese Warterei macht mich noch ganz rammdösig. Wozu blasen sie zum Sturm, wenn kein Wind weht? Wozu lassen sie Gewehre verteilen, wenn keiner weiß, was er damit soll?«

»Irrtum!« verbessert Heiner ihn schon wieder. »Wind weht genug.« Er deutet zum Tor hin, hinter dem er die vielen Demonstranten weiß. »Nur zum Sturm geblasen wird nicht.«

Da nimmt Arno seine Mütze wieder auf, dreht sie unschlüssig in den Händen und setzt sie sich schließlich schräg auf den Kopf. Danach sitzt er einige Zeit stumm zwischen ihnen, bis er schweratmend aufsteht und zu seinen Kameraden hinübergeht. Nicht lange, und Heiner und Helle hören ihn Witze erzählen.

Nun liegt keine Sonne mehr über den Höfen. Der Tag hat sich eingenebelt, alles ist grau und naßkalt. Helle fährt langsam. Er hält Ausschau nach dem kleinen Lutz, dem er jetzt auf keinen Fall begegnen möchte, sieht ihn aber nirgends. Das schlechte Wetter hat die Kinder in die Häuser zurückgetrieben.

Als er auf den vierten Hof fährt, gibt er sich Mühe, nicht zu

Annis Kellerfenster hinzuschauen, einen kurzen Blick jedoch kann er sich nicht verkneifen – und der reicht schon: Anni hat den Blick aufgefangen, winkt ihm und öffnet das Fenster.

»Was willste denn?«

»Von einem wie dir will ich überhaupt nichts. Ich soll dir nur was geben.« Anni streckt die Hand aus.

Eine Kinokarte? »Von wem is'n die?«

»Dein Freund war hier. Du weißt schon, der feine Pinkel. Er wollte dir die Karte bringen, aber du warst ja nicht da. Da hat er sie mir gegeben – für dich. Er hat auch 'ne Karte, hat er gesagt. Und er wartet morgen auf dich. Um drei vor dem Kino in der Brunnenstraße.«

Helle hält die Kinokarte in der Hand, als wisse er nicht, was er damit anfangen soll.

»Ulkige Freunde hast du. Trauste dich mit so einem überhaupt auf die Straße?«

Weshalb sagt sie denn das? Anni kennt Fritz doch schon lange, warum fängt sie ausgerechnet jetzt damit an, sich über ihn zu wundern? »Bist ja nur neidisch. Wenn du willst, kannst du mit ihm ins Kino gehen.«

»Bei dir piept's wohl!« Anni tippt sich an die Stirn. »Mit so einem würde ich noch nicht mal bis vor die Haustür gehen.«

Sie übertreibt absichtlich, will ihn reizen, doch diesmal geht Helle nicht darauf ein. »Hab ja vielleicht gar keine Zeit«, sagt er. »Was meinste, was jetzt in der Innenstadt los ist. So viele Menschen haste überhaupt noch nicht gesehen, und schon gar nicht auf einem Haufen.«

Darauf hat Anni nur gewartet. »Schick doch Hänschen«, schlägt sie vor. »Wer im Zirkus auftritt, kann auch ins Kino gehen.« Und bevor Helle irgendwas erwidern kann, schlägt sie das Fenster zu und taucht unter.

»Blöde Kuh!« schreit Helle. Wie oft hat er sich ausgemalt, wie das sein würde, wenn Anni erst wieder aus dem Krankenhaus zurück ist. Er hatte sie schon beide auf dem Rad gesehen, mal er vorne und Anni auf dem Gepäckträger, mal umgekehrt. Er hätte sie, solange er noch keinen Gepäckträger hat, vielleicht sogar auf der Rahmenstange mitgenommen. Sie wären zusammen durch die Stadt gefahren, hätten die ganze Gegend abgeklappert und tolle Sachen erlebt – und nun ist alles ganz anders. Auf einmal war alles nur doof und kindisch gewesen, und sie nutzt jede Gelegenheit, ihm eins auszuwischen.

Wütend bringt er sein Rad in den Keller, wütend schlägt er die Türen hinter sich zu, daß es bis in den Fielitzschen Keller hinein zu hören sein muß. Erst als er die Treppe zu Oma Schulte hochsteigt, fällt ihm wieder die Kinokarte ein. Er zieht sie aus der Hosentasche und betrachtet sie lange. Na klar wird er hingehen! Schließlich war er in seinem ganzen Leben erst ein einziges Mal im Kino, und das war lange bevor der Vater ins Feld mußte ...

»Wird Zeit, daß du kommst. Denkt ihr, ich hab nichts anderes zu tun, als Tag für Tag Krankenschwester zu spielen?« Oma Schulte sieht Helle nicht an, als sie ihm öffnet, geht gleich wieder an ihre Nähmaschine zurück.

»Ist was mit Hänschen?«

»Mit dem auch. Aber hier, eure Prinzessin, der piekt der Bauch wie tausend Messer! Wozu schickt ihr sie mir rauf, wenn's ihr nicht gutgeht?«

Erst jetzt sieht Helle, daß Martha auf Oma Schultes und Herrn Rölles Bett liegt.

»Was haste denn?«

»Bauchschmerzen!« wimmert Martha.

»Früher haben wir die Kinder, wenn sie Bauchschmerzen hatten, gefragt, was sie gegessen haben«, murrt Oma Schulte weiter, »heute fragen wir sie, wann sie zuletzt gegessen haben.«

»Komm mit!« Helle legt den Arm um Martha und hilft ihr beim Aufstehen. »Unten legste dich gleich ins Bett, und ich mach dir 'nen heißen Tee.«

Martha nickt brav und tapfer und ist nun ganz die kleine

Schwester, die froh ist, einen großen Bruder zu haben, der sich um sie sorgt.

»Wann wird dieses Elend nur mal 'n Ende haben«, grübelt Oma Schulte. »Das kann doch nicht ewig so weitergehen.« Sie bereut ihre Heftigkeit längst, unterbricht ihre Arbeit und streichelt Martha die Wangen. »Tut mir leid, Herzchen! Manchmal vergeß ich, daß du ja noch 'n Kind bist. Dann biste einfach nur meine Packerin, verstehste?«

Martha versteht nicht und schaut Oma Schulte nicht an, dreht sich richtig von ihr weg.

»Ach herrje! Jetzt ist sie mir auch noch böse! Als ob ich was dafür kann, daß wir nicht auf Rosen gebettet sind.«

»Wer kann denn was dafür?« spottet Helle sofort. »Etwa der liebe Gott?«

»Junge! Versündige dich nicht.« Oma Schulte bekreuzigt sich so rasch und heftig, als müsse sie ein Unglück verhüten. »Schuld sind die, die einfach nicht Schluß machen wollen mit all dem Mord und Totschlag.«

Darauf könnte Helle erwidern, daß Oma Schulte wieder mal alle in einen Topf wirft. Er weiß ja, daß sie damit auch die Eltern, Trude, Onkel Kramer und Heiner und Arno meint. Doch dann läßt er das lieber, tut einfach so, als ob sie beide die gleichen Schuldigen meinen, und fragt, während er Hänschen aufnimmt, mit Oma Schultes Worten: »Und warum schlägt der Herr den Bösen die Waffen nicht einfach aus der Hand?«

Mißtrauisch guckt Oma Schulte Helle unter der Brille hindurch an.

»Willste mich veräppeln?«

»Nee«, sagt Helle. »Ich frag ja bloß.« Aber dann kann er sich doch nicht verkneifen zu sagen: »Wenn ich allmächtig wäre, ging's uns längst schon wieder besser.«

»Jetzt aber raus! Alle drei! Und zwar schnell!« Oma Schulte reißt die Tür auf und weist mit dem Zeigefinger ins Treppenhaus hinaus.

»Danke«, murmelt Helle, »beinahe hätten wir uns verlaufen.« Und dann huscht er mit Hänschen auf dem Arm und Martha an der Hand an Oma Schulte vorbei ins Treppenhaus.

Viele kleine Feuerchen

Martha hat ihren heißen Tee getrunken, nun liegt sie im Bett und genießt Helles Fürsorge. Es geschieht nicht oft, daß der große Bruder sie so bemuttert. »Bleibste hier, bis ich eingeschlafen bin?«

Helle nickt nur, dreht den Docht der Petroleumlampe etwas herunter und stellt sich ans Fenster. Im Hof ist es schon dunkel, dicke Wolken stehen am Himmel. Es regnet nicht, aber die Luft ist naß und schwer. Und es ist kalt.

Ob die Demonstranten immer noch so dicht stehen? Als er von Heiner und Arno wegfuhr, waren es nicht weniger geworden, eher mehr ... Wenn nicht Martha und Hänschen gewesen wären, hätten ihn keine zehn Pferde aus der Innenstadt weggekriegt. Gerade als es spannend wurde und Heiner und Arno und noch einige andere Matrosen sich zu einer Beratung zusammensetzten, mußte er weg.

»Oma Schulte is'n altes Ekel«, flüstert Martha in ihrem Bett. »Sie hat mich vorhin richtig angeschrien.«

»Ihre Kohlen sind alle«, antwortet Helle, der Hänschen nicht wecken will, ebenso leise. »Und wenn sie deinetwegen weniger Pantoffeln schafft, kann sie sich bald auch nichts mehr zu essen kaufen.«

»Dafür kann ich doch nichts.«

»Nee. Aber Oma Schulte auch nicht.«

Martha denkt nach. »Oma Schulte hat uns doch«, sagt sie schließlich. »Wir lassen sie schon nicht erfrieren ... oder verhungern.«

»Klar hat sie uns. Aber wir haben ja auch nichts, und da will sie uns nichts wegnehmen.«

Aus dem Bett kommt nichts mehr. Martha ist eingeschlafen, Helle erkennt das an ihren tiefen, wenn auch unregelmäßigen Atemzügen.

Wenn Martha auch noch krank wird, kommt es ganz dick. Es gibt ja nichts gegen diese Art Krankheiten. Als die Mutter das letztemal bei Dr. Fröhlich war und den Arzt ganz verzweifelt fragte, was sie denn um Himmels willen tun könnte, damit es mit Hänschen wieder aufwärtsginge, hatte Dr. Fröhlich nur traurig den Kopf geschüttelt und »Gar nichts, Frau Gebhardt, gar nichts!« gesagt, denn alles, was Hänschen benötige, bekäme sie nicht. Es sei die alte Leier: Was es zu kaufen gäbe, sei zum Leben zuwenig und zum Sterben zuviel. Zum erstenmal, erzählte die Mutter, hätte der Doktor ihr nichts vorgespielt, zum erstenmal hätte er sich gehenlassen. Und da sei er auch politisch geworden, hätte gesagt, daß er ein Freund der Revolution war, solange es um die Beendigung des Krieges und die Absetzung des Kaisers ging. Was jetzt passiere, könne er nicht mehr gutheißen. Drei Monate Revolution und noch dazu in einem so ausgehungerten Land, das sei wie ein Patient, an dem endlos lange herumoperiert werde. Ein schneller Schnitt sei notwendig, es müsse endlich wieder weitergehen, ganz egal wie.

Die Mutter hatte lange über Dr. Fröhlichs Worte nachgedacht und gesagt, daß jetzt viele so reden würden, auch in der Fabrik. Vielleicht sind deshalb heute so viele Menschen auf die Straße gegangen, vielleicht wollen sie nur »den schnellen Schnitt« und endlich wieder was zu essen haben ...

An der Tür wird geklopft. Helle geht hin, öffnet aber nicht gleich, fragt erst, wer da ist.

»Zwei abgemusterte Matrosen.«

Heiner und Arno! Sie stehen mit ihren Seesäcken und Gewehren auf dem Treppenabsatz und machen verlegene Gesichter.

»Hätteste wohl nicht gedacht, daß du uns so schnell wiedersiehst?« Arno betritt als erster den Flur, stellt seinen Seesack in eine Ecke und lehnt das Gewehr dagegen.

»Bist du allein?« fragt Heiner. »Ist dein Vater nicht da?«

»Oder die kleine Dunkle von neulich?« Arno kneift ein Auge zu. »Der arme Heiner hat das Mädchen ja leider verpennt.«

»Trude hab ich heute noch nicht gesehen«, antwortet Helle verwirrt, »und Vater ist noch auf der Demonstration.«

»So?« Arno setzt sich auf die Fensterbank, legt die Mütze auf den Küchentisch und öffnet seine Jacke. »Dann ist er aber der einzige, der noch da ist. Die anderen haben inzwischen die Lust verloren, sind nach Hause zu Muttern, die Kinder zählen.«

Auch Heiner nimmt seine Mütze ab. »Es ist aus, Helle! Endgültig aus! Weißt du, was am Nachmittag passiert ist? Unsere Kommandeure haben den Revolutionsausschuß vor die Tür gesetzt.«

»Und warum?«

»Der Revolutionsausschuß hat die Regierung für abgesetzt erklärt. Unsere Kommandeure aber haben unterschrieben, nichts mehr gegen die Regierung zu unternehmen. Deshalb haben sie den Ausschuß ›gebeten‹, den Marstall zu verlassen.«

Arno grinst böse. »Als ob der Ebert gleich seine Siebensachen packt, nur weil er für abgesetzt ›erklärt‹ wird.«

»Und die Demonstranten? Warum sind sie denn weg? Ihr hattet ihnen doch Waffen gegeben?«

»Das ist es ja«, antwortet Heiner bitter. »Ein Teil unserer Kommandeure sagt: Gebt ihnen Waffen, der andere: Verhaltet euch still. Wußte ja niemand mehr, ob und wann und wo er was zu tun hatte.«

Arno dreht sich eine Zigarette. »Wir haben uns von der Truppe abgesetzt, haben die Schnauze voll. Volksmarinedivision sind wir ja nun schon lange nicht mehr, und Ebertmarinedivision wäre wohl das dickste Ende, das wir nehmen könnten.«

Heiner nimmt Arno die fertiggedrehte Zigarette aus der Hand und steckt sie sich an. »Wir haben gemacht, was viele unserer

Kameraden, die an ihre Standorte zurückversetzt werden sollten, auch getan haben: Wir sind abgehauen.«

»Sind also jetzt richtige Deserteure.« Arno dreht sich eine neue Zigarette. »Im Krieg stand auf so was der Tod. Aber Krieg haben wir ja nun nicht mehr, nicht wahr? Ist ja jetzt rundum allerschönster Frieden.«

Der Vater hat mal von einem Soldaten erzählt, der in ein Dorf flüchtete und sich Zivilkleider besorgte, weil er zu Frau und Kindern heimwollte. Er wurde aufgegriffen, verurteilt und erschossen. Und die Leute, die ihm die Kleider gaben, wurden ebenfalls streng bestraft. Daran muß Helle jedesmal denken, wenn er das Wort Deserteur hört ...

»Mach dir keine Sorgen.« Heiner lächelt Helle beruhigend zu. »Sie werden uns nicht suchen. Wenn sie alle suchen wollten, die seit November desertiert sind, hätten sie viel zu tun.«

»Ich mach mir keine Sorgen.« Helle holt Hänschen, der nun doch aufgewacht ist und lauthals schreit. Als er mit ihm in die Küche zurückkommt, vergißt Arno seinen Ärger und sogar seine Zigarette. »Hallo!« sagt er. »Wir kennen uns doch schon.« Und dann streckt er die Hände aus und bittet Helle, ihm den Kleinen mal zu reichen.

Helle rechnet damit, daß der kleine Bruder in Arnos Armen noch lauter losplärrt, aber Hänschen guckt den riesigen Mann mit dem roten Haar und dem sommersprossigen Gesicht nur erstaunt an. Und dann lacht er plötzlich.

»Wir sind Freunde!« Arno freut sich. »Er mag mich.« Doch er hat sich zu laut gefreut, nun ist auch Martha aufgewacht. Verschlafen kommt sie in die Küche und starrt die Matrosen an.

»Noch eine alte Bekannte!« Arno verneigt sich im Sitzen.

Martha scheint wieder mal nicht zu wissen, ob sie noch träumt oder schon wach ist. Muffig wackelt sie an die Wasserleitung, dreht sie auf und trinkt mit zusammengelegten Händen von dem laufenden Wasser.

»Bringst du mir auch einen Schluck?« fragt Heiner.

Martha sieht ihn beim Trinken durch die Augenwinkel an, zögert, nimmt dann aber den Becher von der Wand, füllt ihn voll und bringt ihn Heiner.

»Schmeckt prima«, sagt Heiner, als er den Becher leer getrunken hat. »Echt Leitungsheimer.«

»Biste wieder gesund?«

»Erkennst mich also doch?«

»Du hast in unserm Bett gelegen.«

»Stimmt genau.«

»Und warum biste wiedergekommen?«

»Wir sind gekommen, weil wir mit deinem Vater reden wollen. Vielleicht hat er was für uns zu tun.«

Also ist doch noch nicht alles aus. Helle legt Hänschens Decke auf den Tisch und wickelt den kleinen Bruder.

»Jetzt bin ich krank.« Martha stellt sich vor Heiner hin und guckt ihn mitleiderheischend an.

»Was hast du denn?«

»Bauchweh.«

»Oh!« Arno macht ein bedenkliches Gesicht und geht an seinen Seesack. »Bauchweh ist eine ganz furchtbare Krankheit. Dagegen hilft am besten – Schokolade!«

Verblüfft reißt Martha die Augen auf: Arno hat eine Büchse auf den Tisch gelegt – und zwar genauso eine, wie Helle sie ihr zu Weihnachten geschenkt hat. Mißtrauisch greift sie in ihre Kittelschürze und befördert ihre leere Büchse ans Licht. Sie dachte schon, Arno wolle ihr mit ihrer eigenen Büchse was vormachen.

Arno guckt auf seine Büchse, guckt auf Marthas und wiegt den Kopf. »Wollen wir tauschen? Deine leere gegen meine volle?«

Martha will nicht so recht glauben, daß der fremde Matrose sich auf diesen Tausch einläßt, Arno jedoch schiebt ihr seine Büchse hin und nimmt dafür ihre.

Vorsichtig öffnet die Schwester Arnos Büchse und schaut hinein. Tatsächlich, es ist Schokolade drin! »Wo haste denn die ganze Schokolade her?« will sie wissen. Sie traut dem Tauschgeschäft noch immer nicht so richtig.

»Er macht sie selber«, sagt Heiner ganz ernst. »Er hat 'ne kleine Schokoladenfabrik in seinem Seesack.«

»So was gibt's ja gar nicht«, antwortet Martha genauso ernst. Doch sie fragt nicht weiter, steckt die Büchse mit der Schokolade nur in die Kittelschürze, hält sie vorsichtshalber auch noch mit der Hand fest und verzieht sich wieder in die Schlafstube.

Die Luft ist dick vom Zigarettenqualm. In der Küche sitzen aber auch fast alle, die nur irgendwie dasein können: Onkel Kramer, Atze, Trude, Heiner und Arno, Oswin, die Eltern. Und bis auf die Mutter und Trude rauchen alle. Oma Schulte, die wissen wollte, wie es Martha geht, ist bald wieder gegangen. Sie sei schon zu alt, um noch geräuchert zu werden, hat sie gesagt.

Das Gespräch dreht sich um alles, was an diesem Tag geschehen ist. Onkel Kramer, der als letzter kam, hat die Nachricht mitgebracht, daß sich auch heute wieder Gruppen und Grüppchen gebildet haben, die auf eigene Faust öffentliche Gebäude besetzten, darunter auch die Reichsdruckerei.

»Diese Dummköpfe!« schimpft der Vater. »Mit diesen Fisimatenten schaden sie uns doch nur. Seht an, die Spartakisten, heißt es jetzt wieder, das also ist eure Revolution!«

»Sie haben Angst, daß sie entwaffnet werden«, sagt Onkel Kramer ruhig. »Mit Eichhorn fällt unsere letzte Bastion.«

»Aber der *Vorwärts*?« fragt Oswin. »Warum haben sie denn auch den *Vorwärts* besetzt, 'n Arbeiterblatt?«

»Der *Vorwärts* war doch schon lange kein Arbeiterblatt mehr«, entgegnet Trude. »Die Schreiber dort haben doch nur noch Eberts Linie vertreten, haben gehetzt und Krokodilstränen geheult, wenn wir mal 'n Fehler gemacht haben.«

Helle sitzt etwas abseits auf dem Küchenhocker und hört zu. Manchmal möchte er etwas fragen, aber dann wagt er es doch nicht, diese Runde in ihrem Gespräch zu unterbrechen.

»Was da passiert ist, haben wir nicht gewollt«, gibt Onkel Kramer zu. »Die Zeitungsbesetzungen entsprechen nicht unseren Zielen. Aber was entspricht denn im Augenblick unseren Zielen? Können wir etwa die Regierung übernehmen? Wir Spartakisten allein? Vierzehn Tage, und wir müßten aufgeben. Wir haben doch gar keinen Rückhalt in der Bevölkerung.«

»Moment mal!« widerspricht Arno. »Da haben sich heute den ganzen Tag über eine halbe Million Menschen die Beine in den Bauch gestanden, ist das etwa kein Rückhalt?«

»Das war genauso spontan wie die Zeitungsbesetzungen«, antwortet Onkel Kramer. »Wir haben die Leute zwar gerufen, aber wir hatten nicht damit gerechnet, daß so viele kommen würden. Ich sag das ganz ehrlich, die riesige Anzahl hat uns erschüttert, aber nicht blind gemacht: Die da kamen, waren Menschen, die die Nase voll hatten von Hunger und Elend, Verrat und wieder Verrat, aber keine Spartakisten, nicht mal Anhänger von Spartakus. Trotzdem: Sie waren bereit – wer nicht bereit war, waren wir. Für uns kommt das alles viel zu früh. Wir sind zu schwach, haben zuwenig Einfluß, im Revolutionsausschuß und auch sonst. Wozu sollen wir uns was in die Tasche lügen?«

Onkel Kramer wirkt so traurig und enttäuscht, wie Helle ihn noch nie zuvor erlebt hat. »Was wollten wir denn erreichen?« fragt er. »Einen neuen Staat, einen wirklich neuen Staat, eine Regierung des Volkes. Aber konnten wir das so kurzfristig überhaupt? Wenn wir ehrlich sind, müssen wir nein sagen. Wie wollten wir in so kurzer Zeit die Soldaten auf unsere Seite bringen? Konnten wir ihnen denn in ein paar Tagen aus den Köpfen bringen, was andere ihnen jahrzehntelang eingeredet haben? Wir haben gehofft, daß es geht, und müssen uns jetzt eingestehen, daß es nicht geht.«

Nur weil die Soldaten nicht mitmachten, »blies« der Revolutionsausschuß nicht »zum Sturm«. Helle hat das inzwischen erfahren, und er hat gesehen, wie entmutigt der Vater aus den Kasernen nach Hause kam. Sogar seinen ehemaligen Kameraden Paule hat er nicht überzeugen können. »Nee, Rudi«, hatte Paule gesagt. »Ich bin nicht für euch und nicht für die anderen. Ich bin neutral, mache meinen Dienst und tue das, was mir befohlen wird – bin eben Soldat.«

»Ich weiß nicht«, sagt Heiner und meldet sich damit zum erstenmal an diesem Abend zu Wort, »ich finde die Zeitungsbesetzungen eigentlich ganz in Ordnung. Ebert hat den Arbeitern eine runtergehauen, und sie hauen zurück. Sollten sie ihm etwa noch die andere Backe hinhalten?«

Mit »eine runtergehauen« meint Heiner die Absetzung Emil Eichhorns, des Polizeipräsidenten.

»Richtig«, unterstützt Arno Heiner. »Ich finde es gesund, nicht alles einzustecken, was einem von oben verpaßt wird.«

Onkel Kramer lacht, ist aber der gleichen Meinung. »Da liegt ihr nicht verkehrt«, sagt er. »Es gibt ein paar Dinge, die können wir vielleicht trotz allem noch erreichen, zum Beispiel Emils Verbleiben im Polizeipräsidium oder den Rückzug der Truppen.«

»Aber dann müssen wir handeln und nicht immer nur verhandeln und uns dabei übers Ohr hauen lassen«, entgegnet Trude verbittert. »Daß wir nach all den Rückschlägen immer noch mit Ebert reden, ist auch ein Grund für die Wut und Ungeduld, die zu den Besetzungen führten.«

Auch diese Nachricht brachte Onkel Kramer mit: Der Revolutionsausschuß hat über erneute Verhandlungen mit der Ebert-Regierung abgestimmt, und die Mehrheit hat dafür gestimmt.

»Was willste denn?« Der Vater guckt böse. »Paßt doch alles prima zusammen. Wir freuen uns über ein paar besetzte Zeitungsredaktionen, und Ebert und seine Leute freuen sich darüber, daß wir auf den ältesten Trick der Welt hereingefallen sind: durch Verhandeln Zeit gewinnen! So können sie in aller Ruhe ihre Truppenverbände wieder auffüllen, Freiwillige anheuern und zum Gegenschlag ausholen.«

»Du bist nicht der einzige, der das erkennt.« Onkel Kramer

seufzt. »Im Revolutionsausschuß aber sitzen kaum Spartakisten, und die Unabhängigen haben schon immer am liebsten verhandelt.«

Er denkt nach und sagt dann: »Ob wir es gewollt haben oder nicht, ob es uns in den Kram paßt oder nicht, die Zeitungsbesetzer gehören zu uns und wir zu ihnen.«

Die Mutter steht auf und öffnet das Fenster, um etwas Tabaksqualm abziehen zu lassen, doch sie schließt es bald wieder. Die naßkalte Nachtluft, die von draußen hereinweht, kriecht schnell unter die Kleider.

»Du meinst also, viele kleine Feuerchen ergeben einen großen Brand?« fragt der Vater, nachdem längere Zeit niemand gesprochen hat.

»Nein«, antwortet Onkel Kramer. »Ich meine, viele kleine Feuerchen kann man sehen, sind Zeichen der Gegenwehr.«

»Richtig«, meldet Arno sich wieder. »Besiegt sind wir erst, wenn wir nicht mehr kämpfen.«

»Aber jeder Kampf muß seinen Sinn haben«, wendet die Mutter ein. »Stures Mit-dem-Kopf-an-die-Wand-Rennen bringt doch nichts ein.«

»Wir werden nicht stur mit dem Kopf gegen die Wand rennen«, verspricht Onkel Kramer. »Aber wir werden unsere Leute auch nicht im Stich lassen. Daß sie so reagiert haben, ist auch unsere Schuld.«

Arno ist noch immer nicht zufrieden mit dem, was da gesprochen wird. Unruhig rutscht er hin und her, bis er plötzlich herausplatzt: »Ich kapier die Welt nicht mehr! Heute waren eine halbe Million Menschen auf der Straße. Eine halbe Million! Da müßte es doch ein Klacks sein, Ebert und die paar Leute, die ihm folgen, in die Spree zu fegen.«

»Du vergißt die Generäle«, gibt Onkel Kramer zu bedenken. »Ebert kocht sein Süppchen auf ihrem Feuer – und das wird langsam wieder heiß. Diese Freiwilligen, die sie da jetzt anheuern, sind keine zur Front Abkommandierten, die lieber zu Hause geblieben wären. Das sind Wurzellose, Umhergetriebene, die weder ein Ziel noch eine Meinung haben. Konnten wir mit den anderen schon kaum reden, so kommen wir mit denen überhaupt nicht klar; die haben Spaß am Landserleben, verrichten jede Arbeit, und wenn sie noch so schmutzig ist – nur bezahlt muß sie werden.«

»Noske soll es sein, der die Freiwilligen-Verbände aufstellt«, wirft Trude ein. »Und er soll gesagt haben, einer müsse nun mal den Bluthund machen.«

»Hat er das denn wirklich gesagt?« zweifelt Oswin. »Ein alter Sozialdemokrat?«

»Alter Sozialdemokrat! Was besagt das denn schon?« Der Vater winkt ab. »Ebert und Scheidemann sind auch alte Sozialdemokraten. Einen kaiserlichen General konnten sie schlecht mit dieser Aufgabe beauftragen, dann hätten die Leute ja vielleicht was gemerkt.«

Onkel Kramer nickt. »Ich kenne den Noske von früher. Das ist ein Machtmensch, brutal und ehrgeizig, der wird nicht viel Federlesens machen. Aber ob der, der auf uns schießen läßt, nun Ebert oder Noske, Müller oder Meier heißt, ist letztendlich egal – wir müssen wissen, womit wir zu rechnen haben, das ist es!« Er schaut auf seine Uhr, dann wendet er sich Heiner und Arno zu. »Was machen wir denn jetzt mit euch? Daß wir euch gut gebrauchen können, ist ja wohl klar. Doch damit allein ist es nicht getan. Ihr müßt auch irgendwo unterkommen.«

»Sie können bei mir bleiben«, schlägt Oswin vor. »Bei ’nem alten Leierkastenmann vermutet niemand desertierte Matrosen.«

»Willste das wirklich?« fragt der Vater überrascht. »Das kann gefährlich sein.«

Oswin blinzelt listig. »Jetzt machste Witze, Rudi! Was kann so ’nem alten Knacker wie mir denn noch gefährlich werden? Hab mein Leben hinter mir, mir kann nichts mehr passieren. Das einzige, was die Sache schwierig macht, ist, daß ich nicht genug

Decken habe. Besonders warm ist's in meinem Schuppen ja nun gerade nicht.«

Sofort geht die Mutter ans Fenster und nimmt die Decke ab. Das gleiche tut sie in der Schlafstube.

»Aber das geht doch nicht«, wendet Arno ein. »Die brauchen Sie doch.«

»Erstens heiße ich nicht Sie, sondern Marie«, antwortet die Mutter da nur müde. »Zweitens kann man auch Handtücher vor die Fenster hängen.«

»Problem gelöst.« Onkel Kramer nickt Atze zu. »Gehen wir?«

Atze steht gleich auf, und auch Trude verabschiedet sich.

»Was war denn heute bloß mit Atze los?« fragt die Mutter, als der Vater Onkel Kramer, Atze und Trude die Treppe hinunterleuchtet. »Er hat den ganzen Abend kein einziges Wort gesagt, und sonst ist er kaum zu bremsen.«

»Wißt ihr's denn nicht?« Oswin, der sich die beiden Decken unter den Arm geklemmt hat, guckt erstaunt. »Es ist doch in der ganzen Straße rum: Seine Mutter ist gestorben. An der Hungergrippe.«

»Mein Gott! Warum hat er denn nichts gesagt?«

»Wozu denn?« Heiner hat schon den Seesack auf dem Rücken und das Gewehr in der Hand. »Damit wir ihn den ganzen Abend lang bedauern?«

Der Vater bringt auch Oswin, Heiner und Arno die Treppe hinunter. Die Mutter nutzt die Gelegenheit, um die Küche zu lüften, bevor sie Hänschen wickelt. Als sie ihn dann holt, schaut sie auch nach Martha. Sie glaubt nicht, daß Martha etwas Schlimmes hat, vermutet, daß sie nur überarbeitet ist, und will sie einige Zeit nicht zu Oma Schulte hochlassen.

Martha wird wach und fragt die Mutter, als sie sich zu ihr hinunterbeugt, ob sie noch ein Stück Schokolade bekommen kann. Die Mutter hatte ihr nur die halbe Büchse Schokolade zugestanden, die andere Hälfte hat sie auf dem Herd weich werden und Hänschen vom Löffel lutschen lassen. Als Arno das sah, zog er gleich noch zwei Büchsen Schokolade aus seinem Seesack. Auf Mutters Frage, wo er denn um alles in der Welt die viele Schokolade herhätte, grinste er nur und sagte, sein Onkel sei Italiener und heiße Sarotti.

Martha hat das mitbekommen, und nun sorgt sie sich, daß diese beiden Büchsen in Hänschens Bauch verschwinden könnten, bevor sie einen entsprechend großen Anteil davon abbekommen hat. Jetzt aber gibt ihr die Mutter keine Schokolade mehr, sondern vertröstet sie auf morgen.

Als der Vater zurückkommt, setzt er sich ebenfalls gleich zu Martha. Daß nach Hänschen nun auch Martha krank geworden ist, macht ihm zu schaffen. Er hat ein schlechtes Gewissen, weil er soviel unterwegs ist und sich deshalb nicht richtig um die beiden Kleinen kümmern kann.

Gleich streckt Martha die Hände aus, läßt sich vom Vater auf den Arm nehmen und schmust mit ihm. Dann muß er ihr hoch und heilig versprechen, daß er morgen zu Hause bleibt. Er tut das auch, aber er macht kein glückliches Gesicht dabei.

Spuren

Fräulein Gatowsky geht durch die Reihen und schaut mal hier, mal dort einem der eifrig rechnenden Schüler über den Rücken. Manch einer aber rechnet nicht, starrt auf sein Heft, kaut am Federhalter oder blickt hilflos den Nachbarn an.

Helle hat keine Probleme mit den Aufgaben. Wenn alles so leicht wäre wie Rechnen, wäre die Schule ein reines Vergnügen. Lange bevor das Klingelzeichen ertönt, ist er fertig und schaut sich um.

Ede rechnet nicht mehr, doch er ist nicht fertig, hat nur aufgegeben. Als er Helles Blick bemerkt, zuckt er müde die Achseln.

Bommel ist ebenfalls schon fertig und grinst vergnügt in die Runde. Bestimmt hat er bei Franz abgeschrieben, dem im Rechnen niemand etwas vormacht und der sicher als erster fertig war.

Das Pausenzeichen! Die noch rechnen, stöhnen auf, werden schneller, krakeln noch schnell was hin, wissen aber schon, daß es keinen Sinn mehr hat; Fräulein Gatowsky sammelt ja bereits die Hefte ein.

Als Fräulein Gatowsky dann endlich gegangen ist, springt Bommel auf und läuft nach vorn. Die für ihn so ungewohnt günstig verlaufene Arbeit hat ihn in allerbeste Stimmung versetzt, er muß seine Freude irgendwie loswerden, und das kann er am besten mit einem Lied. »Wem ham se die Krone jeklaut?« singt er. »Wem ham se die Krone jeklaut? Dem Wilhelm, dem Doofen, dem Oberjanoven, dem ham se die Krone jeklaut.«

Bommels Lied ist neu. In der Klasse wird gelacht, einige klatschen. Das ist Honig für Bommel, macht ihn noch übermütiger.

»Wer hat ihm die Krone jeklaut?
Wer hat ihm die Krone jeklaut?
Der Ebert, der Helle,
der Sattlergeselle,
der hat ihm die Krone jeklaut.«

»Helle auch?« Franz trommelt vor Begeisterung über den Doppelsinn des Wortes »Helle« auf seinem Tisch herum.

»Wie jeht's denn jetzt Wilhelm und Sohn?
Wie jeht's denn jetzt Wilhelm und Sohn?
Ja, Wilhelm und Sohn,
die jehn jetzt als Clown,
weil se nischt mehr verdien' uff'n Thron.«

Der dritte Vers bringt Bommel einen neuen Lacherfolg. Er wiederholt ihn, und die meisten Jungen stimmen mit ein, tanzen und springen herum – bis auf einmal Herr Förster in der Tür steht. Schlagartig kehrt Ruhe ein, hastig ziehen die Jungen sich in ihre Bänke zurück.

Niemand hat Herrn Förster kommen hören, auch Helle nicht, obwohl er nicht mitgesungen hat und nicht weit von der Tür entfernt sitzt. Herr Förster muß sich absichtlich so leise herangeschlichen haben. Das heißt dann aber auch, daß er alles mitangehört hat.

Herr Förster hat alles mitangehört. Mit starrem Gesicht verzichtet er auf jede Begrüßung, legt nur seine Bücher auf das Lehrerpult und geht danach langsam durch die Reihen, um sich mit ausgestrecktem Zeigefinger alle die herauszupicken, die er beim Singen ertappt hat. Jeder der Jungen, auf den er zugeht, zittert, auch die, die nicht mitgesungen haben; Herr Förster könnte sich ja irren ...

Herr Förster irrt sich nicht. Er zeigt auf keinen Unschuldigen, und er übersieht keinen Schuldigen. Als er durch die Reihen hindurch ist, stehen siebzehn Jungen vor der Tafel. Herr Förster holt den Stock aus dem Schrank, geht von einem zum anderen und stößt jedesmal sein heiseres »Hände vor!« aus, bevor er zuschlägt. Streckt einer gleich die Hände aus, wird er mit drei Hieben bestraft, zögert er oder zuckt er zurück, werden es, je nach Dauer der Zeit, die Herr Förster benötigt, um endlich zuschlagen zu können, fünf, sechs oder sieben Schläge. Außerdem dosiert Herr Förster seine Schläge. Bei dem einen schlägt er heftiger zu, bei dem anderen weniger heftig, so, als schätze er ein, wie laut oder mit welcher Begeisterung derjenige, vor dem er gerade steht, mitgesungen hat. Und meistens tippt er richtig.

Bommel ist der letzte in der Reihe. Er weiß, daß die Wut der Lehrer mit jedem Schlag abnimmt, deshalb hat er sich gleich dicht neben das Fenster gestellt. Diesmal aber hat er sich verrechnet, das erkennt er schon an Herrn Försters Gesichtsausdruck und der besonders steifen Haltung, mit der der Lehrer sich vor ihm aufbaut. Herr Förster hat herausgehört, wer den Liedtext am besten kannte und ihn am lautesten sang.

»Hände vor!«

»Aber warum denn?« heult Bommel los. »Hab doch gar nicht mitgesungen.« Ein letzter Fluchtversuch, obwohl er weiß, daß Herr Förster sich durch Tränen nicht beeindrucken läßt. »Mitleid schadet nur der Gerechtigkeit« ist einer seiner liebsten Sprüche.

»Auch noch feige, was? Hände vor!«

Zögernd streckt Bommel die Hände aus – und da schlägt Herr Förster auch schon zu. Bommel zuckt zurück, aber der Rohrstock war schneller, klatscht so laut und wuchtig auf Bommels Hände nieder, daß die Jungen in den Bänken mit zusammenzukken.

»Hände vor!«

Bommel will die Hände ein zweitesmal ausstrecken, schafft es aber nicht, sackt zusammen und fällt Herrn Förster vor die Füße.

»Aufstehen!« schreit Herr Förster. »Aufstehen, Schlappschwanz!«

Aber Bommel steht nicht auf, bleibt einfach liegen.

Herr Förster greift Bommel unter die Arme und stellt ihn wieder auf die Füße. Doch kaum läßt er ihn los, sackt Bommel wieder zusammen. Diesmal so, daß allen klar wird, daß er den Ohnmächtigen nur spielt.

»Das ist sie also, die neue Generation!« tobt Herr Förster. »Das ist Deutschlands Zukunft!« Und in seiner Wut läßt er den Rohrstock auf den am Boden liegenden Bommel niedersausen.

Bommel krümmt sich, schreit, steht taumelnd auf und streckt die Hände aus. Jetzt aber kann Herr Förster nicht mehr zuschlagen, jetzt ist es selbst ihm zuviel geworden. »In die Bänke!« schreit er. »In die Bänke, Vaterlandsverräter!«

Sofort huschen die Jungen in ihre Bänke und setzen sich so steif und kerzengerade hin, daß Herr Förster seine wahre Freude an ihnen gehabt hätte, wenn er nicht so aufgebracht gewesen wäre.

Die Zornesröte in Herrn Försters Gesicht ist der üblichen Blässe gewichen. Doch noch immer geht er durch die Reihen und starrt den Jungen in die Gesichter. Und als Bommel einmal ein leises Schniefen nicht unterdrücken kann, donnert er ihm ein unverhältnismäßig lautes »Ruhe!« entgegen. Dann geht er weiter und läßt dabei immer wieder den Rohrstock wippen.

Es ist schwer, so lange stillzusitzen und Aufmerksamkeit zu heucheln, wenn der Lehrer nichts sagt. Die Stille wird zur Qual, und dazu kommt die Angst, irgendwie aufzufallen und alle Wut auf sich zu lenken. Als Herr Förster endlich den Mund aufmacht, um eine seiner endlos langen Reden vom Stapel zu lassen, geht ein erleichtertes Aufatmen durch die Klasse. Soll Herr Förster reden, soll er sich den Mund fusselig schimpfen; alles ist leichter zu ertragen als dieses bedrohliche Schweigen.

Und Herr Förster redet! Von Bolschewisierung spricht er, von Sozialisierung, von der »Straße, die Politik machen will«. »Russische Zustände in Berlin!« ruft er aus. »Das ist das Ende der Zivilisation.«

Die meisten Jungen gucken gläubig, geben sich Mühe, interessiert zu erscheinen, wollen keinen neuen Wutanfall riskieren; die anderen sind nur still.

»Es gibt ja sogar an unserer Schule Lehrer, die den Umsturz mit heraufbeschworen haben.« Herr Förster bleibt vor Günter Brem stehen. »Wölfe im Schafspelz nennt man so was. Sie predigen die Gewalt, stoßen das geschundene, aus unzähligen Wunden blutende Vaterland an den Rand des Abgrunds und reden von einer neuen, gerechteren Zeit. Sie vergießen deutsches Blut und arbeiten damit den russischen Barbaren in die Hände, die nur darauf warten, uns vernichten zu können. Aber sie stehen in

Amt und Brot, lassen sich von jenen, die sie liebend gern vernichten würden, auch noch bezahlen, spielen in der Schule die Biedermänner und auf der Straße die großen Revolutionäre.«

Helle sieht Günter an, wie schwer es ihm fällt, ruhig zu bleiben. Herr Förster spricht über Herrn Flechsig, den gerade Günter so besonders mag.

»Warum widersprichst du nicht?« Herr Förster schiebt den Rohrstock unter Günters Kinn und hebt es hoch, so daß er Günter in die Augen blicken kann. »Denkst du, ich weiß nicht, was in deinem Kopf vorgeht? Du und deine Familie, ihr alle«, er fährt herum und tippt mit dem Stock noch weitere Jungen an, »ihr seid doch alle eine einzige rote Sippschaft.«

Schweigen. Niemand wagt, den Kopf zu heben.

»Und dein Vater, Hanstein, ist ja sogar unter die Zeitungsschreiber gegangen.« Herr Förster stellt sich vor Ede hin und lacht. »Hab die Artikel deines werten Herrn Vaters mal durchgesehen. Leider muß ich sagen, daß er, abgesehen davon, daß er volksverdummendes Zeug schreibt, auch in Stil und Form kein Meister ist. Aber das paßt ja nur zum Inhalt.«

Ede guckt Herrn Förster an, als begreife er nicht, was der Lehrer von ihm will.

»Du verstehst mich nicht, Hanstein, nicht wahr? Du bist ehrlich, gibst es wenigstens zu. Dein Vater versteht auch nichts, aber er tut, als könnte er die Welt aus den Angeln heben, spielt sich als Politiker auf, ja sogar als Philosoph, und weiß noch nicht einmal die Kommata richtig zu setzen.« Herr Förster ist plötzlich bester Laune. »Ja, so ist das heute: Leute, die studiert und sich mit viel Mühe und Fleiß einen gewissen Bildungsstand erworben haben, zählen nicht mehr. Das Pack schmiert Papier voll, das Pack erläßt die Gesetze. Und das Pack schlägt sich, schlägt sich und verträgt sich.«

Einen Augenblick lang starrt Ede nur stumm vor sich hin, dann bückt er sich, nimmt seinen Ranzen, schiebt Bücher und Hefte hinein, steht auf und geht zur Tür.

»Wo willst du hin?« Herr Förster ist so verblüfft, daß ihm nur diese Frage einfällt.

»Nach Hause.«

»In die Bank!« schreit Herr Förster mit sich überschlagender Stimme. »In die Bank!«

Achselzuckend setzt Ede sich wieder.

»Wir sind kein Pack«, sagt Günter Brem da auf einmal.

Die Klasse zuckt zusammen. Herr Förster wird weiß im Gesicht, sein Schnurrbart zittert. »Natürlich!« zischt er. »Der rote Hanstein und der rote Brem! Fehlt nur noch der rote Gebhardt!« Er schlägt mit dem Rohrstock auf den Tisch, vor dem er gerade steht. »Aufstehen!«

Auch Helle steht auf. Er ist noch ein bißchen unsicher, ob er tatsächlich mit aufstehen soll, doch Herr Förster hat seinen Namen genannt, und da ist es besser, wenn er sich angesprochen fühlt.

»Da steht es, das rote Gelumpe!« Der Lehrer wedelt mit dem Stock in der Luft herum. »Steht da und guckt dumm. Nichts im Kopf, aber den Revolver in der Tasche!«

»Hab keinen Revolver in der Tasche.« Helle weicht Herrn Försters Blick nicht aus.

»So! Aber wenn du einen hättest, dann würdest du auf mich schießen, nicht wahr?«

Helle möchte sagen, daß er nicht auf ihn schießen würde, daß er auf niemanden schießen würde und deshalb auch nicht auf Herrn Förster, aber er sagt es nicht. Er sagt überhaupt nichts, guckt Herrn Förster nur an.

Der Lehrer wird verlegen und blickt sich unsicher um. Schließlich nimmt er den Rohrstock, schlägt damit auf Helles Tisch und schreit: »Raus! Alle drei! Ihr seid es nicht wert, auf einer deutschen Schule unterrichtet zu werden.«

Still packt Helle sein Zeug zusammen und geht mit Günter und Ede, der schon auf ihn wartete, weil er seinen Ranzen erst gar nicht wieder ausgepackt hatte, zur Tür.

»Ins Zuchthaus! Ins Zuchthaus gehört so was«, hören sie Herrn Förster noch schreien, dann hat Helle die Tür geschlossen, und sie stehen auf dem Flur.

»Mann!« Günter stößt die Luft aus, als hätte bis vor einer Sekunde irgendwas seinen Brustkorb zusammengedrückt.

Auch Helle und Ede sind erleichtert, aber Ede bleibt skeptisch. Als sie über den Schulhof gehen, sagt er: »Das läßt sich der Förster nicht gefallen. Vielleicht werfen sie uns morgen von der Schule.«

Helle ist überzeugt davon, daß die Sache noch ein Nachspiel haben wird. Günter jedoch betrübt die Aussicht auf eine frühe Schulentlassung nicht. »Wäschereiarbeiter kann ich so und so werden«, sagt er.

Günters Mutter arbeitet in einer Wäscherei und hat mit ihrem Meister ausgemacht, daß später auch Günter dort anfangen darf.

»Um uns ist's vielleicht nicht schade, aber um Helle schon.« Es ist Ede peinlich, das vor Helle zu sagen, doch er meint es ernst.

»Warum denn gerade um mich?«

»Na, weil du gut bist in der Schule, weil dir das Lernen leichtfällt.«

»Stimmt ja gar nicht«, wehrt Helle ab. »Hab nur viel Zeit.«

»Ich hab jetzt auch viel Zeit«, entgegnet Ede. »Und trotzdem kapier ich die Rechenaufgaben nicht.« Und dann sagt er: »Mein Vater meint, das kommt nur davon, weil ich früher keine Zeit zum Lernen hatte. Wir müssen aber lernen, weil wir die Bürgersöhnchen sonst nie überholen.«

»Wozu sollen wir die denn überholen?« staunt Günter. »Hab ja gar keine Lust, die zu überholen.«

»Weil sich solche wie der Förster sonst ewig über uns lustig machen«, antwortet Ede. Was Herr Förster über die Artikel seines Vaters sagte, hat ihn mehr getroffen, als er zugeben will.

»So ein Quatsch!« Günter schüttelt den Kopf. »Was einer sagt, ist wichtig, nicht wie er's sagt.«

»Wie er's sagt, ist auch wichtig«, widerspricht Helle. »Sonst ist's leicht, was schlechtzumachen, nur weil einem nicht paßt, was drinsteht.«

»Und wie wollt ihr das machen, viel lernen, wenn ihr so 'nen Knallkopp wie den Förster zum Lehrer habt?« will Günter da wissen.

»Es muß sich eben alles ändern«, sagt Ede, nachdem er einige Zeit nachgedacht hat.

Günter lacht. »Na klar, und wenn sich dann alles geändert hat, wird Herr Flechsig Rektor, und ich bin der Oberkonditor vom Café Kranzler.«

Vor dem Haus tanzen Kinder herum. »Ri-ra-rutsch! Wir fahren mit der Kutsch!« spielen und singen sie. Die Winterkälte scheint ihnen nichts auszumachen. Der kleine Lutz aber ist nicht darunter. Das verwundert Helle ein bißchen; Lutz ist doch sonst bei allem dabei, was in den Höfen und vor dem Haus passiert.

Im vierten Hof fällt Helles Blick sofort auf Oswins Schuppen. Ob Heiner und Arno noch da sind? Oder ob sie irgendwohin unterwegs sind?

»Psst!«

Anni! Sie steht am Fenster und winkt.

Helle nähert sich ihr nur zögernd. Er hat keine Lust auf einen neuen Streit.

»Die beiden Matrosen, sind das deine Freunde?«

Hat Anni Heiner und Arno schon gesehen? Ein Wunder wäre das nicht, sie steht ja den ganzen Tag am Fenster. Aber woher weiß sie, daß die beiden seine Freunde sind? Der Vater hat ihm extra eingeschärft, niemandem was von seiner Freundschaft zu Heiner und Arno zu sagen. Wenn sie doch gefunden werden, wäre das eine unnötige Gefährdung.

»Woher weißte das denn?«

»Der kleine Lutz hat's mir gesagt.«

»Wo ist der denn überhaupt?«

»Na, wo schon? In Oswins Schuppen.«

Der kleine Lutz, das Luder! Hat er also wieder mal die richtige Nase gehabt und sitzt jetzt sicher auf Arnos Schoß und ißt Schokolade. Aber wie hat er herausbekommen, daß die beiden Matrosen was mit ihm zu tun haben?

»Natürlich sind sie meine Freunde.« Helle macht sich größer, als er ist. Es tut gut, diese neue Anni ein bißchen zu beeindrukken. »Und jetzt muß ich zu ihnen rein. Wir haben was zu bereden.«

In Oswins Schuppen ist es dunkel. Helle hat geklopft, und Arno hat gerufen: »Herein, wenn's kein Hauswirt ist!« Nun steht er da und muß warten, bis seine Augen sich an das Dämmerlicht gewöhnt haben. Kurz darauf findet er seine Erwartungen bestätigt: Der kleine Lutz sitzt zwar nicht auf Arnos Schoß, aber dicht neben ihm – und sein Mund ist tatsächlich schokoladenverschmiert. Glücklich schielt er Helle entgegen.

»Na? Schule schon aus?« Arno scheint sich über den kleinen Lutz zu amüsieren; er kommt aus dem Schmunzeln gar nicht mehr raus.

Heiner liegt auf einer Matratze dicht neben dem Fenster und liest in Naukes Buch. »Ich war vorhin bei deinem Vater oben«, erklärt er, als er Helles Blick bemerkt. »Da hab ich's liegen sehen. Ich nehme an, du hast nichts dagegen, daß ich ein bißchen darin lese.«

Helle hat nichts dagegen. »Wie weit biste denn schon?« fragt er und setzt sich zu Heiner auf die Matratze.

»Der Pawel ist gerade verhaftet worden.«

»Es kommt noch schlimmer.«

»Kann ich mir denken.« Heiner richtet sich auf und streicht nachdenklich über das Buch hin. »Ich hab schon mal was von diesem Gorki gelesen, einen Band mit Geschichten. Hat mir gut gefallen.«

»Nur die Namen«, sagt Helle, »die Namen sind schwer zu behalten. Einer heißt Ws... Wstsch...«

»Wessowstschikow.« Heiner grinst. »Russen heißen nun mal nicht Lehmann oder Krause.«

»Ich glaub, manchmal hab ich die Namen verwechselt.«

»Wenn du sonst alles verstanden hast, ist das kein Beinbruch.«

Lutz bettelt um neue Schokolade, doch Arno hat keine mehr. »Das war die letzte Büchse. Ich muß erst wieder Nachschub besorgen.«

»Und wo kriegste die Schokolade her?«

»Is'n Geheimnis.«

Da steht Lutz auf. Er hat die Wiese abgegrast, nun verläßt er sie. Aber er geht nicht, ohne Helle einen triumphierenden Blick zuzuwerfen. Siehste, sagen seine Augen, du wolltest die beiden vor mir verstecken, aber ich hab sie doch gefunden.

Helle erwischt ihn gerade noch in der Tür. »Woher weißte eigentlich, daß die beiden meine Freunde sind?«

»Von Martha«, erklärt Lutz, ungerührt von Helles festem Griff. »Hab nach dir gefragt, und da hat sie mir ihre leere Blechbüchse gezeigt.«

»Hör zu!« bittet Helle da. »Daß die beiden hier sind, darf niemand erfahren. Wenn du's herumerzählst ...« Er hält Lutz die Faust unter die Nase.

»Bin doch nicht blöd«, sagt Lutz und meint damit die Schokoladenquelle, die er niemandem verraten will. Als dann die Tür hinter ihm ins Schloß gefallen ist, lacht Arno laut auf: »Na, das ist ja mal 'n Prachtexemplar! Zeigt ganz deutlich, was er will, und haut ohne falsche Komplimente einfach wieder ab.« Er lacht noch mal, nimmt einen kleinen Beutel aus seinem Seesack und beginnt sein Gewehr zu reinigen. Dabei pfeift er leise vor sich hin und schüttelt immer wieder vergnügt den Kopf.

»Weißt du, was Gorki auf deutsch heißt?« fragt Heiner Helle, und als Helle verneint, erzählt er, daß der Schriftsteller Maxim

Gorki in Wirklichkeit Alexej Maximowitsch Peschkow heißt und sich nur Gorki nennt, weil Gorki auf russisch soviel wie »der Bittere« bedeutet. »Die Zustände in seinem Land haben ihn so erbittert. Und weil er dem Elend der Arbeiter und landlosen Bauern nicht tatenlos zusehen kann, kämpft er dagegen an.«

»Womit denn?« fragt Arno erstaunt.

»Mit der Feder.«

Da läßt Arno den Putzlappen sinken und lacht laut los: »Hat er damit schon mal jemanden totgepikt?«

Auch Heiner lacht. »Im Ernst: Die Feder ist auch so 'ne Art Waffe. Zwar kann man damit niemanden umbringen, aber man kann damit aufklären, kann Verbrechen aufdecken, Schleimscheißer lächerlich machen, Mitgefühl erwecken. Und man kann damit Verbündete gewinnen; Leute, die das Unrecht erkennen und es ebenfalls beseitigen wollen.«

»Und wenn sie deinen Dichter einsperren, wenn sie ihm die Feder wegnehmen?«

»Genausogut können sie dich einsperren und dir die Knarre wegnehmen.«

»Gut!« Arno setzt sich zu Heiner und legt sein Gewehr über beide Knie. »Aber was macht dein Dichter, wenn sie ihm eine Pistole vor den Bauch halten und er nur seine Feder in der Hand hat?«

»Gegen Gewalt ist er machtlos«, gibt Heiner zu. »Aber vielleicht ist, was er geschrieben hat, längst gedruckt. Dann können sie ihn einsperren so lange sie wollen, können ihn sogar umbringen; was er geschrieben hat, können sie nicht einsperren und auch nicht umbringen.«

Arno kratzt sich den Kopf. »Da ist was Wahres dran.«

Zufrieden wendet Heiner sich wieder Helle zu und fragt ihn nach Nauke. »Was war 'n das eigentlich für einer?«

Gleich stößt Arno einen leisen Pfiff aus. »Trude, ick hör dir trapsen!«

»Klappe!«

»Sag ja gar nichts, schweig wie 'n Friedhof.« Arno legt sich auf Oswins Bett und grinst so breit, daß Heiner einen seiner Stiefel nach ihm wirft. Arno fängt den Stiefel auf, preßt ihn an sein Herz und stöhnt verzückt: »Trude! Ach, du mein Trudchen!«

Helle muß lachen. Aber dann denkt er nach: Was Nauke für einer war? Wie soll er das in wenigen Worten sagen? »Er war 'n Spartakist, genau wie ihr.«

»Bin ja gar kein Spartakist«, wehrt Arno ab. »Bin weder SPD noch USPD, noch KPD, noch sonstwas; bin nur ich.«

»Klar bist du 'n Spartakist«, widerspricht Heiner. »Wofür riskierst du denn sonst deinen Hals? Etwa für dich ganz alleine?«

»Schon wieder durchschaut!« Immer noch grinsend dreht Arno sich auf den Bauch und summt ein Matrosenlied vor sich hin.

»Hast du diesen Nauke sehr gemocht?« fragt Heiner.

»Ja.«

»Nach allem, was ich über ihn gehört habe, muß er ein prima Kerl gewesen sein.« Heiner wird sehr nachdenklich. »Schade, daß es ihn erwischt hat!«

Von wem hat Heiner denn soviel über Nauke gehört?

»Dein Vater hat mir von ihm erzählt.« Heiner hat Helles Frage erraten. »Ich wollte 'n bißchen was über euer Haus wissen. Schließlich bringen wir euch alle in Gefahr.«

Dazu kann Helle nichts weiter sagen, deshalb erzählt er jetzt lieber von der Schule und dem Rausschmiß.

Arno gefällt die Geschichte. »Das hättet ihr euch vor drei Monaten noch nicht getraut, stimmt's?«

Das hätten sie sich vor drei Monaten garantiert noch nicht getraut!

»Siehste!« freut sich Arno. »Ganz umsonst war die Revolution also doch nicht. Auch wenn wir verlieren, Spuren haben wir hinterlassen.«

Martha kommt aus der Schlafstube, geht an den Wasserhahn, trinkt hastig und findet kein Ende; trinkt, als wäre sie kurz vor dem Verdursten und als wäre es nicht schon das drittemal innerhalb der letzten Stunde, daß sie am Wasserhahn hängt.

»Trink nicht soviel. Davon kriegste Läuse im Bauch.«

»Hab aber Durst!« Martha zieht eine Schnute. Sie hat schon wieder Bauchweh.

»Wenn du Durst hast, mach ich dir Tee. Soviel Wasser ist nicht gut für dich.«

Die Schwester geht nicht in die Schlafstube zurück. Sie setzt sich aufs Sofa, preßt ein Kissen auf ihren Bauch und wiegt sich vor und zurück, vor und zurück, als könnte sie damit ihr Bauchweh einschläfern. »Willste weg?« fragt sie mittendrin. »Haste deshalb schlechte Laune?«

Ja, Helle will weg! Ja, er hat schlechte Laune! Um drei soll er vor dem Kino sein, hat Fritz gesagt, jetzt ist es zwanzig vor drei, und es besteht keinerlei Aussicht, von zu Hause wegzukommen.

Der Vater ist trotz seines Versprechens, bei Martha zu bleiben, gleich nach dem Mittagessen weggegangen. Atze kam ihn abholen, und Heiner und Arno sind ebenfalls mitgegangen. Da hat er, Helle, natürlich nicht gewagt, von seiner Kinokarte anzufangen. Sicher geht es um etwas Wichtiges; wie kann er da mit Kino kommen?

»Kannst ja gehen, dann paß ich eben auf Hänschen auf.«

»Und wer paßt auf dich auf? Bist wohl froh, wenn ich dich allein lasse; kannste die Wasserleitung leer trinken, was?«

Er ist ungerecht. Martha hat ihr Angebot ernst gemeint, er weiß es. Wenn es ihr schlechtgeht, ist sie immer so lieb zu anderen. Aber das ist ihm jetzt egal: Ins Kino kommt er so schnell nicht wieder. Fritz war schon mindestens zwanzig- oder dreißigmal im Kino, und er? Ein einziges Mal. Traurig nimmt Helle die

Karte heraus und betrachtet sie. Doch es steht nicht viel drauf, nur der Name des Kinos und eine Nummer.

»Was is'n das?«

»'ne Kinokarte.«

»Willste ins Kino?« Ein Kinobesuch ist etwas so Ungeheuerliches, daß Martha ihr Bauchweh vergißt. Auf einmal sitzt sie kerzengerade.

Gibt es nicht doch eine Gelegenheit, hier wegzukommen? Ohne auf Marthas Frage einzugehen, marschiert Helle vom Fenster zur Tür und zurück. Zu Oma Schulte kann er Hänschen und Martha nicht bringen; Oma Schulte hat zu tun, und eine kranke Martha ist eine Belastung für sie. Wer aber könnte sonst auf die beiden aufpassen?

»Oswin kommt«, sagt Martha da plötzlich.

Tatsächlich, auf dem Hof wird ein Geräusch laut, das Helle bestens kennt: das leise Scheppern der Räder von Oswins Leierkastenwagen. Gleich reißt er das Fenster auf und winkt.

Oswin zeigt an, daß er nur erst seinen Wagen wegsperren und dann kommen will. Sicher glaubt er, der Vater möchte ihn sprechen. Schnell schließt Helle das Fenster wieder, setzt sich auf die Fensterbank und legt die Hände in den Schoß. Wenn Oswin merkt, daß er nur seinetwegen hier hochgestiefelt ist, wird er ärgerlich, vielleicht sogar wütend werden. Doch das muß er nun einfach riskieren.

Oswin ist enttäuscht, als nur der verlegene Helle vor ihm steht, aber wütend wird er nicht. »Was haste denn auf'm Herzen?« fragt er, noch unschlüssig, ob es sich überhaupt lohnt, in der Küche Platz zu nehmen.

Helle stottert mehr, als er spricht. Das Ganze erscheint ihm nun doch ziemlich frech. Als er endlich alles heraus hat, ist er erleichtert. Jetzt hängt es von Oswin ab. Sagt Oswin nein, wird er die Kinokarte wegschmeißen und alles vergessen.

Oswin nimmt seine Mütze ab und kratzt sich den Kopf. »Wo sind denn meine beiden Schlafburschen?«

»Mit Vater unterwegs. Atze hat sie geholt.«

Da setzt Oswin sich die Mütze wieder auf, zieht sie sich tief in die Stirn und fragt Martha: »Haste Spielkarten?«

Martha nickt.

»Kannste 66?«

Martha schüttelt den Kopf.

»Bring ich dir bei.« Unternehmungslustig setzt Oswin sich an den Tisch. »Ist der Kleene frisch gewickelt?«

»Ja.«

»Schläft er?«

»Ja. In der Stube.«

»Dann hau ab. Babys wickeln kann ich nicht. Und in den Schlaf wiegen hab ich auch noch nie probiert.«

Oswin geht darauf ein? Er bleibt tatsächlich hier? Am liebsten hätte Helle den alten Leierkastenmann umarmt, so glücklich ist er. »Danke, Oswin!« ruft er, und dann zieht er sich auch schon an. Es ist höchste Eisenbahn, er muß laufen, wenn er rechtzeitig vor dem Kino sein will.

»Hau ab!« wiederholt Oswin. »Aber erzähl mir den Film hinterher wenigstens.« Und dann brummelt er noch: »Ob ich nun unten hocke oder hier oben. Durch die Straßen ziehn lohnt sich sowieso nicht mehr.«

Helle ist längst im Flur, streichelt noch kurz Martha, die ihm mit den Spielkarten entgegenkommt, und flitzt gleich darauf die Treppe hinunter.

Er läuft über die Höfe und durch die Straßen, als würde er von tausend Teufeln gehetzt, schafft es aber trotzdem nicht mehr, pünktlich zu sein. Als er völlig ausgepumpt vor dem Kino angelangt ist, ist es bereits fünf Minuten nach drei, und Fritz ist natürlich schon drin.

Die Platzanweiserin reißt seine Karte ab, betritt mit ihm den langen dunklen Kinosaal und weist ihm mit ihrer Taschenlampe einen Platz in der letzten Reihe an, damit er die anderen Besucher nicht stört. Sofort richtet Helle sein Augenmerk auf die flimmernde Leinwand, er möchte so wenig wie möglich verpassen.

Auf der Leinwand wird getanzt. Irgendwelche Pärchen in Frack und Abendkleid drehen sich verzückt lächelnd im Kreise. Dann erscheint eine Schrift und verkündet: *Die Helden von der Westfront bei ihrer Rückkehr in die Heimat.* Kurz darauf wird auf der Leinwand marschiert: Soldatenstiefel im gleichen Schritt und Tritt, lachende Gesichter, Blumen, Winken in die Kamera. Danach sind die Bilder wieder weg, und eine neue Schrifttafel verkündet: *Revolution in Chemnitz.* Jetzt sind flüchtende Arbeiter zu sehen, eine weinende alte Frau und ein Mann, der von einem Auto herab eine Rede hält.

Langsam kapiert Helle: Was sich da oben auf der Leinwand abspielt, soll wiedergeben, was er in den letzten Tagen selbst miterlebt hat: die November- und teilweise auch schon Dezemberereignisse. Aber so hat er die Revolution nicht erlebt.

Neue Bilder: Russische Arbeiter, die nichts zu essen haben. Ausgemergelt und elend blicken sie in die Kamera, dankbar ergreifen sie das Stück Brot, das man ihnen reicht. Die Schrifttafel verkündet: *Elend unter der bolschewistischen Gewaltherrschaft.*

Dann ist die Wochenschau zu Ende, das Licht flammt auf, und Helle kann sich in dem nicht sehr vollen Kino umblicken. Da sitzt Fritz ja. Er hat ihn auch gesehen, winkt. Rasch steht Helle auf, geht vor und setzt sich neben ihn.

»Ich dachte schon, du kommst nicht mehr.«

In kurzen Worten entschuldigt Helle sich für sein Zuspätkommen und erzählt von Oswin. Dabei fällt ihm ein, daß er sich für die Kinokarte noch gar nicht bedankt hat, und tut es. »Hat dein Vater dir die gekauft?«

»Nee, Onkel Franz – mein Patenonkel. Er hat gesagt, ich soll 'n Freund mitnehmen.«

Und da hat Fritz gleich an ihn gedacht! »Kennste den Film schon?«

»Nee«, flüstert Fritz, weil es in diesem Augenblick schon wieder dunkel wird. »Aber er soll ganz toll sein. Mein Onkel hat gesagt, er wär 'n richtiges Erlebnis.«

Die Hauptfigur des Films ist eine geheimnisumwitterte Gräfin, die in einem Schloß mitten in den Bergen lebt und von einem jungen, blassen, sehr blonden Grafen und einem dunkelhaarigen, großäugigen Baron umworben wird. Die Gräfin heult viel, der Graf ist ständig traurig, und der Baron schikaniert sein Dienstpersonal. Weil die Gräfin sich zwischen dem Grafen und dem Baron nicht entscheiden kann, will sie sich eines Nachts das Leben nehmen. In einem langen weißen Gewand huscht sie durch ihr Schloß, hält sich immer wieder mal an einer Gardine fest und sucht einen Dolch. Als sie ihn endlich hat, guckt sie auf das Publikum herunter und sagt etwas. Was sie sagt, wird eingeblendet: *Auf meinem Leben lastet ein Fluch. Es ist besser, ich setze ihm ein Ende.*

Die Gräfin ersticht sich wirklich. Die Leute im Kino können es sehen, und die eingeblendete Schrifttafel beweist es: *Mein Gott! Ich sterbe!*

Das Mädchen in der Reihe vor Helle und Fritz seufzt laut. Ihr Freund legt den Arm um sie: »Keine Angst, die kommt wieder.«

Er hat recht, der Dolch drang nicht tief genug. In der nächsten Szene liegt die Gräfin schon wieder auf ihrem dicken weißen Federbett mit dem Rüschenhimmel und verdreht die Augen. Dann tauchen plötzlich der Graf und der Baron auf. Der Graf fällt vor dem Bett der Gräfin nieder, nimmt ihre Hand und drückt sie an sein Herz; der Baron wirft düstere Blicke ins Publikum.

Helle erinnert der Film an die Romane, die Oma Schulte Martha erzählt hat. Er schaut zu Fritz hin, will sehen, ob Fritz der Film gefällt, doch es ist zu dunkel im Kino.

Inzwischen kommt es auf der Leinwand zum Pistolenduell.

»Jede Wette«, flüstert der junge Bursche vor Helle und Fritz seiner Freundin zu, »der Graf erschießt die Ratte.«

Der Graf siegt tatsächlich, der Baron stirbt in wilden Zuckungen und mit flammenden Blicken. Die Gräfin, schnell wieder genesen, sinkt dem Grafen an die Brust. Auf der Schrifttafel steht: *Ende*.

Der junge Bursche und sein Mädchen sind beeindruckt. Hand in Hand streben sie vor Fritz und Helle dem Ausgang zu.

Auf der Straße hat bereits Dämmerung eingesetzt. Helle denkt an Oswin, der sicher längst auf ihn wartet, doch er kann Fritz jetzt nicht einfach stehenlassen, nachdem der ihn ins Kino mitgenommen hat. »Zum Schluß ist der Film noch richtig gut geworden«, sagt er.

Fritz antwortet nicht. Die Hände in den Taschen seines langen, warmen Mantels vergraben, geht er in Richtung Rosenthaler Platz davon.

»Haste was?« fragt Helle verwundert.

»Haste was!« äfft Fritz ihn ärgerlich nach. »Erst läßte mich zwanzig Minuten vor dem Kino warten, und dann gefällt dir der Film noch nicht mal.«

»Klar hat er mir gefallen.«

»Ich bin doch nicht blöde.« Fritz tippt sich an die Stirn.

Fritz hat recht, der Film hat ihm wirklich nicht besonders gut gefallen. Daß der Baron ziemlich mies war, hätte die Gräfin auf den ersten Blick erkennen können. »Na ja«, gibt Helle zu, »besonders toll fand ich ihn nicht. Der Gräfin ging's doch gut in ihrem Schloß.« Und um Fritz von dem Film abzulenken, erzählt er von Heiner und Arno.

Nun bleibt Fritz verwundert stehen. »Aber die Matrosen unterstehen doch jetzt Ebert ... Mein Vater hat es mir selbst gesagt.«

»Heiner und Arno nicht. Die sind abgehauen.«

»Desertiert?« Fritz' Augen werden groß und größer.

Er hat einen Fehler gemacht, er hätte Fritz davon nichts sagen dürfen. Wenn Fritz das nun seinem Vater erzählt? In seiner Angst packt Helle Fritz mit beiden Händen am Mantelkragen. »Wenn du davon irgend jemandem auch nur ein Sterbenswörtchen sagst, schlag ich dir die Rippen durch'n Rücken. Haste verstanden?«

»Wem ... wem sollte ich das denn sagen?« Fritz kommt erst ein wenig von Helle los, als der den Griff lockert.

»Na, deinem Vater zum Beispiel.«

»Aber warum denn?«

Endlich läßt Helle Fritz ganz los. »Wenn du was sagst, werden Heiner und Arno verhaftet. Dann werden sie vielleicht sogar erschossen. Und du bist dann daran schuld.« Er übertreibt absichtlich; je mehr Angst Fritz hat, desto besser.

Fritz wird blaß. »Aber ich sag ja gar nichts! Warum sollte ich das denn meinem Vater sagen?«

Fritz hat recht. Wieso sollte er es ihm sagen? Wohl jedoch ist Helle noch immer nicht bei dem Gedanken, daß Fritz nun etwas weiß, was er besser nicht wissen sollte – und daß er es ihm verraten hat.

»Wieso sind Heiner und Arno denn überhaupt desertiert?« Fritz sieht, daß Helle sich wieder ein bißchen beruhigt hat.

»Weil sie nicht auf der falschen Seite stehen und zu keiner Ebertmarinedivision gehören wollen«, antwortet Helle und schweigt dann den Rest des Weges, bis er Fritz zum Abschied die Hand hinhält: »Versprich mir, daß du niemandem etwas sagst. Gib mir dein Ehrenwort!«

»Ehrenwort!« Fritz schlägt ein. Und dann fragt er vorsichtig: »Was meinste, ob ich sie auch mal besuchen darf?«

»Warum denn nicht?«

»Na, weil ich auf der falschen Seite stehe.«

»Du? Dein Vater, aber doch nicht du.«

Da hält Fritz Helles Hand noch fest. »Hab das vorhin nicht so gemeint. Mir ... mir hat der Film nämlich auch nicht so besonders gefallen.«

»Bist 'n Clown!« Helle muß lachen.

»Soll ich morgen mal vorbeikommen?«

»Komm!« ruft Helle, schon im Trab, denn nun hat er es wirklich eilig. »Aber vergiß nicht: Klappe halten!«

Sie sitzen wieder mal alle in der Küche. Es ist fast wie am Abend zuvor. Nur Atze und Onkel Kramer sind nicht dabei. Trude erzählt, daß sie sich mit Atze gestritten hat. Er hätte gesagt, er habe keine Lust mehr, für eine verlorene Sache durch die Straßen zu rennen; im Norden und Osten der Stadt krepierten die Menschen wie die Fliegen, sie aber wollten Revolution machen, ohne zu wissen wie. Die ewige Herumdemonstriererei hinge ihm schon zum Halse heraus, schöne Reden könne er sich selber halten.

»So ganz unrecht hat er da nicht«, seufzt die Mutter. »Die Frage, wie lange das denn noch so weitergehen soll, hört man immer öfter.«

Die Mutter denkt dabei sicher auch an Martha. Als er nach Hause kam, hat Helle es erfahren: Martha hatte nicht mal zehn Minuten mit Oswin Karten gespielt, dann legte sie sich schon aufs Sofa und heulte los. Oswin in seiner Hilflosigkeit holte Oma Schulte, und Oma Schulte legte Martha jede Menge heiße Tücher auf den Bauch und schimpfte auf die Gebhardts, die große Revolutionen machten, aber die eigenen Kinder vernachlässigten. Als sie das hörte, verteidigte die Mutter sich und sagte, daß er, Helle, ja dagewesen wäre. Dabei erfuhr sie von dem Kinobesuch und hat ihm eine runtergehauen. Einfach so, aus dem Handgelenk, viel zu schnell, um irgendwie reagieren zu können.

Er hat die Ohrfeige verdient, er weiß es. Er hat sich ja, als er nach Hause kam, selbst über sich geärgert: Für so einen Schmalzfilm hat er Martha und Hänschen allein gelassen. Und er *hat* sie allein gelassen, hat ja gewußt, daß Oswin, der nie Kinder hatte, hilflos sein würde, wenn etwas passieren sollte.

»Der Tod seiner Mutter hat ihn durcheinandergebracht«, sagt der Vater, der in Gedanken noch immer bei Atze ist. »Wartet nur ab, in ein paar Tagen ist er wieder da.«

Trude seufzt, Arno spielt an seinem Koppel herum, und Heiner gibt sich Mühe, an Trude vorbeizublicken. Den ganzen Abend tut er das nun schon. Es ist auch Trude schon aufgefallen.

»Es ist nicht nur der Tod seiner Mutter«, meint Oswin, »es ist auch die Hoffnungslosigkeit. Ohne Hoffnung kann man nicht kämpfen.«

Es widerspricht niemand, im Gegenteil, das Wort »Hoffnung« bedrückt alle noch mehr. Haben sie denn noch Hoffnung? Stekken sie nicht in einer ausweglosen Situation?

Nachdenklich stopft der Vater sich die Pfeife neu und pafft graublaue Qualmwolken in die Luft. Arno dreht für Heiner und sich Zigaretten, und die Mutter geht nachsehen, ob Martha und Hänschen ruhig schlafen. Doch sie kommt schnell wieder zurück. »Im Hof!« flüstert sie. »Soldaten!«

Sekundenlang ist die Runde um den Tisch wie gelähmt, dann dreht Arno die Petroleumlampe herunter, öffnet leise das Fenster und späht hinaus. Auch der Vater, Heiner, Trude und zum Schluß Helle stellen sich ans Fenster und versuchen einen Blick zu erhaschen.

Erst kann Helle nichts erkennen, es ist ja stockdunkel im Hof, aber dann sieht er sie: Schatten, die an den Häuserwänden entlang auf Oswins Schuppen zuschleichen.

»Da steckt Verrat hinter«, sagt Arno leise. »Die sind doch nicht zufällig hier, die wissen genau, wen sie hier ausheben sollen.«

Fritz! In Helle verkrampft sich alles. Also hat er doch gequatscht, hat er seinem Vater alles brühwarm erzählt. Und der hatte nichts Eiligeres zu tun, als Heiner und Arno anzuzeigen …

Trude reagiert als erste. »Wir müssen über die Dächer.« Sie ist schon an der Tür, aber Heiner läuft ihr nach und hält sie fest. »Wir? Wieso denn du?«

»Weil ich mich da oben auskenne. Weil ich euch führen kann. Nun macht schon!«

Inzwischen haben die Soldaten Oswins Schuppen umstellt. Mit vorgehaltenen Gewehren stehen zwei von ihnen vor seiner Tür. Einer klopft. »Aufmachen!« hallt es über den Hof.

»Wenn wir doch nur unsere Gewehre nicht unten gelassen hätten!« ärgert sich Heiner, der noch immer zögert, Trude zu folgen. »So sind wir ja völlig wehrlos.«

»Moment!« Der Vater löst eine Kachel aus dem Herd, greift hinein und reicht Heiner seine Pistole. »Nehmt wenigstens die mit.«

Schnell steckt Heiner die Pistole in seinen Hosenbund, dann folgt er Trude und Arno, die schon hinter der Mutter die Treppe hochlaufen. Die Mutter hat den Bodenschlüssel mitgenommen, wird die Bodentür aufschließen und hinter den dreien wieder abschließen.

Oswin, der zuvor erst gar nicht versuchte, ans Fenster zu gelangen, stellt sich hinter Helle und schaut einige Momente lang still zu, wie die Soldaten im Hof beginnen, mit ihren Gewehrkolben seine Tür einzuschlagen. Dann sagt er leise: »Ich geh mal lieber runter. Die demolieren mir sonst noch meine ganze Villa.«

»Bleib lieber hier«, rät der Vater. »Die bringen es fertig, auch dich zu demolieren. Sie werden wissen wollen, wo die beiden hin sind.«

»Kann ich ihnen aber leider nicht sagen; weiß es ja nicht.«

»Oswin!« drängt der Vater. »Bleib hier! Scheiß auf die Tür, die bringen wir leicht wieder in Ordnung.«

»Wenn sie niemanden finden, werden sie das ganze Haus auf den Kopf stellen, und dann geht mehr zu Bruch als 'ne alte Holztür.« Oswin läßt sich nicht von seinem Entschluß abbringen. Stur läuft er die Treppe hinunter.

Seufzend legt der Vater den Arm um Helle, fast so, als brauche er seinen Beistand. »Wenn das mal gutgeht!« flüstert er dabei. »Wenn das mal gutgeht!«

Helle beißt sich auf die Lippen. Ihm ist hundeelend zumute.

»Was woll'n Sie denn von mir? Lassen Sie gefälligst meinen Schuppen ganz.« Oswin ist im Hof angelangt, drängelt sich zwischen den Soldaten hindurch und reißt einen von ihnen von der Tür weg. Einer der Männer, ein Offizier oder Unteroffizier, die Dienstränge sind in dem dunklen Hof nicht auszumachen, gibt seinen Leuten ein Zeichen. Sofort packen zwei, drei Soldaten Oswin und stoßen ihn in den inzwischen geöffneten Schuppen.

»Wenn die Oswin auch nur ein Haar krümmen ...« flüstert der Vater hinter Helle. Und Oma Schulte, die den Lärm ebenfalls gehört hat und mit der Mutter zusammen in die Küche gekommen ist, spricht leise ein Gebet vor sich hin.

Überall öffnen sich nun die Fenster, überall schauen Leute in den Hof hinaus. Obwohl es dunkel ist und nirgends eine Lampe brennt, sind ihre Schatten deutlich zu erkennen.

Im Schuppen ist inzwischen Licht angezündet worden. Die Soldaten, die draußen geblieben sind, rauchen und flüstern leise miteinander.

»Denen muß man die Augen mit Stemmeisen öffnen«, stößt der Vater heiser aus. »Merken die denn nicht, daß sie gegen ihre eigenen Leute vorgehen?«

Nun verlassen zwei Soldaten mit Heiners und Arnos Seesäkken und ihren Gewehren den Schuppen. Sie heben die Seesäcke wie Trophäen hoch – und lassen die Arme plötzlich wieder sinken: Hinter ihnen ist ein Schuß gefallen.

»Oswin!« schreit der Vater. Und dann stürzt er auch schon los, aus der Wohnung, die Treppe hinunter, in den Hof. Helle läuft ihm nach, hört, daß die Mutter ihn zurückrufen will, und läuft trotzdem weiter.

Mit erhobenen Armen steht Oswin in der Tür seines Schuppens. Seine rechte Gesichtshälfte ist dick angeschwollen, aus dem Mundwinkel sickert Blut. Hinter ihm steht ein junger Feldwebel mit einer Pistole in der Hand.

»Was haben Sie da getan?« Der Vater tritt dem Feldwebel in den Weg.

»Mich verteidigt«, antwortet der Feldwebel gleichgültig. »Er wollte mich angreifen.«

»Womit denn? Mit seiner Mütze?«

Einige Soldaten lachen, der Feldwebel wird bleich. »Gehen Sie aus dem Weg!«

Der Vater denkt nicht daran, beiseite zu treten. »Das war ein Gewehrkolben«, ruft er und zeigt auf Oswins geschwollene Gesichtshälfte. »Schämen Sie sich nicht, einen unbewaffneten alten Mann so zu mißhandeln?«

»Platz da!« Vorsichtshalber richtet der Feldwebel seine Pistole auf den Vater. »Platz da, oder ich nehme Sie fest.«

»Geh ... beiseite ... Rudi.« Oswin kann kaum sprechen. »Ist ja ... nur 'n ... Verhör.«

»Und warum hat er geschossen?« ruft Oma Schulte, die noch immer oben im Küchenfenster steht, in den Hof hinunter.

»Zur Warnung. Nur zur Warnung!« Der Feldwebel bedroht den Vater noch immer mit der Pistole. »Aber wenn Sie wollen, kann ich auch anders.«

»Bitte, Rudi!« Die Mutter, die Helle gefolgt ist, stellt sich neben den Vater, nimmt seine Hand und hält sie fest, als könne sie ihn so vor Unüberlegtheiten bewahren. Der Vater zögert noch einen Augenblick, dann tritt er beiseite.

»Na also!« Erleichtert steckt der Feldwebel die Pistole weg und gibt seinen Leuten Anweisung, Oswin abzuführen.

Aus einem der Fenster wird »Pfui!« gerufen, aus einem anderen »Landsknechte!«. Überall werden nun Stimmen laut. Die Soldaten, die sich um Oswin herum aufstellen, als wäre er ein gefährlicher Verbrecher, schauen nicht auf.

»Sagen Sie mir Ihre Dienststelle«, verlangt der Vater noch.

»Aber gerne.« Der Feldwebel verneigt sich ironisch. »Schon mal was von der Stadtkommandantur gehört?«

Der Vater greift sich an seinen Armstumpf und schweigt.

Der Feldwebel macht auf einmal ein anderes Gesicht. »Wo haste'n dir das geholt, Kamerad?«

»Wir sind keine Kameraden.«

»Na, dann eben nicht.« Achselzuckend gibt der Feldwebel seinen Männern den Befehl zum Abmarsch, und unter den Pfiffen und Buhrufen der Hausbewohner verschwinden die Soldaten mit Oswin im Hofdurchgang.

Wie benommen lehnt Helle sich an die Schuppenwand. Er hat versagt, hat auf der ganzen Linie versagt, hat das Vertrauen, das Heiner und Arno und auch Oswin und der Vater ihm entgegenbrachten, mißbraucht. Was nun geschieht, hat er zu verantworten; ganz allein er.

Das eiserne Tor

Oswins Schuppentür läßt sich nicht reparieren, das obere Scharnier ist hinüber. Sie müssen sie mit Brettern zunageln. Als sie damit fertig sind, stehen Helle und der Vater noch eine Weile im dunklen Hof und schauen zu den Fenstern hoch, die nun wieder geschlossen sind.

»Ausgerechnet Oswin!« sagt der Vater zum wiederholten Male. »Ausgerechnet Oswin!«

Helle hat sich Naukes Buch geholt und hält es unschlüssig in den Händen; nun hat Heiner es nicht mal auslesen können.

Vaters Blick wandert die Fassade entlang. »Irgendein Schwein muß in unserem Haus wohnen ...«

Helle wird es immer schwerer zumute. Wäre er doch bloß nicht ins Kino gegangen! Wäre doch Oswin nicht früher von seiner

Tour zurückgekommen! Wenn Oswin, Heiner oder Arno was passiert, ist er schuld, kein anderer.

»Gehen wir hoch.« Der Vater seufzt. »Vielleicht verrät sich das Schwein ja mal.«

Nun hat er schon zum zweitenmal dieses Wort gebraucht!

Oma Schulte ist noch immer bei der Mutter, sitzt am Küchentisch und schüttelt ein ums andere Mal den Kopf. »Was wird bloß noch alles passieren? Wann hat das nur alles mal ein Ende?«

Martha, von all den Ereignissen aus dem Schlaf geschreckt, sitzt auf Mutters Schoß und hält sich den Bauch. Die Mutter streichelt sie immer wieder und flüstert ihr zu, daß Helle morgen mit ihr zum Arzt gehen, Dr. Fröhlich ihr Tropfen verschreiben und ihr Bauch dann schon bald nicht mehr weh tun wird. Martha hört sich alles an und nickt dazu. Sie will, daß alles so kommt, deshalb läßt sie sich gern von der Mutter überzeugen.

Die Eltern haben kein Wort darüber verloren, daß nicht, wie zuerst geplant, der Vater mit Martha zum Arzt gehen wird, sondern daß er, Helle, das übernimmt. Sie haben ihn auch nicht erst lange gebeten, das zu tun; es ist alles ganz selbstverständlich: Er wird mit Martha zum Arzt gehen und der Vater zur Stadtkommandantur, um sich nach Oswins Verbleib zu erkundigen. Es sei denn, Oswin kommt noch in der Nacht zurück. Doch daran glaubt keiner so recht.

Irgendwann verabschiedet sich Oma Schulte. Sie will in ihr Bett. Herr Rölle ist längst zur Arbeit, also kann sie hoch. Sie ist wieder mal sehr empört über ihn. Kurz bevor Oswin verhaftet wurde, war er nach Hause gekommen und hatte sich gleich ins Bett gelegt, um noch ein Stündchen zu schlafen. Nicht mal der Schuß im Hof habe ihn dazu gebracht, sein Stündchen auch nur für eine Sekunde zu unterbrechen, schimpft sie.

Als Oma Schulte gegangen ist, wäscht die Mutter Martha. Sonst tut Martha das allein, aber nun ist sie ja krank, da ist es angenehm, sich ein bißchen verwöhnen zu lassen.

Kaum ist Martha fertig, wäscht Helle sich. Er will ins Bett, will schlafen, alles vergessen.

Die Mutter bereut längst, daß sie ihn den ganzen Abend über wie Luft behandelt hat. Als er fertig ist, zieht sie ihn an sich. »War's wenigstens ein schöner Film?«

Helle schüttelt nur stumm den Kopf.

Da fährt ihm die Mutter zärtlich durchs Haar. »Tut mir leid, daß mir die Hand ausgerutscht ist.«

Es ist Nacht. Martha schläft, und die Mutter schläft, aber der Vater schläft nicht, und auch Helle kann nicht einschlafen. Immer wieder sieht er, wie der Trupp Soldaten Oswin abführt. Immer wieder hört er den Schuß und spürt die Angst, die er in jenem Moment empfand und die auch in Vaters Stimme mitschwang, als er Oswins Namen rief.

Der Vater geht in die Küche, um Wasser zu trinken, und kehrt nicht zurück, raucht sicher eine Pfeife. Die Mutter hat sich im Schlaf auf den Rücken gelegt, nun atmet sie lauter. Wie ein leises Rasseln klingt das ...

Wenn er Fritz erwischt, wird er ihn verprügeln, wie er noch nie jemanden verprügelt hat. Bestimmt hat Fritz Heiner und Arno nicht absichtlich verraten, hat sich sicher nur verquatscht, aber das ändert nichts an seiner Wut auf ihn.

Irgendwann gleiten Helles Gedanken dann in einen Traum hinüber, einen wirren Traum: Der Vater und er stehen vor einem eisernen Tor, ringsum ist freie Landschaft, sind Felder, Wälder und Wiesen. Sie könnten um das wuchtige Tor herumgehen, doch der Vater sagt, es gibt keinen anderen Weg, sie müssen durch dieses Tor hindurch. Deshalb klopfen sie immer wieder, ohne daß jemand öffnet. Also setzen sie sich vor das Tor und warten. Kleine bunte Vögel kommen angeflogen, setzen sich auf das Tor und schauen zu ihnen hinunter. Er würde gern mit den Vögeln reden, sie fragen, wie es da drüben aussieht, aber natürlich geht das nicht.

Schließlich ziehen Wolken auf, schwarze, bedrohliche Wolken, und heftiger Regen setzt ein. Der Vater und er drängen auf das Tor zu, schlagen mit den Fäusten gegen das dicke Eisen an, aber sie hören nicht mal ein Pochen, nur die Hände schmerzen ihnen. Die Vögel sind längst verschwunden, die schwarzen Wolken aber kommen näher und näher, treiben dicht über den Erdboden hin, werden sie ans Tor drücken, nehmen ihnen schon die Luft. Da öffnet sich das Tor plötzlich von selbst, sie schlüpfen hindurch – und bleiben wie erstarrt stehen: Auch von der anderen Seite her nähern sich schwarze Wolken, genauso dicht, genauso bedrohlich.

»Nein!« schreit Helle. »Nein!«

»Was ist denn?«

Die Mutter!

»Nichts«, stammelt Helle, noch wirr im Kopf. »Nichts. Hab nur geträumt.«

Er hat nur geträumt. Doch was hat er da geträumt? Er hat ja schon oft verrücktes Zeug geträumt, doch selbst der größte Blödsinn hatte noch irgendwas mit der Wirklichkeit zu tun. Wo steckte in diesem Traum die Wirklichkeit, was war das für ein seltsames Tor? Und wieso hat er Angst, erdrückt zu werden?

Nur langsam klingt der Traum in Helle ab, einschlafen jedoch kann er nun nicht mehr, dazu ist er zu wach. Vorsichtig richtet er sich auf und schaut zum Bett der Eltern hinüber.

Der Vater ist noch nicht zurück.

Da steht er leise auf, tastet sich durch den dunklen Raum in den Flur und betritt die Küche.

Der Vater sitzt am Tisch und raucht. Er hat seinen Uniformmantel übergezogen und die nur wenig hochgedrehte Petroleumlampe neben sich gestellt. Sein Gesicht wirkt bleich und hager.

Helle geht zum Wasserhahn, trinkt. Dann fragt er: »Ist Oswin zurück?«

»Nein.«

Einen Augenblick lang verspürt Helle den Wunsch, dem Vater von seinem Traum zu erzählen. Doch dann bringt er es nicht fertig und geht still in sein Bett zurück.

Vertrauen gegen Vertrauen

In Dr. Fröhlichs Wartezimmer ist es übervoll. Nicht nur alle Stühle sind besetzt, es ist auch kaum mehr Platz zum Stehen, deshalb müssen Helle und Martha, wie so viele andere Leute auch, mitten im Raum bleiben, können sich nicht mal irgendwo anlehnen. Das hält Martha nicht lange aus. Helle muß sie immer wieder auf den Arm nehmen und die Schwester, die sich an ihn schmiegt, tragen, bis sie ihm zu schwer wird. Stellt er sie danach wieder auf die Füße, mault Martha und blickt herausfordernd die Leute an, die sich bereits einen Sitzplatz »erstanden« haben, aber die übersehen Marthas Blick.

Es ist auch nicht das Stehen allein, das Helle die ohnehin nicht sehr gute Laune vermiest, es ist vor allem die durch die Fülle entstandene Unübersichtlichkeit in dem Warteraum. Wenn er nicht aufpaßt, kommen Martha und er nie dran, weil sich immer wieder jemand vordrängelt.

Die Arzthelferin steckt den Kopf aus der Tür zum Sprechzimmer. »Der nächste bitte!«

Wieder wird ein Stuhl frei. Martha guckt Helle an, doch der schüttelt nur den Kopf. Sie sind noch lange nicht dran. Erst wenn der alte Mann mit dem dicken Schal sich gesetzt hat, sind sie an der Reihe. Er war der letzte, der vor ihnen kam.

Jetzt ist es soweit, der alte Mann mit dem Schal ist dran. Aber er bemerkt das nicht; eine junge Frau nutzt die Gelegenheit und setzt sich einfach hin. Helle stößt den Mann, der dicht vor ihnen steht und ihnen den Rücken zuwendet, vorsichtig an. »Sie waren eigentlich dran.«

»Wie ... was?« Der Alte hat im Stehen geschlafen. Und zwar fest. Wenn Helle nicht so ärgerlich wäre, hätte er lachen müssen: Daß einer »freihändig stehend« schlafen kann, hätte er nicht gedacht.

Endlich sitzt der Alte. Nun müssen sie aufpassen, wo der nächste Platz frei wird.

»Der nächste bitte!«

Die Frau, die jetzt hineingeht, saß genau am anderen Ende des Raumes. Mit Martha an der Hand drängelt Helle sich durch, doch als sie vor dem Stuhl angekommen sind, hat sich schon ein altes Mütterchen hingesetzt.

»Entschuldigen Sie bitte, aber Sie sind nach uns gekommen. Bitte, lassen Sie meine Schwester sitzen, sie kann nicht mehr stehen.«

Helle gibt sich Mühe, ist ausgesprochen höflich zu der alten Frau, obwohl er genau weiß, daß sie sich nicht aus Versehen zu früh gesetzt hat.

»Willst wohl 'n paar hinter die Ohren, du Rotzlöffel!« verteidigt die Alte den Stuhl. »So 'n junges Blut und will 'ner alten Frau den Stuhl nicht gönnen.«

»Meine Schwester kann nicht mehr stehen«, wiederholt Helle. Die Alte kam nach ihnen, das hat er ganz genau gesehen.

»Denkste, ich kann noch stehen?« Die Frau blickt empört zur Seite. »Hab Wasser in den Beinen.«

Hilflos steht Helle da. Und Martha knickt schon wieder ein. Da nimmt er sie wieder auf den Arm und knurrt nur noch: »Zimtzicke!« Seit zwei Stunden stehen sie nun schon und müßten, wenn alles gerecht zugegangen wäre, längst sitzen.

Die alte Frau hat gehört, wie Helle sie genannt hat, antwortet aber nichts.

Eine Frau hat Mitleid mit Martha. »Komm mal her, Kleines! Komm auf meinen Schoß.«

Sofort kriecht Martha der wildfremden Frau auf den Schoß. Ihr ist nun alles egal, sie will nur noch sitzen.

Als der nächste Stuhl frei wird, kümmert Helle sich nicht darum. Die Hände in den Taschen, steht er da, bis jemand anderes sich setzt. Die Leute haben gesehen, daß Martha und er ungerecht behandelt wurden, wieso hat niemand den Mund aufgemacht? Jetzt bleibt er stehen, sozusagen als ihr lebendiges schlechtes Gewissen. Doch natürlich bereut er seine Sturheit bald, denn nun kann er nicht mehr zurück, wenn er sich nicht blamieren will.

Ganz plötzlich bekommt der Mann neben Helle einen Hustenkrampf, wird blaurot im Gesicht, taumelt. Eine Frau klopft an die Sprechzimmertür. Sie hat Angst, der Mann könne ersticken. Die Arzthelferin kommt und nimmt den Mann mit.

Jetzt sind noch zwölf Leute vor ihnen dran. Martha guckt immer weinerlicher. Das lange Stehen und die schlechte Luft im Warteraum haben ihre Bauchschmerzen noch verschlimmert. »Wir sind ja gleich dran«, tröstet Helle sie, obwohl das nicht stimmt: Zwölf Leute, das bedeutet mindestens noch eine Stunde.

Von seinem Platz aus kann Helle durch das gardinenlose Fenster auf die Straße hinunterblicken. Die Uhr über dem Uhrengeschäft auf der gegenüberliegenden Straßenseite zeigt an, daß es bereits halb eins ist. Also ist die Schule längst aus, und Herr Förster glaubt jetzt, daß er aus Angst nicht gekommen ist. Vielleicht hat er sich ja über Nacht eine Strafe ausgedacht, die Ede und Günter nun allein ausbaden müssen ...

Martha wimmert. Sie ist ganz grün im Gesicht, kann nun auch nicht mehr sitzen; die Frau, die sie hält, schaut Helle ängstlich an.

Da reicht es ihm. Er geht zur Sprechzimmertür und klopft; klopft so laut, daß er selbst erschrickt. Die Leute im Warteraum protestieren nicht, sehen nur zu Martha hin, die schlaff in den Armen der Frau hängt.

»Ja?« Die Sprechstundenhilfe hat die Tür einen Spalt weit geöffnet.

»Meine Schwester. Sie kann nicht mehr. Ich glaub, ihr ist schlecht geworden.«

Die Sprechstundenhilfe wirft einen schnellen Blick auf Martha, dann öffnet sie die Tür ganz. »Bring sie rein.«

Der Mann, der den Hustenanfall hatte, liegt auf einer Pritsche. Seine behaarte Brust hebt und senkt sich. Er atmet schwer. Dr. Fröhlich weist gleich auf eine andere Pritsche und sagt Helle, daß er Marthas Oberkörper frei machen soll. Danach untersucht er Martha, tastet mit beiden Händen ihren Bauch ab und fragt dabei nach ihren Beschwerden. Die Schwester antwortet brav, bis sie plötzlich laut aufschreit.

Ernst tastet der grauhaarige Doktor weiter auf Marthas Bauch herum, bis Martha wieder aufschreit. »Tja«, sagt er dann und bedeutet Helle, daß er Martha wieder anziehen soll. »Da wirst du wohl ein paar Wochen im Bett bleiben müssen.«

»Was hat sie denn?«

»Magengeschwüre. Da bin ich mir ganz sicher. Der ständige Hunger, der schwache Körperbau und dann die Arbeit bei Oma Schulte oben – so was hält ein kleines Mädchen nicht lange durch.«

Der Doktor kritzelt etwas auf seinen Rezeptblock. »Ich verschreibe ihr nur ein einfaches Schmerzmittel. Das gibst du ihr aber nur, wenn sie wirklich Schmerzen hat. Ansonsten braucht sie nichts außer sechs Wochen Bettruhe und Wärme.« Er drückt Helle den Zettel mit dem Rezept in die Hand. »Strengste Bettruhe, verstehst du! Sie darf diese Arbeit nicht mehr machen, sie ist viel zu schwach dafür.«

Danach packt Dr. Fröhlich Martha noch unter den Armen und stellt sie auf die Waage. Als er sie gewogen hat, streichelt er sie. »Eine Diät brauche ich dir nicht zu verordnen; was du nicht essen darfst, kriegt ihr sowieso nicht.«

»Darf ich Schokolade essen?« Martha hat die Aussicht auf sechs Wochen Bettruhe gleich wieder etwas munterer gestimmt.

»Um Himmels willen!« Der Doktor lacht. Er glaubt, daß Martha sich nur einen Scherz mit ihm erlauben will. »Das ist das Verkehrteste, was du tun könntest.«

Mit einem schnellen Blick gibt Martha Helle zu verstehen, daß er lieber nichts von Arnos Schokoladenbüchsen sagen soll. Und Helle sagt auch nichts. Erstens hat Dr. Fröhlich keine Zeit für Geschwätz, zweitens ist es sowieso sehr zweifelhaft, ob Martha je wieder Schokolade von Arno bekommen wird.

Der Doktor sagt dann noch, daß sie nächste Woche wiederkommen sollen. Wenn es nicht besser wird, muß er Martha zum Röntgen schicken. In der Röntgenabteilung aber sei es immer so voll, daß man einen ganzen Tag dort warten müsse. Das könnte Marthas Zustand verschlechtern, deshalb wolle er damit lieber noch warten.

Auf der Straße weht ein eiskalter Wind. Vorsichtshalber bindet Helle Martha auch noch seinen Schal um. »Nun brauchste nie wieder zu Oma Schulte hoch«, sagt er dabei zu ihr.

»Nie wieder?«

»Nie wieder!«

Vor Freude vergißt Martha die Enttäuschung über die untersagte Schokolade. Doch dann fällt ihr ein, daß das ja heißt, daß immer einer zu Hause bleiben muß, um auf Hänschen und sie aufzupassen, und sie ist sich nicht sicher, ob Helle nicht doch ein bißchen übertrieben hat.

Die Apotheke ist gleich an der nächsten Straßenecke. Helle löst das Rezept ein, zeigt Martha die Tabletten, die er ihr geben wird, wenn sie Schmerzen hat, und beseitigt ihre Zweifel, ob denn Tabletten genauso gut helfen wie Tropfen. Da die Mutter von Tropfen gesprochen hat, ist Martha den Tabletten gegenüber mißtrauisch.

Ein paar Häuser bevor sie die Nr. 37 erreicht haben, kann Martha dann endgültig nicht mehr. Helle muß sie den Rest des Weges tragen und ihr mehrmals versprechen, sie vor der Haustür wieder abzusetzen; über die Höfe will sie nicht getragen werden.

Doch so weit kommen sie gar nicht. Als sie vor der Nr. 39 angelangt sind, hören sie es plötzlich hinter sich klingeln.

Fritz! Auf seinem Rad kommt er die Straße entlanggerast. Er muß sie schon von weitem entdeckt und sich viel Mühe gegeben haben, sie einzuholen, bevor sie im Hausflur verschwunden sind. Richtig verschwitzt ist er in seinem dicken Mantel, trotzdem strahlt er übers ganze Gesicht.

»Geh mal 'n bißchen beiseite.« Helle setzt Martha ab und tritt Fritz so in den Weg, daß der abrupt bremsen muß und beinahe gestürzt wäre. »Biste verrückt geworden?« schreit er erschrokken.

Helle antwortet gar nicht erst, zerrt Fritz nur vom Rad und schlägt ihm sofort die geballte Faust ins Gesicht.

Fritz ist so überrascht und erstaunt, daß er nicht mal die Hände hochreißt, um sich zu schützen, geschweige denn, um sich zu wehren. »Was ...?« kann er nur sagen, dann hat ihn schon der nächste Schlag erwischt. Fassungslos starrt er Helle an und will verwirrt zurückschlagen, aber Helle ist wieder schneller – und diesmal trifft er Fritz so hart, daß der hinstürzt. »Was hab ich denn getan?« brüllt Fritz.

»Da fragste noch?« Voller Wut setzt Helle sich auf Fritz' Bauch und schlägt weiter auf ihn ein.

»Ich weiß es wirklich nicht«, schreit Fritz, dem langsam bewußt wird, daß tatsächlich etwas sehr Schlimmes passiert sein muß.

Endlich läßt Helle von Fritz ab. Da sind plötzlich Zweifel in ihm. Wenn Fritz sich verquatscht hätte, wäre er dann heute zu ihm gekommen? Und könnte er sich so verstellen? »Soldaten waren da«, schreit er Fritz an, aber nun schon mehr, um sich zu verteidigen. »Heiner und Arno mußten fliehen. Und Oswin haben sie verhaftet. Und alles ist deine Schuld. Weil du's deinem Vater auf die Nase gebunden hast.«

»Aber ich hab nichts gesagt. Ehrlich! Kein einziges Wort!«

»Hau ab!« Helle macht einen Schritt auf Fritz zu. »Hau ab,

oder ich zermansch dich!« Er weiß nun, daß er Fritz zu Unrecht verdächtigt hat, zugeben jedoch kann er das nicht.

Fritz aber geht nicht, schmiert sich nur mit dem Taschentuch das Blut breit, das ihm aus der Nase läuft, und starrt Helle finster an. Und dann schreit er plötzlich voller Wut: »Mein Vater hat ganz recht! Mit solchen wie euch soll man sich gar nicht erst einlassen. Nichts wie schlagen könnt ihr, schlagen und kaputtmachen. Warum haste mich denn nicht erst gefragt?«

Ohne noch irgendwas zu antworten, dreht Helle sich weg, nimmt Martha an die Hand, die starr vor Schreck alles mitangesehen hat, und geht schnell mit ihr davon.

Erst als sie auf dem dritten Hof angelangt sind, wagt Martha zu fragen: »Warum haste'n das getan?«

»Weil ich ein Idiot bin«, antwortet der große Bruder da nur traurig. Und dann sagt er gar nichts mehr.

Die Schwester liegt im Bett und ist quietschvergnügt. Der Vater erzählt ihr ein lustiges Märchen von drei Brüdern, die in die Welt hinausziehen, um ihr Glück zu machen. Immer wieder preßt Martha den Kopf in ihr Kopfkissen und lacht laut los. Sie genießt ihre Krankheit, läßt sich gern verwöhnen, egal ob mit heißem Tee oder Märchen. Nur wenn die Schmerzen wiederkommen, und das geschieht in fast regelmäßigen Abständen, ist sie wirklich krank.

Der Vater lacht nur Martha zuliebe über sein Märchen. Den ganzen Vormittag ist er herumgelaufen, von der Stadtkommandantur zum Polizeipräsidium und von dort aus in die verschiedensten Kasernen; über Oswins Verbleib jedoch konnte er nichts in Erfahrung bringen. Als er dann endlich nach Hause kam, überraschte Helle ihn mit der Nachricht von Marthas Magengeschwüren. Betroffen hat er sich gleich zu ihr ans Bett gesetzt und sie voller Gewissensbisse gefragt, ob er ihr irgendeinen Wunsch erfüllen könne. Martha nutzte das natürlich aus und wünschte sich ein Märchen, aber ein lustiges sollte es sein. Und da zog der

Vater sich nicht mal den Mantel aus, sondern fing gleich an mit dem Märchen.

»Tja«, sagt er jetzt froh, daß er das Märchen hinter sich hat. »Das ist das Ende der Geschichte.«

Martha ist nicht zufrieden. »Warum hat denn der kleine Dumme kein Glück gehabt?«

»Weil kleine Dumme nur ganz selten Glück haben«, antwortet der Vater ernst, »und weil es schon so viele Märchen gibt, in denen die kleinen Dummen oder faulen Dicken das Glück für sich gepachtet haben. Ich wollte den langen Gescheiten auch mal was zukommen lassen.« Er deckt Martha noch mal ordentlich zu und geht in die Küche.

Helle folgt ihm stumm. Er hat sich das Märchen mitangehört, aber kein einziges Mal lachen können. Er sieht sich noch immer auf Fritz einschlagen; den ganzen Nachmittag über konnte er dieses Bild nicht vergessen: Fritz' erstauntes Gesicht, in das er hineinschlägt; das dicke Auge, die aufgeplatzte Oberlippe, die blutende Nase. Und noch immer hat er dieses »Warum haste mich denn nicht erst gefragt?« im Ohr.

Er hat ihn nicht gefragt, weil er seiner Sache sicher war; aber er hätte sich nicht sicher sein dürfen, das ist ihm jetzt klar. Die einzige Entschuldigung, die er sich selbst gegenüber vorbringen kann, ist seine Angst um Oswin und die beiden Matrosen, die ihn nicht richtig nachdenken ließ. Doch ist das wirklich eine Entschuldigung? Das möchte er gern wissen, und deshalb möchte er mit dem Vater reden. Der aber steht am Fenster, blickt in den diesigen Nachmittag hinaus, denkt über irgend etwas nach und hat noch immer nicht den Mantel ausgezogen.

»Weißte schon, wer Heiner und Arno verraten hat?«

Der Vater dreht sich nicht um. »Nein. Hatte noch keine Zeit, mich darum zu kümmern.«

Still macht Helle sich am Herd zu schaffen, schürt die Glut und legt ein Holzscheit nach. Er will Hänschen wickeln, vorher aber muß es in der Küche warm sein. Als er wieder aufschaut, sieht er, daß der Vater sich inzwischen umgedreht hat und ihn prüfend anblickt. »Du bist so ernst. Haste was auf'm Herzen?«

Da legt Helle den Feuerhaken auf den Herd, setzt sich aufs Sofa und beginnt zu erzählen. Es wird ein richtiges Geständnis, die ganze Geschichte von dem Kinobesuch und dem Streit mit Fritz erzählt er. Und wie er sich dabei verquatscht hat, so daß Fritz von Heiner und Arno erfuhr, und er ihn deshalb verdächtigte, seinem Vater gegenüber nicht dichtgehalten zu haben. Und wie es dadurch zu der Prügelei kam, die gar keine war, weil Fritz sich überhaupt nicht wehrte.

Der Vater hört zu, ohne Helle ein einziges Mal zu unterbrechen. Sein Gesicht verrät nicht, was er denkt, und noch lange danach, als Helle längst verstummt ist, schweigt er. Schließlich sagt er: »Du hast einen Fehler gemacht. Aber du hast daraus gelernt. Wenn ich du wäre, würde ich mich bei Fritz entschuldigen und ihm alles erklären. Wenn seine Wut auf dich erst mal verraucht ist, kann er dich sicher verstehen.«

Ist das alles, was der Vater dazu zu sagen hat?

Nun zieht der Vater sich doch den Mantel aus und legt ihn über die Stuhllehne. Dann setzt er sich zu Helle an den Tisch. »Ob du's glaubst oder nicht, ich hätte heute morgen beinahe denselben Bockmist gemacht. Weißte, wen ich verdächtige? Herrn Rölle.«

Herr Rölle? Auf den ist Helle gar nicht gekommen.

»Erinnerste dich noch, was Oma Schulte gestern von ihm gesagt hat? Er sei, als der Schuß fiel, nicht mal aufgestanden. Kannste dir eine solche Bequemlichkeit vorstellen? Ich nicht. Deshalb glaube ich, daß der Rölle ganz genau gewußt hat, was da im Hof vor sich ging.« Der Vater macht eine Pause und fährt schließlich fort: »Das also ist *mein* Verdacht. Hab mir das vergangene Nacht so zusammengereimt. Und was passiert, als ich heute morgen losgehe, um mich nach Oswin zu erkundigen? Ich treffe auf der Treppe Herrn Rölle! Die Faust in meiner Tasche hat schon gezuckt, doch ich hab mich beherrscht, habe genauso freundlich zurückgegrüßt, wie er mich grüßte. Aber ich bin ja auch 'n bißchen älter als du.«

Herr Rölle! Warum ist er auf den nicht gekommen? Wenn jemandem im Haus so etwas zuzutrauen ist, dann nur ihm. Er redet ja immer von Recht und Gesetz.

»Und was willste nun tun?«

»Abwarten, ihn beobachten. Du kannst sicher sein, eines Tages verrät er sich. Bis dahin aber mußte die Klappe halten, darfst dich nicht verraten, wenn du ihm mal auf der Treppe begegnest. Wenn der Rölle erst was ahnt, verschwindet er auf Nimmerwiedersehen. Und das wäre schade, denn wenn er's war, hat er 'ne Abreibung verdient.«

Daß der Vater ihm von seinem Verdacht erzählt hat, gerade jetzt, wo er doch weiß, daß er nicht dichtgehalten hat ...

»Vertrauen gegen Vertrauen.« Der Vater ahnt, was in Helle vorgeht. »Du hast mir vertraut, ich vertraue dir.« Und dann legt er Helle die Hand auf den Arm und sagt: »Jetzt hab ich eine Bitte: Ich möchte, daß Ede und du einen Transport übernehmt. Es geht dabei um die Munition, die wir auf dem Boden versteckt haben. Du erinnerst dich doch noch daran?«

Helle erinnert sich genau an jenen Tag vor Weihnachten, als er von Heiners Eltern kam und die Schüsse hörte. Noch deutlicher aber erinnert er sich daran, wie ihm zumute war, als er erfuhr, daß die Eltern bei diesem Munitionsdiebstahl mitgemacht hatten.

»Und die Gewehre?« fragt er. »Die Gewehre sind ja auch noch da.«

»Nein«, antwortet der Vater, »die haben Atze und Trude schon vorher geholt, jetzt ist nur noch Munition da.« Er zögert und sagt dann: »Wir rechnen mit einem baldigen Angriff auf das Zeitungsviertel, vermuten sogar, daß es heute abend losgeht. Deshalb brauchen wir die Munition jetzt. Zuerst wollten wir Atze mit dieser Aufgabe betrauen, doch dann meinten einige, daß auf ihn kein Verlaß mehr sei. Das mußten wir einsehen ... Na ja, und dann schlug Onkel Kramer dich vor, dich und noch einen Jungen. Mir hat das ja, ehrlich gesagt, nicht so geschmeckt, aber dann sagte einer, zwei geschickt getarnte Jungen würden in keine große Gefahr laufen.«

»Wo soll die Munition denn hin?«

»Kennste den Potsdamer Bahnhof?«

Den Potsdamer Bahnhof kennt jeder, der Potsdamer Platz, an dem der Bahnhof liegt, ist einer der größten Plätze der Stadt.

»Den halten wir seit gestern besetzt. Genauso wie die Eisenbahndirektion und auch den Anhalter Bahnhof.« Der Vater greift an seinen Armstumpf. »Wir tun das, um zu verhindern, daß dort Militärtransporte entladen werden, falls sie Verstärkung schicken. Bin über das alles nach wie vor nicht sehr glücklich, aber nun können wir nicht mehr zurück. Schließlich sind die Besetzer zum größten Teil Spartakisten.«

»Verhandeln sie denn nicht mehr?«

»Sie verhandeln noch. Aber gerade das gibt uns zu denken. Auf der einen Seite diese seltsamen Verhandlungen, die sich immer länger hinziehen, auf der anderen Seite die Freiwilligen-Verbände vor der Stadt, die von Tag zu Tag stärker werden.«

Der Potsdamer Platz liegt nicht weit vom Zeitungsviertel entfernt, und ausgerechnet dort sollen sie hin?

»Natürlich sollt ihr nicht in den Potsdamer Bahnhof hinein. Ihr sollt die Munition nur bis in den Tiergarten bringen, dort werdet ihr erwartet. Und zwar um Punkt acht Uhr an einer genau festgelegten Stelle.«

»Ich kann ja mit dem Fahrrad fahren.«

»Und Ede?« fragt der Vater. »Ich will nicht, daß du dich allein auf den Weg machst. Außerdem wäre das zu auffällig, um diese Zeit mit einem bepackten Fahrrad durch den Tiergarten zu fahren. Nein«, er blickt Helle ernst an, »ich möchte, daß ihr möglichst wenig riskiert und nur das tut, was ich euch auftrage. Ihr dürft nicht auf eigene Faust handeln. Versprichste mir das?«

Helle verspricht es. »Und wer wartet auf uns?«

»Jemand, den du sehr gut kennst: Onkel Kramer.«

Onkel Kramer? Das erleichtert die Sache. Zu Onkel Kramer hat Helle genausoviel Vertrauen wie zum Vater.

»Ob ihr den Auftrag übernehmt oder nicht, ist eure Sache. Niemand wird euch dazu zwingen oder überreden wollen. Aber wichtig wäre es schon. Wir wissen nicht, wen wir sonst schicken sollen.«

Hänschen schreit. Helle hatte ihn ganz vergessen. Rasch geht er in die Schlafstube, holt den kleinen Bruder in die Küche und beginnt ihn zu wickeln. »Ede macht bestimmt mit«, sagt er dabei.

»Ich hab's gewußt.« Der Vater ist nicht sehr erleichtert über Helles Entschluß, sondern eher noch besorgter als zuvor. »Aber ihr müßt euch wirklich vorsehen«, bittet er noch einmal. »Wenn's brenzlig wird, haut ab, schmeißt das Zeug einfach weg. Nichts ist wichtiger, als daß ihr heil zurückkommt.«

Stunde der Abrechnung

Nur der matte Mondschein liegt über dem Tiergarten, sonst ist es finster in dem weitläufigen Park. Die wenigen Bäume, die noch nicht in den Öfen der umliegenden Häuser verschwunden sind – mächtige Kastanien und dicke Eichen, die keiner fällen konnte –, stehen da wie vielarmige Riesen. Unter den Schritten der beiden Jungen, die vorsichtig den Parkweg entlanggehen, knacken immer wieder kleine Äste. Normalerweise kein lautes Geräusch, doch in der weiten Stille des riesigen Parks sicher weithin zu hören.

»Hinter jedem Baum könnte einer stehen.« Edes Lachen soll Mut machen.

Helle antwortet nicht, die endlose Finsternis um sie herum

verursacht auch in ihm ein mulmiges Gefühl. Der Tiergarten ist mehr als nur ein Park zwischen Häusern, ist ein richtiger kleiner Wald, und im Sommer, wenn alles grün ist, ein beliebtes Ausflugsziel. Um diese Zeit jedoch hat er etwas Gespenstisches an sich.

Und die Taschen, die sie tragen, werden auch immer schwerer. Weil es zu auffällig gewesen wäre, eine Kiste durch die Stadt zu tragen, hat der Vater die Schachteln mit der Munition in zwei Taschen getan und obendrauf Papier gelegt. Und er schärfte ihnen ein, daß sie, im Tiergarten angekommen, Reisig auf das Papier legen sollten, damit es aussieht, als hätten sie die Abendstunden benutzt, um Brennmaterial zu sammeln. Das haben sie getan und hatten, obwohl die paar Äste doch so gut wie nichts wiegen, seltsamerweise beide das Gefühl, als würden die Taschen nun doppelt so schwer sein.

Ede wechselt die Hand, in der er seine Tasche trägt. »Wenn das noch lange dauert, kann ich Murmeln aufheben, ohne mich zu bücken.«

Der Freund war gleich einverstanden gewesen, als Helle ihn fragte, ob er mitmacht. Und auch sein Vater hatte nichts dagegen, wollte nur genau wissen, worum es geht.

Das muß er sein, der vereinbarte Treffpunkt. Helle stellt seine Tasche ab und überprüft noch einmal alles ganz genau: drei Bänke nebeneinander, zwei Bänke und eine große, aber schon ziemlich morsche Eiche schräg gegenüber. Und das alles ungefähr hundert Meter rechts von der Siegesallee. »Wir sind richtig.«

»Na, Gott sei Dank.« Ede stellt seine Tasche dicht neben einen Baum, so daß der Schatten sie schluckt, setzt sich auf die Rükkenlehne einer Bank und reibt sich die Innenflächen seiner Hände.

Gleich setzt Helle sich zu ihm. Den Hintern auf der Rückenlehne, die Füße auf der Sitzfläche der Bank, versichern sie sich gegenseitig, auf diese Weise nicht so sehr zu frieren.

Anschließend schweigen sie einige Zeit, lauschen dem Knarren der alten Eiche im Wind und blicken sich immer wieder unruhig um, bis Ede ungeduldig fragt: »Und was ist, wenn dein Onkel nicht kommt?«

»Der kommt.« Helle ist sich da ganz sicher: Auf Onkel Kramer ist Verlaß. Außerdem ist ja bis acht Uhr noch mindestens eine Viertelstunde Zeit; in ihrem Bemühen, auf keinen Fall zu spät zu kommen, sind sie viel zu früh hier angelangt.

Wieder schweigen die beiden Jungen, rücken nur noch enger zusammen und schieben ihre Hände so tief es geht in die Joppentaschen.

»Gab's was Neues in der Schule?«

Helle hatte bisher noch keine Gelegenheit, danach zu fragen; solange sie die Taschen schleppten, war er mit seinen Gedanken ganz woanders. Nun erzählt Ede, daß Herr Förster und Herr Flechsig sich auf dem Flur gestritten hätten, und zwar so laut, daß sämtliche siebte und achte Klassen zuhören konnten. Herr Förster schrie Herrn Flechsig an, er sei ein Bolschewik, der nicht auf eine deutsche Schule gehöre, und Herr Flechsig antwortete, noch sei er kein Bolschewik, doch es sei durchaus möglich, daß Leute wie Herr Förster ihn eines Tages zu einem machten. Daraufhin lief Herr Förster zu Rektor Neumayr, schrie auch dort herum und rannte schließlich wie gehetzt aus der Schule. Die Klasse hatte sich gleich doppelt gefreut – erstens, weil dadurch die beiden Förster-Stunden ausfielen, zweitens, weil Herr Förster gegen Herrn Flechsig offenbar den kürzeren gezogen hatte. Doch als Herr Flechsig zur letzten Stunde die Klasse betrat, wiegelte er die Freude der Jungen schnell wieder ab. Rektor Neumayr denke genauso wie Herr Förster, sagte er mit traurigem Gesicht. Der Rektor sei nur kühler und abgeklärter und handele überlegter; deshalb warte er vorsichtshalber erst einmal ab, wie alles kommt.

»Wenn die Revolution siegt, fliegt Herr Förster, verliert sie, fliegt Herr Flechsig«, stellt Ede zum Schluß fest und fügt hinzu, daß er nun auf jeden Fall Ostern die Schule verlassen werde. Er habe mit seinem Vater gesprochen, der meine nun auch, daß es noch andere Möglichkeiten gebe, was zu lernen.

Von irgendeiner Kirche her schlägt es acht Uhr. Ede springt von der Bank und macht sich warm, indem er ein paarmal in die Knie geht.

Als das Läuten verklungen ist, ist wieder alles still, vielleicht sogar noch stiller als zuvor.

Helle erzählt von Oswins Verhaftung und der Flucht der beiden Matrosen, von seinem Verdacht und den Schlägen, die er Fritz verpaßt hat, obwohl der eigentlich unschuldig war. Ede kann Helles schlechtes Gewissen nur teilweise verstehen. Zwar findet er es nicht richtig, daß Helle, ohne vorher mit Fritz zu reden, auf ihn eingeschlagen hat, sagt aber auch, Fritz sei selber schuld, wenn er sich ohne Gegenwehr vertrimmen lasse. Das wiederum kann Helle nicht einsehen, doch wenn es um Fritz geht, ist Ede meistens irgendwie ungerecht.

Ein LKW rattert die Siegesallee hinunter, ein zweiter folgt ihm.

»Ob das unsere sind?« Ede haucht Rauchfahnen in die Luft und beginnt danach erneut mit seiner Gymnastik. Dann hört er etwas und richtet sich ruckartig auf. »Was war'n das?«

Helle hat das weit entfernte, plötzlich einsetzende Geknatter auch gehört. »Maschinengewehre«, flüstert er. Es hat sich angehört, als ob mehrere Maschinengewehre gleichzeitig das Feuer eröffnet hätten.

»Und woher kommt das? Vom Potsdamer Bahnhof?«

»Weiter.« Das muß mindestens der Anhalter Bahnhof sein. Der Vater hat ja gesagt, der sei auch besetzt.

Einen Augenblick lang ist alles still, dann rattert es wieder los.

»Vielleicht kommt dein Onkel deshalb nicht?« flüstert Ede besorgt. »Und was machen wir dann mit den Taschen?«

»Zurückschleppen. Aber erst mal warten wir noch.«

Wieder Schüsse, aus der gleichen Richtung – und aus einer anderen!

»Das ist im Zeitungsviertel.«

Stille. Kein Schuß mehr, kein einziges Geräusch. Helle und Ede warten auf neues Trommelfeuer, doch nichts ist mehr zu hören. Dafür kommt auf einmal ein alter und ziemlich klappriger PKW die Siegesallee hinuntergeschaukelt, wird langsamer und hält. Erst passiert nichts, dann steigt ein Mann aus und schaut sich aufmerksam um.

»Ist das dein Onkel?«

Helle zuckt die Achseln. Von hier aus sieht er nichts als einen Schatten.

Ein zweiter Mann steigt aus – und noch jemand: eine Frau. Der eine der beiden Männer bleibt beim Auto, der andere Mann und die Frau betreten den Tiergarten.

Schnell wirft Ede sich hinter die Bank und zieht auch Helle zu sich herab. »Die suchen uns«, flüstert er. »Die gehen hier nicht nur spazieren.«

Es ist eindeutig, daß die beiden jemanden suchen, aber wer sind sie? Helle kann noch immer nicht viel mehr als zwei dunkle Gestalten erkennen. Nur daß Onkel Kramer nicht dabei ist, das steht fest: Onkel Kramer ist viel kleiner und gedrungener als der Mann da vorne.

»Helle!«

Sein Name! Und – Trudes Stimme!

Sofort springt Helle auf und läuft auf Trude zu. Ede folgt ihm nur langsam.

»Da seid ihr ja!« Trude drückt Helle an sich. »Habt ihr die Munition?«

Helle kann nur nicken, denn nun hat er in Trudes Begleiter Heiner erkannt. Der aber hat keine Zeit, lange Erklärungen abzugeben. »Wo habt ihr sie? Wir müssen uns beeilen.«

Rasch führt Ede Heiner zu dem Baum, neben dem sie die Taschen abgestellt haben, und Trude bittet Helle, sich genau zu merken, was er dem Vater ausrichten soll. »Sie haben angegriffen, stürmen den Anhalter Bahnhof und das Zeitungsviertel. Er soll alles, was Beine hat, mobilisieren. Wir brauchen dringend Verstärkung. Es geht um jeden Mann und jede Minute.«

»Und Oswin?« fragt Helle schnell. »Habt ihr was von Oswin gehört? Sie haben ihn verhaftet.«

»Ich weiß, Moritz hat's uns gesagt. Im Moment wissen wir noch nichts, aber mach dir keine Sorgen, wir lassen ihn nicht im Stich.«

Inzwischen sind Ede und Heiner zurück. »Tschüs, Jungs!« ruft Trude noch, dann läuft sie hinter Heiner her, der die beiden Taschen trägt und erst gar nicht stehengeblieben ist.

Mit Moritz meinte Trude Onkel Kramer. Also hat Onkel Kramer sie geschickt, um die Munition hier abzuholen ... Und der Mann neben dem Auto ist dann sicher Arno. Helle kommt erst jetzt dazu, sich über verschiedenes klarzuwerden.

Da hebt Arno auch schon die Hand und grüßt in den Park hinein. Danach setzt er sich ins Auto und läßt den Motor an. Auch Helle hebt die Hand, doch dann fällt ihm ein, daß Arno ihn im dunklen Park gar nicht erkennen kann, und er läßt die Hand wieder sinken.

Heiner und Trude werfen die Taschen auf den Rücksitz und steigen ein, der Motor brummt auf, dann setzt sich der PKW wieder in Bewegung.

»Wo sie die Nuckelpinne wohl herhaben?« staunt Ede dem schaukelnden Gefährt nach und bleibt mit Helle so lange neben der Bank stehen, bis sie sicher sind, daß der Wagen mit den drei Freunden unbeobachtet davongekommen ist. Erst jetzt laufen sie aus dem Tiergarten heraus und über den Pariser Platz in die Linden hinein. Wie erlöst fühlen sie sich nun, und das lockert ihre Schritte, macht sie munter wie selten und läßt sie einander jagen und Haken schlagen, bis sie in die Friedrichstraße einbiegen.

Dort hören sie wieder Schüsse. Aus der unteren Friedrichstraße kommen sie, also aus der Gegend um die Kochstraße, Zimmerstraße, Schützenstraße – dem Zeitungsviertel!

Es ist längst Mitternacht vorbei. Der Vater, der sofort, nachdem er Trudes Nachricht erhielt, aufbrach, um mit anderen zusammen den Besetzern zu Hilfe zu eilen, ist noch nicht wieder zurück. Helle und die Mutter sitzen in der Küche, öffnen immer wieder mal das Fenster, lauschen. Doch es ist nichts zu hören, das Zeitungsviertel und auch der Anhalter Bahnhof sind viel zu weit entfernt. Trotzdem gehen sie nicht schlafen, sitzen da, warten.

Die Mutter hat den ganzen Vormittag über Streikposten gestanden. Am Nachmittag hat sie dann Flugblätter verteilt, mitten auf dem Rosenthaler Platz, immer im Wind; Flugblätter gegen die Aufstellung der Freiwilligen-Verbände, und damit gegen die Niederschlagung der Revolution. Zu jener Zeit aber nahmen die regierungstreuen Truppen schon den Anhalter Bahnhof unter Beschuß. Sie weiß das nun, und deshalb ist sie so müde, unsäglich müde. »Wofür das alles?« fragt sie. »Wofür?«

Helle möchte die Mutter trösten, ihr irgendwas Aufmunterndes sagen, doch was könnte das schon sein?

Hänschen schreit. Die Mutter holt ihn, wickelt ihn, trägt ihn zurück. Alles wie mechanisch, wie abwesend. Als sie wieder in die Küche kommt, öffnet sie das Fenster, um erneut zu lauschen – und erschrickt freudig: »Bei Oswin brennt Licht!«

Tatsächlich, der Schuppen ist erleuchtet.

»Ob er zurück ist? Oder ob da nur jemand was sucht?« Die Mutter weiß noch nicht, ob sie sich tatsächlich freuen darf.

Helle fragt erst gar nicht, ob er nachschauen soll. Sofort zündet er eine Kerze an und steigt, nachdem er der Mutter versprochen hat, vorsichtig zu sein, die Treppe hinunter.

Die Bretter, die der Vater und er nach Oswins Verhaftung vor die kaputte Schuppentür genagelt haben, hängen nur noch an jeweils einem Nagel, und die Tür ist gänzlich aus den Scharnieren gehoben und von innen gegen die Türöffnung gelehnt worden.

Helle pustet seine Kerze aus, tritt an eines der Fenster heran und späht in den Schuppen hinein.

Oswin! Er liegt auf seinem Bett und starrt an die Decke.

»Ist er's?« Die Mutter beugt sich weit im Fenster vor und fragt sehr leise, doch laut genug, daß Helle sie in dem nächtlich stillen Hof hören kann.

»Ja«, ruft Helle ebenso leise zurück und klopft dann laut ans Schuppenfenster, um Oswin auf sich aufmerksam zu machen. »Ich bin's – Helmut! Darf ich reinkommen?«

Oswin hebt nicht einmal den Kopf, winkt nur.

Helle war auf einiges gefaßt, aber als er vor Oswins Bett steht, erschrickt er doch: Oswins rechte Gesichtshälfte ist nicht nur so dick angeschwollen, daß er das rechte Auge nicht öffnen kann, sie ist auch blutunterlaufen und muß sehr schmerzen.

»Ich ... seh ... gut ... aus ... was?« Bei jedem Wort, das Oswin ausspricht, verzieht er das Gesicht.

»Wo biste denn so lange gewesen?« Es tut Helle leid, Oswin eine Antwort abzuverlangen, nur rumstehen und dumm gucken aber geht auch nicht.

»In ... 'ner ... Kaserne ... Irgendwo in der Gegend ... rund um die Frankfurter ... Wo genau, weiß ich nicht ... war da noch nie ...«

Die Mutter kommt. Sie hat sich rasch ihren Mantel übergeworfen, bleibt in der Tür stehen und kommt nur langsam näher. »Mein Gott!« sagt sie entsetzt, als sie Oswin ins Gesicht blickt. Doch sie faßt sich schnell, beugt sich zu Oswin hinunter und fragt, ob sie ihm irgendwie helfen könne.

»Heizen«, sagt Oswin nur. Sein Schuppen ist in den zwei Tagen so ausgekühlt, daß sich in der Ecke, in der die Pumpe steht, eine dünne Eisschicht über dem Holzfußboden gebildet hat. Sofort macht Helle sich daran, den kleinen Kanonenofen zu heizen. Etwas Holz ist ja da, nur Kohlen hat Oswin keine mehr.

Während Helle heizt, sucht die Mutter ein Handtuch, macht es unter der Pumpe naß und legt es Oswin auf die geschwollene

Gesichtshälfte. »Morgen holen wir Dr. Fröhlich«, sagt sie dabei zu ihm. »Aber kühlen kann nicht verkehrt sein.«

Oswin, der laut stöhnte, als ihm die Mutter das eiskalte nasse Handtuch auf die brennende Wunde legte, nickt nur dankbar.

»Haste wirklich versucht, dich zu wehren?« fragt die Mutter dann und setzt sich neben Oswin aufs Bett.

Der alte Leierkastenmann schüttelt stumm den Kopf.

»Und warum hat der Knallkopp dann geschossen?«

»Ein...schüchtern.«

»Einschüchtern?« Die Mutter rückt Oswin das Kopfkissen zurecht. »Das könnte denen so passen! Am liebsten hätten sie es wohl, wenn wir auf den Knien vor ihnen rumrutschen.« Sie möchte gern noch mehr helfen, weiß aber nicht, was sie tun soll, solange der Ofen noch nicht richtig heiß ist und sie keinen Tee kochen kann. »Wie biste denn freigekommen?«

Oswin erzählt, daß bewaffnete Arbeiter die Kaserne gestürmt und alle Gefangenen freigelassen hätten. Dann schließt er wieder die Augen; das Reden strengt ihn sehr an.

Die Mutter befeuchtet das Handtuch neu, und nun stöhnt Oswin nicht mehr ganz so laut und greift wenig später in seine Jackentasche und hält der Mutter ein Flugblatt hin.

Helle, dessen Feuer nun so kräftig bullert, daß er es einige Zeit unbeaufsichtigt lassen kann, stellt sich neben die Mutter und liest mit.

Es ist ein Flugblatt der Regierung; Eberts, Scheidemanns und noch drei andere Namen stehen drunter. Helle fällt sofort ein fettgedruckter Satz ins Auge. *Die Stunde der Abrechnung naht!* steht da. Und auch, mit wem abgerechnet werden soll, verrät das Flugblatt: *Wo Spartakus herrscht, ist jede persönliche Freiheit und Sicherheit aufgehoben.*

»Da haben wir's!« Die Mutter tippt mit dem Finger auf einen halbfett gedruckten Absatz, aus dem hervorgeht, daß das Flugblatt den Spartakisten die Schuld an der schlechten Ernährungslage gibt. »Weil wir nicht so wollen, wie sie wollen, sind wir daran schuld, daß wir hungern. Als ob wir den Krieg gemacht hätten.«

An allem gibt das Flugblatt den Spartakisten die Schuld, auch daran, daß es kaum Wasser und nur wenig Strom gibt. Zum Schluß fordert es ein Ende der *Schreckensherrschaft der Spartakisten* und *gründliche Arbeit*.

»Schreckensherrschaft?« Beinahe hätte die Mutter laut aufgelacht. All ihre Müdigkeit ist auf einmal aus ihrem Gesicht verschwunden. »Ja, zum Teufel noch mal, wo herrschen wir denn?« Und dann liest sie noch mal laut »gründliche Arbeit«, sagt bitter: »Ja, gewiß, gründliche Arbeit werden sie leisten«, geht zornig zum Ofen und setzt Teewasser auf. Dabei erzählt sie Oswin, daß die Abrechnung ja schon begonnen habe, weil die Regierung die vereinbarte Waffenruhe verletzt und damit die Verhandlungen abgebrochen hat. »Es ist alles so gekommen, wie wir es vorausgesehen haben. Aber hätten wir es verhindern können?«

Oswin antwortet nichts, zerknüllt nur langsam das Flugblatt und wirft es in Richtung Ofen.

Dabeisein

»Helle! Helle! Hörste denn nichts?«

Nur schwer findet Helle aus dem Schlaf. Wieso weckt Martha ihn mitten in der Nacht? Doch dann hebt er sofort den Kopf: Kanonendonner! Genau wie am Heiligen Abend, nur leiser, weiter weg.

»Jetzt geht's los«, flüstert die Mutter, die auch aufgewacht ist. »Jetzt schießen sie alles zusammen.«

Rasch steht Helle auf, stellt sich ans Fenster und blickt zum Himmel empor, als würde sich dort etwas von dem, was sich in der Innenstadt abspielt, widerspiegeln. Doch der Himmel ist nur dunkel und wolkenbewegt, kein Stern, nicht mal der Mond ist zu sehen.

Die Mutter steht auch auf und beginnt sich anzuziehen.

»Wo willste denn hin?« fragt er leise.

»Ich will es sehen, will dabeisein.«

»Nimm mich mit.« Es ist dunkel im Zimmer, Helle kann die Mutter nicht sehen, kann sie nur mit den Kleidern rascheln hören, weiß aber, daß sie über seine Bitte nachdenkt, und kennt auch schon die Antwort.

»Das geht nicht. Beide können wir nicht fort.«

»Und wenn dir was passiert? Es ist gefährlich, ich ...« Es hat keinen Sinn, dagegen anzureden; die Mutter wird nicht auf ihn hören. Voller Unruhe setzt Helle sich auf die Bettkante, spürt nicht mal die Kälte im Zimmer, hat nur Angst, Angst, die aus der Brust hochsteigt und im Hals klopft.

»Sie lassen mich ja gar nicht ins Zeitungsviertel hinein, ist ja alles abgesperrt.« Die Mutter sucht die Streichhölzer und will, als sie sie gefunden hat, die Petroleumlampe anzünden. Doch nun hat auch Martha mitbekommen, was die Mutter vorhat. Ganz verschreckt springt sie aus dem Bett und klammert sich an ihr fest.

»Martha!« Mutters Stimme klingt scharf. Sie hat keine Zeit mehr, lange Erklärungen abzugeben, der Kanonendonner wird ja immer lauter, immer bedrohlicher. »Ich hab so oft Rücksicht auf euch genommen, jetzt nehmt bitte auch einmal Rücksicht auf mich.« Und als Martha trotzdem nicht von ihr abläßt, fährt sie sie an: »Haste mich verstanden?«

Nein, Martha hat die Mutter nicht verstanden, kann sie nicht verstehen. Seit drei Tagen bangt sie um den Vater, der sie einfach allein gelassen hat, obwohl sie doch krank ist – und nun will die Mutter auch dahin, wo der Vater ist ...

»Martha!« Die Mutter verliert endgültig die Geduld, gewaltsam packt sie Martha und legt sie ins Bett zurück. Doch die Schwester bleibt nicht liegen, ist halb von Sinnen vor Angst.

»Halt sie doch fest«, schreit die Mutter Helle an und schreckt damit auch Hänschen auf, der gleich zu plärren beginnt und nun ebenfalls erst beruhigt werden muß.

Martha beißt, kratzt, schlägt um sich und stößt mit den Füßen. Sie bietet all ihre Kräfte auf, um die Mutter davon abzuhalten, fortzugehen. Helle bleibt keine andere Möglichkeit, als sie unter sich zu begraben und sie mit dem Gewicht seines Körpers niederzudrücken.

Die Mutter hat inzwischen die Petroleumlampe angezündet. »Das müßt ihr doch verstehen«, flüstert sie, bevor sie in die Küche geht. »Ich muß jetzt einfach bei ihm sein.«

Da gibt die Schwester auf, heult nur noch. Helle zieht sie an sich und läßt zu, daß sie sich ganz fest an ihn schmiegt und ihm die Brust naßheult. Und dann tröstet er sie, indem er leise mit ihr schimpft: »Hätteste uns nicht geweckt, wäre Mutter auch nicht fortgegangen.«

Seitdem Martha von morgens bis abends im Bett liegt und auch zwischendurch immer mal ein Schläfchen einschiebt, schläft sie nachts nur noch schlecht. Vor Sorge um den Vater kann sie manchmal sogar überhaupt nicht einschlafen. Dann liegt sie die ganze Nacht wach, wälzt sich unruhig hin und her und weckt ihn immer wieder auf, um sich von ihm beruhigen zu lassen. Er sagt dann stets dieselben Sätze, solche wie »Vater kommt bestimmt bald wieder«, »Einem, der nur noch einen Arm hat, tun sie doch nichts« oder »Er ist viel zu klug, um auf ihre Tricks reinzufallen«. Alles ganz dummes Zeug, das Martha zwar beruhigt, ihn jedoch immer unruhiger werden läßt. Er weiß ja, wie nichtssagend dieser Trost ist, hat immer noch das Bild des Soldaten mit dem zerschossenen Kopf vor Augen, sieht dann den Vater so liegen und kann auch nicht mehr einschlafen ...

Die Mutter kommt noch mal zurück. »Macht euch Haferflokken«, sagt sie und streichelt Martha, um sich bei ihr für ihren harten Ton zu entschuldigen.

Martha schmollt mit der Mutter, macht sich steif, hofft, die

Mutter dadurch vielleicht doch noch zum Hierbleiben bewegen zu können. Da aber wird das ferne Grollen schon wieder lauter, dichter. Die Mutter gibt Martha noch schnell einen Kuß, dann geht sie in den Flur, um ihren Mantel anzuziehen.

»Laß die Lampe brennen«, schreit Martha ihr noch nach.

Beunruhigt steckt die Mutter noch mal den Kopf in die Tür. »Wollt ihr denn nicht mehr schlafen? Es ist ja noch mitten in der Nacht.« Sie sagt das, obwohl sie ganz genau weiß, daß sie nicht mehr schlafen können, will nur ihr Gewissen beruhigen.

»Mach dir keine Sorgen. Wir langweilen uns schon nicht.« Helle wollte der Mutter etwas Gutes sagen, etwas Besseres als diese schroffe Bemerkung fiel ihm nicht ein. Martha jedoch springt aus dem Bett, läuft auf die Mutter zu und preßt sich an sie. Diesmal, ohne sie festzuhalten.

»Bin ja bald wieder da«, tröstet sie die Mutter. »Denkste etwa, ich laß dich allein?« Dann hebt sie Martha hoch, trägt sie ins Bett zurück und geht.

Martha und Helle hören die Tür ins Schloß fallen – und sind allein.

»Und wenn sie nicht wiederkommt?« fragt Martha leise.

»Sie kommt wieder. Da, wo geschossen wird, darf sie ja gar nicht hin.«

Als Ede neulich hier war, hat er es gesagt: Die Straßen rund um das Zeitungsviertel sind abgesperrt, Soldaten halten Schilder in den Händen: *Wer weitergeht, wird erschossen.*

In der Küche ist es hundekalt. Helle macht Feuer im Herd und setzt das Wasser für die Suppe auf. Haferflocken haben sie nun genug. Ede war wieder mal bei jenem Fuhrunternehmer Briegel, bei dem sie damals die zwei Ranzen Erbsen stahlen. Diesmal waren keine Erbsen in den Säcken, dafür Haferflocken, und da haben Ede und sein kleiner Bruder Addi gleich einen ganzen Sack mitgehen lassen. Ede ist, wie er erzählte, unter der Last fast zusammengebrochen, doch er hat es geschafft. Zu Hause hat er den Sack dann zur Hälfte in alle vorhandenen Tüten und Töpfe entleert und die andere Hälfte bei ihnen vorbeigebracht – sein Dankeschön für die Fahrt nach Heinersdorf.

Aber Ede war nicht nur deshalb gekommen. Er wollte ihm auch erzählen, was es in der Schule Neues gab. Seit der Vater fort ist, war Helle ja nicht mehr da, weil er nun auch vormittags auf Martha und Hänschen achtgeben muß; die Mutter ist trotz des Streiks jeden Tag unterwegs.

Viel Neues gab es in der Schule nicht, abgesehen davon, daß Herr Förster am Tag nach dem Streit mit Herrn Flechsig wieder in die Schule kam und so tat, als sei überhaupt nichts geschehen. Er will Herrn Flechsig nicht das Feld überlassen, will ausharren, hofft auf einen Sieg der Regierungstruppen und daß dann wieder alles in Ordnung kommt. In der Klasse hat er gesagt, wenn Ebert sich mit den Generälen zusammentue, um den Bolschewismus zu verhindern, zeuge das von einer gewissen Vernunft.

Danach wollte Ede dann wissen, was Heiner, Arno und Trude nun machten. Helle jedoch wußte nur, daß die drei genau wie der Vater im Zeitungsviertel gelandet sind. Das ist das einzige, was die Mutter und er in Erfahrung bringen konnten. Sie haben den Vater, Heiner, Arno und Trude ja seit jener Nacht, in der der Vater auf Trudes Bitte hin Verstärkung zusammentrommelte, nicht wieder gesehen. Atze, den der Bruch der Waffenruhe so wütend gemacht hat, daß er zur Gruppe um Onkel Kramer zurückfand, als Kurier eingesetzt wurde und nun täglich Nachrichten aus dem Zeitungsviertel heraus- und Nahrungsmittel hineinschmuggelt, hat den Vater dort getroffen und seine Grüße überbracht ...

Es dauert ewig, bis das Wasser kocht, aber mehr Holz will Helle für die Suppe nicht opfern. Der Winter ist noch lang und der Keller schon wieder ratzekahl leer. Noch immer müde, stellt er sich ans Fenster und schaut in den heraufgrauenden Morgen hinaus.

Wenn Atze nicht gekommen wäre, wüßten sie nicht mal, ob

der Vater noch lebt. Atze jedoch hat ihnen das gestern erzählt, und gesehen hat er den Vater vorgestern, inzwischen sind zwei Tage vergangen, zwei Tage, in denen viel passiert sein kann ...

Erst jetzt fällt Helle auf, daß längst kein Kanonendonner mehr zu hören ist. Er öffnet das Fenster und lauscht. Nichts! Nichts als Stille, aber diese Stille beängstigt noch mehr.

Gestern früh wurde das Spandauer Rathaus gestürmt. Fünfundfünfzig Männer und acht Frauen wurden dabei gefangengenommen – und ihre Führer auf der Stelle erschossen. Wenn aber die Regierungstruppen dort so brutal vorgingen, werden sie dann mit den Zeitungsbesetzern anders umspringen?

Das Wasser kocht. Helle schüttelt die Haferflocken in den Topf, gibt etwas Süßstoff hinzu und rührt das Ganze mehrfach um; er will sich ablenken, doch das gelingt ihm nicht. Er hat in der Zeitung ein Foto von einem der besetzten Verlagsgebäude gesehen. Da standen Arbeiter und Matrosen hinter Papierballen, die sie vor das Tor gerollt hatten, und verteidigten sich gegen die Belagerer. Die Zeitung nannte die Verteidiger »Verbrecher«, die aus Berlin »ein Tollhaus« gemacht hätten, und rief die Regierungstreuen auf, wieder »Ruhe und Ordnung« herzustellen.

Ruhe und Ordnung – keine zwei Wörter liest er nun öfter als diese beiden. An jeder Litfaßsäule stehen sie, fast alle noch erscheinenden Zeitungen bringen sie auf jeder Seite fünfmal. Und dann dieses Flugblatt, das Oswin mitgebracht hatte: *gründliche Arbeit!* Gründliche Arbeit, um Ruhe und Ordnung wiederherzustellen ...

Die Suppe ist fertig. Martha bekommt ihre Schüssel ans Bett gebracht, Hänschen nimmt Helle lieber mit in die Küche. Erstens muß er ihn sowieso wickeln, und zweitens weicht er so Marthas Fragen aus; Fragen, die er ihr vom Gesicht ablesen, aber nicht beantworten kann. Er weiß ja auch nicht mehr als sie, kann sich nur ein bißchen mehr denken. Darüber reden, solange alles nur Vermutung ist, jedoch möchte er nicht.

Beim Wickeln kitzelt Helle den kleinen Bruder. Er will sich

davon überzeugen, daß es noch klappt – und freut sich: Hänschen lacht wieder! Seit er den Bauch mit süßen Haferflocken vollgestopft bekommt, geht es ihm besser, kann er sogar wieder lachen. Der einzige Lichtblick in all diesen Tagen. Auch für Dr. Fröhlich. Als er am Donnerstag im vierten Hof war, um sich Oswins Gesicht anzuschauen, nutzte er die Gelegenheit, um auch Anni, Martha und Hänschen zu untersuchen. Über Martha lachte er nur; Martha, die seit drei Tagen nicht mehr aus dem Bett gekommen ist und nur noch aufsteht, wenn sie auf die Toilette muß, genießt das ständige Liegen wie einen Pudding, an dem man endlos lange ißt und der einem trotzdem von Löffel zu Löffel besser schmeckt. Wenn die Sorge um den Vater nicht wäre, ginge es auch ihr schon wieder besser. Über Hänschen lachte Dr. Fröhlich nicht, über Hänschen freute er sich. Freute sich so, daß er ganz rot im Gesicht wurde und sagte, wenn er so was erlebe, wisse er doch wenigstens, wofür er sich die Hacken krummlaufe.

Frisch gewickelt sieht Hänschen nun fast rosig aus. Helle nimmt ihn in den Arm und beginnt ihn zu füttern. Wenn der Vater wüßte, daß es Hänschen bessergeht! Wie sehr würde ihn das freuen. Doch vielleicht wird er das nie mehr erfahren …

Er darf so was nicht denken. Wenn man das Unglück beim Namen nennt, kommt es gerennt! Ein doofer Spruch, aber er möchte nichts berufen.

»Helle!«

Martha! Sie ruft jetzt immer so verlangend. Früher hätte er geantwortet: Sei nicht so faul, komm in die Küche, wenn du was willst. Jetzt darf die Schwester nicht nur faul sein, sie muß es sogar.

»Was ist denn?«

»Mir ist schlecht.«

Auch das noch! Helle klopft Hänschen den Hintern, bis er sein Bäuerchen gemacht hat, dann trägt er ihn in die Schlafstube und setzt sich zu Martha ans Bett. »Ist dir schlecht oder haste Bauchschmerzen?«

»Schlecht ist mir.«

Doktor Fröhlich hat gesagt, er darf Martha die Pillen nur geben, wenn sie Schmerzen hat. Was er tun soll, wenn ihr schlecht ist, hat er nicht gesagt.

»Soll ich dir 'n Tee machen?«

Martha schüttelt den Kopf.

»Soll ich dir 'ne Wärmflasche machen?«

»Au ja!«

So eine heiße Steingutflasche im Bett, das ist was für Martha. Schon der Gedanke daran verklärt ihre Miene.

Seufzend geht Helle in die Küche zurück, stellt Wasser auf den noch heißen Herd und nimmt die alte Schnapsflasche aus dem Schrank. Mit heißem Wasser gefüllt, kann man sich die Flasche, wenn der Korken richtig fest draufsitzt, an kalten Tagen im Bett an die Füße legen. Wenn man sich nicht wohl fühlt, ist sie aber auch auf dem Bauch sehr angenehm. Meistens wird einem dann tatsächlich wieder besser.

An der Tür wird geklopft. Nur zögernd geht Helle durch den Flur. Die Mutter kann es nicht sein, die hat Schlüssel, und wenn sie klopft, klopft sie anders.

»Wer ist denn da?«

»Ich bin's.«

Herr Rölle? Helle öffnet die Tür nur einen Spalt weit. »Ja?«

Der lange, dünne Mann versucht, über ihn hinwegzublicken. »Ist dein Vater da?«

»Er schläft.«

Herr Rölle glaubt ihm nicht. »Weck ihn auf, ich möchte mit ihm reden.«

»Wenn ich ihn wecke, verprügelt er mich.«

»Du lügst ja. So einer ist dein Vater doch gar nicht.«

»Woher wollen Sie denn das wissen?«

Herr Rölle macht ein Gesicht, als überlege er, ob er den Fuß in die Tür stellen soll, um sich gewaltsam Einlaß zu verschaffen, läßt es aber, als er Helles wachsamen Blick bemerkt, dann doch lieber sein und steigt weiter die Treppe hoch.

Helle sieht dem wie immer sehr ordentlich angezogenen Mann noch ein Weilchen nach, dann schließt er die Tür wieder. Der wäre ihm nicht in die Wohnung gekommen; er wäre schneller gewesen, hätte die Tür zugehabt, bevor Herr Rölle seinen Fuß dringehabt hätte. Und wenn nicht, hätte er sie so wuchtig zugeknallt, daß er sich alle Zehen gebrochen hätte …

»Wer war denn das?«

Marthas Stimme klingt kläglich. Helle füllt das inzwischen heiße Wasser in die Wärmflasche, verkorkt sie und bringt sie Martha. Doch erst als er der Schwester die für den Bauch noch zu heiße Flasche an die Füße gelegt hat, beantwortet er ihre Frage: »Der Rölle, der Spitzel!«

Was geht es Oma Schultes Schlafburschen an, ob der Vater zu Hause ist oder nicht? Die beiden sind schließlich keine Freunde. Und warum hat Herr Rölle nicht gesagt, was er wollte? Helle neigt nun immer mehr dazu, dem Vater recht zu geben. Der Rölle tut ja alles, um den Verdacht, den der Vater gegen ihn hegt, zu verstärken. Seitdem die Regierungstruppen von Tag zu Tag mehr die Oberhand gewinnen, geht er durch das Haus, als gehöre es ihm; gibt sich freundlich, aber streng, verteilt Lob und Tadel. Und als Oma Schulte sich bei ihm darüber beklagte, wie die Soldaten mit Oswin umgesprungen sind, antwortete er kalt, sie solle sich nicht so aufregen, Oswin habe seinen Zustand selbst verursacht; wer Deserteure verstecke, müsse mit Bestrafung rechnen, das sei eine Binsenweisheit.

Oma Schulte war so perplex, daß sie gar nichts antworten konnte und später nichts mehr antworten wollte. Wenn sie die Miete nicht so dringend brauchen würde, hätte sie einen solchen Lumpen wie den Rölle längst auf die Straße gesetzt, hat sie zur Mutter gesagt. Und sie steht mit ihrer schlechten Meinung längst nicht mehr allein da; Herr Rölle hat bereits das ganze Haus gegen sich aufgebracht. Und das zu Recht, wie schon eine einzige Geschichte beweist: Anstelle von Martha arbeitet jetzt Annis Bruder Willi für Oma Schulte, die dafür auf ihn und Otto aufpaßt, wie sie zuvor auf Martha und Hänschen aufgepaßt hat. Für Anni, der es, wie das ganze Haus weiß, wieder schlechter geht und die deshalb im Bett bleiben muß, und auch für Annis Mutter, die ja immer erst spät in der Nacht nach Hause kommt, ist das eine große Erleichterung. Herr Rölle aber hat Willi vom ersten Tag an wie einen Laufburschen behandelt und ihn dieses und jenes für sich erledigen lassen, obwohl Willi ja nicht bei ihm, sondern bei Oma Schulte angestellt ist. Eines Tages wollte Annis Mutter ihn deshalb im Hof zur Rede stellen, Herr Rölle aber hat sie einfach stehenlassen, hat sie wie ein Stück Dreck behandelt ...

»Was is'n das – 'n Spitzel?« fragt Martha, nachdem sie lange genug nachgedacht hat.

»Ein Spion. Einer, der seine Nase in Sachen steckt, die ihn nichts angehen; einer, der andere verrät.«

»Wen hat'n der Rölle verraten?«

»Den, der die doofen Fragen erfunden hat.«

Die Schwester muß lachen. »Und wer hat die doofen Fragen erfunden?«

»Du. Wer sonst?«

Schlimmer als Krieg

Wo die Mutter nur bleibt! Helle sitzt auf der Fensterbank wie auf einem Beobachtungsposten. Jedesmal, wenn die Hoftür geht, beugt er sich weit vor und sinkt enttäuscht zurück. Die Mutter kommt und kommt einfach nicht, dabei ist nun schon so lange kein Kanonendonner mehr zu hören.

Jetzt geht Annis Mutter über den Hof, will Teppiche ausklopfen, als ob heute ein ganz normaler Sonnabendvormittag wäre.

Eigentlich sind das gar keine Teppiche mehr, die Annis Mutter da über die Teppichklopfstange hängt; es sind schwarze, verschimmelte, über und über mit Löchern besäte Lappen. Deshalb schlägt sie auch nicht so fest zu, hat Angst, daß ihr die Dinger auseinanderfallen. Doch womit sonst sollte sie den kalten Kellerfußboden abdecken? Die Pappe allein reicht nicht.

Ob Anni am Fenster steht und ihrer Mutter zusieht? Helle beugt sich weit hinaus. Aber Anni steht nicht in dem kleinen Kellerfenster, schaut schon tagelang nicht mehr in den Hof. Dr. Fröhlich hat es gesagt: Sie ist viel zu früh aus dem Krankenhaus entlassen worden, müßte eigentlich sofort wieder hinein, doch jetzt ist mal wieder kein freies Bett zu haben; zu den vielen Hunger- und Grippekranken kommen ja nun auch noch die Verwundeten der Straßenkämpfe.

Er würde so gern mal wieder mit Anni reden. Vielleicht ist sie jetzt, da es ihr wieder schlechter geht, nicht mehr so schnippisch und sagt ihm, was mit ihr los war. Doch wie soll er mit ihr reden, wenn sie nicht ans Fenster kommt? Rein zu ihr kann er nicht, da wäre ihre Mutter dabei, das hätte keinen Sinn. Und zu Oswin darf sie nicht mehr; solange Oswin krank ist, braucht er sein Bett auch tagsüber selbst ...

Die Hoftür wird geöffnet – und Helle kann aufatmen: Die Mutter! Endlich ist sie zurück! Gleich darauf erschrickt er: Die Mutter ist Annis Mutter in die Arme gefallen. Was soll das bedeuten? Einen Augenblick lang ist Helle unfähig, sich zu rühren, dann greift er sich die Schlüssel und läuft, ohne sich zuvor was überzuziehen, in den Hof hinunter.

Als sie ihn sieht, reißt die Mutter sich zusammen, nimmt ihr Taschentuch heraus und putzt sich die Nase.

»Vater?« fragt er nur.

»Ich weiß nicht ... Es sind so viele ... gefallen ... und gefangen. Verflucht! Warum muß ich denn jetzt heulen? Hab doch den ganzen Weg über nicht geheult.«

»Weinen Sie nur«, sagt Annis Mutter, die ihre Teppiche längst vergessen hat. »Das macht es leichter.« Und damit stützt sie die Mutter und begleitet sie die Treppe hinauf. Helle geht nur hilflos hinterher.

»Nicht zu den Kindern«, bittet die Mutter, als Annis Mutter sie in die Schlafstube führen will. Leise betritt sie die Küche, setzt sich aufs Sofa und beginnt schließlich zu erzählen: Zwei Stunden lang beschossen die Belagerer das *Vorwärts*-Gebäude mit ihren schweren Geschützen. Erst als das Haus kaputtgeschossen war und im Papierlager ein Brand ausbrach, der das ganze Gebäude in so dicke Qualmwolken hüllte, daß man drinnen nicht mehr atmen konnte, gaben die Besetzer auf. Fünf- bis sechshundert *Vorwärts*-Besetzer sollen es anfangs gewesen sein, in Gefangenschaft gerieten nur etwa dreihundert.

»Mein Gott!« Annis Mutter kann gar nicht glauben, was sie da zu hören bekommt. Sie ist eine von denen, die die Revolution nur aus der Ferne erlebt haben, war in den zurückliegenden Wochen und Monaten nicht ein einziges Mal in der Innenstadt, liest auch keine Zeitung, weiß nur, was die Männer erzählen, die in *Erdmanns Loch* verkehren. Mutters Bericht bringt sie zum erstenmal mit allem in Berührung.

Die Mutter sagt dann noch, daß sie an der Ecke Friedrichstraße/Unter den Linden gestanden hätte, näher hätten die Regierungstreuen niemanden an das Kampfgebiet herangelassen. Sie sei aber nicht die einzige gewesen, die da stand; viele Männer und Frauen hätten sich mitten in der Nacht dort versammelt, um näher bei ihren Angehörigen oder Freunden zu sein und etwas über die Vorgänge im Zeitungsviertel zu erfahren.

»Und von Ihrem Mann haben Sie nichts gehört?« fragt Annis Mutter noch einmal.

»Nein.« Die Mutter erzählt, daß sie gewartet und gewartet habe; erst als sie hörte, daß die Gefangenen längst abtransportiert wären, sei sie gegangen.

Helle möchte etwas tun, irgend etwas tun, er kann doch nach allem, was passiert ist, nicht einfach weiter in der Küche herumhocken und aus dem Fenster gucken. Doch was kann er, ein Dreizehnjähriger, schon tun, wenn selbst die Erwachsenen hilflos sind?

»Wieso haben die Spartakisten denn nicht früher aufgegeben? Worauf warteten die denn noch?« Annis Mutter begreift das alles nicht. Für sie haben diese Kämpfe genauso wenig Sinn wie der Krieg, der auch nur Not und Leid und Elend gebracht hat. Und sie nennt die Arbeiter, Matrosen und roten Soldaten, die das Zeitungsviertel besetzt hielten, Spartakisten – wie die Regierung sie nennt, obwohl längst nicht alle der dort Kämpfenden Spartakisten, sondern viele unter ihnen nur enttäuschte Revolutionäre waren.

»Auf nichts!« antwortet die Mutter leise. »Sie haben auf nichts gewartet. Sie wollten nur dieses Unrecht nicht hinnehmen.«

Annis Mutter versteht auch das nicht, fragt aber nicht weiter.

»Und die anderen Verlage?« fragt Helle leise.

»Es heißt, die Besetzer konnten fliehen. Nachdem der *Vorwärts* gefallen war, haben sie aufgegeben.«

»Das einzig Vernünftige, was sie tun konnten«, meint Annis Mutter streng. »Mit dem Kopf durch die Wand ... das geht doch nicht.«

Die Mutter nimmt Helles Hände und drückt sie. »Vielleicht ist er ja unter den Gefangenen.«

Genau in diesem Augenblick steht auf einmal Martha in der Tür. Sie hat was gehört, ist aufgewacht, reibt sich die Augen. Als sie die Mutter sieht, läuft sie auf sie zu, kriecht ihr auf den Schoß und preßt sich an sie. »Ist ja gut«, sagt die Mutter nur und streichelt sie traurig. »Ist ja alles gut.«

Oma Schulte ist gekommen, sitzt auf dem Küchensofa und macht ein Gesicht, als wollte sie sagen: Warum habt ihr auch nicht auf mich gehört? Hab ich euch das alles nicht vorausgesagt? Doch sie ist nicht froh, recht behalten zu haben.

Die Mutter geht immer wieder ans Fenster und schaut hinaus, als gäbe es noch irgendeine Hoffnung, daß der Vater nicht gefallen und auch nicht in Gefangenschaft geraten ist und einfach wieder heimkommt. Helle sitzt nur dabei und schweigt.

Immer wieder fegt Oma Schulte mit der flachen Hand einen unsichtbaren Krümel vom Tisch. Sie muß einfach was tun, kann nicht nur so dasitzen. Aber was nun wirklich zu tun wäre, weiß auch sie nicht.

»Es ist die Ungewißheit«, sagt die Mutter da auf einmal mehr zu sich selber als zu Helle oder Oma Schulte. »Wenn man Gewißheit hätte, könnte man sich abfinden ...«

»Kind! Beruf es nicht.« Oma Schulte bekreuzigt sich schnell.

Es ist ulkig, daß Oma Schulte die Mutter Kind nennt, aber nicht mal Martha, die sich unter ihrem Bettzeug in die andere Ecke des Sofas kuschelt, findet es komisch. Sie starrt vor sich hin, als könne jede Bewegung ihr Unglück nur vermehren. Sie weiß nun längst, worum es geht, weint aber nicht, liegt nur da und hängt irgendwelchen Gedanken nach.

Die Mutter will noch etwas sagen, doch da sind plötzlich Schritte zu hören, Schritte, die über den Hof hasten. Gleichzeitig mit Helle stürzt sie zum Fenster.

Atze! Es ist Atze! Er blickt kurz zu ihnen hoch, bevor er im Seitenaufgang verschwindet.

Die Mutter empfängt ihn schon in der Tür und versucht in seinem Gesicht zu lesen. »Lebt er?« ruft sie verzweifelt, als Atze sich völlig außer Atem auf einen der Küchenstühle fallen gelassen hat. »Weißte was?«

»Rudi lebt«, antwortet Atze erst mal nur und greift nach dem Wasserbecher, um was zu trinken, setzt dann aber, als bekäme er von einer Sekunde auf die andere keinen einzigen Tropfen mehr hinunter, den Becher wieder ab und vergräbt den Kopf in die Arme.

»Diese Schweine!« schluchzt er. »Diese Schweine!«

»Was ist denn passiert? Nun red doch schon!« drängt die Mutter.

Da holt Atze tief Luft und berichtet als erstes, daß er den Vater bei Onkel Kramer getroffen hat und der Vater ihm erzählte, daß er unter den Gefangenen gewesen sei, aber Glück hatte. Einer der Soldaten, die die Gefangenen bewachten, ein ehemaliger Kriegskamerad von ihm, hätte ihn in einem günstigen Moment laufenlassen.

»Hieß der Kruse, Paul Kruse?« fragt die Mutter.

Den Namen weiß Atze nicht. Er trinkt wieder von seinem Wasser und berichtet weiter, was er vom Vater weiß: Nach der zweiten schweren Kanonade schickten die *Vorwärts*-Besetzer sechs Parlamentäre zu den Truppen. Sie trugen eine weiße Fahne, so daß jeder schon von weitem erkennen konnte, daß sie verhandeln wollten, und boten den Regierungstreuen an, das Gebäude kampflos zu verlassen, wenn ihnen freies Geleit zugesichert würde. Die Besetzer hatten ja längst erkannt, daß sie sich gegen die schweren Geschütze nicht halten konnten, und wollten ein unnötiges Blutvergießen vermeiden. Doch die Führer der Regierungstruppen, sonst das große Wort vom Ende des Blutvergießens ständig im Mund, verweigerten jede Verhandlung, schickten einen der sechs Parlamentäre mit der Forderung nach bedingungsloser Übergabe zurück – und ließen die anderen fünf erschießen.

»Mein Gott!« Oma Schulte greift sich ans Herz.

»Parlamentäre?« fragt Helle ungläubig. Er erinnert sich noch gut daran, wie Herr Förster ihnen einmal erklärte, daß auch ein Krieg seine Regeln habe. Er führte Beispiele dafür an und nannte als wichtigsten Beweis die Unversehrtheit der Parlamentäre, die jede kriegführende Partei garantieren müsse. Wenn aber die Regierungstruppen sich nicht mal an die Regeln hielten, die sogar im Krieg galten, war das, was im Zeitungsviertel geschehen ist, ja noch viel schlimmer als Krieg …

»Sie waren so wütend, daß sie sogar einen der Ihren, einen

Offizier, den wir gefangengehalten hatten, blutig schlugen, nur weil sie gesehen hatten, wie er sich bei uns für die anständige Behandlung bedankte.« Atze ballt die Fäuste, daß die Knöchel weiß hervortreten. »Sie wollten Rache, weiter nichts! Deshalb haben sie immer wieder Gefangene an die Wand gestellt und zwei unserer Kuriere erst ausgepeitscht und danach ebenfalls erschossen ...« Er kann die Tränen nicht mehr zurückhalten, weint vor Wut, Ohnmacht und Hilflosigkeit.

Wenn sie Atze abgefangen hätten, wäre also auch er ausgepeitscht und erschossen worden, genauso wie die anderen Kuriere ... Und hätte der Vater jenen Bekannten nicht getroffen, würde nun vielleicht auch er nicht mehr leben ...

»Und die anderen?« fragt die Mutter leise.

»Arno und zwei andere Matrosen sind kurz nach der Gefangennahme entwischt. Heiner wollte auch mit, lief aber als letzter ... Da haben sie ihm in die Beine geschossen.«

In die Beine geschossen? Helle wird es flau im Bauch.

»Und Trude?« will Oma Schulte wissen.

Helle kann sich denken, warum Atze Trude bisher noch nicht erwähnt hat. Er hat Angst vor seiner Antwort, möchte am liebsten aufstehen und weggehen, um nicht mitanhören zu müssen, was Atze jetzt sagen wird. Doch er geht nicht weg, bleibt sitzen, muß es ja wissen, will es ja wissen.

Atze senkt den Kopf. »Als Rudi sie das letztemal sah, kniete sie hinter einem Fenster im dritten Stock und schoß auf die Straße hinab. Als die Kanonade beendet war, waren der dritte und der vierte Stock völlig zerstört ... nicht mal mehr die Außenmauern standen noch ... Wenn sie nur verletzt worden wäre, hätten wir von ihr gehört.«

Martha, die die ganze Zeit so still gelauscht hat, daß Helle schon dachte, sie verstehe das Ganze noch gar nicht, heult endlich los. Oma Schulte zieht sie an sich. »Wir hätten dich rausbringen sollen.« Doch sie denkt nicht daran, das jetzt noch zu tun; es wäre ohnehin zu spät.

»Ich hätte sie gern noch mal gesprochen«, sagt Atze leise, »hätte mich so gern bei ihr entschuldigt, ihr gesagt, daß ich das nicht so gemeint habe ... das mit der Sinnlosigkeit ...«

»Das hat Trude doch gewußt«, tröstet ihn die Mutter. »Nicht ein einziges Mal hat sie schlecht von dir gesprochen.«

Danach ist es eine Weile still in der Küche, niemand sagt etwas, alle denken an Trude, die immer so lustig war und manchmal auch so ernst und verschlossen. Bis Atze sich einen Ruck gibt und Helle anschaut. »Hab einen Auftrag für dich.«

»Von wem?« fragt die Mutter verstört.

»Von Rudi.«

»Aber ... wo ist er denn? Warum kommt er nicht selbst?«

Nachdenklich sieht Atze Oma Schulte an.

»Herzchen!« wundert sich die alte Frau. »Du hast doch wohl meinetwegen keine Bedenken?«

»Ich soll's nur Helle sagen. Oder Marie. Tut mir leid.«

Da richtet Oma Schulte sich steif auf. »Ich soll also gehen?«

»Oma Schulte!« bittet die Mutter. »Das ist doch kein Mißtrauen. Wenn Rudi gesagt hat, er darf es niemandem außer uns sagen, muß er sich doch daran halten.«

Oma Schulte ist trotzdem tief getroffen, murmelt was von »Geheimniskrämerei« und »sonst gut genug sein« vor sich hin und geht beleidigt.

Atze wartet, bis Oma Schulte die Tür hinter sich geschlossen hat, dann entschuldigt er sich noch einmal. »Rudi hat extra gesagt, daß niemand im Haus was erfahren darf. Er glaubt, daß ein Spitzel im Haus wohnt.«

»Um was geht's denn nun?« fragt die Mutter ungeduldig.

Jetzt blickt Atze Martha an. Sofort nimmt Helle die Schwester auf den Arm und trägt sie in die Schlafstube. Martha wehrt sich nicht, protestiert auch nicht. »Die arme Trude«, sagt sie nur, als Helle sie zugedeckt hat, und zieht sich die Bettdecke übers Gesicht. Und als Helle sie streicheln will, schiebt sie seine Hand weg. Sie gibt allen Erwachsenen die Schuld an dem, was mit Trude geschehen ist – und der Bruder zählt für sie längst mit zu den Erwachsenen.

»Du hast doch noch das Päckchen?« fragt Atze, als Helle die Küche wieder betritt.

Das Päckchen? Helle weiß erst gar nicht, was Atze meint. Anfangs sah er alle paar Tage nach, ob das Päckchen noch unter der Diele steckte, nun hat er sich schon wochenlang nicht mehr darum gekümmert.

»Braucht ihr es?«

»Du sollst es Arno bringen. Mit dem Fahrrad.«

»Und wo finde ich ihn?«

»Im Scheunenviertel. Grenadierstraße 41, Hinterhaus, zweiter Stock. Roth steht an der Tür. Julius Roth.«

Im Scheunenviertel? Das ist die Gegend hinterm Alexanderplatz, von vielen als Verbrecherviertel bezeichnet. Es heißt, dort kämen auf jeden Quadratmeter Kopfsteinpflaster mehr Verbrecher als Steine. Aber das stimmt nicht. Es gibt dort auch ehrliche Leute und vor allem viele fremdartige Geschäfte, die nicht nur in deutsch, sondern noch in einer anderen Schrift ihre Waren anpreisen; einer sehr runden Schrift, von der Helle, als er mal vor einem solchen Geschäft stand, keinen einzigen Buchstaben entziffern konnte. Die Mutter hat ihm später erzählt, daß das die Schrift der Juden sei, die aus Polen oder Rußland zugewandert waren. Sie lebten im Scheunenviertel, weil da die Mieten am günstigsten wären und die Familien zusammenbleiben konnten.

»Warum übernimmst du nicht das mit dem Päckchen?« Der Mutter gefällt Atzes Auftrag nicht. »Die Straßen sind doch voller Soldaten.«

»Weil ich weiter muß. Hab noch 'ne ganze Menge anderer Aufträge zu erledigen.« Atze ist schon in der Tür. »Wenn du in der Grenadierstraße aus irgendwelchen Gründen niemanden antriffst, fahr weiter zur Jerusalemer 24, Vorderhaus, dritter Stock,

F. Müller. Dreimal laut und einmal leise klopfen. Haste verstanden?«

Die Jerusalemer Straße liegt in einem ganz anderen Stadtteil als das Scheunenviertel, in der Nähe vom Dönhoffplatz, nicht weit vom Spittelmarkt. Helle reißt eine Seite aus einem seiner Schulhefte und will sich gleich alles notieren, damit er nichts vergißt. Sofort kommt Atze zurück und nimmt ihm die Seite weg. »Biste verrückt geworden? Wenn du geschnappt wirst, finden die doch die Adressen.«

Atze hat recht. Helle muß es sich so merken und wiederholt vorsichtshalber alles noch mal laut: »Grenadierstraße 41, Hinterhaus, zweiter Stock, Julius Roth. Jerusalemer 24, Vorderhaus, dritter Stock, F. Müller ... dreimal laut, einmal leise.«

Atze ist zufrieden, die Mutter hat noch Zweifel. »Und wer wartet in der Jerusalemer auf ihn?«

»Keine Ahnung.« Atze zuckt die Achseln. »Vielleicht Moritz, vielleicht Rudi. Auf jeden Fall einer von uns.« Danach verabschiedet er sich von der Mutter und bittet Helle, nur ja keine Zeit zu verlieren: »Die warten auf dich.«

Im Scheunenviertel

Helle hat sich das Päckchen wieder unters Unterhemd geschoben, so wie damals, als er es Onkel Kramer bringen sollte. Nun spürt er es auf der Haut, während er auf seinem Rad durch die Straßen fährt und den kürzesten Weg zur Grenadierstraße einschlägt: Koppenplatz, Gipsstraße, Weinmeisterstraße, Münzstraße.

Die Münzstraße ist die Hauptstraße des Scheunenviertels. Die Häuser links und rechts der schmalen Straße sind zwar auch nur zwei bis drei Stockwerke hoch, wie fast überall im Scheunenviertel, aber nicht ärmlich und grau, sondern bunt und an normalen

Tagen überaus belebt. Da gibt es das »Biograph-Theater«, das älteste Kino Berlins, da gibt es viele kleine Etagenrestaurants und Eckkneipen, Geschäfte und Handwerksbetriebe, Buchhandlungen und Leihbibliotheken. Doch heute herrscht kein Gedränge, keine geschäftige Betriebsamkeit; heute sind nur wenige Passanten unterwegs. Dafür kommt Helle, kurz bevor er die Ecke Grenadierstraße erreicht hat, ein Trupp berittener Soldaten entgegen. Sie kommen direkt vom Alexanderplatz und reiten sehr langsam; kontrollieren die Straße, die sie in voller Breite ausfüllen. Kurz entschlossen biegt Helle in die Dragonerstraße ein, die parallel zur Grenadierstraße verläuft, doch als er rechts in die Schendelgasse hineinwill, um von oben in die Grenadierstraße zu gelangen, stößt er wieder auf patrouillierende Soldaten. Er fährt einen Bogen, als unternehme er nur eine Spazierfahrt, biegt links in die Schendelgasse ein, überquert die Alte Schönhauser und fährt durch die Mulackstraße.

Wenn das Scheunenviertel der verrufenste Teil der Stadt ist, so ist die Mulackstraße die verrufenste Straße des Viertels. Was Helle schon alles über diese Straße gehört hat, könnte mehrere Sitten- und Kriminalromane füllen. Doch daran denkt er jetzt nicht, in seinem Kopf arbeitet es fieberhaft: Die Mutter hat recht, es wimmelt nur so von Soldaten in der Stadt. Wenn er zu Arno will, muß er durch einen dieser Trupps hindurch – und das kann er nicht, solange er das Päckchen bei sich hat. Findet man es bei ihm, ist er geliefert. Also muß er es wieder mal verstecken, zu Arno fahren und ihm sagen, wo er es versteckt hat.

Eine offene Toreinfahrt. Helle wird langsamer, fährt dichter ran und schaut hinein.

Alles ist ruhig, Haus und Hof dämmern vor sich hin. Er tut, als suche er jemanden, fährt langsam durch die dunkle, muffig riechende Toreinfahrt auf den Hof und fühlt sich in ein Dorf versetzt: links ein flacher Fachwerkbau, rechts eine Holztreppe, die zu einer verwitterten Eingangstür führt. Lange blickt er sich um, bis er sich unbeobachtet fühlt und das Päckchen, das er schon in der Hand hält, schnell in einen Spalt zwischen Balken und Mauerwerk des Fachwerkbaus schieben kann. Danach blickt er sich wieder erst längere Zeit um, bevor er den Hof verläßt. Auf der Straße prägt er sich noch die Nummer dieses Hauses ein, dann radelt er zurück.

Es war klug von ihm, das Päckchen zu verstecken: Die Soldaten mit den Stahlhelmen halten ihn tatsächlich an, fragen ihn, wo er hinwill, und tasten ihn ab. Sie suchen nicht das Päckchen, sie suchen Waffen, aber wenn er das Päckchen noch bei sich gehabt hätte, hätten sie es gefunden.

Wo er hinwill, ist schnell erzählt: Da gibt es eine alte Tante, die so krank ist, daß sie sich nicht mehr rühren kann und er ihr die Wohnung heizen muß. Die Soldaten finden das sehr löblich von ihm und lassen ihn passieren.

Ohne sich noch einmal umzudrehen, fährt Helle durch die Schendelgasse und biegt rechts in die Grenadierstraße ein. Erst als ihn die Männer mit den Stahlhelmen nicht mehr sehen können, wird er langsamer. Nr. 41. Da steht es. Links ist ein Zigarrengeschäft, rechts eine Kohlenhandlung, und direkt neben der Toreinfahrt ist ein Schild angebracht: *Frau Malzer – Hebamme*.

Er fährt erst einmal an dem Haus vorüber, beobachtet die Straße und dreht sich immer wieder um. Als er sicher ist, daß ihm keiner der Soldaten gefolgt ist, fährt er zurück und durch das offene Tor in die Nr. 41 hinein. Erst im Hof steigt er vom Rad.

So wie die Häuser niedriger sind als die Weddinger Mietskasernen, sind auch die Höfe kleiner und enger. In diesem Hof hätte nicht einmal eine zweite Teppichklopfstange Platz. Vorsichtig schiebt Helle sein Rad in den Hofaufgang und lehnt es an die Wand.

Dann steigt er langsam die Treppe hinauf.

Da ist das Türschild: *Julius Roth*.

Wie er hier zu klopfen hat, weiß er nicht, darüber hat Atze

nichts verlauten lassen, also klopft er am besten ganz normal und tritt danach bis an die Treppe zurück.

Schritte hinter der Tür. Jemand schaut durch den Spion. Helle tritt wieder etwas vor, damit er besser gesehen werden kann, gleich darauf wird die Tür geöffnet.

Arno! Sofort stürzt Helle auf den Matrosen zu, der ihn in die Arme nimmt und leise in die Wohnung zieht.

»Helle! Junge!«

Auch Arno freut sich über ihr Wiedersehen, aber ist das wirklich noch Arno? Der Matrose ist nicht nur hagerer geworden, als Helle ihn in Erinnerung hat, er sieht auch ernster aus, verbitterter.

»Haste das Päckchen?«

Rasch erzählt Helle von den Soldaten, auf die er immer wieder gestoßen ist, und daß er das Päckchen deshalb lieber versteckt hat.

»Soldaten?« Arno ist beunruhigt, will erst alles über die Soldaten wissen und dann, wo Helle das Päckchen versteckt hat. Erst danach führt er ihn in einen Raum, der so dunkel ist, daß Helle Zeit braucht, um sich einigermaßen zurechtzufinden. Das erste, was ihm auffällt, sind die Bücherregale an den Wänden; bis an die Decke reichen sie, und sie sind so vollgestellt, daß er keine einzige Lücke entdecken kann. Doch nicht nur in den Regalen stehen Bücher, auch auf dem Schreibtisch, der dicht am Fenster steht, und sogar auf dem Fußboden liegen sie stapelweise. Neben dem Fenster steht der Schnauzbärtige, der Helle ernst zunickt, und ein anderer Matrose, ein blasser Junge mit einer Narbe im Gesicht.

»Hat er die Papiere?«

Die Stimme kommt von dem Sofa, das vor einem der Regale steht. Ein weißhaariger Mann sitzt dort und sieht Helle prüfend an. Neben dem Weißhaarigen hockt ein junges Mädchen. Beide sind sie im Mantel; sitzen da wie auf einem Bahnhof.

Arno klärt den Weißhaarigen und das Mädchen auf, weshalb

Helle die Papiere nicht bei sich trägt, und sagt dann: »Diese Patrouille macht mir Sorgen. Vielleicht ist es besser, ihr wartet noch.«

Das Mädchen tritt ans Fenster und schaut hinaus. »Wenn wir noch lange warten, werden wir garantiert gefaßt.«

Es geht um den Weißhaarigen, er wird irgendeine wichtige Persönlichkeit sein, eine, die unbedingt in Sicherheit gebracht werden muß. Soviel hat Helle nun schon begriffen, aber den Namen Julius Roth hat er noch nie gehört. Oder heißt der Weißhaarige vielleicht gar nicht Julius Roth? Onkel Kramer trug ja auch eine Zeitlang einen falschen Namen. »Sie suchen nach Waffen«, sagt er. »Wer keine Waffen hat, den lassen sie durch.«

Der Weißhaarige überlegt einen Moment, dann sagt er: »Wir müssen es riskieren.«

»Und wenn sie dich erkennen?« fragt das Mädchen.

»So bekannt bin ich nun auch wieder nicht.« Der Weißhaarige nimmt eine Tasche und knöpft seinen Mantel zu. Er ist wirklich nicht nur ein alter Mann, ist so eine Art »Herr« – aber einer von der sympathischen Sorte. Helle ist es auf einmal, als hätte er den Weißhaarigen schon mal gesehen.

Nachdenklich zieht das Mädchen einen Revolver aus der Tasche und legt ihn auf den Tisch. »Den laß ich dann mal besser hier.«

Der Weißhaarige sieht sich noch einmal in der Wohnung um, dann sagt er zu Arno: »Falls ihr den Julius seht, grüßt ihn von mir.«

Also heißt der Weißhaarige tatsächlich nicht Julius Roth, hat sich nur hier versteckt? Helle hat immer deutlicher das Gefühl, diesen Mann schon einmal gesehen zu haben, doch ihm fällt beim besten Willen nicht ein, wo und wann.

»Geht über den Boden«, rät der Schnauzbärtige. »Vielleicht ist es gut, wenn ihr nicht gerade dieses Haus verlaßt.«

»Kommt ihr nicht mit?« fragt Helle Arno.

»Mit uns würdet ihr keine drei Meter weit kommen.« Arno

grinst und ist damit fast wieder der alte. »Auf so was wie uns veranstalten sie heute Treibjagden.« Dann wird er ernst. »Es geht wirklich nicht. Deshalb mußt du mit ihnen mit und ihnen die Papiere geben.« Vertraulich legt er Helle die Hand auf die Schulter. »Irgendwann sehen wir uns wieder. Dann feiern wir ein Fest, daß die Bude wackelt. Der ganze vierte Hof ist eingeladen. Bis dahin grüß zu Hause, ganz besonders Martha und Hänschen.«

Der Weißhaarige und das Mädchen steigen schon die Treppe hoch. Helle folgt ihnen rasch über den vollgestellten Boden und im Nachbarhaus die Treppe wieder hinunter. Sein Fahrrad fällt ihm ein, das ja nun im Hofaufgang der Nr. 41 stehengeblieben ist. Er hätte es lieber mitgenommen, aber das geht nun nicht mehr. Er kann schließlich nicht verlangen, daß der Weißhaarige und das Mädchen eines Rades wegen ihr Leben riskieren.

Der Hof sieht genauso aus wie der Nachbarhof, ist nur nicht ganz so schmal. Im Hausflur hält das Mädchen den Weißhaarigen zurück, schaut zuerst durch die Tür auf die Straße – und erschrickt: »Stahlhelme! Jede Menge Stahlhelme!«

Der Weißhaarige späht auch durch den Türspalt. »Die warten auf uns«, sagt er leise.

»Und was machen wir nun?« fragt das Mädchen ungeduldig. »Gehen wir über die Dächer?«

»Das hat keinen Sinn. So dumm sind die nicht. Sicher haben sie dort längst Posten aufgestellt.« Der Weißhaarige überlegt einen Augenblick und sagt dann: »Geht ihr beide. Euch suchen sie nicht.«

»Und du?« fragt das Mädchen.

»Ich ziehe mich ins Treppenhaus zurück, warte, bis die Luft rein ist.«

»Dann bleibe ich bei dir.«

»Wozu?«

»Vielleicht kann ich dir irgendwie helfen.«

Der Weißhaarige versucht nicht, das Mädchen umzustimmen;

er sieht, daß das keinen Zweck hätte. Lächelnd reicht er Helle die Hand: »Falls wir uns nicht mehr sehen – danke schön!«

»Und die Papiere?« fragt Helle.

»Tja, darauf werden wir wohl verzichten müssen. Selbst wenn du uns sagst, wo du sie versteckt hast – es wäre zu auffällig, wenn wir dort herumsuchten.«

»Ich kann ja warten.«

»Wenn du das tun willst ... Aber du darfst dich nicht in Gefahr bringen.« Der Weißhaarige schaut auf seine Uhr – und da weiß Helle auf einmal, wo er ihn gesehen hat: Es war an dem Tag, als er mit den Matrosen zum Marstall fuhr. Der Weißhaarige stand neben Rosa Luxemburg und drängte sie, ihr Gespräch mit den Leuten um sie herum zu beenden. Damals sah er auch auf seine Uhr ...

»Geh jetzt.« Der Weißhaarige öffnet die Haustür einen Spalt weit, um sich erst noch einmal davon zu überzeugen, daß Helle keine unmittelbare Gefahr droht, und nickt ihm dann zu. »Benimm dich möglichst unauffällig. Tu, als ob du hier zu Hause wärst.«

In gelangweilter Haltung tritt Helle auf die Straße und blickt sich um.

Ein LKW steht vor der Nr. 41, vollbesetzt mit bewaffneten Soldaten. Vor der Haustür geht ein Hauptmann auf und ab. Er guckt zu Helle hin und gleich wieder weg. Die Hände in den Hosentaschen, schlendert Helle über die Straße.

»Da sind Matrosen drin!«

Ein Soldat schreit es aus der Toreinfahrt und verschwindet gleich wieder. In den Hauptmann kommt Bewegung. Er brüllt Befehle, scheucht die Soldaten vom LKW, läßt sie entlang der Straße eine Kette bilden und gibt auch denen, die sich hinter den Schornsteinen der Dächer postiert haben, Anweisungen.

Einer der Soldaten stellt sich dicht vor Helle, der nun in der

Haustür zur Nr. 42 steht, die der 41 direkt gegenüberliegt. »Geh lieber ins Haus«, sagt er. »Vielleicht knallt's bald.«

Helle wirft einen Blick auf die Schulterstücke des Soldaten und weiß Bescheid: ein Maikäfer! Im November hatten sich die Männer aus der Maikäferkaserne der Revolution angeschlossen und im Dezember das Blutbad in der Chausseestraße angerichtet; sie gehörten zu den Truppenteilen, die im Zeitungsviertel eingesetzt wurden, und sie sind auch jetzt wieder dabei.

Der Soldat hat Helles ablehnenden Blick bemerkt. »Ist ja dein Leben«, sagt er gleichgültig und schaut weiter zu den Dächern hoch.

Inzwischen ist Helle längst nicht mehr der einzige, der verfolgt, was sich vor der Nr. 41 abspielt. Überall liegen Neugierige in den Fenstern, stehen Schaulustige herum, zumeist Frauen, aber auch alte Männer und junge Burschen. Sogar einige der Ladenbesitzer, die sich angstvoll in ihren Läden eingeschlossen hatten, sind vor die Türen getreten. Alle schauen sie zu den Dächern hoch, erwarten, daß dort jeden Moment etwas passiert.

Der Hauptmann schickt seine Soldaten nun auch in die Nachbarhäuser. Helle sieht vier Mann in das Haus laufen, in dem er den Weißhaarigen und das Mädchen weiß, und glaubt, sein Herz setze aus, so sehr fährt ihm der Schreck in die Glieder. Er fürchtet, jeden Augenblick Schüsse zu hören, wartet richtig darauf – und dann fallen sie auch! Wie verrückt hämmert da auf einmal ein Maschinengewehr los. Doch die Schüsse fallen nicht in dem Haus, in dem sich der Weißhaarige und das Mädchen versteckt halten, sie fallen in der Nr. 41. Und das Haus, das Helle zuvor wie unbewohnt schien, erwacht nun zum Leben. Einige Bewohner kommen auf die Straße gelaufen, sind entsetzt, was sich da in ihrem Haus abspielt, andere lassen nur die Jalousien herunter. Dann bricht das Rattern genauso plötzlich wieder ab.

Haben sie die Matrosen? Helle will ein wenig vortreten, wird aber von dem Soldaten zurückgescheucht.

Auch die anderen Schaulustigen versuchen, sich dem LKW zu

nähern. »Habt ihr sie?« fragt der Fleischermeister, der lange Zeit zusammen mit seiner Frau vor der Ladentür gestanden hat.

»Weg!« schreit der Hauptmann. »Weg!«

Der Fleischermeister und einige andere machen ein paar Schritte zurück, viele Frauen jedoch, die meisten jungen Burschen und auch einige ältere Männer lassen sich nicht einschüchtern. »Bringt die Jungs nicht um«, ruft ein alter Mann. »Laßt sie leben.«

Als Antwort befiehlt der Hauptmann zwei seiner Soldaten, die Männer und Frauen zurückzudrängen.

»Da!« Der Fleischermeister, der nun wieder vor seiner Ladentür steht, streckt die Hand aus. »Auf dem Dach!«

Der Schnauzbärtige! Er liegt hinter einem Schornstein und verteidigt sich gegen die Soldaten auf dem Dach, die nun von allen Seiten das Feuer auf ihn eröffnen. Die Schaulustigen verschwinden in ihre Häuser oder Läden, die Fenster klappen zu, die Soldaten auf der Straße gehen hinter dem LKW in Deckung. Der Soldat vor der Nr. 42 will Helle nun mit Gewalt in den Hausflur zurücktreiben, doch jetzt geht Helle von allein, lehnt sich drinnen an die Wand, atmet heftig.

Das Feuer wird immer wütender. Helle versucht herauszuhören, ob der Lärm von weiter oben, vom Dach, oder von unten, von der Straße herkommt; die Schüsse aber sind nicht voneinander zu unterscheiden. Zwischendurch hört er Schritte, ahnt, daß das die Soldaten sind, die bessere Schußpositionen suchen, und beißt sich vor Spannung, Angst und Sorge die Lippen blutig.

Das Gefecht dauert eine Ewigkeit oder nur Minuten, Helle hat jedes Zeitgefühl verloren. Er steht nur da, hört auf den Lärm und fühlt sich an den Heiligabend-Vormittag erinnert, als er sich auch in einen Hausflur flüchtete.

Die Ruhe setzt schlagartig ein, kein einziger Schuß durchbricht sie noch. Vorsichtig öffnet Helle das Tor einen Spalt weit – und zuckt zurück: Mitten auf der Straße stehen zwei Soldaten, einer hat den Weißhaarigen vor sich stehen, der andere das Mädchen. Beide halten sie ihre Gefangenen, die mit erhobenen Händen zum Dach hochschauen, mit ihren Gewehren in Schach.

»Ergebt euch!« ruft der Hauptmann ebenfalls mit Blick zum Dach hinter dem LKW hervor. »Werft die Waffen weg – oder wir machen kurzen Prozeß mit den beiden!«

Der Schnauzbärtige! Er liegt schräg über dem Fanggitter, die Arme ausgebreitet, den Kopf nach unten. Neben dem Schornstein steht Arno, hält sein Gewehr in den Händen und zögert noch.

»Ergebt euch!« ruft nun auch der Weißhaarige und fügt leise, wohl nur für das Mädchen bestimmt, hinzu: »Es hat ja keinen Sinn mehr. Sie sollen nicht auch noch fallen.«

Da wirft Arno sein Gewehr auf die Straße. Es scheppert laut. Neben ihm taucht der Junge mit der Narbe auf und zögert immer noch. Kurz entschlossen nimmt Arno ihm sein Gewehr ab und wirft es ebenfalls auf die Straße. Dann bückt er sich, um die Leiche des Schnauzbärtigen aufzuheben.

Erst jetzt wagen sich die Soldaten auf dem Dach an die beiden Matrosen heran und führen sie mit vorgehaltenen Gewehren ab.

Ohne noch länger zu zögern oder den Befehl dazu abzuwarten, besteigt der Weißhaarige den LKW und setzt sich hin. Das Mädchen folgt ihm still, während der Hauptmann sich nun den beiden Matrosen zuwendet, die von den Soldaten, die sie auf dem Dach festgenommen haben, herangeführt werden und ihren toten Kameraden zwischen sich tragen. Der Junge mit der Narbe blutet an der Stirn, Arno ist offensichtlich unversehrt. So vorsichtig, als könnten sie ihm noch irgendwie weh tun, legen die beiden Matrosen den Schnauzbärtigen auf den LKW und klettern dann ebenfalls hinauf.

Helle öffnet die Tür etwas weiter, schiebt sich durch den Spalt und lehnt sich an das kalte Holz. Er will, daß Arno ihn sieht, und Arno bemerkt ihn auch, doch er verzieht keine Miene.

Eine Frau in einem sehr dünnen Mantel löst sich aus der Menge der Neugierigen. »Wo bringt ihr sie denn hin?«

Der Hauptmann beachtet die Frau nicht, befiehlt den Soldaten aufzusteigen und will um die Frau herum. Entschlossen tritt ihm die Frau in den Weg.

Helle sieht, wie Arno sich spannt, wie er sekundenlang ganz steif wird, und weiß sofort, daß Arno sich nur deshalb die ganze Zeit so still verhalten hat, weil er auf eine günstige Gelegenheit zur Flucht wartete. Die scheint ihm jetzt gekommen zu sein; die Soldaten neben ihm haben nur Augen und Ohren für ihren Hauptmann und die Frau.

Auch der Junge mit der Narbe richtet sich ein wenig auf, wartet darauf, daß Arno ihm ein Zeichen gibt, und springt dann genau in dem Moment, in dem der Hauptmann die Frau anherrscht, sie solle verschwinden, mit Arno zusammen auf. Sie stoßen die Wachposten neben sich zur Seite, springen vom LKW und rennen los, der Junge in Richtung Münzstraße, Arno in Richtung Linienstraße.

Sofort laufen die Soldaten in die Straßenmitte, knien sich hin, legen ihre Gewehre an und schießen. Mitten im Lauf bleibt Arno auf einmal stehen, dreht sich um die eigene Achse und fällt. Der Junge verschwindet in einem Hausflur, drei der Soldaten folgen ihm.

Helle wartet darauf, daß Arno wieder aufsteht, weiterläuft oder sich gefangennehmen läßt, doch der riesige Matrose rührt sich nicht. Mit vorgehaltener Pistole tritt der Hauptmann auf ihn zu und beugt sich über ihn. Dann steckt er seine Pistole weg und winkt zwei Soldaten heran.

Auf den Stufen vor der Eingangstür des kleinen Geschäftes ist es kalt. Helle friert erbärmlich, doch er geht nicht weiter. Wie besinnungslos ist er durch die Straßen gerannt, ganz egal wohin, nur weg.

Ein Fest wollte Arno feiern, ein Fest, daß die Bude wackelt –

und jetzt ist er tot! Das hat der Hauptmann gesagt und ihn dann neben den Schnauzbärtigen legen lassen ...

Wenn doch nur jemand da wäre, mit dem er reden könnte; der Vater, die Mutter, Onkel Kramer, irgendwer, der Arno gekannt und gemocht hat ... Aber es ist niemand da, er sitzt allein in diesem fremden Viertel. Männer gehen vorüber, Frauen, Kinder, und alle starren ihn an, weil er mitten im Winter auf der Straße sitzt und heult. Doch keiner nähert sich ihm, um zu fragen, was er denn habe. Und wenn sie fragen würden, wüßte er nicht, was er antworten sollte.

Er ist fortgelaufen, noch bevor der LKW wieder abfuhr. Er konnte einfach nicht länger bleiben, und er hat Angst zurückzukehren. Aber er muß zurück, muß sein Fahrrad holen.

Sind zwanzig Minuten vorüber – oder zwei Stunden? Helle weiß es nicht, und er wird es auch später, wenn er an jenen Tag zurückdenkt, nicht wissen; wird sich nur daran erinnern, daß er irgendwann aufstand und in die Grenadierstraße zurückging, um sein Fahrrad zu holen.

Das Gehen wärmt ihn nicht, und laufen kann er nicht; irgend etwas verbietet ihm, zu laufen. Lieber friert er, lieber hat er das Gefühl, als wäre alles in ihm zu Eis geworden.

Der LKW ist weg, kein Soldat ist zu sehen, nichts erinnert mehr an das, was sich noch kurz zuvor in dieser Straße abspielte. Schmal und grau und kalt liegt sie da, als wäre alles nur ein böser Traum gewesen. Nur vor dem Fleischerladen steht noch eine Gruppe Männer und Frauen, die alles miterlebt haben. Sie diskutieren das Geschehene und sind unterschiedlicher Meinung. Eine Frau spricht von dem rothaarigen Matrosen, der noch leben könnte, wenn er nicht so dumm gewesen wäre.

Dumm? denkt Helle. Arno hat gewußt, was er tat, wußte, daß er sterben würde, so oder so. »Haben sie ... haben sie den anderen auch?«

Die Frau dreht sich um. »Welcher andere?«

»Den mit der Narbe.«

»Den haben sie nicht gekriegt«, sagt einer der Burschen. »Das Haus, in das er gelaufen ist, is'n Durchgangshaus. Er ist durch die Dragonergasse abgeschwirrt.« Er lacht, freut sich richtig.

Der Fleischermeister freut sich nicht. Er macht überhaupt ein Gesicht, als sei er mit dem meisten, was die Frauen und Männer sagen, nicht einverstanden. Die Frau in dem dünnen Mantel, die auch noch dabei ist, ärgert das. »Sie hätten's wohl lieber gesehen, wenn der Junge auch abgeknallt worden wäre?«

»Die Männer haben nur ihre Pflicht getan«, entgegnet der Fleischermeister. »Wird schließlich höchste Zeit, daß wieder Ruhe und Ordnung ins Land kommt.«

Ruhe und Ordnung – da sind sie wieder, diese beiden Wörter!

Langsam geht Helle weiter, geht auf das Haus Nr. 41 zu, durch den Flur auf den Hof, lehnt sich an die Wand und schaut zu den Fenstern im zweiten Stock hoch. Dahinter müssen Arno und die beiden anderen Matrosen gestanden haben. Die Fensterscheiben sind zerschossen, rundherum sind Einschußlöcher zu sehen; der herabgefallene Putz liegt auf dem Hof wie schmutziger Schnee.

Die Tür zum Hofaufgang lehnt an einer Wand. Auch sie ist völlig zerschossen. Das muß das MG gewesen sein ... Unruhig läßt Helle den Blick weiterwandern, bis er vor den Müllkästen angelangt ist. Sein Fahrrad! Da liegt es, vom MG-Feuer krumm- und kaputtgeschossen; ein paar verbogene Rohre, zersplitterte Felgen, kaum noch Speichen, zerfetzter Gummi. Er hat nicht damit gerechnet, daß es zerschossen sein könnte, trotzdem erschrickt er nicht, geht nur hin und nimmt den Lenker in die Hand; das einzige Teil, das unversehrt ist.

Sein Rad stand hinter der Tür zum Hofaufgang, es konnte den Beschuß gar nicht überstehen ...

Ein alter Mann kommt aus dem Vorderhaus. Er will einen Mülleimer entleeren und bleibt neben Helle stehen. »War das deins?«

Helle gibt keine Antwort.

»Das wirste nicht mehr zusammenkriegen.«

Da legt Helle nur den Lenker zurück und geht vom Hof.

»He!« ruft der Mann. »Nimm den Lenker doch mit. Den kannste vielleicht noch mal gebrauchen.«

Helle dreht sich nicht mal mehr um.

Vor dem Fleischerladen stehen sie immer noch und reden miteinander, doch nun ist die Diskussion um die Vorfälle längst zum Streit entbrannt. Es kommt sogar zu Handgreiflichkeiten. Die Frau im dünnen Mantel geht auf den Fleischermeister los, die anderen drängen nach. Der Fleischermeister, schon halb in seinem Laden, weiß sich nicht anders zu helfen, als nach der Polizei zu rufen; sicher hat er Angst vor Plünderungen.

Die Hände in den Taschen, geht Helle die Straße entlang. Er will nach Hause, nichts als nach Hause. Doch dann steht er plötzlich in der Schendelgasse, genau dort, wo ihn die Patrouille kontrollierte, und sein Päckchen fällt ihm ein. Er darf nicht nach Hause, er muß das Päckchen holen, bevor es entdeckt wird; muß in die Jerusalemer ... Wenn was dazwischenkommt, geh in die Jerusalemer 24, Vorderhaus, dritter Stock, F. Müller, hat Atze gesagt.

Rasch setzt er sich wieder in Bewegung, wird schneller, läuft. Vielleicht trifft er in der Jerusalemer ja den Vater. Oder Onkel Kramer. Dann kann er ihnen alles sagen ...

Bluthunde

Das Haus Jerusalemer Straße Nr. 24 ist ein altes Haus, aber nicht alt und arm, sondern alt und ehrwürdig. In der Gegend rund um den Dönhoffplatz wohnen keine Armen, erst recht nicht im Vorderhaus.

Lange steht Helle auf der gegenüberliegenden Straßenseite

und schaut zum dritten Stock hoch. Dritter Stock, Vorderhaus, hat Atze gesagt. Ob links oder rechts, hat er nicht gesagt, und zu sehen ist auch nichts, die Fenster beider Seiten sehen gleich aus. Schweren Herzens geht er schließlich über die Straße. Er hat keine Lust auf ein neues Abenteuer, erhofft sich, daß diesmal alles glattgeht.

Im Treppenhaus ist es sehr dunkel, die in Bleirahmen gefaßten und mit religiösen Motiven versehenen vielfarbigen Flurfenster lassen kaum Licht hindurch. Und natürlich knarren auch hier die Stufen so überlaut, als wollten sie jedem im Haus seine Ankunft melden.

F. Müller. Zwei Löwenköpfe verzieren das Türschild aus Messing. Alles sieht sehr wohlhabend aus: das Haus, der Etagenaufgang und nun auch noch die Wohnungstür. Aber geirrt kann er sich nicht haben, da steht es ja: *F. Müller* – und der dritte Stock ist es auch.

Vorsichtig legt Helle den Kopf an die Tür und lauscht. Stimmengemurmel ist zu hören, doch die einzelnen Stimmen sind nicht voneinander zu unterscheiden. Da gibt er sich einen Ruck und klopft, dreimal laut, einmal leise.

Schritte werden laut. Jemand guckt durch den Spion. Damit hat Helle gerechnet. Er läßt sich kurz sehen und tritt dann, wie nun schon mehrfach geprobt, bis an die Treppe zurück. Doch wenn diese Vorsichtsmaßnahme jemals unnötig war, dann jetzt: Der Mann in der Tür ist der Vater.

Sofort klammert Helle sich an ihm fest. Sein ganzes Elend bricht aus ihm heraus.

Der Vater sagt nichts, fragt nichts, streichelt nur seinen Kopf. Er kann sich denken, daß er etwas Böses miterlebt hat, und bleibt so mit ihm stehen, bis Onkel Kramer kommt und besorgt fragt: »Junge, was ist denn passiert?«

Da will Helle berichten, findet nicht die richtigen Worte, verhaspelt sich und läßt sich vom Vater beruhigen. »Komm erst mal mit rein.«

In dem kleinen dunklen Wohnraum sitzen mehrere Männer und Frauen. Ein Mann steht am Fenster und behält die Straße im Auge, eine Frau gießt Tee in Tassen. Sie haben sich miteinander unterhalten, verstummen aber, als Helle eintritt.

»Das ist Helmut, Rudis Sohn«, erklärt Onkel Kramer, bevor er sich auf den freien Stuhl neben Helle und dem Vater setzt. »Er sollte Hugo die Papiere bringen, doch irgendwas muß da nicht geklappt haben.«

Die Frau mit der Teekanne blickt Helle nur kurz ins Gesicht, dann schiebt sie ihm die Tasse hin, die sie gerade gefüllt hat. »Trink erst mal, siehst ja schlimm aus.«

Helle trinkt von dem Tee und spürt, wie ihm das heiße Getränk den Hals herunterrinnt und es ihm warm wird im Bauch. Er trinkt einen zweiten Schluck, einen dritten; Wärme, nichts als Wärme wünscht er sich jetzt.

»Haste die Papiere noch?« fragt der Vater, um ihm den Anfang zu erleichtern.

Stumm greift Helle unter seinen Pullover, zieht das Päckchen heraus und legt es auf den Tisch.

»Nun erzähl mal«, bittet Onkel Kramer. »Hast du Hugo und Eva denn im Scheunenviertel angetroffen?«

Helle beginnt stockend. Er hat Mühe, klare Sätze zu formen. Doch je länger er spricht, desto leichter fallen ihm die Worte – bis er wieder jene Szene vor Augen hat, in der Arno fiel.

Der Vater zieht ihn an sich und fragt leise: »Ist er tot?«

Da braucht Helle nur noch zu nicken.

Die Männer und Frauen, die schweigend zuhörten, geraten in Bewegung und sprechen leise miteinander. Der Weißhaarige und das Mädchen kennen den Treffpunkt Jerusalemer Straße. Es besteht die Gefahr, daß die Maikäfer die Adresse aus ihnen herausbekommen, deshalb darf das geplante Treffen jetzt nicht stattfinden. Sie müssen die Versammlung möglichst schnell wieder auflösen.

Onkel Kramer ist derselben Ansicht, will aber ein planloses

Auseinanderlaufen verhindern. »Das wichtigste für uns ist, daß wir gerade jetzt nicht den Kontakt zueinander verlieren. Deshalb müssen wir die Wahl des neuen Verbindungsmannes hinter uns bringen, bevor wir uns trennen. Wenn wir uns aus den Augen verlieren, sind wir hilflos. Einen größeren Gefallen können wir Ebert und den Generälen gar nicht erweisen.«

Helle versteht: Die Männer und Frauen sind alle irgendwo geflohen und wagen sich nicht in ihre Wohnungen zurück. Deshalb schlüpfen sie mal hier, mal dort unter und halten nur über einen Verbindungsmann Kontakt zueinander.

»Für mich kommt nur einer in Frage, der noch 'ne feste Adresse hat und den man auch irgendwo findet, wenn man ihn braucht«, sagt der Mann am Fenster. »Mit dir, Moritz, war das zuletzt so 'ne Sache. Gestern warste hier, heute da, morgen biste vielleicht ganz woanders. Du warst für diese Arbeit zum Schluß schon zu bekannt.«

Die Männer und Frauen sehen den Vater an. Und Onkel Kramer, der zu den Worten des Mannes am Fenster nur nickte, fragt gleich: »Machst du das, Rudi?«

Der Vater weiß, daß die Bedingungen, die der Mann am Fenster genannt hat, nur auf ihn zutreffen. Er überlegt nicht lange. »Wenn alle damit einverstanden sind – ja.«

Es sind alle damit einverstanden. Also läßt sich der Vater einen Zettel geben und beginnt, sich die Deckadressen der Männer und Frauen zu notieren. Atemlos vor Spannung und Erregung hört Helle zu. Mit wachsender Deutlichkeit begreift er, daß all die Männer und Frauen hier im Raum dem Vater mit ihrer Adresse ihr Leben anvertrauen. Der Vater kann nicht alle diese Adressen im Kopf behalten, muß sie sich notieren, aber was, wenn jemand den Zettel bei ihm findet? Oder wenn er sich ungeschickt anstellt und verfolgt wird? Oder wenn man ihn verhaftet und die Adressen aus ihm herausprügeln, herausfoltern will?

Zwei Männer und eine Frau haben keine neuen Adressen. Dort, wo sie zuletzt lebten, ist es zu gefährlich geworden.

Onkel Kramer denkt kurz nach, dann weiß er jemanden, bei dem notfalls auch zwei Unterschlupf finden können. Auch der Vater hat überlegt, sagt dann aber doch, bei ihnen im Haus sei's zu gefährlich. Es gebe dort einen Spitzel; solange sie den nicht rausgeekelt hätten, dürften sie niemanden aufnehmen. Sicher denkt er an Oswins Schuppen – und an Herrn Rölle.

»Gut!« Onkel Kramer schaut auf seine Uhr. »Dann sollten wir uns jetzt trennen. Mal einer, mal zwei, mal drei, immer im Abstand von fünf bis zehn Minuten.«

Die Frau, die den Tee einschenkte, beginnt das Geschirr abzuräumen; die ersten beiden, ein junger Mann und ein Mädchen, die ein Liebespaar spielen, verabschieden sich von Onkel Kramer.

Er gibt ihnen die Hand und sagt: »Für uns kommt es jetzt darauf an, zu überwintern. Riskiert nichts, was nicht unbedingt nötig ist. Wir brauchen jeden von euch, besonders jetzt, wo so viele gefallen sind.«

Die nächsten beiden verschwinden, dann einer, dann drei, dann nochmals zwei, bis Onkel Kramer, der Vater und Helle allein in der fremden Wohnung zurückgeblieben sind. Onkel Kramer nimmt das Päckchen vom Tisch, wickelt es aus und betrachtet die Papiere lange. »Das mit Hugo ist ein schwerer Schlag für uns. Wir wollten ihn nach Stuttgart schicken. Er sollte dort die Leitung einer Gruppe übernehmen und gleichzeitig eine Zeitlang von der Berliner Fläche verschwinden.«

»Karl und Rosa sollten jetzt auch endlich verschwinden.« Der Vater blickt bekümmert. »Wenn erst die Freiwilligen-Verbände in der Stadt sind, werden sie sie suchen.«

»Wir haben es ihnen mehrfach vorgeschlagen.« Onkel Kramer legt die Papiere in den Umschlag zurück und schiebt das Päckchen in sein Hemd. »Da war nichts zu machen. Sie wollen hierbleiben.«

»Aber wir brauchen sie doch«, sagt der Vater. »Was haben wir von toten Helden?«

Onkel Kramer geht erst mal nur zur Tür und lauscht ins Treppenhaus hinaus. Als alles ruhig bleibt, sagt er: »Jetzt aus Berlin fortgehen käme ihnen wie Verrat vor. Was sollen wir also machen? Sie lehnen ja sogar jeden besonderen Schutz ab.«

Da fragt der Vater nichts mehr. Schweigend steigen sie die Treppe hinab und verlassen das Haus.

Sie müssen quer durch die Innenstadt, doch sie lassen sich Zeit, gehen durch den Nachmittag, als befänden sie sich auf einem Spaziergang. Und sie schweigen immer noch.

Erst als sie schon den Dönhoffplatz erreicht haben und nach links in die Leipziger Straße einbiegen, fällt dem Vater auf, daß Helle sein Rad nicht dabeihat. »Biste den ganzen Weg gelaufen?«

Von dem zerstörten Rad hat Helle dem Vater noch gar nichts erzählt. Er holt das nach und wundert sich ein bißchen über sich selbst: Ihm ist fast so, als müsse er sich beim Vater entschuldigen, nicht besser auf das Rad achtgegeben zu haben. Doch der Vater denkt gar nicht daran, ihm Vorwürfe zu machen. »Irgendwann kriegste 'n neues Rad«, sagt er nur. »Das verspreche ich dir.«

Danach beginnt er von dem zu erzählen, was er in den letzten Tagen erlebt hat. Vom Kampf um den Anhalter Bahnhof erzählt er, von der Flucht ins Zeitungsviertel und davon, daß es gar nicht so leicht war, in das *Vorwärts*-Gebäude hineinzukommen. Es wurde ja von allen Seiten belagert; sie hatten sich regelrecht durchkämpfen müssen. Als er berichtet, wie er die letzten Stunden der *Vorwärts*-Besetzung miterlebte und nach der Gefangennahme mit all den anderen Gefangenen in den Hof einer Dragonerkaserne geführt und an eine Mauer gestellt wurde, neben der die ermordeten Parlamentäre lagen, bekommt seine Stimme einen bitteren Klang: »Sie stellten Maschinengewehre auf, richteten die Läufe auf uns und ließen uns warten. Mehrere Stunden standen wir da und sahen die ganze Zeit über die ermordeten Männer vor uns liegen ... Man hatte sie so böse mißhandelt, daß sie nicht mehr voneinander zu unterscheiden waren ... Unsere Bewacher kamen, höhnten, schrien, verspotteten uns. Und den einen oder anderen, der ihnen zu aufrecht stand, schlugen sie einfach nieder.«

Er verstummt und sagt dann leise: »Hab schon viel miterlebt, im Krieg und auch danach, aber daß Soldaten so mit Gefangenen umgehen, das habe ich noch nicht erlebt. Es waren nicht allein die Schläge und Mißhandlungen, es war dieser Haß, mit dem sie uns behandelten ... So wie uns haben sie die Franzosen und Engländer, die sie während des Krieges gefangennahmen, nicht gehaßt.«

»Der, der dich laufenließ, war das der, der dir den Tabak geschenkt hat?«

»Der Paule, ja. Einer der Offiziere hatte bei der Regierung angerufen, wollte wissen, was nun mit uns geschehen sollte. Die Regierung sagte: Erschießen! Paule hörte davon, deshalb ließ er mich laufen ... Mit dreihundert Toten konnte selbst er als ›Neutraler‹ nicht einverstanden sein.«

»Und die anderen?«

»Sie leben. Jedenfalls die meisten. Es war nur ein telefonischer Befehl, der Offizier aber wollte es schriftlich. Ein Schriftstück jedoch braucht eine Unterschrift, und die wollten wohl weder Noske noch Ebert oder Scheidemann riskieren; sonst hätte man ihnen ihre Verantwortung für das Gemetzel ja eines Tages nachweisen können.«

Helle ist dem Vater dankbar, daß er mit ihm darüber spricht und daß er ihm auch die Grausamkeiten nicht erspart. Doch vorstellen kann er sich das alles nicht, und deshalb weiß er nicht, was er dazu sagen soll.

Während des Gesprächs sind sie weiter die Leipziger Straße in Richtung Friedrichstraße hinuntergegangen und haben bemerkt, daß die Bürgersteige immer voller wurden. An der Ecke Friedrichstraße drängen sich besonders viele Menschen an den Straßenrand und blicken in Richtung Potsdamer Platz hinunter.

»Was ist denn hier los?« fragt der Vater einen Mann mit einer Melone auf dem Kopf.

»Die Truppen kommen in die Stadt. Wissen Sie das denn nicht?«

»Tut mir leid«, antwortet der Vater höflich. »Wußte ich wirklich noch nicht.« Er tritt etwas näher an den Bürgersteig heran und flüstert dabei Helle zu: »Die Freiwilligen-Verbände! Sie halten ihre Stunde also für gekommen.«

Tatsächlich! Soldaten in Marschformation kommen die Leipziger Straße herunter ...

Der Mann mit der Melone klatscht laut in die Hände und schreit begeistert: »Bravo! Bravo!« Viele der Menschen, die sich die Straße entlangdrängeln, fallen in den Ruf ein, Frauen winken mit Tüchern, ein paar Männer rufen: »Hurra!« Der Mann mit der Melone strahlt den Vater an. »Jetzt gibt's endlich wieder Ruhe und Ordnung.«

»Ja«, sagt der Vater. »Friedhofsruhe, Gefängnisordnung.«

Der Mann mit der Melone erschrickt. »Sind sie etwa 'n Roter?«

»Nee, 'n Karierter!« Der Vater zieht Helle von der Straßenecke weg und bleibt, um Ärger zu vermeiden, von nun an lieber im Hintergrund. Der Mann mit der Melone blickt noch immer mißtrauisch zu ihnen hin.

Die Truppen sind nun schon so nah, daß die Gesichter der beiden Vorausmarschierenden, ein Oberst und ein Zivilist, deutlich zu erkennen sind. Der Oberst blickt eher verlegen als stolz, der lange Zivilist mit der Brille verzieht keine Miene, stur blickt er geradeaus.

Der Vater nimmt Helles Arm und drückt ihn. »Das ist er«, flüstert er, »das ist Noske.«

Noske? Der gesagt hat, einer müsse den Bluthund machen?

Rücksichtslos drängelt Helle sich zwischen die jubelnden Leute und studiert das Gesicht dieses Mannes. Er hatte sich vorgestellt, wer so etwas sagt, müsse auch aussehen wie ein

»Bluthund«, also ein bulliger Kerl mit Stiernacken sein. Der Mann dort sieht eher wie ein Postbeamter aus. Und doch: Wenn er das gesagt hat, wenn er einen solchen Satz über die Lippen brachte, muß er tatsächlich ein Bluthund sein ...

»Komm!« Der Vater zieht Helle aus dem Gedränge. »Laß uns da nicht länger zusehen, sonst haben sie zwei Jubler mehr.«

Den nun laut prasselnden Beifall im Rücken, biegen sie in die Friedrichstraße ein.

Lutz, die Perle

Die schwermütige Stimmung, die schon am Morgen über dem Haus lag, lastet noch immer darauf. Auch der Vater spürt sie. Da er von Helle weiß, daß Oswin wieder zurück ist, zögert er, als sie im vierten Hof angelangt sind, betritt den Schuppen aber dann doch nicht, weil er die Mutter nicht länger warten lassen will. »Ich geh nachher mal bei ihm vorbei«, sagt er wie zur Entschuldigung.

Die Mutter hat den Vater bereits kommen hören. Noch auf der Treppe fällt sie ihm um den Hals. Und auch Martha kommt aus der Schlafstube gesaust und klammert sich an ihn, als wollte sie ihn nie wieder loslassen. Es ist ein Empfang, der den Vater ganz still werden läßt. Noch lange hinterher, als er längst in der Küche sitzt, kann er nichts berichten, sitzt er nur da und denkt nach.

Die Mutter macht dem Vater und Helle etwas Suppe aus Trokkengemüse warm, doch Helle kann nichts essen. Obwohl er, seit er am Morgen die Haferflocken aß, nichts wieder in den Bauch bekommen hat, hat er keinen Hunger.

Mitten in die Stille hinein klopft es. Die Mutter geht nachschauen und bringt den kleinen Lutz mit. »Er hat schon dreimal nach Helle gefragt«, sagt sie seufzend zum Vater. »Muß wohl was ganz Wichtiges sein, was er ihm zu sagen hat.«

»Wir haben nichts zu essen«, kräht Martha sofort los, aber Lutz hat Helles Teller mit der Gemüsesuppe, der noch fast unberührt auf dem Tisch steht, längst entdeckt. »Ich hab was für dich«, sagt er zu Helle und zeigt ihm, was er die ganze Zeit über auf dem Rücken verborgen hielt: einen Gepäckträger.

Helle guckt den Gepäckträger an und fühlt zum erstenmal so was wie Trauer um sein Rad. »Den kannste wieder mitnehmen«, sagt er barscher als beabsichtigt. »Hab kein Rad mehr.«

Lutz hat Freude erwartet, nun ist er enttäuscht. »Haben sie's dir geklaut?«

»Und wo hast du den Gepäckträger her?« fragt der Vater.

»Gelegenheit«, antwortet Lutz.

»Gelegenheitskauf?«

Lutz schüttelt den Kopf.

»Also haste'n geklaut?«

Wieder schüttelt Lutz den Kopf.

»Na, was denn?« Der Vater läßt nicht locker. »Gekauft haste'n nicht, geklaut haste'n nicht. Hat's heute Gepäckträger geregnet?«

»Hab'n abgeschraubt«, gibt Lutz kleinlaut zu.

»Also doch geklaut?«

»Nicht richtig ... war ja 'n Polizeifahrrad.«

Einen Moment lang herrscht Verblüffung, dann muß der Vater so laut lachen, daß es bis auf den Hof zu hören sein muß. Auch die Mutter kann ein Schmunzeln nicht unterdrücken. »Also Polizisten darf man beklauen, was?«

Lutz sieht den Teller Suppe schon in seinem Bauch. »Eigentlich nicht«, gibt er zu. »Aber es war ja Klenkes Rad.«

Wachtmeister Klenkes Gepäckträger? Der Vater und die Mutter und auch Helle und Martha können es kaum glauben. Jeder in der Ackerstraße kennt Wachtmeister Klenke. Er ist berühmt dafür, ein scharfer Hund zu sein, betrachtet sein Revier als seinen Besitz. Wer ordentlich ist und ihn anständig grüßt, erntet ein wohlwollendes Lächeln, wer aber krumme Wege geht oder sich gegen die Obrigkeit auflehnt, den verfolgt er unerbittlich; dann wird er, wie er selber gern sagt, zum eisernen Besen. Die kleinen Kinder laufen weg, wenn sie ihn sehen, und auch die größeren gehen ihm lieber aus dem Weg.

»Zeig mal her.« Der Vater streckt die Hand aus und begutachtet den Gepäckträger. »Wie hast du das denn gemacht?«

»Mit ’nem Mutternschlüssel«, erklärt Lutz stolz. »War gar nicht schwer.« Dann schaut er wieder auf den Teller mit der Suppe. »Die wird ja ganz kalt.«

»Setz dich hin und iß.« Die Mutter winkt ihn endlich an den Tisch. »Wenn Helle nachher doch noch Hunger bekommt, hab ich noch ’n Rest.«

Das läßt sich Lutz nicht zweimal sagen. Unter Marthas mißbilligenden Blicken nimmt er am Tisch Platz und beginnt zu löffeln.

Der Vater reicht Helle den Gepäckträger. »Ich würd’ ihn nehmen. Irgendwann kriegste ja doch wieder ’n Rad. Und der Gedanke, daß ausgerechnet der Klenke das erste Stück dazu beisteuert, macht mir richtig Spaß.«

»Aber er ist doch gestohlen«, wendet die Mutter ein.

»Na, und wenn schon?« Der Vater zuckt die Achseln. »Sollen Kinder, die so aufwachsen wie unsere, vor lauter Ehrgefühl vielleicht auf alles verzichten? Wenn er’s irgendeinem von uns gestohlen hätte ... das wär was anderes. Aber diesem Nußknakker Klenke, der das Ding ohnehin ersetzt bekommt, und noch dazu von dem Staat, der Schuld daran trägt, daß Helles Rad ... nee, also weißte, da bin ich nicht so zimperlich.«

Die Mutter ist nicht ganz einverstanden mit dem, was der Vater gesagt hat, will aber nicht länger darüber reden. Es gibt Schlimmeres als einen gestohlenen Gepäckträger.

Inzwischen hat Lutz seinen Teller leer gegessen und schielt zu dem Topf hin, in dem er den Rest vermutet. »Haste nachher noch Hunger?« fragt er Helle.

»Bestimmt.« Helle ist Lutz zwar dankbar für den Gepäckträger – wenn er das Rad noch hätte, wäre das eine tolle Überraschung gewesen –, doch natürlich hat Lutz den Gepäckträger in erster Linie für sich selbst besorgt.

»Und was ist nun mit deinem Rad?«

»Es ist kaputt.«

»Wie is'n das passiert?«

»Ein Auto.«

»Drübergefahren?«

Helle nickt nur noch stumm. Er hat keine Lust, Lutz die ganze Geschichte zu erzählen.

»Aber du kriegst 'n neues?« Lutz sieht den Vater an. Für diese Antwort ist Helle nicht zuständig.

»Irgendwann ... Na klar!«

»Dann kannste den Gepäckträger vorläufig behalten.« Lutz steht auf, bleibt aber in der Tür stehen und gibt Helle zu verstehen, daß er ihm noch etwas sagen will, aber das nur ihm ganz allein.

Lustlos begleitet Helle Lutz ins Treppenhaus. »Was ist denn noch?«

»Schönen Gruß von Anni. Du sollst heute abend unbedingt zu ihr runterkommen. Aber erst, wenn ihre Mutter weg ist.«

Anni? Helle sieht Lutz an, als hätte er sich verhört. »Wie geht's ihr denn?«

»Schlecht.« Lutz seufzt wie ein Alter, und da hat Helle auf einmal das Gefühl, sich nicht richtig bei ihm bedankt zu haben. »Der Gepäckträger ist 'ne Wucht«, sagt er.

»Denkste, sonst hätt ich'n geklaut?« Vertraulich schiebt Lutz sich an Helle heran. »Der ist ja gar nicht vom Klenke. Das hab ich doch nur so gesagt. Hab ihn vor der Post abmontiert. Da waren drei Räder festgemacht. Hab mir einfach den besten ausgesucht.«

Lutz hat das mit dem Klenke nur erfunden, damit die Eltern den Gepäckträger nicht ablehnen? »Du ausgebuffter Hund, du!«

Helle kann gar nicht anders, er muß Lutz' Weitsicht bewundern. Der aber flitzt, stolz über sich und seinen Trick, bereits laut kichernd die Treppe hinunter.

»Haste 'n bißchen Zeit?« fragt der Vater sofort, als Helle wieder zurück ist.

»Ja«, antwortet Helle verblüfft. Weshalb sollte er keine Zeit haben?

»Dann erledigen wir jetzt unsere Hausaufgabe.«

»Hausaufgabe?« wundert sich die Mutter.

Der Vater steckt einen Daumen in die Höhe und weist damit zur Zimmerdecke hoch. »Eine Aufgabe, die wir im Haus zu erledigen haben. Keine schöne, aber 'ne bitter notwendige: Wir setzen den Rölle auf die Straße.«

»Und wie willste das machen?«

»Der kleine Lutz, die Perle, hat mich da auf eine Idee gebracht. Ich glaub, Meister Rölle hat keine Chance gegen Helle und mich.«

Der Vater klopft, sagt, wer vor der Tür steht, und wartet darauf, daß Oma Schulte öffnet. »Ist dein Schlafbursche da?« fragt er dann so laut und wütend, daß Oma Schulte richtig erschrickt. Doch das Gesicht, das der Vater macht, paßt nicht zu seinem Ton, und als er auch noch ein Auge zukneift, weiß Oma Schulte Bescheid.

»Ja, der ist da«, antwortet sie fast genauso laut. »Kommt nur rein.«

Herr Rölle sitzt am Tisch, hält ein Stück Brot in der Hand, hat einen Bissen im Mund und kaut immer langsamer. Als der Vater eintritt, steht er auf.

»Schönen guten Abend«, sagt der Vater nun so freundlich, daß jeder, der ihn kennt, aufhorchen würde. »Mein Sohn sagte mir, daß Sie mich sprechen wollen. Da bin ich!«

Herr Rölle ist verwirrt, der Besuch kommt ihm zu überraschend. »Ich wollte Sie nur fragen, ob Sie mir Hammer und

Zange leihen können, aber ... das hat sich inzwischen erledigt.«

»Hammer und Zange?« Oma Schulte zieht eine Schublade heraus. »Die hätten Sie doch auch von mir haben können. Hab ich ja beides noch von Nauke.«

Herrn Rölle wird es immer ungemütlicher. »Das wußte ich nicht.«

»So?« fragt Oma Schulte. »Und neulich, als sich Ihre Schuhsohle gelöst hatte, womit haben Sie die festgemacht?«

»Was soll'n das? Ist das etwa 'n Verhör?« Herr Rölle ist blaß geworden.

»Nicht direkt ein Verhör.« Der Vater tritt auf Herrn Rölle zu und blickt ihn aufmerksam an. »Eine Überprüfung vielleicht. Hat es Sie eventuell interessiert, ob ich zu Hause war oder mich anderswo herumgetrieben habe? Etwa im Zeitungsviertel?«

»Und Sie? Sind Sie jetzt erst aufgestanden? Haben Sie so lange geschlafen?«

»Ja«, sagt der Vater. »Stellen Sie sich mal vor, so lange habe ich geschlafen! Gesund, was?«

»Sehr gesund.«

Die beiden Männer stehen sich dicht gegenüber. Jeder weiß, was er vom anderen zu halten hat, doch keiner kann es dem anderen beweisen. »Wissen Sie«, sagt der Vater da plötzlich. »Ich komme gar nicht deshalb, ich will nur das Fahrrad zurück.«

»Das Fahrrad?« Herr Rölle begreift nicht.

»Ja, das Fahrrad! Das Rad, das Sie meinem Sohn aus'm Keller gestohlen haben. Er hat Sie dabei beobachtet. Stimmt's, Helle?«

»Ja, erst hat er nach dir gefragt, und dann hat er das Rad geklaut. Hab's vom Fenster aus gesehen.«

Herr Rölle starrt Helle an. Es ist ihm beinahe anzusehen, wie es in seinem Gehirn arbeitet. Helle wird es ein wenig ungemütlich zumute, doch er hält den Blick aus.

»Aber nicht, daß Sie denken, mein Sohn wäre der einzige Zeuge«, fährt der Vater gelassen fort. »Da gibt es noch so einige ... und es werden immer mehr. Da kann ich fragen, wen ich will, jeder im Haus hat Sie mit Helles Fahrrad gesehen; jeder, vom vierten bis zum ersten Hof, hin und zurück!«

Jetzt begreift Herr Rölle, worauf der Vater hinauswill. »So billig kriegen Sie mich nicht.«

»Doch!« entgegnet der Vater. »So krieg ich Sie. Es war ja nicht nur das Fahrrad, da gibt's ja auch noch die Wäsche, die Sie der Frau Fielitz von der Wäscheleine gestohlen haben, die Kohlen aus Bergmanns Keller, Oswins halber Holzvorrat ... glauben Sie mir, oder benötigen Sie Beweise, Zeugenaussagen? Kann ich alles beibringen; nichts ist leichter als das.«

Nun hat auch Oma Schulte, die die ganze Zeit, baß erstaunt über Vaters Vorwürfe, kein einziges Wort hervorgebracht hat, endlich begriffen. »Sie sollten sich was schämen, Herr Rölle«, spielt sie Vaters Spiel mit. »Ein so junger Mann wie Sie und stiehlt wie ein Rabe.«

»Gar nicht so dumm!« kann Herr Rölle da nur noch flüstern. »Gar nicht so dumm!«

»Ihr Fehler, wenn Sie uns falsch eingeschätzt haben!« Der Vater lächelt zufrieden. »Aber reden wir nicht mehr lange drum herum, für Sie gibt's zwei Möglichkeiten: Entweder Sie verlassen noch heute das Haus und wir verzichten auf eine Anzeige, oder Sie stellen sich stur, dann müssen wir uns an die Polizei wenden. Sie werden doch sicher verstehen, daß wir nicht länger mit Ihnen unter einem Dach wohnen wollen, oder?«

»Grober Keil auf groben Klotz«, hat der Vater die Methode genannt, mit der er Herrn Rölle aus dem Haus boxen will. Ihn auf den Verrat an Oswin und den beiden Matrosen anzusprechen hätte nichts genutzt, da ist Herr Rölle in der besseren Position. Ihm Diebstähle unterzuschieben, die er nicht begangen hat, ist zwar keine sehr feine, aber dafür eine sehr wirksame und vor allem die einzig völlig ungefährliche Methode: Niemand wird glauben, daß

Herr Rölle zu Unrecht beschuldigt wird, wenn ein ganzes Mietshaus ihn bei seinen Diebstählen beobachtet haben will.

»Und wenn Sie wollen, finden Sie die Wäsche auch bei mir, nicht wahr?«

»Aber hundertprozentig!«

Da geht Herr Rölle an seinen Schrank, packt ein, was ihm gehört, und sagt kein Wort mehr. Als er danach mit seinem Bündel verschwinden will, stellt Oma Schulte sich ihm in den Weg. »Und die Miete?«

»Hab jetzt kein Geld, Lohn gibt's erst nächste Woche.«

»Dann verzichte ich.« Mit eisigem Blick tritt Oma Schulte beiseite. »Das Vergnügen, Sie nicht wiedersehen zu müssen, lasse ich mir was kosten.«

Mit spöttischem Gesicht öffnet Herr Rölle die Tür und tritt ins Treppenhaus hinaus. Helle hört, wie unten eine Tür ins Schloß fällt: die Mutter! Also hat sie die ganze Zeit auf der Treppe gestanden und gelauscht.

Herr Rölle geht schnell, hat es nun doch sehr eilig. Oma Schulte lauscht seinen Schritten nach, bis sie nicht mehr zu hören sind. »Hab den Rölle wegen Oswin ja auch im Verdacht gehabt«, sagt sie dann leise. »Aber Genaues wußte ich nicht. Und dann hab ich's ihm auch wieder nicht zugetraut.«

»Ich hab's ihm zugetraut«, antwortet der Vater ernst. Er sagt es zu Oma Schulte und zur Mutter, die nun mit Hänschen auf dem Arm in der Tür steht. »Aber den letzten Beweis hat er selbst geliefert. Hätte er nur einen einzigen triftigen Grund genannt, weshalb er mich heute morgen sprechen wollte, wäre ich wieder gegangen. Er aber war sich so sicher, daß ich irgendwo eingesperrt bin, daß er sich nicht mal was Vernünftiges einfallen ließ.«

»Und?« fragt die Mutter. »Meinste wirklich, daß er das so einfach schluckt?«

Der Vater zuckt die Achseln. »Ich weiß nur, daß wir ihn loswerden mußten, wenn wir hier einigermaßen ruhig weiterleben wollen.«

Oswin ist da, sitzt in der Küche am Tisch und hört sich an, was der Vater zu erzählen hat. Danach berichtet er, wie es ihm ergangen ist. Es geht ihm nun ein bißchen besser, Dr. Fröhlichs Ratschläge haben geholfen.

Oma Schulte ist auch noch nicht wieder hochgegangen. Die Sache mit Herrn Rölle geht ihr nicht aus dem Kopf, und je länger sie darüber nachdenkt, desto stärker befürchtet sie eine Rache dieses Schubbejacks, wie sie Herrn Rölle jetzt nur noch nennt. Der Vater glaubt nicht daran. So ein mieser Fisch sei der Rölle nun auch wieder nicht, sagt er.

Helle sitzt auf der Fensterbank, legt seinen Kopf an die kühle Fensterscheibe, hört zu und schaut immer wieder in den Hof hinab. Er wartet darauf, daß Annis Mutter endlich geht, doch noch immer brennt Licht in der Kellerwohnung, und solange es nicht gelöscht ist, ist Annis Mutter auch noch nicht fort.

Er ist nun so müde, sein Kopf ist wie gelähmt vor innerer Hitze. Es zieht ihn ins Bett, zieht so sehr, daß er sich sekundenlang einbildet, er läge drin, die Augen schließt und richtig einnickt. Dann schreckt er jedesmal wieder hoch: Er darf nicht einschlafen, nicht bevor er Anni gesprochen hat. Er hat nun schon so lange nicht mehr richtig mit ihr geredet, nur noch gestritten und gezankt. Wenn sie ihn jetzt extra zu sich bestellt, will sie bestimmt nicht zanken oder streiten.

Oswin erzählt inzwischen von einem Kollegen, der bei ihm war. Er hatte von seiner Verhaftung gehört und wollte wissen, wie es ihm geht. Sie unterhielten sich ziemlich lange, und dabei erfuhr Oswin etwas, was ihn zutiefst erschütterte. Der Kollege wußte von seinem Schwippschwager, der Chauffeur ist und mehrere hohe Herren einer Bank fährt, daß sich tags zuvor Industrieherren und Bankiers getroffen haben, um zu beraten, wie sie Ebert und die Generäle in ihrem Kampf für Ruhe und Ordnung unterstützen können. »Einige hundert Millionen Mark sollen sie lockergemacht haben«, sagt Oswin verbittert. »Einige hundert Millionen Mark!«

Die Mutter läßt Oswins Worte in sich nachklingen, dann sagt sie leise: »Dafür haben sie also Geld, aber für unsere Kinder keine Mark.«

Oma Schulte seufzt. »Wir sind doch bloß die Esel, auf denen die Geldleute zu den Geldbergen reiten.«

»Nanu?« freut sich der Vater. »Das klingt ja ganz vernünftig.«

»Es ist die Wahrheit.« Oma Schulte weiß nicht, ob sie sich über Vaters Lob freuen soll. Wenn er ihre jetzige Vernunft begrüßt, heißt das ja, daß er sie vorher für ziemlich unvernünftig gehalten haben muß. »Oder meinste, ich hab mir nicht so manches Mal in meinem Leben die Platze geärgert, daß ich so schuften muß, während andere ein vornehmes Leben führen?«

Still geht Helle an den Wasserhahn und spritzt sich Wasser ins Gesicht.

»Nanu? Was ist denn los mit dir?« Die Mutter legt ihm die Hand auf die Stirn. »So warm ist's doch nun wirklich nicht.«

Nicht warm? Helle ist es, als müsse er verglühen.

»Junge, du hast ja Fieber!« Jetzt ist die Mutter sehr besorgt. »Du mußt ins Bett.«

»Noch nicht.« Schnell setzt Helle sich wieder auf die Fensterbank, lehnt den Kopf an die Fensterscheibe – und erschrickt: In Oswins Schuppen flackert es. Aber das ist kein Licht, das jemand angezündet hat ... das sind Flammen!

Die Erwachsenen am Tisch sind zu überrascht, um gleich reagieren zu können. Dann aber stürzen sie ans Fenster und schauen in den Hof hinunter. Nur Oma Schulte bleibt sitzen. »Der Rölle!« murmelt sie. »Ich hab's ja gewußt.«

Der Vater fängt sich als erster. »Eimer!« schreit er. »Nehmt alles an Eimern und Schüsseln, was ihr finden könnt.« Und damit ergreift er schon die beiden Eimer, die neben dem Herd stehen, und läuft in den Hof hinab. Dabei ruft er immer wieder laut:

»Feuer!« und schlägt mit seinen Eimern gegen alle Türen, an denen er vorüberkommt.

Helle läuft gleich hinterm Vater her. Er hat sich Hänschens Badewanne geschnappt. Im Hof ist ein Wasseranschluß. Wenn der nicht eingefroren ist, können sie dort Wasser holen.

Die Flammen in Oswins Schuppen lodern wild. Es prasselt und knackt, und die Hitze im Hof ist fast unerträglich. Auch aus den anderen Wohnungen kommen nun Männer und Frauen, Jungen und Mädchen gelaufen. Alle wollen sie helfen. Doch es gibt nichts zu helfen: Der Wasseranschluß im Hof ist eingefroren, und bis in die nächste Wohnung zu laufen, um Wasser zu holen, hat keinen Zweck, dazu frißt sich das Feuer viel zu schnell durch das alte, morsche Holz.

Oswin hat seine Bemühungen, irgendwoher Wasser zu bekommen, als erster aufgegeben. Die Hände in den Taschen, steht er da und schaut zu, wie sein Schuppen niederbrennt. Nur den Wagen mit dem Leierkasten hat er retten können.

»Glaubst du auch, daß das der Rölle war?« fragt die Mutter, die dicht neben dem Vater steht und genauso hilflos in die Flammen blickt wie er.

Der Vater zögert erst, dann nickt er.

»Ja, jetzt glaub ich's auch! Weil er mir nichts anhaben konnte, hat er sich an Oswin gerächt. Für ihn gehören wir alle zu einer Sippschaft.«

Helle spürt, wie ihm schlecht wird. Er hält die Hitze im Kopf nicht länger aus, will sich hinlegen, irgendwo hinlegen. Deshalb dreht er sich nun um, geht ins Haus zurück und steigt mit Hänschens Badewanne in den Händen die Treppe hoch. Dabei wird ihm wieder schlecht. Er schleppt sich nur noch vorwärts.

Oma Schulte, die es bei Martha und Hänschen nicht ausgehalten hat, kommt ihm entgegen. »Junge! Wie siehst du denn aus?« ruft sie entsetzt. Und dann nimmt sie Helle die Badewanne ab und stützt ihn, bis er sich in der Schlafstube aufs Bett gelegt hat.

Er steht mit Anni in einer Schaukel, und die Schaukel fliegt höher und höher. Sie geben ihr immer wieder neuen Schwung, indem sie sich mit den Händen an den Gelenkstangen festhalten, abwechselnd in die Knie gehen und sich abstoßen; immer fester, immer kräftiger. Anni trägt ein buntes Kleid, er kurze Hosen, also muß es Sommer sein. Und Anni lacht, lacht und lacht. So hat er sie noch nie lachen sehen ...

Es ist eine richtige Rummelplatzschaukel, aber um sie herum ist kein Lärm, keine Musik, kein Geschrei, kein Geschmetter, stehen keine Buden, keine Karussells; nur Wiese und Himmel ist um sie herum. Und die Schaukel fliegt immer höher, immer tiefer ins Blau hinein.

»Halt dich fest!« ruft er. Er hat Angst um Anni, die immer kräftiger schaukelt, und wundert sich, daß ihr nicht schwindlig wird.

»Ist das nicht schön?« jubelt Anni.

Ja, es ist schön. Alles bleibt unter ihnen zurück, die Wiese, die Bäume, der Fluß ...

»Siehste, nun träumste auch«, sagt Anni da auf einmal ganz leise.

Er träumt das alles nur? Aber ja, so hin und her fliegen, dieses weite Gefühl in ihm, das kann keine Wirklichkeit sein; so schön ist's nicht mal im Sommer ...

»Helle!«

Die Stimme kommt von außerhalb seines Traumes, doch er will sie nicht hören, will weiterträumen ...

»Helle!«

Nun muß er doch die Augen öffnen.

»Helle! Junge!« Die Mutter sitzt auf seinem Bett und hält seine Hand.

Enttäuscht schließt Helle wieder die Augen. Er will zurück in seinen Traum, zurück zu Anni in ihrem bunten Kleid ...

»Lassen Sie ihn«, sagt da eine Männerstimme. »Er braucht Zeit.«

Dr. Fröhlich?

»Na, bist du wieder bei uns?«

Träumt er das auch nur – oder ist er jetzt wirklich wach?

»Du bist ohnmächtig geworden.« Der Doktor lächelt ihn an. »Bist regelrecht umgekippt. Das kommt von deinem Fieber. Und dann hast du ja auch den ganzen Tag nichts gegessen, wie deine Mutter gesagt hat.«

»Du hast dich überanstrengt.« Die Mutter streichelt Helles Hand. »Oder richtiger: Wir haben dir zuviel zugemutet.«

Nun setzt Dr. Fröhlich sich zu Helle aufs Bett. »Erst Hänschen, dann Martha, jetzt du.« Er schüttelt vorwurfsvoll den Kopf. »Ihr habt euch wohl verabredet? Und immer schön der Größe nach, was? Na ja, alles halb so schlimm, du mußt jetzt nur schlafen, mußt dich genauso toll pflegen, wie du deine Geschwister gepflegt hast, dann bist du bald wieder auf den Beinen. Versprichste mir das?«

Helle nickt nur stumm.

Kaum ist der Arzt gegangen, kommt Martha angesprungen. Sie hat mit Hänschen im Bett der Eltern gelegen und nur aus Respekt vor dem Doktor Abstand gehalten. Jetzt, so glaubt sie, darf sie sich endlich um den kranken Bruder kümmern. Doch die Mutter scheucht sie zurück: »Helle braucht jetzt seine Ruhe.«

»Was ... was is'n mit Oswins Schuppen?«

»Total runtergebrannt.« Die Mutter nimmt Hänschen auf den Arm, um ihn zum Wickeln in die Küche zu bringen. »Denk jetzt nicht mehr daran«, bittet sie ihn dann, bevor sie geht. »Ruh dich aus. Oswin schläft vorläufig bei Oma Schulte oben, auf den Kartons. Und den Schuppen, den bauen Vater und er wieder auf.«

Gehorsam schließt Helle die Augen. Wie gern würde er jetzt weiterträumen, von Anni, der Schaukel und der Wiese. Doch das geht nun nicht mehr, jetzt, wo alles wieder da ist, die ganze Wirklichkeit ...

4. Teil
In einer fernen Zukunft

Der verlorene Respekt

Herr Flechsig legt seine Bücher und Hefte aufs Pult und wendet sich zur Klasse um. Die Jungen spüren sofort: Es ist etwas passiert; so ernst war Herr Flechsig noch nie.

Doch erst als die Begrüßung vorüber ist und die Jungen in ihren Bänken sitzen, sagt Herr Flechsig, was ihn so ernst stimmt. Danach stellt er sich ans Fenster und schaut schweigend hinaus.

Herr Flechsig wird die Schule verlassen, sie haben das letzte Mal bei ihm Unterricht.

Geahnt, daß so etwas kommen würde, haben sie alle. Sie haben ja beobachtet, wie all das Schlimme, das in den letzten Wochen geschah, Herrn Flechsig veränderte; haben gesehen, wie er immer stiller wurde und sich kaum noch auf den Unterricht konzentrieren konnte. Aber daß er sie eines Tages tatsächlich verlassen könnte, hat wohl keiner geglaubt.

Günter Brem hat sich als erster von dem Schreck erholt. »Dann lassen Sie uns ja im Stich«, sagt er leise.

Offensichtlich hat Herr Flechsig diesen Vorwurf erwartet. »Vielleich hast du recht. Ich möchte dir da nicht widersprechen. Doch das ändert nichts daran, daß ich nicht anders handeln kann.«

Stumm spielt Helle mit seinem Federkasten, schiebt ihn auf und zu. Mit Herrn Flechsig verlieren sie den einzigen Lehrer, bei dem der Unterricht Spaß machte; den einzigen, der auch mal aus der Reihe tanzte und was anderes sagte, als das Schulbuch vorschrieb.

»Ich weiß nicht, ob ihr mich verstehen könnt«, sagt Herr Flechsig nun, »aber für mich bedeutet Lehrer sein mehr als nur

Kinder verwalten und Texte oder Daten auswendig lernen lassen. Ich will euch nicht lehren, was ich für falsch halte. Dazu aber will man mich zwingen.«

Mit Ebert und den Generälen haben auch Herr Förster und Rektor Neumayr gesiegt. Sie lassen das Herrn Flechsig jeden Tag spüren und drängen darauf, daß er sich ihren Anordnungen fügt.

Nachdenklich setzt Herr Flechsig sich auf Bommels Tisch. »Es muß sein«, sagt er dann leise, »ich kann mich nicht länger verstellen.« Er zögert, als überlege er, ob er das, was er nun sagen will, auch sagen darf, tut es dann aber doch. »Wißt ihr, was Rektor Neumayr, Herr Förster und noch einige andere meiner Kollegen getan haben, als sie von der Ermordung Rosa Luxemburgs und Karl Liebknechts hörten? Sie sind in ein Weinlokal gegangen und haben das Verbrechen gefeiert!«

»Diese Schweine!« Günter Brem hat das gesagt, hat es laut gesagt – und Herr Flechsig ruft ihn nicht zur Ordnung. »Es gibt Grenzen«, sagt er, »Grenzen, die man nicht überschreiten darf, wenn man seine Selbstachtung bewahren will. Die Zusammenarbeit mit verschiedenen Kollegen wäre nach all dem, was vorgefallen ist, ein Überschreiten dieser Grenze.«

Daß Herr Flechsig so von den anderen Lehrern spricht, vor allem aber daß er Günters »Schweine«-Ruf nicht zur Kenntnis nimmt, beweist, daß er sich innerlich schon von der Schule verabschiedet hat und keine Rücksichten mehr nehmen will.

»Ich weiß, ich überlasse euch den Försters und Neumayrs, und ihr könnt mir glauben, das tut mir weh.« Traurig nickt Herr Flechsig Bommel zu, der ja direkt vor ihm sitzt und ihn unverwandt und ernst wie nie zuvor anschaut. »Aber so wie euch ergeht es ja jetzt dem ganzen Land. Wir waren zu schwach, um zu siegen, zu unorganisiert und zu gutmütig. Wir haben uns nach der Decke gestreckt und feststellen müssen, daß unsere Arme zu kurz sind. Das ist eine Erfahrung, die wir alle miteinander teilen müssen; helfen kann uns da niemand.« Er denkt ein Weilchen nach und fährt dann fort: »Ich würde euch gern gute Ratschläge erteilen, würde euch gern sagen, wie ihr die Zeit in der Schule am besten hinter euch bringt, aber leider kann ich es nicht. Aus Vernunftsgründen müßte ich euch sagen, duckt euch, seid still, versucht, ohne größere Schwierigkeiten über die Runden zu kommen. Das aber wäre genau das, was ich nicht will. Ich will ja nicht, daß aus euch lauter Duckmäuser werden. Was also soll ich euch raten? Daß ihr euch nicht beugt, daß ihr Widerstand leistet, wenn euch Unrecht getan wird? Nein, ich rate euch zu nichts, ich bin sicher, ihr findet auch so den richtigen Weg.«

»Was machen Sie denn jetzt?« fragt Franz Krause kleinlaut. »Ich meine ... haben Sie 'ne andere Arbeit?«

»Mein Vater hat eine kleine Tischlerei, ich werde bei ihm anfangen. Er ist ja nun schon alt. Aber, und das ist wichtig für mich, ich werde auch weiterhin als Lehrer tätig sein. Ich werde Abendkurse abhalten, Arbeiter weiterbilden. Dafür bekomme ich zwar keinen Lohn, den brauche ich dann aber auch nicht mehr.«

»Dürfen wir auch kommen?« fragt Ede leise.

»Warum denn nicht? Es dauert ja nicht mehr lange, dann seid ihr Arbeiter.«

Das Klingelzeichen! Herr Flechsig nimmt seine Bücher und Hefte und geht zur Tür. Schnell läuft Günter Brem ihm nach und hält ihm die Hand hin. Herr Flechsig nimmt die Hand, lächelt und sagt noch mal leise: »Macht's gut, Jungs!«, dann geht er endgültig.

Es herrscht weiter Stille in der Klasse. Niemand will etwas sagen. Helle setzt sich zu Ede und schweigt mit ihm. Mit Herrn Flechsigs Fortgang ist ein Abschnitt ihres Lebens beendet, das fühlen sie alle. Die restliche Schulzeit wird ein einziges Absitzen werden.

Helle weiß nicht, ob Ede an das gleiche denkt, aber es würde ihn nicht wundern: Herrn Flechsigs Gesicht, als er, nachdem die Ermordung Rosa Luxemburgs und Karl Liebknechts bekannt wurde, in die Klasse kam. Es war der erste Tag, an dem er, Helle, wieder zur Schule ging. Er hatte von dem Mord schon gewußt, der Vater hatte es ihm gesagt, die Zeitungen kündeten in riesigen Schlagzeilen davon, aber erst, als er Herrn Flechsigs Gesicht sah, begriff er, welche Bedeutung dieser Mord wirklich besaß – Herr Flechsig sah aus, als wäre er von einem Tag auf den anderen zehn Jahre älter geworden. Er schob auch gleich allen Unterricht beiseite, sprach nur über diese feige Tat und las ihnen dazu einen Satz aus der *Deutschen Tageszeitung* vor, zwei Tage vor dem Mord gedruckt: *Hoffentlich hängen die Bluthetzer schon an der Laterne*. Er nannte das eine klare Aufforderung zum Mord und sagte: »Wer die wahren Bluthetzer sind, haben gerade Liebknecht und Luxemburg diesen Blättern die ganzen vier Kriegsjahre hindurch immer wieder bewiesen. Und weil diese Giftverspritzer ihnen außer Lügen nichts entgegenhalten konnten, verlangten sie zum Schluß sogar ihren Tod.« Später fügte er dann noch hinzu, daß die Offiziere und Soldaten der Garde-Kavallerie-Schützendivision, die Rosa Luxemburg und Karl Liebknecht verhafteten und umbrachten, nicht die eigentlichen Mörder, sondern nur die Tatwerkzeuge waren. »Die eigentlichen Mörder sind all jene, die von der Bedrohung wußten und sie stillschweigend in Kauf nahmen. Und dazu gehören viele.«

Herr Flechsig hatte den ganzen Unterricht über an nichts anderes denken können, und auch an den Tagen danach war er im Unterricht mit den Gedanken oft nicht bei der Sache; kein Wunder, wie er sich letztendlich entschieden hat …

Es läutet zur nächsten Stunde. Still begeben sich die Jungen wieder auf die Plätze. Fräulein Gatowsky betritt die Klasse und spricht über die letzte Rechenarbeit, die wieder mal sehr schlecht ausgefallen ist, läßt es aber bald sein. »Was ist denn los mit euch? Ist es wegen Herrn Flechsig? Wißt ihr es schon?«

Einige nicken.

Fräulein Gatowsky legt den Stapel mit den Heften auf den Tisch zurück und geht nachdenklich durch die Reihen. »Es gefällt mir, daß ihr so an ihm hängt. Ich bedaure auch, daß er die

Schule verläßt, finde aber, daß er nicht richtig handelt.« Sie macht eine Pause und sagt dann: »Die besseren Lehrer dürfen doch den schlechteren nicht das Feld überlassen.«

»Aber wenn Herr Neumayr verlangt, daß er etwas tut, was er nicht will?« Helle fragt das, alle anderen aber denken genauso.

»Ich kenne Herrn Flechsigs Beweggründe«, antwortet Fräulein Gatowsky. »Er will nicht wieder einen Kompromiß schließen wie vor der Revolution. Er will alles oder nichts. Ich sehe das anders, ich sage mir, wenn alle guten Lehrer so handeln wie Herr Flechsig, bleiben euch nur die schlechten.«

Fräulein Gatowsky hat recht. Aber Herr Flechsig hat auch recht. Die Verwirrung in der Klasse wächst.

Die Lehrerin bleibt vor Franz Krause stehen. »Außerdem bin ich nicht so enttäuscht wie Herr Flechsig, weil ich mir von alldem nicht soviel versprochen habe. Und weil ich glaube, daß wir trotz aller Rückschläge einen Schritt vorwärts gemacht haben. Was war denn im November? Da hatten wir einen Kaiser, und es war Krieg. Jetzt ist der Kaiser fort und der Krieg beendet.«

»Dafür haben wir Ebert«, ruft Günter Brem.

»Ja, dafür haben wir Ebert!« Fräulein Gatowsky nimmt den Zwischenruf dankbar auf. »Und ich muß euch ehrlich sagen, mir ist ein Ebert lieber als ein Kaiser. Schließlich ist Ebert inzwischen vom Volk gewählt worden, das heißt, er kann auch wieder abgewählt werden. Einen Wilhelm konnten wir nicht abwählen.«

Erst am Sonntag waren die Wahlen gewesen. Vor allen Wahllokalen standen Posten mit Stahlhelmen, Handgranaten und Schußwaffen; Patrouillen zogen durch die Straßen, Autos, auf denen Maschinengewehre aufgebaut worden waren, fuhren durch die ganze Stadt. Helle jedoch erlebte alles nur wie von fern mit. Die Spartakisten stellten sich nicht zur Wahl, und die Eltern gingen nicht hin. »Das is'n böser Witz und keine Wahl«, sagte der Vater. »Erst schießen sie uns zusammen, bringen unsere Führer um und stellen uns als Verbrecher hin, dann veranstalten sie 'ne Wahl. Wer soll uns denn wählen, nach all dem, was die Leute über uns glauben?«

Für eine ehrliche Wahl sei er auch, erklärte der Vater, diese Wahl aber sei nicht ehrlich. Erstens würden die, die das meiste Geld haben, auch die meisten Stimmen erhalten, weil sie die meisten Lügen drucken lassen konnten, zweitens würden viele Arbeiter doch nur wieder SPD wählen, weil die SPD nun mal ihre Partei sei und nicht nur die Eberts, Scheidemanns und Noskes. Und der Vater hatte recht, es kam so, wie er es vorausgesehen hatte: Die meisten der abgegebenen Stimmen erhielten die Parteien der Geldleute, die stärkste Einzelpartei wurde die SPD.

»Was wir jetzt erreicht haben«, sagt Fräulein Gatowsky, »ist vielleicht nicht sehr viel, aber es ist ein Schritt in die richtige Richtung. Und es kann nun mal nur Schritt für Schritt weitergehen.«

Herr Flechsig und der Vater wollten einen großen Schritt machen, Fräulein Gatowsky spricht von vielen kleinen. Da der große Schritt mißlang, bleiben nur die kleinen.

Fast die ganze Klasse steht noch vor der Schule, nur wenige sind gegangen. Es gibt einfach noch viel zuviel miteinander zu bereden.

Günter Brem sagt, daß er nun endgültig Ostern die Schule verlassen wird. In der Wäscherei, in der seine Mutter arbeitet, warten sie schon auf ihn. Und Ede sagt es nun auch: »Ich komme nach Ostern nicht wieder.«

Die anderen Jungen würden es den beiden am liebsten nachtun, aber außer Ede und Günter ist nur der lange Heinz alt genug, um nicht mehr zur Schule zu müssen, und Heinz weiß, daß er damit bei seinem Vater nicht durchkommt. Für Edes und Helles Absicht, später vielleicht in Herrn Flechsigs Abendkurse zu gehen, zeigt er deshalb erst recht kein Verständnis. »Ihr seid ja doof«, sagt er. »Das ist doch auch Schule.«

»Du bist doof«, verteidigt Bommel Herrn Flechsigs Abendkurse. Er hat den Abschied von dem einzigen Lehrer, der ihn nicht wie einen Clown behandelte, noch immer nicht verwunden, sagt sogar, daß vielleicht auch er zu den Abendkursen gehen wird.

An normalen Tagen hätte der lange Heinz dem kleinen Bommel dafür einfach eine runtergehauen, heute wagt er das nicht; Bommel hat die Mehrheit auf seiner Seite, auch wenn niemand glaubt, daß er das mit den Abendkursen ernst gemeint hat.

Es wird noch viel geredet, es gibt viele Ansichten, die Mehrheit der Jungen jedoch neigt dem zu, was Fräulein Gatowsky gesagt hat: Besser Ebert als Wilhelm, lieber einen Flechsig mehr an der Schule als einen zuwenig.

Franz Krause machen Herrn Flechsigs nicht gegebene Ratschläge zu schaffen. »Er hat uns nicht gesagt, was wir wirklich tun sollen«, bemängelt er.

»Er hat Vertrauen zu uns«, sagt Ede. »Er glaubt, daß wir es schon richtig machen.«

»Und wie machen wir es richtig?« fragt Bertie.

Das weiß Ede nicht, und auch die anderen wissen auf diese Frage keine Antwort.

»Wir müssen es machen wie die Soldaten im Feld«, meint Heinz. »Viel sehen, wenig gesehen werden! Das eine Jahr kriegen wir auch noch rum.«

Von »wenig gesehen werden« hat Herr Flechsig nicht gesprochen, und auch Fräulein Gatowsky meinte mit ihrem »Schritt für Schritt« etwas anderes. Doch die Jungen kommen nicht mehr dazu, weiter zu beratschlagen: Herr Förster verläßt die Schule. Als er die Jungen sieht, wechselt er die Richtung und kommt auf sie zu. »Was wollt ihr hier denn noch? Geht nach Hause, nach dem Unterricht habt ihr vor der Schule nichts mehr zu suchen.«

»Der Bürgersteig ist für alle da.«

Günter hat das gesagt, und die anderen Jungen treten neben ihn.

»Willst du mich über die Schulordnung aufklären?« Der Lehrer nähert sich drohend.

»Der Bürgersteig gehört ja nicht zur Schule.« Günter weicht keinen Schritt zurück.

Unschlüssig, was er nun tun soll, bleibt Herr Förster stehen. Schließlich sagt er, und es klingt fast versöhnlich: »Also los, geht schon nach Hause! Eure Mütter warten mit dem Essen.«

»Meine nicht«, sagt Franz Krause. »Meine ist in der Fabrik.«

»Meine auch.« Ede, Helle, der lange Heinz, Günter Brem, Bommel, Bertie und all die anderen nicken ernsthaft: Keiner muß nach Hause. Sie haben erkannt, in welch dumme Situation sich Herr Förster gebracht hat, seine halbe Bitte hat ihn verraten: Er kann sie nicht zwingen, nach Hause zu gehen, kann aber auch nicht nachgeben, weil das für ihn eine Blamage bedeutete.

»Also los! Geht schon«, wiederholt Herr Förster etwas nachdrücklicher und macht eine Handbewegung, als wollte er Bommel auf die andere Straßenseite scheuchen. Bommel aber bleibt stur stehen.

»Gut«, sagt Herr Förster da nur noch. »Wir sprechen uns morgen früh wieder.« Und damit dreht er sich um und geht.

Die Jungen sehen dem hinkenden Mann im grauen Mantel noch eine Weile nach und denken alle dasselbe: Der gleiche Herr Förster, der im Klassenzimmer so bedrohlich wirkt, ist auf der Straße nur ein ganz gewöhnlicher Mann. Wäre er nicht ihr Lehrer, würden sie ihn überhaupt nicht beachten.

»Morgen macht er uns fertig«, seufzt Bommel.

»Von mir aus kann er machen, was er will«, antwortet Günter sofort. »Eins steht fest: Schlagen laß ich mich nicht mehr, lieber gehe ich nach Hause.«

»Abgemacht!« Entschlossen gibt Franz Günter die Hand, und auch Helle, Ede, Franz und Bertie, der lange Heinz und alle anderen schlagen ein; ein richtiger Berg von Händen türmt sich übereinander.

Die Jungen lachen über diese feierliche Geste, irgendwie sind sie aber auch stolz auf das, was da zwischen ihnen Neues entstanden ist. Als sie sich endlich trennen, tun sie das nur zögernd. Sie wären gern noch ein bißchen zusammengeblieben, doch im Gegensatz zu dem, was sie Herrn Förster gesagt haben, kann keiner von ihnen nach Hause kommen, wann er will. Gerade weil ihre Mütter nicht zu Hause sind, haben sie alle jede Menge Pflichten zu erfüllen. Doch das konnte Herr Förster nicht wissen; er weiß ja überhaupt nichts von ihnen.

Was sind schon hundert Jahre?

Es sieht schlimm aus im vierten Hinterhof. Von Oswins Schuppen sind nichts als ein paar verkohlte Balken übriggeblieben. Zwar wollen der Vater und Oswin den Schuppen tatsächlich wieder aufbauen, doch das geht erst, wenn es wieder wärmer geworden ist. Vorerst bleibt Oswin Schlafbursche bei Oma Schulte; deshalb hat er sich zwischen den Kartons eine Art Matratzenlager hergerichtet.

Helle betritt nicht den Seitenaufgang, um in den dritten Stock zu gelangen, er geht gleich zu Anni in den Keller. Als er mit Fieber im Bett lag, hatte Anni Lutz mit einem Briefchen zu ihm geschickt. Lutz hatte den Zettel natürlich gelesen und die ganze Zeit frech gegrinst, aber das machte ihm nichts aus. Anni schrieb, daß ihre Mutter wegziehen will; in Weißensee gebe es einen Bauern, der eine Magd sucht. Ihre Mutter wolle die Stelle annehmen, aber das nicht, weil sie lieber auf einem Bauernhof als in einer Kneipe arbeite, sondern weil Dr. Fröhlich gesagt habe, frische Luft wäre die einzige Chance für ihre Tochter, wieder gesund zu werden. Annis Mutter hatte erst gemurrt, sie könne sich nicht vorstellen, daß die Luft in Weißensee besser sei als im Wedding, doch dann hatte sie sich das Gehöft angesehen, war ganz nachdenklich nach Hause gekommen und zwei Tage später wieder hingefahren. Kurz darauf hatte sie schon mit dem Einpacken begonnen.

Das mit dem Einpacken hat Anni ihm nicht geschrieben, das erzählte sie ihm, als er sie, nachdem es ihm wieder besserging, das erstemal besuchte. Seitdem besucht er sie jeden Tag, wenn er aus der Schule kommt. Es ist wieder wie früher zwischen ihnen, nur ernster. Wenn sie sich gegenübersitzen und unterhalten, reden sie manchmal wie Erwachsene miteinander. Sie lachen kaum noch, und Anni sagt, sie träumte auch nichts mehr.

Annis Mutter öffnet Helle. Sie hat sich schon an seine regelmäßigen Besuche gewöhnt, wartet jedesmal auf sein Kommen und nutzt seine Anwesenheit aus, um Gänge zu erledigen. Heute allerdings geht sie nicht weg.

In der Kellerwohnung riecht es muffig. Die feuchten Wände und auch die Teppiche auf der Pappe müssen immer wieder vom Schimmelpilz gereinigt werden; der Gestank bleibt trotzdem. Lüften hilft da nicht, bringt nur mehr Kälte in den Keller. Die Mutter sagte mal, wo es so feucht ist, stinke bald alles nach Keller, auch die Menschen, die in ihm leben müssen. Helle hat noch nicht bemerkt, daß Anni nach Keller riecht, ihrer Mutter aber haftet der Geruch schon an. Im Sommer spürt man das nicht so, weil dann den ganzen Tag das Fenster offensteht, doch je länger der Winter dauert, desto stärker wird der Geruch.

Seit drei Wochen liegt Anni nun schon im Bett, und seit zehn Tagen schaut sie ihn so an wie jetzt, wenn er nach der Schule bei ihr vorbeikommt. Sie liegt in der Kellerwohnung wie in einer Gruft, kommt einfach nicht mehr heraus. Als es vorige Woche schneite und der ganze Hof so voller Schnee war, daß die Kinder einen Schneemann bauen konnten, wollte sie mit aller Gewalt aufstehen – doch kaum stand sie, wurde ihr schwindlig, und sie mußte sich wieder hinlegen. Sie hatte sich so auf den Schnee gefreut und ihn dann nur einmal kurz durchs Fenster gesehen. Helle hätte sonstwas darum gegeben, ihr einen Spaziergang im Schnee oder eine Fahrt mit dem Schlitten zu ermöglichen, aber selbst wenn es noch mal schneien sollte, bestünde keine Aussicht, daß sie dann auf die Straße darf.

»Gibt's was Neues?«

Die Frage nach Neuigkeiten ist nur ein Spiel. Sie müssen vor sich selbst einen Grund für seine häufigen Besuche haben, deshalb tut Anni jedesmal so, als interessiere sie sich für das, was er in der Schule erlebt, und Helle gibt vor, er nehme ihr gespieltes Interesse ernst. Deshalb erzählt er ihr diesmal gleich von Herrn Flechsigs Weggang und von dem, was sich nach der Schule abspielte.

»Und ihr seid euch alle einig?« fragt Anni.

Helle nickt stumm.

»Das ist toll«, flüstert Anni.

Das ist toll. Helle weiß es selbst. Daß so etwas möglich wäre, hätte er früher nicht einmal zu träumen gewagt.

Anni lauscht auf das, was ihre Mutter macht, und winkt Helle, als sie sie in der Küche herumhantieren hört, etwas näher an sich heran.

»Ich weiß jetzt, weshalb sie nun doch nach Weißensee will«, flüstert sie. »Der Bauer ist Witwer. Sie hofft darauf, daß er sie heiratet.«

»Hat er denn Kinder?« ist das erste, was Helle zu dieser Neuigkeit sagen kann. Wenn Annis Mutter diesen Bauern heiratet, kriegt Anni einen Stiefvater, und von Stiefvätern oder Stiefmüttern hat er schon die schlimmsten Sachen gehört; besonders wenn sie noch eigene Kinder haben.

»Vier«, sagt Anni.

Vier? Mit Anni und ihren Brüdern sind sie dann ja sieben. Das ist nicht unbedingt sehr viel. Helle kennt Familien mit zwölf oder vierzehn Kindern, aber sieben Kinder durchzubringen, gerade jetzt, fällt auch einem Bauern nicht leicht.

»Meine Mutter sagt, er freut sich auf uns. Besonders auf mich, weil ich ja, wenn ich wieder gesund bin, mitarbeiten kann.«

Das ist es also: billige Arbeitskräfte!

»Mutter sagt, Feldarbeit ist gesund und für eine wie mich genau das richtige.«

Da schweigt Helle. Er weiß jetzt alles von Anni, weiß auch, weshalb sie eine Zeitlang so eklig zu ihm war. An dem Tag, an dem sie aus dem Krankenhaus entlassen wurde, starb im Nebenzimmer ein Junge. Er hatte die gleiche Krankheit wie Anni, hustete auch Blut, war nur zu spät eingeliefert worden. Und sie wurde nun, bevor sie wieder richtig gesund war, entlassen!

»Es gibt ja auch nette Stiefväter«, flüstert Anni, die genau weiß, was Helle denkt.

Das stimmt, aber sie sind so selten wie Lotteriegewinne. Oma Schulte hat das mal gesagt, und weder Helle noch Anni haben je einen von dieser Sorte kennengelernt. Aber vielleicht liegt das daran, daß sie ja nur die Leute aus der Ackerstraße kennen und die Armut aus schwachen Leuten nun mal keine Engel macht, wie Oma Schulte hinzufügte. Doch warum soll der Bauer keine Ausnahme sein? Anni ist schon bange genug vor dieser neuen Familie, zu der sie bald gehören wird, wozu soll er ihr noch mehr angst machen?

»Klar gibt's auch nette Stiefväter«, bestätigt Helle schnell. Eine Begründung jedoch, die zusätzlich Mut machen könnte, findet er nicht für diese Behauptung.

Annis Mutter kommt, setzt sich dazu und sieht ihn lange an. »Morgen kannste sie noch mal besuchen, übermorgen sind wir schon fort.«

Anni blickt weg, und Helle blickt weg. Und dann steht er plötzlich auf und sagt, daß er jetzt gehen muß. Er weiß ja, daß der Abschied von Anni immer näher rückt, daran denken aber will er nicht. Es geht so viel zu Ende in diesen Tagen, fast ist ihm, als bleibe er allein zurück.

Vor den Überresten von Oswins Schuppen steht ein Mann. Auf eine Krücke gestützt, schaut er stumm auf die verkohlten Balken hinab. Er trägt Joppe und Schirmmütze, und Helle, der vor der Kellertür stehengeblieben ist, sieht ihn nur von hinten, trotzdem erkennt er ihn sofort: Es ist Heiner!

Er stürzt dem Freund in die Arme und muß sich Mühe geben, nicht loszuheulen. All die Erlebnisse der letzten Wochen sind wieder da, all die Angst um die Freunde, all die Trauer um die Gefallenen. Er hat Heiner seit jenem Abend im Tiergarten nicht wiedergesehen, weiß nicht, ob Heiner von Trudes und Arnos Tod erfahren hat, weiß nur, daß alles, was geschehen ist, sie noch stärker miteinander verbindet.

»Helle! Junge!« Heiner freut sich auch, weist dann aber auf die verkohlten Balken. »Was ist denn hier passiert?«

Es gibt so viel zu erzählen, Helle sprudelt alles so quer durcheinander heraus, daß Heiner ihn schließlich unterbricht: »Langsamer! Wer ist Herr Rölle?«

Helle beginnt von vorn, erzählt von Herrn Rölles Verrat, von seinem Rausschmiß, seiner Racheaktion und danach mit sehr leiser Stimme von Arno und dem Schnauzbärtigen.

Betroffen senkt Heiner den Kopf, davon hatte er noch nichts gewußt. Schließlich aber faßt er sich und bittet Helle, ihm das alles später noch einmal ausführlicher zu erzählen. »Jetzt bring mich erst mal hoch. Bin schon ziemlich lange auf den Beinen, muß endlich mal wieder sitzen.«

Heiner sitzt auf dem Sofa, hat das verletzte Bein auf einen Stuhl gelegt und trinkt Tee. Der heiße Tee belebt ihn, bringt Farbe in sein Gesicht, seine Gedanken jedoch sind immer noch bei dem, was Helle ihm im Hof berichtete. »Bitte«, sagt er. »Erzähl mir das alles noch mal ganz genau.«

Helle folgt dieser Bitte, obwohl es ihm schwerfällt; er sieht ja jedesmal alles wieder vor sich. Die Mutter meinte, daß es ihm von Erzählen zu Erzählen leichter fallen werde, seine Erlebnisse zu verarbeiten. Er solle nur oft genug darüber berichten. Doch das stimmt nicht, jedenfalls jetzt noch nicht.

»Weißt du«, sagt Heiner, als Helle endlich fertig ist und sie und auch der Vater einige Zeit geschwiegen haben, »Arno und ich waren mehr als nur Freunde, waren fast so was wie Brüder. Und der Jan – der mit dem Schnauzbart – gehörte auch zu uns. Wir waren nicht immer einer Meinung mit ihm, doch wir hatten immer den gleichen Gegner. Verstehst du das?«

Ja, das versteht Helle.

Da schaut der junge Matrose ihn ernst an. »Ich weiß, daß es dir schwerfällt, darüber zu berichten. Trotzdem, irgendwann werde ich sicher noch einmal mit dir darüber reden wollen. Und dann noch einmal. Solange wir von unseren Freunden reden, sind sie nicht wirklich tot.«

Der Vater ist der gleichen Meinung. »Ab und zu über sie sprechen ist mehr wert als ein Grabstein«, sagt er.

Martha kommt in die Küche. Die Zeit, in der sie es genoß, im Bett bleiben zu dürfen, ist längst vorüber. Nun muß man sie zwingen, in das langweilige Bett zurückzukehren, immer will sie raus. Und einzuschlafen gelingt ihr nur noch ganz selten und fast immer zu den unmöglichsten Tageszeiten. Als sie Heiner sieht, will sie sofort auf seinen Schoß krabbeln, bemerkt dann aber die Krücke und das auf dem Stuhl liegende Bein und setzt sich still neben ihn. »Ist dir was passiert?«

»Ja.«

»Haben sie dir ins Bein geschossen?«

Heiner sagt wiederum nur: »Ja.«

»Und warum?«

»Weil ich weglaufen wollte.«

»Du hast Angst gehabt.« Das ist keine Frage, sondern eine Feststellung. Daß einer Angst hat, kann Martha verstehen.

Heiner widerspricht nicht, nickt nur still. Also lehnt Martha sich gleich an ihn. »Ich bin auch krank. Muß sechs Wochen im Bett bleiben. Und Schokolade darf ich auch nicht essen.«

»Da hast du aber Glück«, scherzt Heiner, der ahnt, worauf sie hinauswill. »Hab nämlich gar keine Schokolade dabei.«

»Und dein Freund? Kommt der nicht mehr?«

»Nein, der kommt nicht mehr.«

»Warum?«

Heiner sieht den Vater an, der Vater nickt. »Auf ihn wurde auch geschossen.«

»Ist er tot?«

»Ja.«

Martha hat sich schon so was gedacht; Trude ist ja auch tot. Ihrem Gesicht ist anzusehen, daß sie nun erst mal überlegt, was »tot sein« überhaupt bedeutet. Doch dann gibt sie es auf. Es passiert zu häufig und zu überraschend, daß einer stirbt. Was allerdings die Schokolade betrifft, will sie die Hoffnung noch nicht so schnell aufgeben. »Wo hat er denn die viele Schokolade hergehabt?«

»Von seiner Braut. Er hatte eine Braut, die arbeitete in einer Schokoladenfabrik.«

Davon hat Helle nichts gewußt. Er hat überhaupt nur wenig von Arno gewußt; abgesehen davon, daß er aus Spandau stammte, eigentlich gar nichts.

»Dann ist seine Braut ja jetzt ganz allein«, stellt Martha sachlich fest.

»... und muß die ganze Schokolade alleine essen«, fügt Helle ärgerlich hinzu. Wenn Martha auch noch ziemlich klein ist, dermaßen auf der Schokolade herumreiten sollte sie nicht.

»Arno hatte viele Bräute«, sagt Heiner da. »Vielleicht hatte die Schokoladenbraut genauso viele Freunde. Das, was man eine richtige Liebe nennt, war's zwischen den beiden nicht. Sie hatten sich nur gern.«

Helle sieht es Heiner an: Jetzt denkt er an Trude. Wenn sie mehr Zeit gehabt hätten, vielleicht hätte es zwischen ihnen so etwas wie eine richtige Liebe gegeben ...

»Und du?« fragt der Vater Heiner, um Martha von ihrem

Thema abzubringen. »Wie ist es dir denn gegangen, seit wir uns aus den Augen verloren haben?«

Heiner erzählt, daß er trotz seiner Verwundung erst einmal mit allen anderen zusammen in einen Pferdestall gepfercht wurde, in dem die Gefangenen die Nacht über bleiben mußten. Am Morgen darauf wurden sie dann in ein anderes Gefängnis gebracht. Dort war man nicht auf dreihundert Neuzugänge eingerichtet, hungernd und erschöpft saßen die Gefangenen auf den Fußböden der Zellen, in die man sie gesteckt hatte. Ihn quälten zu allem anderen noch die Schmerzen in seinem Bein, das zwar behandelt, doch nur sehr unzureichend versorgt worden war. In der ersten Nacht blieb alles ruhig, in der zweiten knallten auf einmal die Türen, hallten Schreie durch die Gefängnisflure, waren Schüsse zu hören, und Soldaten schlugen an die Zellentüren und riefen immer wieder: »Fertig machen! In der Frühe werdet ihr erschossen!« Und es wurden auch Gefangene erschossen, immer wieder hörten sie im Gefängnishof Schüsse. Doch wie viele es waren, bekamen sie nicht mit.

In den Tagen darauf wurde es dann ruhiger, die Gefangenen bekamen Wasser, Brot und Suppe und vertrieben sich die Zeit mit Nachdenken, Gesprächen und Vorsichhindämmern. Danach wurde es dann wieder laut, Soldaten hämmerten ihre Gewehrkolben an die Zellentüren und schrien: »Liebknecht und Luxemburg gekillt!«

»So erfuhren wir von dem Mord an Karl und Rosa«, fährt Heiner fort, nachdem er einige Zeit nachdenklich geschwiegen hat. »Wir wollten es erst gar nicht glauben, dachten, das wäre auch wieder nur so eine Schikane ...« Er tippt auf sein Bein. »Mein Glück war, daß ich Wundfieber bekam. Sie mußten mich aus der Zelle rausnehmen und in ein Lazarett schaffen, das natürlich längst nicht so gut bewacht wurde wie das Gefängnis. Dort lag ich neben einem verwundeten Arbeiter, der heute nacht von seinen Kameraden befreit wurde. Mich und noch zwei andere Gefangene nahmen sie gleich mit.«

Er zögert und ergänzt schließlich leise. »Als sie mich fragten, ob ich mich irgendwo verstecken könne, sagte ich ja. Ich dachte dabei an euch.«

»Da haste richtig gedacht.« Der Vater nickt Helle bedeutungsvoll zu. Wie gut, daß wir den Rölle los sind, soll das besagen.

»Ich bleib nicht lange. Will nach Hause. Nur ein paar Tage, dann ...«

»Du kannst so lange bleiben, wie du willst.« Der Vater setzt sich neben Heiner und legt ihm den Arm um die Schulter. »Weder fällste uns zur Last, noch besteht zur Zeit irgendeine Gefahr, daß man dich bei uns entdeckt. Wie 'n Matrose siehste ja nun wirklich nicht mehr aus.«

»Du kannst in meinem Bett schlafen«, schlägt Martha sofort vor.

»Und du?« fragt Heiner. »Wo schläfst du?«

»In der Küche.«

»Und Helle?«

»Auch in der Küche.«

»Laßt mal«, verspricht der Vater. »Das mit dem Schlafen kriegen wir schon hin.« Er schweigt einen Augenblick nachdenklich, dann beginnt er Heiner zu erzählen, was inzwischen in der Stadt alles geschehen ist. »Mit Tanks, Panzerautos und Minenwerfern sind die Freiwilligen in Berlin einmarschiert. Jeden, bei dem sie eine Waffe finden, nehmen sie fest. Verhandlungen führen sie nicht. Wir sind in ihren Augen nichts weiter als gewöhnliche Verbrecher.«

Einen Tag nachdem der *Vorwärts* gestürmt wurde, war auch das Polizeipräsidium den Regierungstreuen in die Hände gefallen. Und wieder waren sie mit unvorstellbarer Grausamkeit gegen die Besetzer vorgegangen, wieder waren Parlamentäre erschossen und Gefangene mißhandelt und teilweise einfach niedergeschossen worden.

»Das im Zeitungsviertel war keine Entgleisung«, stellt der Vater mit vor Erregung zitternder Stimme fest. »Sie sind nun mal so, wir haben von ihnen keinen Hauch Gerechtigkeit zu erwarten.«

Heiner kann nicht mehr zuhören. Auf dem gesunden Bein humpelt er ans Fenster, öffnet es und atmet tief die frische Luft ein.

»Kein Grund zur Panik«, beruhigt ihn der Vater da, der sich gut vorstellen kann, wie es in Heiner nach alledem, was er erlebt hat, aussehen muß. »Ein Sieg, der sich auf Angst und Schrecken aufbaut, kann kein Sieg von Dauer sein.«

Überrascht dreht Heiner sich um. »Du hast also noch Hoffnung?«

»Ja«, antwortet der Vater ernst. »Ich hoffe nicht auf morgen oder übermorgen, aber auf den Tag danach. Was wir uns vorgenommen haben, ist eine so gewaltige Aufgabe, die bewältigt man nicht in ein paar Wochen oder Monaten. Dazu braucht es Jahre, vielleicht sogar Jahrzehnte.« Er geht an seinen Mantel und legt eine *Rote Fahne* auf den Tisch. »Lies das mal! Liebknechts letzter Artikel.«

Helle kennt den Artikel. Der Vater las ihn der Mutter vor, um ihr Mut zu machen. Sie war, als sie von dem Mord erfuhr, tagelang sehr niedergeschlagen gewesen. Er hat nicht alles behalten, was in dem Artikel stand, einen Satz und ein Wort jedoch wird er nie vergessen. Der Satz lautet: *Es gibt Niederlagen, die Siege sind; und Siege verhängnisvoller als Niederlagen*. Und das Wort: *Trotz alledem!* Daß man Karl und Rosa umbringen mußte, weil man anders mit ihnen nicht fertig wurde, war so ein Sieg, sagte der Vater. Und das *Trotz alledem!* würde für viele Jahre gelten und noch so manchen Mutlosen wieder aufrichten.

Heiner hat den Artikel zu Ende gelesen. Versonnen lehnt er sich an den offenen Fensterflügel und schaut zu den Dächern hoch. »Im Gefängnis und auch im Lazarett war's mir manchmal, als wären wir alle nur Spinner; als träumten wir einen unerfüllbaren Traum.«

»Vielleicht träumen wir wirklich nur.« Der Vater zuckt die

Achseln. »Aber was bleibt uns denn, wenn wir diesen Traum aufgeben? Sollen Nauke, Trude und Arno, Karl und Rosa umsonst gefallen sein? Nein! Nichts war umsonst. Wir haben nicht endgültig verloren. Wir können gar nicht endgültig verlieren. Ohne uns geht nichts auf dieser Welt. Wir müssen das nur erkennen, müssen stärker werden und Rückschläge einplanen. Wenn ich daran nicht mehr glauben könnte, würd' ich mir 'ne Pförtnerstelle suchen, 'ne gemütliche Ecke einrichten und die Welt draußen lassen.«

Der Vater hat zum Schluß so leise gesprochen, daß Martha, wie um ihn zu trösten, auf seinen Schoß gekrochen ist.

»Wenn wir es auch nicht mehr erleben«, fährt der Vater schließlich fort, »vielleicht erlebt es Helle. Oder Martha. Oder Hänschen. Und wenn nicht Hänschen, dann vielleicht seine Kinder. Was sind schon hundert Jahre? Wir müssen uns abgewöhnen, von heute auf morgen zu denken. Unsere Welt besteht schon so lange, und immer ging's nur langsam voran. Wieso sollte es gerade jetzt schneller gehen?«

»Du setzt also auf die Zukunft?« fragt Heiner.

»Ja – und wenn sie noch so fern ist! Ich weiß, was ich für gut halte, weiß, was ein menschenwürdiges Leben ist – dafür will ich kämpfen. Wozu sonst sollte ich auf der Welt sein? Um hier im vierten Hinterhof zu sitzen und danke zu sagen, wenn mir einer einen Knochen hinwirft?«

Nun kann Heiner endlich wieder lächeln. »Das hab ich gebraucht, Rudi. Ein bißchen Hoffnung, weiter nichts.«

Mehr als Worte

Es ist ein endlos langer Zug, der sich die breite Frankfurter Allee in Richtung Friedrichsfelde hinunterbewegt. Vorneweg gehen Musikanten in Trauerkleidung, ihre schwarzen Zylinderhüte glänzen speckig. Dahinter folgen die Pferdefuhrwerke mit den Särgen von Karl Liebknecht und über dreißig anderen gefallenen Januarkämpfern. Helle, der Vater, die Mutter, Oswin und Atze gehen ziemlich weit vorn im Zug. So haben sie die blumengeschmückten Särge auf dem ersten Fuhrwerk ständig vor Augen.

Rosa Luxemburg ist in keinem der Särge. Ihre Leiche ist noch nicht gefunden worden. Trotzdem wird auch sie heute zur letzten Ruhe geleitet; symbolisch, wie der Vater das genannt hat.

Helle hat die kleine Frau mit dem großen Hut nur kurz erlebt und Liebknecht vor dem Schloß und im Zirkus Busch sogar nur von fern, trotzdem sind sie ihm durch all die Tage hindurch, in denen er so oft ihre Namen hörte, sehr vertraut geworden. Er kann sich nicht vorstellen, daß sie nicht mehr leben sollen. Aber das ging ihm mit Nauke, Trude und Arno genauso. Daß Menschen alt werden und sterben, daß Menschen krank werden und sterben, das hat er von frühester Kindheit an mitbekommen, das gehört zu seinem Leben; daß Menschen einander umbringen, gehörte bisher nicht dazu. Das hat er erst im letzten Vierteljahr kennengelernt. Zwar wußte er vom Krieg und erfuhr immer wieder von Männern, die gefallen waren, doch er erlebte es nicht mit. Jetzt hat er es miterlebt.

Der Vater sagte: »Die beiden sind nicht tot, die kann keiner umbringen, die leben in hundert Jahren noch. Wenn von Ebert, Scheidemann und Noske längst kein Mensch mehr spricht, werden die Leute noch immer an Karl und Rosa denken.« Er sagte das, wie um ihn zu trösten, aber er meinte es ernst.

Zwei Reihen hinter ihnen nickt eine Frau dem Vater zu. Helle erkennt sie wieder, sie gehörte zu der Gruppe in der Jerusalemer Straße. Der Vater nickt unauffällig zurück. Die Spartakisten benutzen den Trauerzug, um Nachrichten auszutauschen und unterbrochene Verbindungen wiederherzustellen.

Auch der Mann, der in der Jerusalemer Straße am Fenster stand, ist gekommen. Er begrüßt den Vater nicht, geht wie zufällig neben ihm her, flüstert mit ihm, ohne ihn anzusehen, und geht dann weiter.

»Helle!«

Ede! Auch er geht nur ein paar Reihen hinter ihnen. Helle macht den Vater und die Mutter auf Ede und seine Eltern aufmerksam, und gemeinsam treten sie beiseite und lassen die nächsten Reihen an sich vorbei, um sich neben Edes Eltern wieder in den Zug einzureihen.

»Wollte dich immer schon mal kennenlernen.« Der Vater hält Edes Vater die Hand hin. »Deine Artikel haben mir oft geholfen.«

Edes Vater ergreift die dargebotene Hand und lächelt. Aber er sieht schlecht aus, der weite Weg durch die Stadt macht ihm zu schaffen. Edes Mutter sagt, daß sie ihn daran hindern wollte, diese Strapaze auf sich zu nehmen, daß ihn aber keine zehn Pferde davon hätten abhalten können.

»Heute ist es besonders wichtig«, entgegnet Edes Vater dann auch gleich. »Nicht wegen Karl. Der hat auf so was nie Wert gelegt. Wegen uns!« Er dreht sich um und beschreibt mit dem Arm einen weiten, den ganzen Trauerzug umfassenden Bogen. »Das macht doch Mut, oder?«

Das macht Mut. Der Vater und die Mutter sind der gleichen Meinung.

»Da kann die bürgerliche Presse Lügen verbreiten, soviel wie sie will.« Edes Vater strahlt. »Die Berliner Arbeiter wissen schon, was sie davon zu halten haben.«

Helle weiß, was die meisten Zeitungen über die Ermordung von Karl Liebknecht und Rosa Luxemburg geschrieben haben. In der *BZ am Mittag*, die der Vater mitbrachte, standen schon in den Schlagzeilen zwei Lügen: *Liebknecht auf der Flucht erschossen* und *Rosa Luxemburg von der Menge getötet*. Dabei konnte jeder, der die Berichte las, schon an der Art der Verletzungen erkennen, wie diese »Flucht« bewerkstelligt worden war: Man hatte Liebknecht so böse zusammengeschlagen, daß er halb besinnungslos gewesen sein mußte, und ihn dann im Tiergarten laufenlassen, um ihn in den Rücken schießen zu können. Und die »Menge«, die Rosa Luxemburg umgebracht hatte? Die Spartakisten haben längst herausgefunden, daß es vor dem Hotel Eden, in dem die beiden Verhafteten verhört worden waren, an jenem Tag und zu der Uhrzeit, als man sie von dort aus in den Tiergarten brachte, keine Menschenmenge gab, die sich hätte auf sie stürzen können. Die Straßen waren menschenleer. Dafür aber gab es andere, die diesen Mord wollten und bezahlten: Bankiers und Industrielle, die um ihre Kriegsgewinne bangten. Sie hatten Kopfgelder auf Rosa Luxemburg und Karl Liebknecht ausgesetzt, um der Revolution die Führer zu nehmen. Davon jedoch schrieben die bürgerlichen Zeitungen nichts, und ob es den Spartakisten gelingen wird, das jemals vor Gericht zu beweisen, ist noch sehr fraglich.*

Inzwischen haben sie den Ortsteil Friedrichsfelde erreicht, die Häuser werden immer niedriger, die Gegend um sie herum wird immer ländlicher. Der Zug kommt nur noch langsam voran und gerät schließlich ganz ins Stocken. Am Straßenrand stehen »Maikäfer« und gucken belustigt in die Menge. Doch sie stehen nicht zufällig dort herum, sondern bewachen den Zug und halten ihn so unter Kontrolle.

»Schaut sie euch an, die Mistkäfer!« schreit einer aus dem Zug. »Sie freuen sich auch noch.«

»Mistkäfer!« schallt es von allen Seiten, und Ede fällt mit ein, schreit besonders laut.

»Nicht«, sagt sein Vater leise. »Es sind Menschen, kein Ungeziefer.«

»Es sind Mörder«, verteidigt sich Ede.

»Es sind Menschen«, beharrt sein Vater, muß husten, zieht sein Taschentuch hervor und preßt es sich vor den Mund.

Die Mutter gibt Edes Vater recht. »Manch einer von denen ist doch nur zufällig dort hineingeraten. Wenn wir sie für Ungeziefer ansehen, werden sie sich wie Ungeziefer verhalten.«

»Und wenn sie auf uns schießen?« fragt Ede, der damit noch immer nicht so ganz einverstanden ist.

»Wenn sie auf uns schießen, werden wir zurückschießen«, antwortet ihm sein Vater. »Das ist klar. Aber solange sie nicht auf uns schießen, werden wir mit ihnen reden.«

Da schweigt Ede nachdenklich.

Helle will ihn ablenken und erzählt ihm von Heiner; daß er fliehen konnte und sich bei ihnen versteckt hält, aber bald nach Hause will.

»Der will zu seinem Vater zurück?« Ede kann es gar nicht glauben. Wenn er nur an Heiners Vater denkt, schüttelt es ihn schon. Helle aber sagt, daß Heiner keine Angst vor seinem Vater habe und daß er sie beide und auch Martha in den Ferien einladen will. »Damit wir uns mal so richtig rausfressen können.«

»Was denn, die ganzen Ferien bei dieser Knalltüte?« Ede rümpft die Nase.

»Heiner ist ja auch noch da.«

»Na ja!« Der Freund gibt sich großzügig. »Wenn wir zu dritt sind, kann sein Alter nicht viel gegen uns ausrichten.« In Wahrheit aber freut er sich. Er hat ja, genau wie Helle, noch nie richtige Ferien gemacht.

Jetzt hat der Zug den Friedhof erreicht. Oswin und Atze stehen am Straßenrand und winken. Es geht nicht mehr weiter, der Friedhof ist abgesperrt; nur die Pferdefuhrwerke dürfen durchs Tor.

»Schade, daß keiner 'ne Rede hält«, sagt Atze. »Wie vielen hat Karl die Grabrede gehalten – und er selber?«

»Es ist zu gefährlich«, meint der Vater. »Wer da den Mund aufmacht, wird am offenen Grab verhaftet.« Und Oswin, der den ganzen Tag über sehr still war, weist zuerst mit dem Kopf auf die unübersehbare Menschenmenge vor dem Friedhof und fragt dann: »Wozu viele Worte? Das da sagt doch mehr als die schönste Rede. Oder etwa nicht?«

Edes Vater gefällt, was Oswin gesagt hat. Ob er sich das notieren dürfe?

»Was notieren?« Oswin guckt mißtrauisch.

»Na dieses ›mehr als Worte‹. Das gibt 'ne prima Überschrift.«

»Meinetwegen«, sagt Oswin da nur. Aber dann muß er grinsen. Er findet es ulkig, daß etwas von ihm in die Zeitung soll.

Nun ist es soweit: Anni zieht aus. Mit vielen Kindern zusammen hilft Helle beim Umzug. Nacheinander steigen sie in die dunkle Kellerwohnung hinab und tragen alles, was sie tragen können, über die Höfe und durch die Flure auf die Straße hinaus. Vor dem Haus steht ein Pferdewagen, der nicht nur nach scharfem Mist stinkt, sondern an dessen Seitenwänden auch noch der eine oder andere Mistfladen hängt. Die Kinder halten sich die Nase zu und kichern über den Gestank, Annis Mutter jedoch sagt, der Gestank nach Mist sei ihr lieber als der nach feuchten Wohnungen.

Der Bauer, der Annis Mutter als Magd einstellt und den, wie Helle ja weiß, Annis Mutter vielleicht sogar heiraten will, ist ein armer Bauer. Verhärmt, hager, wettergerötet und mürrisch steht er auf dem Pferdewagen und verstaut all die Dinge, die die Kinder heranschleppen: Seitenteile von Betten, vollgefüllte Schubläden, Kochtöpfe, zwei Petroleumlampen, allerlei Kleinigkeiten.

Den Kindern macht der Umzug Spaß. Wenn sie sich beim Überqueren der Höfe oder in den Hofdurchgängen treffen, wird ausgetauscht: »Was haste'n da?« – »Guck mal, was ich Ulkiges habe!« Und natürlich ist der kleine Lutz einer der eifrigsten, flitzt so emsig hin und her, daß er die anderen immer wieder überholt. Trifft er Helle, guckt er neugierig. Er will sehen, ob Helle traurig ist.

Helle ist traurig, doch er macht ein gleichmütiges Gesicht. Nur wenn er in den Keller hinabsteigt und Anni in ihrem Mantel, den kleinen Otto auf dem Schoß, blaß und still auf dem einzigen Stuhl sitzen sieht, der noch nicht auf dem Pferdewagen verladen worden ist, kann er sich nicht verstellen. Dann wird ihm so schwer ums Herz, daß es richtig weh tut. Im Keller aber sieht das niemand; nur Anni, die spürt es, da ist er sicher.

Annis Mutter gibt sich übertrieben geschäftig und sagt immer wieder: »Gut, daß wir hier rauskommen!« Doch ihr Gesicht verrät sie: Sie hat Angst vor dem, was sie erwartet. Wenn sie mit Helle zusammen etwas Größeres auf die Straße trägt und sie es dem Bauern hochreichen, schaut sie den Mann auf dem Pferdewagen nicht an. Und der Bauer blickt sie nicht an.

Als alles verladen ist, ruft Annis Mutter den Hauswirt, der im Auftrag des Hausbesitzers die leere Wohnung abnehmen muß. Er wohnt im Vorderhaus und läßt sich im vierten Hof nur blikken, wenn einer ein- oder auszieht. Als er endlich kommt, gehen Annis Mutter und der kleine Willi mit dem Hauswirt mit, bleiben stehen, wenn er stehenbleibt, gehen weiter, wenn er weitergeht, bis es Annis Mutter, die sich über das kritische Gesicht des Hauswirts ärgert, zu bunt wird. »Was denn?« fragt sie. »Denken Sie, wenn Sie 'ne Tropfsteinhöhle vermieten, kriegen Sie 'n Schloß zurück?«

»Es muß alles seine Ordnung haben.« Der Hauswirt begutachtet die Löcher unter der Wasserleitung.

»Da hausen Ratten drin. Müssen die Untermiete zahlen?« Annis Mutter wird immer ungeduldiger.

Währendessen stellt Helle sich dicht neben Anni. Wenn sie aufsteht, will er den Stuhl zum Wagen tragen. So hat er einen Grund, sie auf die Straße zu begleiten.

»Freches Aas«, brummt der Hauswirt, gibt aber seine Wohnungsabnahme auf, übernimmt die Wohnungsschlüssel und wartet im Hof, bis alle draußen sind und er die Kellertür abschließen kann.

Die Tür ist noch nicht ganz zu, da kommt Oma Schulte, bringt Anni ein Abschiedsgeschenk und zieht sie an sich, um sie noch mal so richtig zu drücken. »Herzchen!« sagt sie danach und wischt sich ein paar Tränen aus den Augenwinkeln. »Hoffentlich nutzt das ganze Theater was!«

Anni, die bisher so tapfer ausgehalten hat, bekommt nun auch feuchte Augen. Sie preßt die Tüte mit Oma Schultes Abschiedsgeschenk an sich und blickt sich nicht mal mehr im Hof um.

»Guck doch mal rein«, rät Willi.

Anni aber befolgt Oma Schultes Anweisung, erst dann in die Tüte zu gucken, wenn sie aus der Ackerstraße raus sind. Sie weiß auch so, was drin ist: eine Lumpenpuppe! Was sollte Oma Schulte anderes verschenken?

»Kommt!« Annis Mutter nimmt Willi an die Hand und Otto auf den Arm und geht, ohne sich noch einmal umzudrehen, vom Hof. Anni folgt ihr still, und Helle trägt den Stuhl, so wie er es vorhatte, und bleibt dicht bei Anni, aber reden kann er nicht mit ihr – Oma Schulte geht auch mit auf die Straße hinaus, und Anni zum Abschied noch irgend etwas sagen, das könnte er nur, wenn sie miteinander allein wären.

Dem Bauern auf dem Kutschbock hat es wohl zu lange gedauert, er guckt noch mürrischer als zuvor. Helle reicht ihm den Stuhl hinauf, verabschiedet sich von Annis Mutter und richtet ihr die Grüße aus, die die Eltern und Oswin ihm aufgetragen haben. Alle drei sind sie in der Innenstadt unterwegs und können sich deshalb nicht selbst verabschieden. Danach reicht er Anni die Hand.

»Nun küßt euch doch schon!« kann der kleine Lutz sich nicht enthalten zu rufen – und Anni zieht schnell ihre Hand zurück, ohne Helle noch einmal angesehen zu haben.

Oma Schulte droht dem kleinen Lutz, der sich vor Lachen bald in die Hose macht, mit dem Zeigefinger, hält es dann aber nicht länger aus und bittet Anni, doch mal kurz in die Tüte zu gukken.

Anni öffnet die Tüte, und alle Kinder drängen sich neugierig an sie. Jeder will sehen, was sie bekommen hat.

Eine Bluse! Eine richtig schöne Sommerbluse mit Spitzen am Kragen. Anni hält die Bluse in der Hand und guckt Oma Schulte an, als sei sie sich noch nicht ganz sicher, ob Oma Schulte ihr nicht aus Versehen etwas Falsches in die Tüte getan hat.

»Das war mal meine!« Oma Schulte ist schon wieder gerührt. »Hab sie 'n bißchen abgeändert. Wenn's warm ist, ziehste sie an – und dann denkste an mich.« Und wie zur Entschuldigung sagt sie zu Annis Mutter: »Irgendwas Schönes wollte ich ihr doch schenken.«

Da umarmt Anni Oma Schulte noch einmal und drückt sie dabei so fest, als wollte sie ihr zeigen, daß sie ja am liebsten hierbleiben würde. Gleich danach läßt sie sich von dem Bauern auf den Kutschbock helfen und in eine Decke wickeln.

Daß der Bauer Anni so fürsorglich behandelt, gefällt Helle. Wenn er sogar an eine Decke gedacht hat, kann er kein allzu schlechter Stiefvater sein.

Auch Annis Mutter verabschiedet sich von Oma Schulte. »Gut, daß wir hier rauskommen«, sagt sie wieder. Doch dann fällt sie Oma Schulte um den Hals und schluchzt: »Wie es auch war, es war doch meine Heimat, bin ja hier aufgewachsen.«

»Herzchen!« Oma Schulte streichelt Annis Mutter das Gesicht, als wäre sie noch ein Kind und keine erwachsene Frau. »Na klar ist das hier deine Heimat! Seh dich ja noch in Kniestrümpfen Triesel spielen. Und was warste für 'ne freche Göre!«

Annis Mutter geht auf Oma Schultes gespielt munteren Ton ein. »Bin ich immer noch«, sagt sie mit einem Seitenblick auf den Bauern, der längst die Zügel und die Peitsche in der Hand hält. »Hab mir noch nie was gefallen lassen.«

Das stimmt nicht. Oma Schulte weiß es, Anni, Helle und die meisten Kinder vor dem Haus wissen es. Jeder hat schon mal davon reden hören, wie ihr erster Mann, der olle Fielitz, mit Annis Mutter umgesprungen ist. Jetzt aber will niemand daran denken. Alle möchten, daß Annis Mutter sich von dem Mann auf dem Kutschbock auf keinen Fall irgendwas gefallen läßt.

»Jetzt müssen wir aber los.« Der Bauer hat eine knarrige Stimme.

»O je!« flüstert Oma Schulte so leise, daß nur Helle es hören kann. »Der spricht nicht oft, das hört man schon.«

Annis Mutter läßt ihren Blick noch mal die Häuserfassaden entlanggleiten, dann gibt sie sich einen Ruck, hebt erst Otto auf den Kutschbock und danach auch Willi und klettert selbst hinauf.

Der Bauer nimmt die Zügel, schnalzt mit der Zunge und läßt die Pferde anziehen. Es sind stämmige Tiere, die den Kindern, als der Wagen vor dem Haus hielt, begeisterte Ausrufe der Bewunderung entlockten, trotzdem dauert es einige Zeit, bis der Wagen richtig in Bewegung kommt.

Ob Anni noch mal zu ihm hinblickt? Helle läßt Annis Gesicht nicht aus den Augen.

Da! Sie hebt den Blick. Sie kann gar nicht anders, als noch mal zu ihm hinschauen. »Kommste denn mal?« ruft sie, und er sieht es ihr an: Jetzt ist es ihr egal, was die anderen von ihnen denken.

»Klar!« ruft Helle, greift in die Hosentasche und winkt mit dem Zettel, auf dem Annis neue Adresse steht.

Anni winkt zurück, ihre Geschwister winken, Oma Schulte und die Kinder vor dem Haus winken. Keiner läßt die Hand sinken, bevor der schaukelnde, klapprige Pferdewagen mit den Möbeln in die Bernauer Straße eingebogen ist.

»So!« sagt Oma Schulte dann. »Brauch ich also wieder mal 'ne neue Hilfe. Es ist reineweg zum Verrücktwerden.«

Heiner hält Hänschen auf dem Schoß, spielt mit ihm. Martha sitzt dabei und strahlt, und wenn Hänschen vor Vergnügen kräht, lacht sie mit.

»Na, hast du deine Freundin verabschiedet?«

Jedem anderen gegenüber hätte Helle abgestritten, daß Anni seine Freundin ist. Bei Heiner ist das was anderes: Heiner lacht nicht über seine Freundschaft zu Anni, Heiner kann seine Traurigkeit verstehen. Stumm nickend setzt er sich dazu.

Heiner spielt weiter mit Hänschen *Kommt ein Mann die Treppe rauf*, läßt seine Finger auf Hänschens Arm hochwandern, zupft ihn am Ohr und »klingelt« auf seiner Nase. Hänschen lacht so sehr, daß er manchmal beinahe erstickt. Heiner lacht auch, mittendrin aber wendet er sich Helle zu. »Morgen nachmittag fahre ich nach Hause zurück.«

Morgen schon? durchzuckt es Helle. Er hatte gedacht, Heiner würde noch ein paar Tage bleiben ...

»Ich brauch Zeit«, sagt Heiner, »hab viel nachzudenken. Bei euch in Berlin kommt man ja nicht dazu. Bei euch passiert einfach zuviel.«

»Wir bringen dich hin«, sagt Helle da schnell. »Hab schon mit Ede gesprochen.«

»Prima!«

Nichts ist prima, Helle aber lächelt, als wäre alles in Ordnung, steht auf, geht in die Schlafstube und wirft sich aufs Bett.

Erst Anni, jetzt Heiner! Zwei solcher Abschiede sind zuviel für einen Tag. Er möchte abschalten, an nichts, aber auch an gar nichts mehr denken, doch das gelingt ihm nicht: Da ist der Pferdewagen mit den Möbeln, wie er um die Ecke biegt, da ist Annis Gesicht, und da ist Heiner ...

Martha kommt in die Schlafstube, setzt sich zu ihm aufs Bett und sieht ihn lange an.

»Was willste denn?« Helle gibt sich keine Mühe, zu verbergen, wie sehr er sich gestört fühlt. Er kann nicht immer auf andere Rücksicht nehmen.

»Seid ihr Freunde?« fragt Martha leise.

»Wer?«

»Du und Heiner.«

»Ja.« Da gibt es nichts zu überlegen, Heiner und er sind Freunde.

»Aber er ist ja ein Mann.«

»Na und?«

Martha überlegt kurz und findet dann auch, daß ein Junge und ein Mann befreundet sein können. Doch sie sagt es nicht, nur ihr Gesicht verrät, daß sie zu dieser Einsicht gelangt ist. »Er hat nach Fritz gefragt«, flüstert sie statt dessen.

Fritz! Das Thema, das er nicht berührt hat, seit Heiner zurück ist ... »Und? Was haste ihm gesagt?«

»Nichts«, flüstert Martha. »Ich hab dich nicht verraten.«

Sie hat ihn nicht verraten! Das heißt, sie schämt sich für das, was er getan hat.

Er muß mit Heiner darüber reden; wenn er überhaupt mit jemandem über Fritz reden muß, dann mit Heiner! Und er muß es tun, solange sie beide allein sind. Wenn erst die Eltern zurück sind, gibt es tausenderlei Gründe, nicht darüber zu reden; dann wird es ihm leicht gemacht, sich zu drücken. Rasch steht Helle auf und geht in die Küche zurück. Martha folgt ihm, huscht am Bruder vorbei und klettert auf Heiners Schoß, der jetzt, nachdem der ehemalige Matrose Hänschen ins Sofakissen zurückgelegt hat, endlich für sie frei ist.

»Ich wollte dir noch was sagen«, beginnt Helle fast ein wenig feierlich.

»Geht's um Fritz?«

»Ja.« Mit gesenktem Kopf setzt Helle sich an den Küchentisch.

»Hat wohl nicht geklappt, was wir beide damals besprochen haben?«

»Nein.« Es fällt Helle schwer, über seinen Verdacht zu berichten und was dieser Verdacht für eine Wut in ihm auslöste; eine Wut und Unüberlegtheit, die er eigentlich bis heute noch nicht so recht begriffen hat.

»Hast du dich bei ihm entschuldigt?« fragt Heiner, als er alles weiß und eine Zeitlang darüber nachgedacht hat.

Er hat sich nicht bei Fritz entschuldigt, konnte es einfach nicht. Doch er weiß, daß er Fritz Unrecht getan hat und sich bei ihm entschuldigen muß, und einmal ist er ja auch losgegangen und hat in der Nähe des Hauses, in dem Fritz wohnt, auf ihn gewartet. Aber dann war Fritz mit einem anderen Jungen, der auch eine Gymnasiastenmütze trug, die Straße entlanggekommen, und er hatte auf einmal das Gefühl gehabt, daß er gar nicht richtig wußte, was er ihm sagen sollte.

»Es steht zuviel zwischen euch«, sagt Heiner da ernst. »Du hast zuviel erlebt, was er nicht erlebt hat.«

Das ist es! Wie oft schon hat er über alles nachgedacht und ist nicht darauf gekommen: Dieser Winter hat sie auseinandergebracht! Nauke, Trude, Arno, die Kämpfe, die Ungerechtigkeiten – das alles hat Fritz nur von fern, vom Wohnzimmer seiner Eltern aus miterlebt, er aber war immer mittendrin gewesen …

Im Treppenhaus werden Schritte laut, irgend etwas Schweres wird die Treppe hinaufgetragen. Martha lauscht einen Augenblick, dann springt sie von Heiners Schoß und läuft zur Tür. Sie hat Vaters Stimme erkannt.

Die Mutter und Oswin tragen einen Leierkasten in den Flur, der Vater bringt den Wagen und lacht vor Verlegenheit. »Tja«, sagt er. »Nun hat's mich endgültig erwischt. Hab mich entschlossen, Oswin Konkurrenz zu machen.« Er wartet auf irgendeine Bemerkung von Heiner oder Helle und erklärt dann, als nichts kommt, von sich aus: »Mit 'nem Leierkasten komme ich in jedes Haus – und falle nicht auf. Und 'n prima Transportmittel ist er auch.« Er kniet sich hin, öffnet eine Klappe unter dem Wagen und legt grinsend ein Päckchen Flugblätter auf den Tisch.

Auch Oswin muß grinsen. »Seh dich schon vor mir: Rudi Gebhardt mit Glockenhelm und Äffchen auf der Schulter!«

Martha ist von der Idee, daß der Vater Leierkastenmann werden könnte, sehr angetan und hätte auch gegen einen Helm mit Glöckchen, die bei jeder Kopfbewegung bimmeln, nichts einzuwenden. Erst recht nichts gegen ein Äffchen. Doch der Vater wiegelt ihre Freude schnell ab: »Der Wagen ist nur geliehen. Ich bleib nicht lange Leierkastenmann, vorläufig aber ist das 'ne gute Tarnung.«

Der Vater sagt nicht die ganze Wahrheit, Helle spürt das. Mit dem Leierkasten will er zwei Fliegen mit einer Klappe schlagen: Er will möglichst unauffällig die Verbindungen zwischen den Spartakisten aufrechterhalten – und er will endlich mal ein bißchen was hinzuverdienen. Er muß an jenen zweiten Tag nach Vaters Heimkehr aus dem Feld denken. Wie er ihm damals von dem italienischen Orgelbauer in der Schönhauser Allee erzählte und wie der Vater ihn anfuhr, weil er sich noch nicht aufs Altenteil setzen lassen wollte.

Der Vater erinnert sich auch an jenes Gespräch, das sieht Helle ihm an, doch er spricht nicht darüber, sondern weist mit ernstem Gesicht auf die Flugblätter. »Wir müssen den Leuten über das, was in den letzten Wochen und Monaten geschehen ist, die Wahrheit sagen, müssen ihnen klarmachen, was wirklich passiert ist, wer Mörder ist und wer Opfer.«

Heiner nimmt eines der Flugblätter, liest erst leise und dann einen Satz, der ihm offensichtlich gefällt, laut vor: »Wenn ein Unrecht erst mal erkannt ist, können die, die aus diesem Unrecht Vorteil ziehen, diese Erkenntnis nicht mehr ausradieren. Sie können die Verbreitung dieser Erkenntnis verbieten, können sie mit Waffengewalt unterdrücken, aber nicht verhindern, daß sie da ist und sich ausbreitet. – Von wem ist das?«

»August Hanstein«, antwortet Oswin, stolz auf seine neue Bekanntschaft, sofort.

»Ein schöner Satz!« Heiner nickt. »Und er hat recht: Einmal

Erkanntes kann man nicht wieder rückgängig machen. Da hilft weder Geld noch Macht.«

»Gott sei Dank«, sagt die Mutter und zieht Hänschen auf ihren Schoß. »Wenn's anders wäre, wär's endgültig zappenduster.«

Es ist Nacht. Martha liegt auf dem Sofa und schläft, Helle wälzt sich auf den neben dem Küchenherd ausgebreiteten Matratzen herum und kann einfach nicht einschlafen. Es ist die letzte Nacht auf diesen Matratzen, morgen abend können Martha und er wieder in ihr Bett, doch er würde liebend gern noch ein paar Nächte auf sein Bett verzichten, wenn er damit erreichen könnte, daß Heiner noch ein bißchen bleibt.

Heiner will nachdenken, will Ruhe haben. Das kann er verstehen, er muß auch über so vieles nachdenken, trotzdem: Der Abschied kommt ihm zu schnell. Da kann er sich hundertmal sagen, daß er Heiner ja besuchen kann, sooft er Zeit hat und sooft er will, ein letzter Rest von Traurigkeit bleibt doch zurück.

Auf jeden Fall wird er gleich nächste Woche zu Anni fahren. Das hat er sich fest vorgenommen, und das wird er auch tun ... Ob sie jetzt vielleicht auch gerade an ihn denkt? In der fremden Umgebung kann sie sicher nicht gleich einschlafen ...

Martha dreht sich unruhig hin und her und spricht im Schlaf. Es klingt wie eine Bitte.

Sie versteht so vieles noch nicht und guckt manchmal doch so, als begreife sie alles. Man müßte in sie hineingucken können ... Man müßte in so viele Menschen hineingucken können, vielleicht wüßte er dann mehr, vielleicht könnte er dann vieles besser verstehen.

Nun kann Helle endgültig nicht länger liegenbleiben. Er schlingt sich die Decke um die Schultern, zündet die Petroleumlampe an und setzt sich damit auf die Fensterbank. Dann nimmt er das Foto in die Hand, das Heiner ihm geschenkt hat.

Zwei junge Matrosen vor einer Landebrücke: Heiner und

Arno. Aber nicht Heiner und Arno, wie er sie kennengelernt hat, sondern zwei wesentlich jüngere, abenteuerlustig in die Kamera grinsende Burschen ... Still lehnt Helle den Kopf an die Wand und schaut zum Himmel hoch.

Es ist eine wolkenlose Nacht, die Sterne glitzern kalt. Herr Flechsig hat mal darüber gesprochen, wie lange es schon Sterne gibt, hat gesagt, sie waren immer schon da und werden immer da sein. Wenn das stimmt, geht nichts zu Ende, geht das Leben immer weiter, was auch passiert. Ein schönes Gefühl.

Nachwort

Mit dem Roman »Die roten Matrosen oder Ein vergessener Winter« (erstmals erschienen 1984) beginnt eine Trilogie der Wendepunkte der ersten Hälfte unseres Jahrhunderts. Der Wende 1918/19 folgt die der Jahre 1932/33 – Tod der Weimarer Republik und Machtübergabe an die Nationalsozialisten –, dargestellt in dem Roman »Mit dem Rücken zur Wand«. Beendet wird die Trilogie mit dem Zusammenbruch Hitlerdeutschlands 1945 – Romantitel: »Der erste Frühling«.

In allen drei Bänden steht die Berliner Arbeiterfamilie Gebhardt im Mittelpunkt. Am Beispiel derer, die unter den jeweiligen Verhältnissen am stärksten zu leiden hatten, soll Geschichte erzählt werden.

Der Winter 1918/19 ist im Bewußtsein der meisten Menschen zurückgedrängt. Die bitteren Erfahrungen der zwölf Jahre Hitlerdiktatur und des 2. Weltkrieges und seiner Folgen überlagern die Erinnerung an den 1. Weltkrieg und die Revolution, die ihn beendete. Jener Winter aber stellte nicht nur eine Zäsur der deutschen Geschichte dar; was in jenen Monaten geschah, bedeutete zugleich eine politische Weichenstellung für die Zukunft.

Der Roman über die später so genannte Novemberrevolution schließt, als die eigentliche Revolution vorüber ist. Die Kämpfe zwischen den verfeindeten Parteien jedoch gingen weiter – und wurden noch erbitterter. Fielen von November 1918 bis Ende Januar 1919 einige hundert Arbeiter und Matrosen im Kampf gegen regierungstreue Soldaten, so forderte die Auseinandersetzung mit den Freiwilligen-Verbänden, die später gegen die Revolutionäre eingesetzt wurden, Tausende von Opfern. Doch hatten diese Kämpfe keinen revolutionären Charakter mehr; was jetzt durch Deutschland tobte, war ein Bürgerkrieg. Die Spartakusbewegung sollte ein für allemal erstickt werden. So wünschte es die SPD-Führung um Ebert, so forderten es die kaiserlichen Generäle, mit diesem Ziel traten die Freiwilligen-Verbände an. Folge war, daß die Spartakisten einen immer stärkeren Zulauf verzeichnen konnten und die Spaltung der deutschen Arbeiterbewegung sich weiter vertiefte. In den Jahren vor 1933 wird dieses Zerwürfnis dann sogar so weit gehen, daß man intensiver den »Bruderkampf« KPD gegen SPD und SPD gegen KPD führen wird als den gegen den immer stärker aufkommenden deutschen Faschismus.

Ob die Nationalsozialisten um Adolf Hitler je an die Macht gekommen wären und den 2. Weltkrieg hätten vom Zaun brechen können, wenn die Revolution von 1918/19 einen anderen Verlauf genommen hätte und die Kapitulationsverhandlungen von Versailles weniger demütigende Ergebnisse für Deutschland und dafür mehr friedenssichernde Maßnahmen gezeitigt hätten, ist aus heutiger Sicht eine rein theoretische Frage. Dennoch sollte sie, wenn es um die europäische Geschichte geht, immer wieder gestellt werden: Wenn wir uns nicht mit den Fehlentwicklungen der Vergangenheit beschäftigen, wie wollen wir dann unsere Gegenwart verstehen, wie die Zukunft gestalten?

In diesem Zusammenhang interessiert auch die Frage, ob Deutschland im Falle eines Sieges der Männer und Frauen um Rosa Luxemburg und Karl Liebknecht eine Räterepublik sowjetischer Prägung bekommen hätte. Wohin der Traum vom gerechten Staat des Volkes in den später real existierenden »sozialistischen« Ländern geführt hat, wissen wir – zu stalinistischen Diktaturen, zur Verfolgung Andersdenkender, zu ständigen Menschenrechtsverletzungen; in der Sowjetunion sogar zu Millionen unschuldigen Opfern, die in Arbeitslagern zu Tode gequält oder auf Geheiß Stalins sofort umgebracht wurden.

Darf man jedoch den Revolutionären von 1918/19 unterstellen, solch menschenverachtende Diktaturen wären ihr Ziel gewesen? Die Mehrzahl der Menschen, die in jenem Winter für mehr Gerechtigkeit demonstrierten, kämpften für ein besseres Leben, für weniger Not, für *Nie wieder Krieg!* Nur wer sich an Elendsviertel wie die alte Berliner Ackerstraße erinnert und versucht, sich das unendliche Leid dieser Menschen vorzustellen – den vierjährigen Hunger, das endlose Sterben –, kann die Verzweiflung der Opfer jener unmenschlichen Politik der Stärke am Anfang unseres Jahrhunderts nachempfinden.

Der 9. November eines jeden Jahres ist für Deutschland ein in vielerlei Hinsicht bedeutungsvoller Gedenktag: Am 9. November 1918 wurde das Ende des 1. Weltkrieges eingeläutet. Zwanzig Jahre später, am 9. November 1938, holten die Nazis zum ersten großen Schlag gegen die jüdische Bevölkerung aus: 7500 jüdische Geschäfte und Kaufhäuser wurden demoliert, 190 Synagogen in Brand gesetzt und mehr als 25000 Juden verhaftet und mißhandelt oder umgebracht. Weitere einundfünfzig Jahre später, am 9. November 1989, fiel in Berlin die Mauer; achtundzwanzig Jahre lang Symbol der deutschen Teilung, achtundzwanzig Jahre lang unüberwindlicher Todeswall für siebzehn Millionen Menschen.

In den Ländern des »sozialistischen« Lagers berief man sich bis zum Schluß auf das Erbe Rosa Luxemburgs und Karl Liebknechts. Allein die Tatsache jedoch, daß deren Schriften bis zum Zusammenbruch jener Staaten dort nicht in vollständiger Form erscheinen durften, beweist, wie wenig zu Hause sich diese beiden Symbolfiguren der internationalen Arbeiterbewegung unter der Diktatur ihrer Nachfolger gefühlt hätten. *Freiheit ist immer die Freiheit des Andersdenkenden*, lautet eine der berühmtesten Äußerungen Rosa Luxemburgs, und eine andere: *Marxismus ist eine revolutionäre Weltanschauung, die stets nach neuen Erkenntnissen ringen muß, die nichts so verabscheut wie das Erstarren in einmal gültigen Formen, die am besten im geistigen Waffengeklirr der Selbstkritik und im geschichtlichen Blitz und Donner ihre lebendige Kraft bewahrt.*

Rosa Luxemburg und Karl Liebknecht sahen die bessere Zukunft der Menschheit in wahrhaft sozialistischen Demokratien und nicht in Funktionärs-Diktaturen. Ob sie nur einem Traum nachjagten, ob ein Zusammenleben der Menschen in der Form, wie sie sie forderten, in der Realität durchzusetzen ist, darüber besteht noch heute keine Einigkeit. Tatsache ist: In den zwanziger Jahren unseres Jahrhunderts entfernte sich die KPD immer weiter von den Zielen Luxemburgs und Liebknechts und ordnete sich willig der leninistisch-stalinistisch geführten Sowjetunion unter. Daraus folgte nach dem 2. Weltkrieg auf dem Gebiet der DDR, in der die Nachfolgepartei der KPD, die SED (Sozialistische Einheitspartei Deutschlands), diktatorische Macht ausübte, die völlige Loslösung von den Zielen Rosa Luxemburgs und Karl Liebknechts, obwohl die beiden offiziell als geistige Ahnen verehrt wurden. Nach dem Zusammenbruch der DDR trat dann die PDS (Partei des Demokratischen Sozialismus) das finanzielle, materielle und geistige Erbe der SED an; zu einem Teil bemüht, an alte spartakistische Traditionen anzuknüpfen, zum anderen dem alten Funktionärsdenken verhaftet.

Die Berliner Ackerstraße existiert noch heute. Und so wie die Stadt nach dem Ende des 2. Weltkrieges zweigeteilt wurde, wurde auch die »Ackerritze« zweigeteilt. Ein kurzer Teil lag auf dem Territorium Ost-Berlins, der längere auf dem West-Berlins. Der östliche Teil erinnert noch heute ein wenig an die alte Ackerstraße, im Westen wurden die alten Mietskasernen Ende der sechziger Jahre abgerissen. Neubauten stehen nun dort, dazwischen immer wieder ein wenig Grün.

Das Haus Nr. 37, das in dieser Trilogie im Mittelpunkt steht, hat allerdings nie existiert. Unter der Hausnummer 37 findet man einen Friedhof. Der Autor wollte sich sein eigenes Mietshaus erfinden, so wie auch alle Romanfiguren – mit Ausnahme der historischen Persönlichkeiten – frei erfunden sind. Nicht zuletzt ist die Wahl der Hausnummer aber auch symbolisch gemeint: Die Mehrheit derjenigen, die auf dem alten Elisabeth-Kirchhof ruhen, hat die Geschichte unseres Jahrhunderts miterlebt.

In den nunmehr fast achtzig Jahren, die seit dem Winter 1918/19 vergangen sind, hat sich in unserer Welt viel verändert. Solches Elend, solche Armut wie im alten Berliner Wedding gibt es heute in Deutschland nicht mehr. Doch die Elendsviertel sind nicht verschwunden, sie sind nur verlagert worden – in den Teil der Welt, den wir die Dritte nennen. Dort, in Asien, Afrika und Südamerika, wird jetzt gehungert, sterben jetzt Menschen an Unterernährung und nicht rechtzeitig behandelten Krankheiten.

Und auch der Krieg ist nicht ausgerottet. Während diese Zeilen zu Papier gebracht werden, wird in vielen Teilen unserer Welt gebombt, geschossen und gemordet; sogar in Europa, jenem Kontinent, in dem es nach dem letzten großen Krieg hieß, man wolle lieber ewig trocken Brot essen, als je wieder einen Krieg miterleben zu müssen.

Es ist wahr: Ein Leben ohne Krieg und Not, wie es sich die Revolutionäre von 1918 erhofften, ist auch am Ende unseres Jahrhunderts ein Traum geblieben. Weitergeträumt werden aber muß er. Wer aufgibt, hat schon verloren.

Berlin im Sommer 1994 *Klaus Kordon*

Tbc	Tuberkulose, chronische Infektionskrankheit, die während des 1. Weltkriegs, bedingt durch die überaus schlechte Ernährungslage der Bevölkerung und mangelnde ärztliche Versorgung, zur grassierenden Seuche wurde. Obwohl inzwischen erfolgversprechende Behandlungsmethoden entwickelt worden waren, starben 1916 in Berlin genauso viele Menschen an dieser Krankheit wie 1886. Die häufigsten Opfer: Frauen und Kinder.
SMS	Seiner Majestät Schiff
schwarzweiß-rotes Bändchen	Schwarzweißrot waren die Nationalfarben des Deutschen Kaiserreichs.
Ebert	Friedrich Ebert, 1871–1925, sozialdemokratischer Politiker, trat während des 1. Weltkriegs für einen Burgfrieden mit der kaiserlichen Regierung ein. Wurde noch von der kaiserlichen Regierung zum Reichskanzler ernannt und war von 1919–1925 deutscher Reichspräsident.
Sie sollen das Zeug an Länder verkauft haben …	Mit Wissen und Billigung der deutschen Regierung wurde während des 1. Weltkriegs von der deutschen Industrie kriegswichtiges Material wie Sprengstoffe, Dynamobleche, Elektrokohle und vieles andere mehr – teilweise

	über dänische und norwegische Firmen – auch an die Feindstaaten verkauft.
Wilhelmstraße	Sitz der kaiserlichen Regierung
Scheidemann	Philipp Scheidemann, 1865–1939, sozialdemokratischer Politiker, der wie Ebert, als die Kriegsniederlage Deutschlands unabwendbar geworden war, von der kaiserlichen Regierung zur Mitarbeit herangezogen wurde und später unter Ebert Regierungsämter übernahm.
Obleute	Revolutionäre Obleute, von den Arbeitern gewählte Streik- und spätere Revolutionsführer
galoppierende Schwindsucht	Bei schlechtem Allgemeinzustand besonders rasch verlaufende Tuberkulose, an die sich schon nach wenigen Tagen eine Hirnhautentzündung anschließt. Führt bei nicht ausreichender Behandlung zum Tode.
Kondukteur	Schaffner
Volksregierung	Nachdem der Krieg für Deutschland verloren war und auch die bis zuletzt auf einen Endsieg drängende deutsche Generalität dies einsehen mußte, bemühte sich die kaiserliche Regierung um Waffenstillstandsverhandlungen. Die USA, seit 1917 ebenfalls im Krieg mit Deutschland, weigerten sich jedoch, mit der wortbrüchigen und undemokratischen deutschen Regierung Verhandlungen aufzunehmen. So wurde mit Hilfe sozialdemokratischer Vertreter eine scheindemokratische »Regierung des Volkes« gebildet.
Aujuste	Kaiserin Auguste Victoria

Liebknecht Karl Liebknecht, 1871–1919, bis 1916 sozialdemokratischer Reichstagsabgeordneter. Mitbegründer und zusammen mit Rosa Luxemburg Führer der Spartakusgruppe.

Wilhelm hat verzichtet Um die Revolution zu ersticken, ließ der noch amtierende Reichskanzler Prinz Max von Baden verbreiten, der Kaiser habe abgedankt. In Wahrheit war die Abdankung noch nicht erfolgt. Wilhelm II. dankte erst drei Wochen später ab, als er bereits nach Holland geflohen war.

Max von Baden Von 5. Oktober bis 9. November 1918 deutscher Reichskanzler.

Hohenzollern Deutsches Fürstenhaus. Von 1701 bis 1918 stellten die Hohenzollern die preußischen Könige, von 1871 (nach der nationalen Einigung Deutschlands) bis 1918 war der preußische König gleichzeitig deutscher Kaiser.

Alex Abkürzung für Alexanderplatz. Hier gemeint: Gefängnis des Berliner Polizeipräsidiums am Alexanderplatz.

Bisher gab's so was ja nicht Bis Januar 1919 durften Frauen nach deutschem Wahlrecht weder wählen noch gewählt werden. Die Wahlen der Arbeiter- und Soldatenräte im November 1918 brachen zum erstenmal mit dieser Tradition der Ungleichbehandlung. Außerdem galt bis zum November 1918 ein nach Einkommen abgestuftes Dreiklassenwahlrecht: Wer mehr verdiente, hatte größere politische Rechte. Damit war die Mehrheit des deutschen Volkes – Arbeiter,

Landarbeiter und Handwerker – politisch entmündigt.

Bismarck — Otto von Bismarck, deutscher Reichskanzler von 1871–1890. Erließ das Verbot der Sozialistischen Arbeiterpartei Deutschlands (Sozialistengesetz), die 1875 aus der Sozialdemokratischen Arbeiterpartei und dem Allgemeinen Deutschen Arbeiterverein hervorging. Das Sozialistengesetz hatte von 1878–1890 Gültigkeit, konnte aber das weitere Erstarken der Sozialdemokratie nicht verhindern. Aus der Sozialistischen Arbeiterpartei Deutschlands ging 1890 die SPD hervor.

Marstall — Stallungen

Grüne Minna — Gefängniswagen der Polizei

bolschewisiert — Von Bolschewiki, zu deutsch »Mehrheit«. Selbstbezeichnung der Anhänger Wladimir Iljitsch Lenins, die 1903 bei einer Abstimmung der Sozialdemokratischen Arbeiterpartei Rußlands die Mehrheit erreichten. Ab 1918 auch Beiname der Kommunistischen Partei Rußlands, später auch der KP der Sowjetunion. Mit *bolschewisieren* ist hier die Enteignung jeglichen Privatbesitzes gemeint.

Und ob es den Spartakisten gelingen wird, das jemals vor Gericht zu beweisen, ist noch sehr fraglich — Die Morde an Rosa Luxemburg – ihre Leiche wurde erst Monate später im Berliner Landwehrkanal angeschwemmt und am 13. Juni 1919 neben dem Grab Karl Liebknechts beigesetzt – und Karl Liebknecht sind später bewiesen worden, die Mörder aber von dem für sie zuständigen Militärgericht freigesprochen oder – in zwei Fällen – zu geringfügigen Gefängnisstrafen verurteilt worden. Die Strafen brauchten die Verurteilten nicht anzutreten. Der Husar Runge, der Karl Liebknecht und Rosa Luxemburg mit seinem Gewehrkolben halb bewußtlos geschlagen hatte, bevor sie ermordet wurden, wurde gleich nach der Urteilsverkündung auf freien Fuß gesetzt, da die erlittene Untersuchungshaft auf die Strafe angerechnet wurde. Ein Oberleutnant Vogel, maßgeblich an dem Mord an Rosa Luxemburg beteiligt, verurteilt zu nur zwei Jahren und vier Monaten, gelangte mit Hilfe eines falschen Passes, der ihm rechtzeitig zugesteckt wurde, sofort nach der Urteilsverkündung ins Ausland. Anderthalb Jahre später wurde er amnestiert. Die Hitler-Regierung belohnte den »treudeutsch gesinnten Mann« später mit einer Kur zur Wiederherstellung seiner Gesundheit. Der Husar Runge erhielt von den Nazis für die »Verfolgungen, denen er ausgesetzt war«, 6000 Reichsmark Entschädigung. Ein anderer Hauptbeteiligter an diesen Morden, Hauptmann Waldemar Pabst, nach dem 2. Weltkrieg Bürger der Bundesrepublik Deutschland, konnte es sich noch 1962 leisten, sich seiner Beteiligung an diesen Morden zu rühmen, denn im gleichen Jahr bewertete das offizielle *Bulletin des Presse- und Informationsamtes der Bundesregierung* jene Morde als »standrechtliche Erschießungen«.

Inhalt

1. Es liegt was in der Luft

2. Freunde und Feinde

Klaus Kordon

Mit dem Rücken zur Wand

Roman. Mit einem Nachwort des Autors
Fototafeln im Vor- und Nachsatz
Gebunden, 472 Seiten (80061) *ab 12*
Zürcher Kinderbuchpreis »La vache qui lit«
Preis der Leseratten
Niederländischer Jugendbuchpreis »Silberner Griffel«

Berlin 1932/33. Wohnungselend und Arbeitslosigkeit haben ihren Höhepunkt erreicht, die Weimarer Republik geht ihrem Ende entgegen, und die Nationalsozialisten übernehmen die Macht. In dieser Zeit lebt Hans, 15 Jahre, begeisterter Turner, Hinterhofkind. Eigentlich fühlt er sich in seiner Haut ganz wohl, doch die politischen Auseinandersetzungen setzen sich auch in der Familie Gebhardt fort.
»Zeitschilderung, die durch eine überaus anschauliche Milieuzeichnung und lebendige Dialoge beeindruckt, vor allem aber durch eine spannende Handlung, die den Leser in ihren Bann zu ziehen vermag.«
Konstanze Crüwell, Frankfurter Allgemeine Zeitung

Klaus Kordon

Der erste Frühling

Roman. Mit einem Nachwort des Autors
Fototafeln im Vor- und Nachsatz
Gebunden, 528 Seiten (79615) *ab 14*
Buxtehuder Bulle

Berlin, Frühjahr 1945. Tag und Nacht ist Bombenalarm. Die Nazi-Führung gibt Durchhalteparolen aus, Hitlerjungen werden gegen russische Panzer eingesetzt, und auch das Haus Ackerstraße 37, in dem die Gebhardts wohnen, wird erbittert verteidigt. Dann ist der Krieg zu Ende, und die sowjetische Armee besetzt die Stadt. Für die zwölfjährige Änne ist es besser, sich die Zöpfe abschneiden zu lassen und als Junge herumzulaufen.
»Kordons packende, milieuechte, überzeugende, Nachdenken fordernde Darstellung von Geschehnissen, die wir noch lange nicht aufgearbeitet haben, ist eine bewundernswerte Leistung.«
Klaus Klöckner, Frankfurter Allgemeine Zeitung

Leonie Ossowski
Stern ohne Himmel
Roman
Mit einem Nachwort von Leonie Ossowski
Gulliver Taschenbuch (78741), 176 Seiten *ab 14*
Buxtehuder Bulle
Auf der Auswahlliste zum Deutschen Jugendliteraturpreis

»Vier Jungen, die auf einem Internat in einer mitteldeutschen Kleinstadt leben und lernen, entdecken in einer Ruine ein Nahrungsmittel-Depot. Eine Tür wird aufgebrochen, und das Paradies öffnet sich. Aber es wird gestört, ›verdorben‹ durch einen Fremden, fremd gemachten, einen jüdischen Jungen, dem es gelang, aus dem Konzentrationslager zu entfliehen. Die russischen Truppen sind nicht mehr weit. Ein paar Tage müßte er im Versteck bleiben, dann wäre er frei. Der Flüchtling wird zum Prüfstein – nicht nur für die Jungen, ebenso für die Lehrer. In der Auseinandersetzung um sein Leben spiegelt sich die unerhörte menschliche Verdorbenheit einer vom Faschismus erzogenen Gesellschaft wider … Ich wünsche mir, daß viele junge Leute die Erzählung Leonie Ossowskis lesen und ihr Entsetzen nicht nur als Literatur verstehen.«
Peter Härtling, Die Zeit

Beltz & Gelberg
Beltz Verlag, Postfach 100154, 69441 Weinheim

Arnulf Zitelmann
Paule Pizolka oder Eine Flucht durch Deutschland
Roman
Gulliver Taschenbuch (78768), 384 Seiten, *ab 14*
Gustav Heinemann-Friedenspreis

Paule Pizolka, 16 Jahre, gefällt es im KLV-Lager eigentlich ganz gut. Doch als er zur Musterung eingezogen werden soll, haut er ab, denn er glaubt nicht an Hitlers Krieg. Damit aber ist Paule fahnenflüchtig und muß untertauchen. Auf seiner Flucht quer durchs Deutsche Reich erlebt er das, was 1942 zum normalen Alltag gehört: den Bombenhagel in Frankfurt und Duisburg ebenso wie die Idylle auf dem Bauernhof, die sich dann plötzlich als gar nicht so idyllisch erweist. Die schlimmste Zeit macht er jedoch im Jugend-KZ Moringen durch, wo Paule erkennen muß, daß nur die Gedanken frei sind. Wäre da nicht Ulla, die er liebt, hätte er längst aufgegeben.

»Ein pralles Buch voller Geschichte und Geschichten, in dem neben dem blanken Entsetzen und dem Horror des Krieges auch eine Liebesgeschichte Platz findet, ohne trivial zu wirken.«
Der Tagesspiegel

Beltz & Gelberg
Beltz Verlag, Postfach 100154, 69441 Weinheim

Freiheit
HOCH LEBE DIE

Frieden!